LE DESSOUS DES CARTES

Sans Robert Chaouad et Juliette Morel, ce livre n'aurait tout simplement pas vu le jour.
Qu'ils en soient sincèrement remerciés.

Ouvrage préparé au **Lépac sous la direction de Robert Chaouad**

avec la collaboration de **Juliette Morel**,
et les contributions de **Francesca Fattori, Tarik El Aktaa,**
Alexia Fouesnant, Yannig Lavocat et **Virginie Raisson**.
www.lepac.org

Direction éditoriale **Émilie Morin (Tallandier), Isabelle Pailler (Arte)**
Cartographie **Alexandre Nicolas**
Direction artistique **Véronique Desanlis**

Fabrication **Luc Martin**
Photogravure **Compo Rive Gauche**

www.tallandier.fr / www.arte.tv

imprimé en Pologne
en novembre 2016

ISBN 978-2-84734-968-9
Dépôt légal : septembre 2012
Numéro d'édition : 3517

JEAN-CHRISTOPHE VICTOR

LE DESSOUS DES CARTES

ITINÉRAIRES GÉOPOLITIQUES

Tallandier
arte ÉDITIONS

SOMMAIRE

La parabole du Groenland **6**
Repères cartographiques **9**
Planisphère politique **10**

LE BASCULEMENT DU MONDE 13

1 – LE PARTAGE DE LA PUISSANCE 15

Un monde établi
L'Occident, soleil couchant **16**
Les États-Unis, puissance malgré tout **20**
L'Europe à l'épreuve des crises **24**
La Russie en quête d'influence **28**
Le Japon, puissance entravée **32**

Un monde émergé
La Chine, puissance décomplexée **34**
L'Inde, puissance pragmatique **38**
Le Brésil, puissance en devenir **42**

Des mondes émergents
L'Afrique en mouvement **46**
L'Afrique du Sud, la bonne espérance du continent **48**
La méditerranée en ébullition **50**
La Turquie, entre Orient et Occident **52**
L'Asie du Sud-Est, espace stratégique **54**
L'Indonésie, démocratie émergente **56**

2 – L'ÉCONOMIE AU CŒUR DES RAPPORTS DE FORCE 59

Les nouveaux visages de l'économie mondiale
Le basculement de la richesse **60**
La gouvernance mondiale après Bretton Woods **64**
La contestation de l'ordre économique libéral **68**
Le Bhoutan, pays du bonheur brut **69**

Un monde sans frontières
Un commerce sans entraves **70**
La guerre des monnaies **72**
Les paradis fiscaux en accusation **74**

3 – L'ENVIRONNEMENT, DÉFI MONDIAL 77

La planète menacée
L'empreinte écologique ou la planète à crédit **78**
Entre terre et mer : ressources convoitées, ressources menacées **82**
La pêche, fin de l'abondance **85**
Énergies, changement de cap face au pic **86**
Le nucléaire, d'une pollution à une autre, d'une dépendance à une autre **90**

La diplomatie environnementale
Le monde au chevet du climat **92**
Le marché du carbone **95**

LES VIOLENCES DU MONDE 97

1 – ÉTAT DE GUERRE, ÉTATS EN GUERRE 99

Un monde en guerre
Les baromètres des conflits 100
Les conflits sans nom 103
Israël-Palestine, le conflit sans fin 104
Afghanistan, la guerre de trente ans 108
La privatisation de la guerre 112
Géorgie-Russie, un parfum de guerre froide 113

Un monde sous tension
Le Printemps des peuples arabes 114
Les naxalites, une guérilla indienne 118
Drogue, guerre et (inter)dépendance 121
Le Sahel, nouvelle zone grise 122
La prolifération nucléaire, le faible et le fort 125
Le commerce des armes ne connaît pas la crise 127
Des drapeaux sous la mer 128

2 – LA SÉCURITÉ HUMAINE 131

Le fardeau de la pauvreté
L'insécurité sociale mondiale 132
En attendant la santé pour tous 136

Éduquer pour émanciper
L'analphabétisme, fléau du XXIe siècle 138
La longue marche des droits des femmes 141
La traite des femmes dans le monde : un trafic organisé 143

Juger et punir
L'abolition universelle de la peine de mort 144
Justice pénale internationale : promesses et lenteurs 147
La lutte contre l'impunité des dirigeants politiques : le cas Omar el-Béchir au Soudan 149

LE PASSAGE DES FRONTIÈRES 151

1 – UN MONDE MOBILE 153

Les migrations ou les chemins de l'exil 154
Vivre en diaspora 159
Les réfugiés au XXIe siècle 160
Les réfugiés climatiques de Tuvalu 163
Les murs ne sont pas éternels 164

2 – UN MONDE MÉTIS 169

Des cultures en mouvement
Les religions du monde 170
La culture, entre uniformisation et diversité 174
Arte, l'expérience inédite 178
Les frontières du goût 180

Du singulier à l'universel
Un patrimoine mondial universel ? 184
Le sport, un jeu de puissances 188
La langue française en partage 192

3 – LES NOUVEAUX ESPACES DE LA GÉOPOLITIQUE 197

En quête de nouveaux territoires
La ville, territoire de contradictions 198
Le nouvel avenir des mondes polaires 202

Les nouvelles frontières du réel
Internet, un réseau sous tension 206
Le savoir, un enjeu de puissance 212

Et pourtant, le monde irait mieux 216
Liste des acronymes et glossaire 218
Bibliographie et sources 220
Index 222

LA PARABOLE DU GROENLAND

MIEUX HIÉRARCHISER

Plusieurs constats m'ont décidé à préparer, avec l'équipe du Lépac, ces itinéraires géopolitiques.

Des dizaines de conférences, de séminaires de formations auprès de dirigeants d'entreprises ou dans des universités à travers le monde font apparaître la difficulté qu'ont les uns et les autres à faire les liens, mécaniques ou philosophiques, entre les phénomènes qui se produisent partout et sous nos yeux. Tout est désormais lié sur cette planète et, pourtant, tout semble être abordé et compris en fragments, en segments. Pourquoi les liens sont-ils si difficiles à percevoir, ou seulement à comprendre ? Pourquoi le raisonnement binaire est-il toujours dominant, l'acceptation de la complexité à ce point refusée ?

Dans les sociétés démocratiques ouvertes, comme celles où nous vivons, nous recevons chaque jour de grandes quantités de messages. Mais savons-nous les ranger ? Relier ces données les unes aux autres afin de les appréhender comme un système, au lieu de les isoler les unes des autres ? Trop souvent, les médias confondent la partie et le tout, ne distinguant pas l'urgent de l'important. La position passive dans laquelle nous sommes face à l'information, quelle que soit sa source, semble nous priver de notre capacité de tri. Ces itinéraires géopolitiques veulent proposer des classements et des hiérarchies.

UN MONDE SE FINIT

Il m'apparaît depuis plusieurs années qu'un monde se finit. Celui qui vient ne se fabrique plus en Europe, ni même aux États-Unis. Non, il se fait en Asie, par l'Asie. Pour la première fois depuis quelque 2 000 ans, l'Europe et ses enfants américains, canadiens, australiens, va cesser d'être au centre du monde, d'être le centre du monde. Le chapitre « L'Occident, soleil couchant » tente de questionner cette notion imprécise mais constamment utilisée : les Occidentaux. Si le thème du déclin est l'un des exercices préférés et répétés de l'Occident, comme une forme d'autocritique sans doute créative sur la durée, j'éprouve pour ma part une grande « fatigue » de l'Occident. Les décolonisations institutionnelles se sont faites il y a 50 ans mais les modèles ont perduré, ont été réadoptés, réimités, et de nombreuses décolonisations mentales ne sont pas achevées. Fatigue de cette posture supérieure, de cette arrogance occidentalo-centrée qui s'est à peine modérée ces dernières décennies.

Ma trajectoire professionnelle, finalement très éloignée de ma formation en ethnologie, m'a longtemps fait croire que cette dernière m'avait été totalement inutile. Or, c'est elle qui m'a appris l'approche méticuleuse des problématiques étudiées, une curiosité respectueuse des autres peuples et surtout à savoir m'éloigner, tôt et sans réticence, de cette culture occidentale. Cette approche lente – merci Georges Condominas* – permet de questionner le monde et les peuples, premiers ou non, minorités ou non, de façon scrupuleuse et de ce fait profondément égalitaire. L'ethnologie demande une grande précision et contraint celui qui la pratique à de permanents changements d'échelle, tant dans les espaces de la mondialité que dans les espaces mentaux traversés. Inuit d'Ammassalik ou du Nunavut, Afghan de Kaboul ou du Pandjchir, Chinois de Da-tong, Arabe d'Alger ou de Sanaa, Tamang népalais de Birdim, Mossi de Bobo-Dioulasso ou de Massy, Guarani du Brésil ou Maoris des marquises, je constate penser à « eux » plusieurs fois par semaine, alors que je vis et travaille dans le temps mondial – un temps rapide, séquencé, et donc occidental. Un visage, un geste, dans un paysage non urbain où se déplacent des hommes. Vision nostalgique ? Sans doute. Vision affectueuse et confiante ? Sûrement, car ce sont eux qui m'ont donné cette vision du monde inscrite dans les cycles, liée aux ancêtres qui portent et aux enfants qui suivent, loin de la vision occidentale verticale, qui ouvre la terre puis la creuse jusqu'à épuisement. Ces peuples, comment les nommer ? Premiers ? Primitifs ? Indigènes, autochtones ? Pour moi, ils sont peuples-parents, car je leur dois de m'avoir enrichi et consolidé par leur différence. Il y a dans le questionnement sur l'identité, une recherche, avouée ou non, de ce qui est identique. Mon identité à moi s'est faite et se nourrit exactement du contraire : par la différence. Constamment, au fil de ces itinéraires géopolitiques, j'ai voulu que soient présents ces peuples-parents.

LA FIN DU TEMPS UNIQUE

Par l'Histoire qui se fait sous nos yeux et sous nos pas, on perçoit maintenant que le « Progrès » – cette direction donnée au temps forcément orientée vers le mieux, vers le plus – n'est pas le seul sens de l'Histoire. Un avenir meilleur pour la planète aurait cessé d'être certitude. Ce Progrès, « grand mythe providentiel de l'Occident », écrit Edgar Morin**, ne forme plus la seule ligne d'horizon. Sciences et technologies n'offrent plus de garanties. Le doute ontologique s'étend. Le modèle économique se révèle autant destructeur que producteur. La médaille est à deux faces, la face production parvient toujours à extraire des millions de personnes du niveau moyen des 2 $ par jour pour vivre. Mais au bout du chemin, les productions révèlent un autre visage – matériel, lié aux objets, à toujours plus de consommation – qui entraîne et révèle l'autre face de la médaille, les destructions : pollutions innombrables, climat changé, animaux disparus, énergie gaspillée, air sale, eau perdue, liens sociaux et intergénérationnels rompus. Après l'expansion sans limite, voici venues les limites de l'expansion. Partout, les signes d'épuisement planétaire se multiplient, et la menace est visible à l'œil nu, presque partout et presque par tous. Conservons-nous encore l'illusion que les modèles économiques que nous utilisons sont à même de résoudre les problèmes de l'humanité ? Ces itinéraires géopolitiques interrogent ces modèles puisque voici venue la fin du temps à une seule direction.

UNE SOUVERAINETÉ INTERNATIONALE

Les négociations internationales sur l'environnement sont d'une grande complexité car elles superposent plusieurs strates : les données scientifiques et la confiance qu'on leur fait ; l'unification ou la disparité des appareils statistiques ; l'invention d'un nouveau système juridique international portant sur l'environnement ; les calculs économiques et financiers ; le retour des rapports Nord-Sud, pour peu qu'ils aient jamais disparu du champ mondial des rivalités ; les ressentis historiques ; et bien sûr les décisions politiques et les contextes dans lesquels elles sont prises. C'est bien tout cela qui s'entremêle et se joue à Copenhague en 2009, à Cancún en 2010, à Durban fin 2011. Voilà pourquoi il convient d'urgence d'accoucher d'une Organisation mondiale de l'environnement, dotée de capacités de sanctions comme l'Agence internationale pour l'énergie atomique, afin d'élaborer un système de sécurité environnementale collectif dépassant le seul cadre des États. En effet, quand un État négocie, il défend ses intérêts nationaux et c'est d'ailleurs l'une de ses fonctions premières. Or, la seule défense de l'intérêt national vient désormais se retourner contre ceux qu'il prétend défendre. Les seules souverainetés nationales ne fournissent plus les outils diplomatiques adaptés, ni la bonne échelle juridique pour résoudre les problèmes planétaires face auxquels nous nous trouvons. Comment mieux habiter cette planète ? Comment défendre la capacité de l'humanité à se préserver ? Nos sociétés démocratiques sont des sociétés qui tentent de protéger l'individu par le droit : ces itinéraires géopolitiques montrent donc à plusieurs reprises que la Terre n'existe ni comme sujet politique, ni comme sujet de droit. La planète a sérieusement besoin de bons avocats.

UN SENTIMENT D'URGENCE

L'anecdote suivante m'a fait mieux apparaître l'urgence : à Lyon, en 2011, au terme d'un séminaire devant des chefs d'entreprises dans le secteur de l'informatique, après avoir tenté de relier avenir énergétique, économique, climatique et celui des sociétés humaines, afin de dessiner l'imbrication étroite entre tous les enjeux, l'un des auditeurs interroge : « En somme, s'il y avait une catastrophe, cela pourrait nous aider à comprendre et à réagir, non ? » Je suis resté étonné que de telles variations dans les perceptions puissent encore exister. Car il me semble que la catastrophe est bien là, sans discrétion aucune : dans le golfe du Mexique en 2010 lorsque British Petroleum se révèle incapable d'éviter la rupture du tube de forage d'une plateforme postée en *offshore* profond, puis impuissant pendant plus de deux mois à empêcher le pétrole brut de s'échapper dans la mer des Caraïbes ; en août 2011, sur la plateforme de Gannet Alpha, située à 180 kilomètres de Aberdeen, en Écosse, lorsque Shell se retrouve, plus brièvement, dans la même configuration ; sur la côte est du Japon, lorsque les erreurs de prévisions, managériales et de communication auprès des citoyens par la société japonaise de production électrique Tepco entraînent une catastrophe multiforme sans doute plus totale encore. Elle frappe les Japonais, mais c'est sur tous les programmes et tous les mix énergétiques de la planète qu'elle a des conséquences. Effet système.
Effet système encore : catastrophe financière, puis économique et sociale dans le monde ou, à moindre échelle, en Europe, pour ne parler que de l'Islande ou de la Grèce, provoquée par environ 500 personnes du secteur bancaire aux États-Unis.
Et pourtant, mon interlocuteur n'a pas perçu ces effets systèmes et ne les nomme pas catastrophes. Notre schizophrénie est donc complète : nous avons un niveau élevé de connaissance des risques et des échéances, et une faible volonté, voire capacité, à nous écarter ne serait-ce que progressivement d'un modèle dont on sait qu'il condamne très probablement une partie de l'humanité. Surprotégés par nos assurances, dans tous les sens de ce mot, nous reportons le risque sur le reste du monde et à plus tard. Quel curieux système d'assurances, capable de garantir la plus minuscule clause d'un contrat professionnel, la moindre fuite d'eau dans un immeuble, et incapable d'élaborer un système assurant la vie de dizaines de milliers de Japonais vivant à proximité de centrales nucléaires !
La meilleure définition possible pour la géopolitique est bien « l'intelligence des rapports de forces ». Mais voilà l'outil (ce n'est pas une science humaine, tout juste une discipline) dépassé dans sa fonctionnalité par la diversité, l'intrication et la gravité des crises – finance, économie, terrorisme, environnement, cyberattaques, crises de confiances. Ces itinéraires tentent de montrer, au fil des chapitres, les nouvelles articulations autant que les nouvelles impasses.

L'ÉTAT DU MONDE QUI VIENT

Comment aborder la suite avec moins de certitudes, plus d'humilité ? Lors d'un séjour au Groenland, en juin 2011, questionnant et analysant les avantages et les inconvénients d'une souveraineté possible de l'île par rapport au Danemark d'ici une ou deux décennies, les réponses obtenues sont tout à la fois révélatrices et classiques. Le ministre de l'énergie du gouvernement autonome du Groenland, très au fait des effets systèmes et des risques environnementaux encourus, affirme que l'exploitation du pétrole en *offshore* sera techniquement sûre dans les zones où dérivent les icebergs, comme par exemple au large du bourg d'Illullisaat, vers la zone d'actuelle exploration d'Hellefisk 1, dans le détroit de Davis, entre Canada et côte ouest du Groenland. Les plateformes pourront être automatiquement déconnectées de leur trépan de forage en cas de choc imprévu, grâce à un clapet obturant le tube et capable de contenir la pression. Des navires remorqueurs seront présents en permanence pour repousser les icebergs approchant les plateformes. En somme, selon le ministre, il est désormais raisonnable d'exploiter en zone arctique puisque la technologie apporte les garanties de sécurité humaine et environnementale.

La réponse du ministre et de ses conseillers ne me suffisent plus : la technologie et les innovations sont des réponses mais elles ne peuvent être les seules. Les récentes catastrophes pétrolières et nucléaires montrent justement toute l'insuffisance des réponses managériales. Je n'ai plus confiance. Quel paradoxe de voir maintenant les Inuits, premières victimes des conséquences du réchauffement climatique, se mettre à exploiter les énergies fossiles qui, par leurs rejets de carbone contribuent justement à mettre un terme à 10 000 ans de leur mode de vie. La contradiction est totale mais sera de court terme. Comme l'a écrit le glaciologue français Claude Lorius*** et, sous une forme différente le philosophe Michel Serre, nous voilà entrés dans l'ère de l'anthropocène : l'espèce humaine est devenue une force tellurique qui change le cours du globe terrestre. Le temps aurait-il cessé de jouer en notre faveur ?

LE MORAL, LA MORALE

Enfin, dernier facteur, le moral des Français. Il n'est pas bon, si l'on peut se permettre à tort cette généralisation. L'avenir, pour nombre d'entre nous, aurait cessé d'être prometteur, ou plus simplement porteur. Tentés par la résignation, nous sommes ainsi de plus en plus nombreux à nous laisser gagner par le sentiment d'impuissance. Trop grand, trop loin, trop tard. Peu à peu, nous cessons d'avoir confiance en l'Europe, et même en la France, ce vieux pays nostalgique, jamais heureux de son sort, jamais serein envers son avenir et qui ne garde d'assurance que dans sa centralité, géographique et culturelle. Pendant que notre monde s'organise en réseaux et en flux, que la planète franchit le cap des 7 milliards d'habitants, dont environ 5 milliards d'usagers du téléphone mobile, 2 milliards d'internautes, 1 milliard de touristes internationaux et 250 millions de migrants, nous en sommes encore à peiner pour organiser notre mixité ! Gâtés que nous fûmes et que nous restons à l'échelle mondiale, nous hésitons à nous adapter au monde tel qu'il bascule, bouge et se réorganise ; un monde où la France conserve toute sa place, comme disent les diplomates, encore faut-il qu'elle l'occupe avec tout à la fois plus de confiance et moins d'arrogance ! Préoccupés par cette crise environnementale d'amplitude planétaire, inquiétés par l'alarmisme de certains journaux dont les manchettes évoquent sans nuance l'existence de « bombes démographiques », de « complots islamistes » et autres « stratégies mondiales de la Chine », nous voici séduits par la peur, ou plutôt par ceux qui la vendent. Peur du migrant, des investissements chinois, de l'islam, et pourquoi pas des révolutions démocratiques dans les pays arabes ?

Une telle posture n'est pas tenable, du moins moralement. Comment tenir ce type de discours à ceux et celles qui ont aujourd'hui 20 ans ? Quelle vision courte ! Quelle fermeture ! Et quel manque de confiance dans les enseignants, dans le rôle central des instituteurs. Ainsi serait donc revenu « ce temps du monde fini », qu'annonçait Paul Valéry il y a exactement 100 ans ? Je n'y crois pas une seconde : tout est ouvert, tout est devant, tout commence. Nulle façon là de nier la gravité des questions qui se posent à nous, nul déni des rapports de force mondiaux et de leurs impacts destructeurs. Mais chaque génération descendante a la conviction que les temps précédents étaient plus simples, et chaque génération montante croit entrer dans une crise. Raymond Aron ne disait-il pas que la perception de la stabilité est toujours rétrospective ? Je soustrais donc le mot crise et le remplace par mutations, car il n'est pas question de penser que les générations qui viennent ne vont pas trouver les issues, les inventions et même les valeurs morales qui les accompagneront.

Ces *Itinéraires* n'ont pas cherché à être exhaustifs. Mais en décortiquant chaque phénomène étudié, ils veulent rappeler que rien n'est écrit, que chacun d'entre nous est responsable, que chacun est un acteur. L'Histoire, c'est nous qui la faisons.

Jean-Christophe Victor

* Georges Condominas (1921-2011), ethnologue français décrit par Lévi -Strauss comme le « Proust de l'ethnologie ».

** *La Voie*, Edgar Morin, Fayard, 2010

*** *Voyage dans l'anthropocène*, Claude Lorius, Laurent Carpentier, Actes Sud, 2011

REPÈRES CARTOGRAPHIQUES

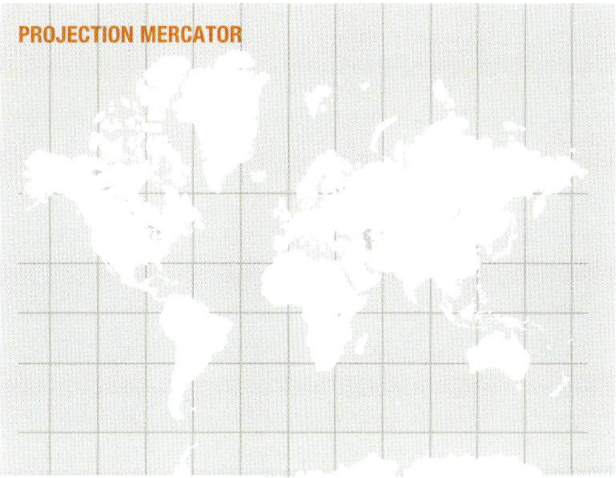
PROJECTION MERCATOR

« Lire une carte ». L'expression n'est pas si anodine. Pour y parvenir, encore faut-il disposer de quelques codes pour ne pas se perdre dans la complexité du monde que les cartes tentent à la fois de saisir et de simplifier.

Objet de pouvoir, la carte n'est pas la réalité mais une représentation réductrice du réel et elle se refuse à livrer tout son sens au premier regard. Constante tentative des hommes pour apprivoiser les territoires du monde, les connaître et les transmettre, une carte ne se révèle que si l'on prend le temps de la déchiffrer. Le premier code est celui des projections cartographiques : parfois belles, parfois ennuyeuses, elles sont la grammaire de base qui vient traduire notre Terre, ronde, sur une surface plane. Toute projection fige les lieux, fixe les points d'observation, ce qui permet à tout pays d'exaucer un rêve permanent et partagé : être représenté sur la carte comme le « centre du monde ». Parmi les plus connues, on trouve celle de Mercator qui respecte les angles et déforme les surfaces, surreprésentant les régions polaires ; la projection de Peters qui, en conservant la proportion entre les surfaces de la carte et les surfaces réelles, entend redonner de l'importance à ce qui fut le « Tiers-Monde » ; la projection conforme de Lambert, qui représente le globe tel un cône déplié ; la projection Buckminster-Fuller, qui permet de montrer le monde sur la surface d'un polyèdre, tel un seul continent unifié, très efficace pour faire figurer les flux.

Le deuxième code à déchiffrer concerne les éléments que l'on fait figurer sur la carte : ils peuvent omettre un phénomène ou le faire apparaître, imposer des représentations ou engendrer le questionnement, conforter les préjugés ou heurter des certitudes. Dans cet ouvrage, le lecteur trouvera aussi bien des cartes physiques soulignant les reliefs que des cartes politiques représentant les phénomènes économiques, sociaux, culturels et environnementaux. Les cartes ayant de l'autorité mais n'étant élaborées que par des hommes, nous avons fait le choix de proposer plusieurs projections et non pas une seule comme de coutume, par souci de clarté, respect des proportions territoriales, par goût pour l'exploration de représentations peu usitées et par plaisir esthétique. Ce parti pris entend à la fois montrer la richesse de l'appareil cartographique et indiquer l'ensemble des possibilités qu'offre un tel outil pour donner à voir les réalités d'un monde complexe.

Afin d'aider le lecteur à se repérer, sur chaque carte de ces itinéraires est mentionnée la projection choisie, à la seule exception de la projection Eckert IV, référence des émissions du *Dessous des Cartes* et que l'on retrouve tout au long de cet ouvrage.

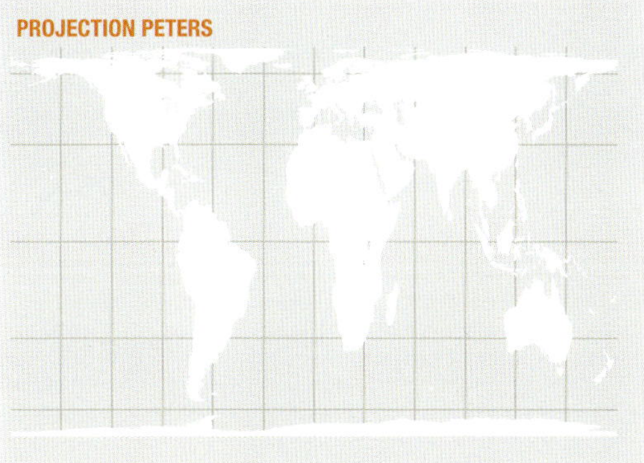
PROJECTION PETERS

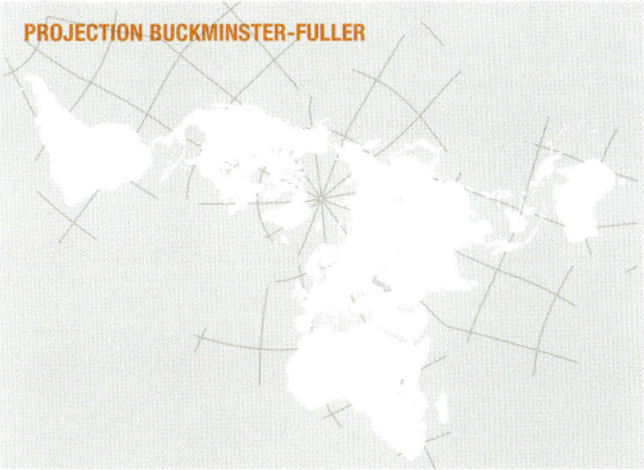
PROJECTION BUCKMINSTER-FULLER

PROJECTION LAMBERT ZONE II

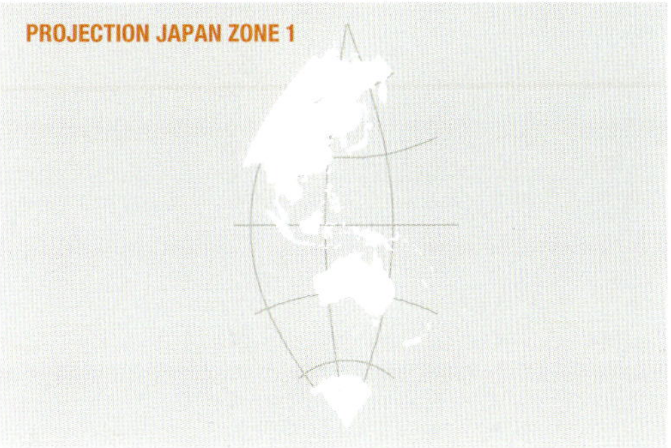
PROJECTION JAPAN ZONE 1

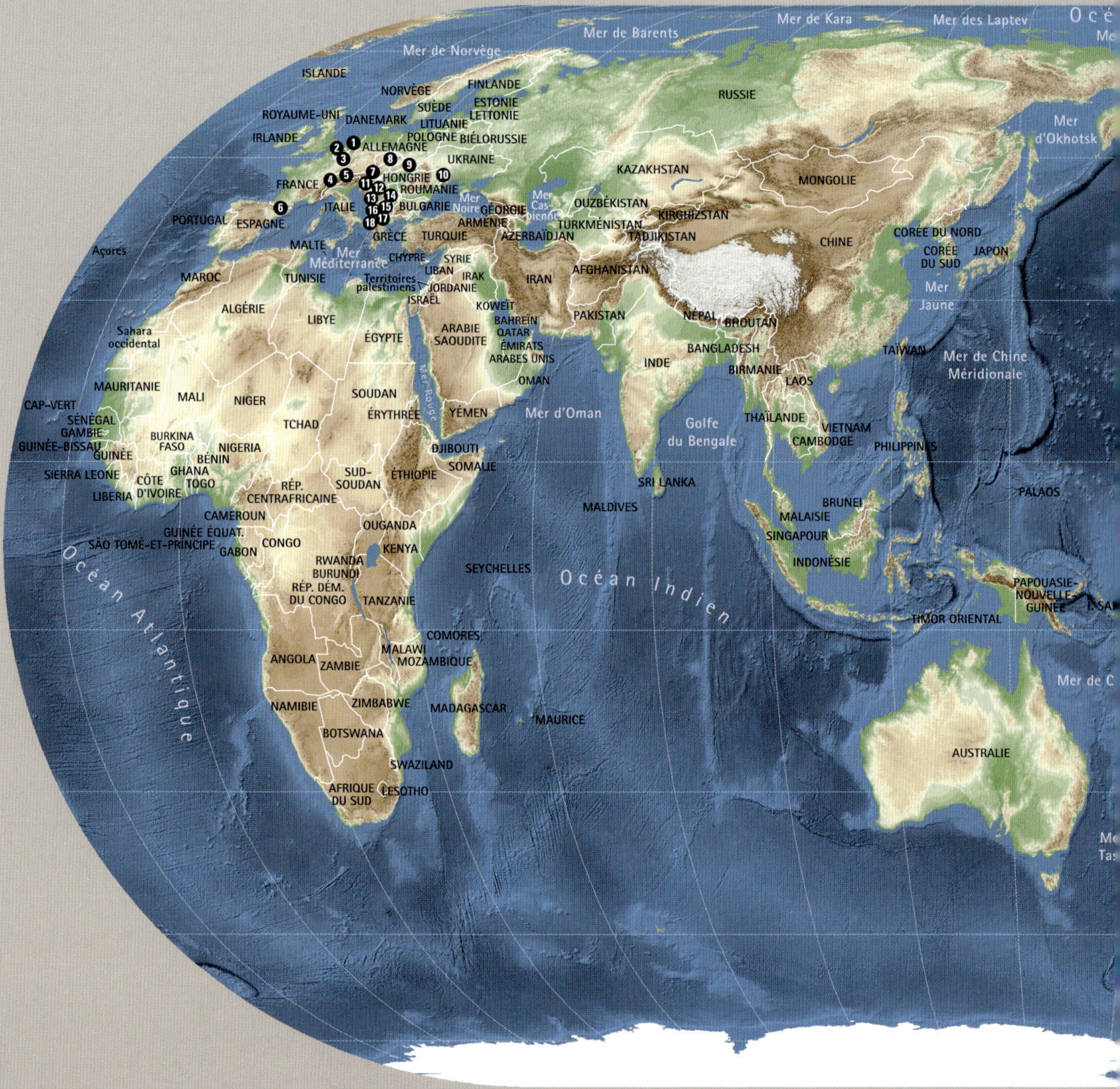

1. PAYS-BAS
2. BELGIQUE
3. LUXEMBOURG
4. SUISSE
5. LIECHTENSTEIN
6. ANDORRE
7. AUTRICHE
8. TCHÉQUIE
9. SLOVAQUIE
10. MOLDAVIE
11. SLOVÉNIE
12. CROATIE
13. BOSNIE-HERZÉGOVINE
14. SERBIE
15. KOSOVO
16. MONTÉNÉGRO
17. ARYM (MACÉDOINE)
18. ALBANIE

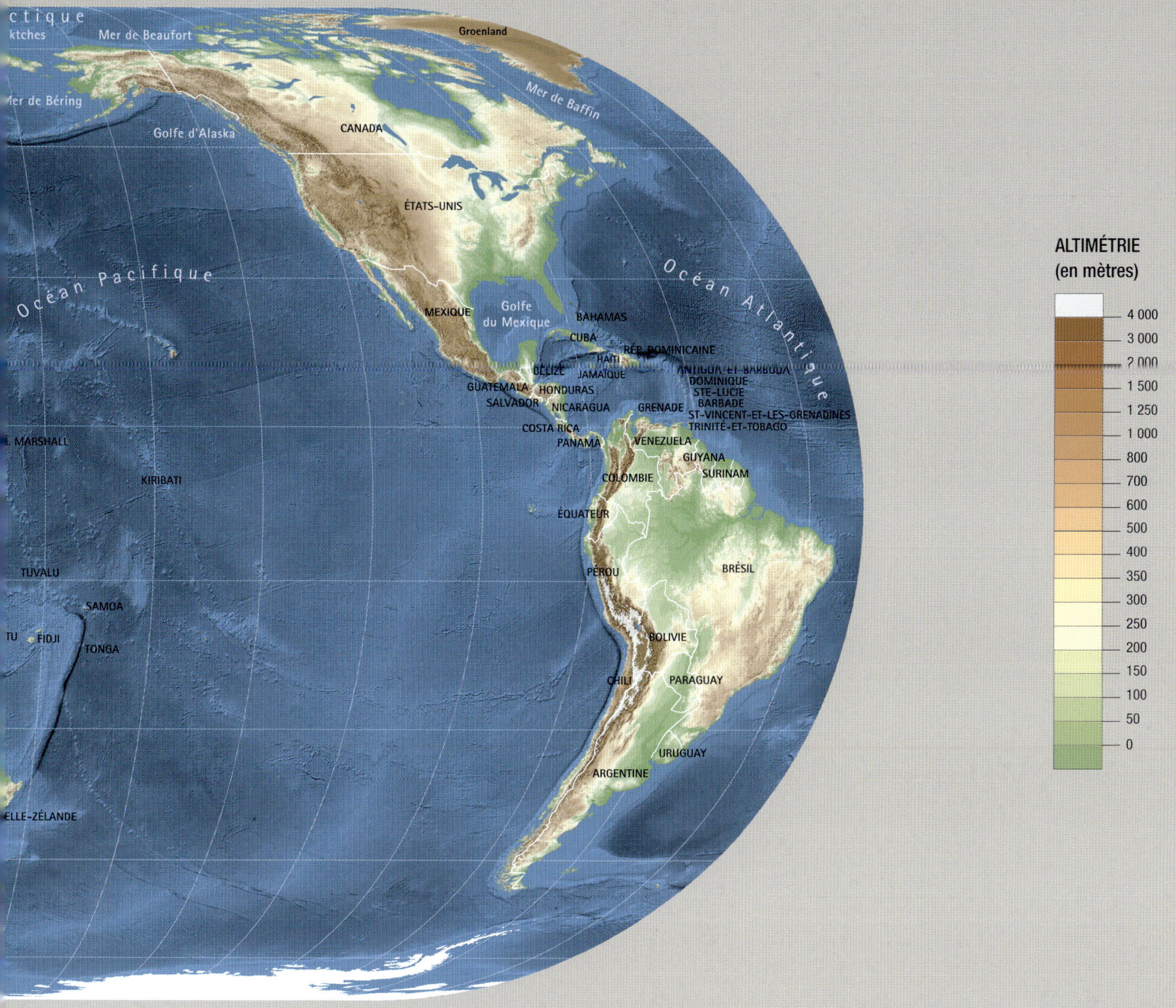
Mer de Beaufort
Groenland
Mer de Baffin
Golfe d'Alaska
CANADA
ÉTATS-UNIS
Océan Pacifique
Océan Atlantique
MEXIQUE
Golfe
du Mexique
BAHAMAS
CUBA
HAÏTI
RÉP. DOMINICAINE
ANTIGUA-ET-BARBUDA
DOMINIQUE
STE-LUCIE
BARBADE
ST-VINCENT-ET-LES-GRENADINES
TRINITÉ-ET-TOBAGO
GRENADE
BELIZE
JAMAÏQUE
GUATEMALA
HONDURAS
SALVADOR
NICARAGUA
COSTA RICA
PANAMA
VENEZUELA
GUYANA
SURINAM
COLOMBIE
ÉQUATEUR
PÉROU
BRÉSIL
BOLIVIE
PARAGUAY
CHILI
URUGUAY
ARGENTINE
KIRIBATI
TUVALU
SAMOA
FIDJI
TONGA
ALTIMÉTRIE
(en mètres)
4 000
3 000
2 000
1 500
1 250
1 000
800
700
600
500
400
350
300
250
200
150
100
50
0

LE BASCULEMENT DU MONDE

PARTIE 1

LE BASCULEMENT DU MONDE

Depuis les grandes découvertes de la fin du XVe siècle et durant près de quatre siècles, l'Europe a dominé le monde. À cette époque, le centre de gravité économique de la planète a peu à peu basculé de l'espace méditerranéen vers l'espace atlantique. Grâce à leur puissance économique, militaire et technique, les États européens ont colonisé une partie du globe et imposé leur ordre mondial jusqu'au XXe siècle. Après la Première Guerre mondiale, l'hégémonie européenne s'est peu à peu effritée, avant de céder sous les chocs de la Seconde Guerre mondiale. Après 1945, les États-Unis, puissance montante depuis la fin du XIXe siècle, ont succédé à l'Europe comme pôle de puissance dominant. Bien que la guerre froide ait produit un monde bipolaire qui voyait deux régimes politiques et idéologiques s'opposer, les États-Unis, avec le concours de leurs alliés européens, ont continué à influencer la scène internationale. Cette position de domination s'est transformée en véritable hégémonie à la fin de la guerre froide. La chute du mur de Berlin et, plus encore, l'effondrement de l'URSS en décembre 1991 ont en effet promu les États-Unis au rang d'unique superpuissance mondiale.

La fin du XXe siècle se révèle ainsi totalement américaine, tant sur les plans économique, diplomatique, militaire et stratégique que sur les plans technologique et culturel. La puissance des États-Unis est alors sans partage, au point de voir se former le néologisme d'« hyperpuissance » pour qualifier ce qu'aucun État ni Empire n'avait jamais embrassé jusque-là. Paradoxalement, cette puissance sans égale des États-Unis a également marqué son apogée. En effet, dès la fin du XXe siècle, les prémices d'un monde différent se sont peu à peu mis en place. Les attentats du 11 septembre 2001 contre les États-Unis et leurs répercussions stratégiques mondiales (guerre contre le terrorisme, guerre en Afghanistan puis guerre en Irak) ont pu un temps éclipser les mutations structurelles en cours. La crise économique de 2008, partie des États-Unis et dans laquelle se débat l'ensemble des pays « occidentaux », a néanmoins exposé au grand jour les nouvelles réalités internationales. L'époque est désormais à un nouveau grand basculement du monde.

La transformation en cours des équilibres politiques et économiques mondiaux trouve sa traduction la plus visible dans le passage d'un monde centré sur l'espace atlantique à un monde centré sur l'espace pacifique et asiatique. Outre les puissances déjà établies dans la région que sont les États-Unis et le Japon, l'influence montante de la Chine, de l'Inde et, à une autre échelle, de l'Indonésie fait certes du Pacifique et de l'Asie le nouveau carrefour des puissances, mais surtout le moteur de la croissance économique mondiale. D'autres pays, d'autres continents, à l'image du Brésil ou de l'Afrique du Sud, s'imposent aussi comme de véritables puissances régionales et ambitionnent également de faire entendre leur voix sur la scène internationale.

Ce nouvel ordre mondial, qui se cherche encore, ne se réduira pas à l'avenir aux domaines traditionnels de la puissance que sont le politique, l'économique et le militaire. Désormais, c'est avec la question environnementale que les peuples et les États devront composer. Présents sur l'agenda international depuis une trentaine d'années, les débats autour de l'état de la planète, de ses ressources et des dégradations qu'elle subit se sont néanmoins imposés comme un enjeu politique et économique de tout premier plan à l'aune de catastrophes naturelles, de prises de conscience des citoyens et des grandes conférences internationales menées dans le cadre des Nations unies. Impossible à esquiver, l'environnement constitue un défi qui structurera le monde du XXIe siècle.

1 _ LE PARTAGE DE LA PUISSANCE

Après avoir dominé le monde pendant près de quatre siècles, l'« Occident » voit aujourd'hui son hégémonie politique remise en question. Au cours de cette période, il aura réussi à imposer son modèle politique, ses valeurs et nombre de ses pratiques à l'ensemble de la planète. Tout en demeurant des pôles de prospérité et d'influence, les États-Unis et l'Europe observent presque avec étonnement l'émergence de nouvelles puissances concurrentes. À l'heure de la mondialisation, la puissance a changé de forme et de géographie. En ce début de XXIe siècle, le monde est devenu multipolaire.

UN MONDE ÉTABLI

L'OCCIDENT, SOLEIL COUCHANT 16

LES ÉTATS-UNIS, PUISSANCE MALGRÉ TOUT 20

L'EUROPE À L'ÉPREUVE DES CRISES 24

LA RUSSIE EN QUÊTE D'INFLUENCE 28

LE JAPON, PUISSANCE ENTRAVÉE 32

UN MONDE ÉMERGÉ

LA CHINE, PUISSANCE DÉCOMPLEXÉE 34

L'INDE, PUISSANCE PRAGMATIQUE 38

LE BRÉSIL, PUISSANCE EN DEVENIR 42

DES MONDES ÉMERGENTS

L'AFRIQUE EN MOUVEMENT 46

L'AFRIQUE DU SUD, LA BONNE ESPÉRANCE DU CONTINENT 48

LA MÉDITERRANÉE EN ÉBULLITION 50

LA TURQUIE, ENTRE ORIENT ET OCCIDENT 52

L'ASIE DU SUD-EST, ESPACE STRATÉGIQUE 54

L'INDONÉSIE, DÉMOCRATIE ÉMERGENTE 56

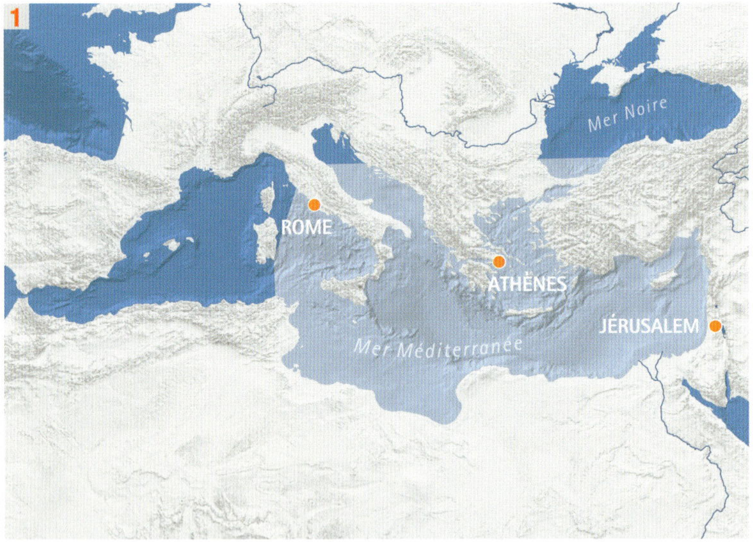

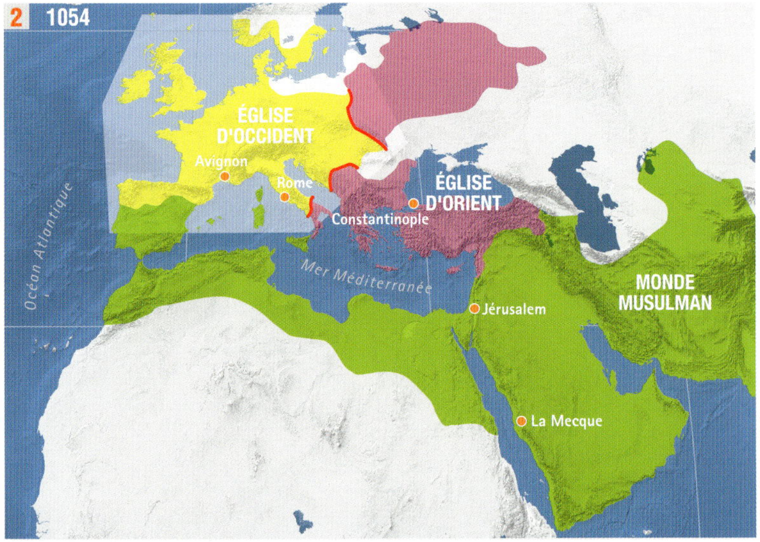

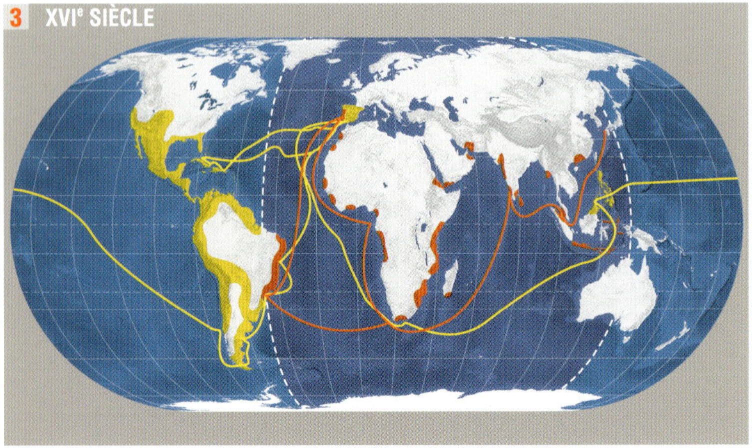

POSSESSIONS ET ITINÉRAIRES ESPAGNOLS

POSSESSIONS ET ITINÉRAIRES PORTUGAIS

DÉCOUPAGE DU MONDE ENTRE ESPAGNOLS ET PORTUGAIS

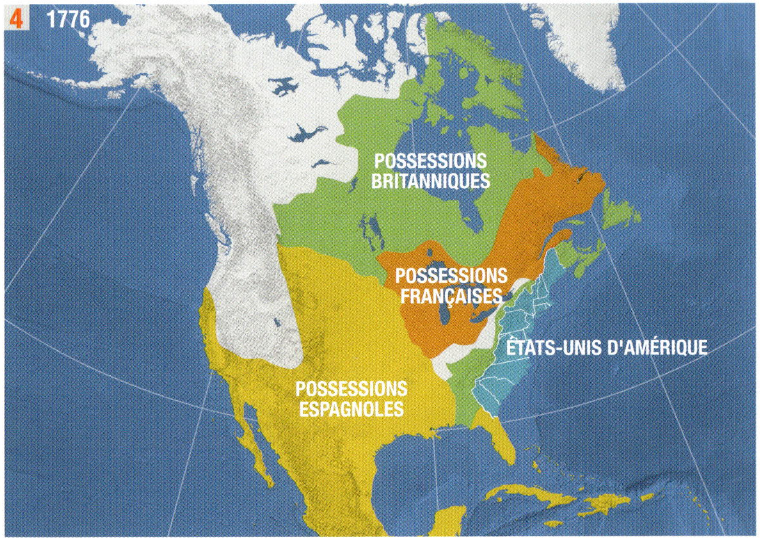

Le concept d'Occident est constamment utilisé dans notre vocabulaire, sans que l'on sache exactement ce qu'il recouvre. Notion mouvante et imprécise, elle renvoie historiquement à des réalités différentes (culturelle, religieuse, économique, militaire, civilisationnelle) qui dessinent autant de figures de l'Occident.

L'OCCIDENT, SOLEIL COUCHANT

L'étymologie du terme « Occident » renvoie au latin *occidens*, qui signifie « en direction de l'ouest », « là où le soleil se couche », qui vient lui-même de *occidere*, qui veut dire « mourir » et, par extension au sujet des astres, « tomber, se coucher ».
Cette référence à la chute sera notamment utilisée par le philosophe allemand Oswald Spengler, au début du XXe siècle, pour annoncer, déjà, « le déclin de l'Occident ».

1 LES ORIGINES MÉDITERRANÉENNES DE L'OCCIDENT

L'Occident trouve ses origines dans les traditions gréco-romaines et judéo-chrétiennes. Elles s'identifient bien souvent à trois villes : Athènes, qui incarnait au Ve siècle avant J.-C. une première expérience démocratique, en opposition à Sparte ; Jérusalem, depuis laquelle la spiritualité biblique s'est propagée rapidement contribuant à assimilier une croyance à un espace géographique ; et enfin Rome, connue notamment pour son génie juridique et son invention du droit privé (le droit des gens).
L'Empire romain, dont la religion officielle devient le christianisme à partir de 392, est placé sous l'autorité unique de l'empereur. Sa très grande extension géographique, des rivalités internes et des conflits externes ont entraîné sa division, en 395, en deux entités : un Empire romain d'Orient, dirigé alors par l'empereur Arcadius, et un Empire romain d'Occident, dirigé par l'empereur Honorius. C'est sans doute la première fois que l'on se réfère explicitement à la notion d'Occident.

2 LA CHRÉTIENTÉ COMME FIGURE DE L'OCCIDENT

Après la scission de l'Empire romain, le christianisme continue à s'étendre vers le nord de l'Europe et en Russie. L'unité de l'Église chrétienne ne va pas survivre à cette extension. Le schisme de 1054 donne naissance à une Église d'Orient et à une Église d'Occident. Rome, puis la papauté en Avignon, s'opposent désormais à ce qui deviendra l'Orient byzantin. En 1095, lorsque commence la première croisade, qui a pour but de reprendre la Ville sainte de Jérusalem aux Musulmans, chrétiens d'Orient et chrétiens d'Occident sont donc divisés.

3 LES GRANDES DÉCOUVERTES, OU LE PREMIER PARTAGE OCCIDENTAL DU MONDE

Les grandes découvertes vont constituer une étape importante dans la formation de l'idée d'Occident. Au milieu du XVe siècle, le prince portugais Henri le Navigateur lance ses caravelles sur les océans inconnus avec l'objectif d'élargir les zones de commerce de la monarchie portugaise et d'étendre les connaissances géographiques. Grâce à leur supériorité maritime, les Portugais explorent les côtes de l'Afrique où ils installent des comptoirs. Talonnés par les Espagnols, qui (re)découvrent l'Amérique, les Portugais prennent possession d'un vaste territoire qui deviendra, en 1500, le Brésil. Pour mettre fin à la rivalité entre les deux monarchies ibériques, le pape attribue à chacune d'elles une partie du monde : c'est le traité de Tordesillas, signé en 1494, qui ouvre la voie à l'implantation coloniale massive en Amérique latine et à la poursuite de l'exploration des voies maritimes vers l'Asie. À la fin du XVIe siècle, Espagnols et Portugais sont implantés aux quatre coins du globe et diffusent le christianisme autant que les idées et les techniques occidentales. Les Européens façonnent et exportent ainsi la notion de supériorité de la civilisation occidentale. L'Occident est désormais présent hors du bassin méditerranéen où il avait puisé ses valeurs premières.

4 QUAND L'AMÉRIQUE DU NORD ÉTAIT EUROPÉENNE

Français, Britanniques, Irlandais, Hollandais, Allemands viennent s'installer au nord du continent américain. Ils y fondent de nouvelles villes sur la côte est, puis franchissent la chaîne des Appalaches et s'engagent à cheval à l'intérieur de cette immense terre inconnue qu'est l'Amérique du Nord. Ces territoires sont désormais divisés en possessions coloniales britanniques et françaises au nord, espagnoles au sud. Les treize colonies qui bordent la côte atlantique font sécession avec la Couronne britannique en 1776, donnant

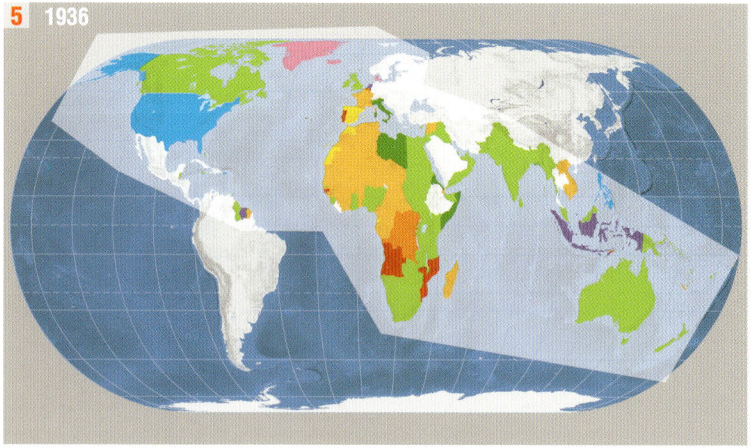

FRANCE · ROYAUME-UNI · BELGIQUE · ITALIE · ESPAGNE · PORTUGAL · ÉTATS-UNIS · PAYS-BAS · DANEMARK

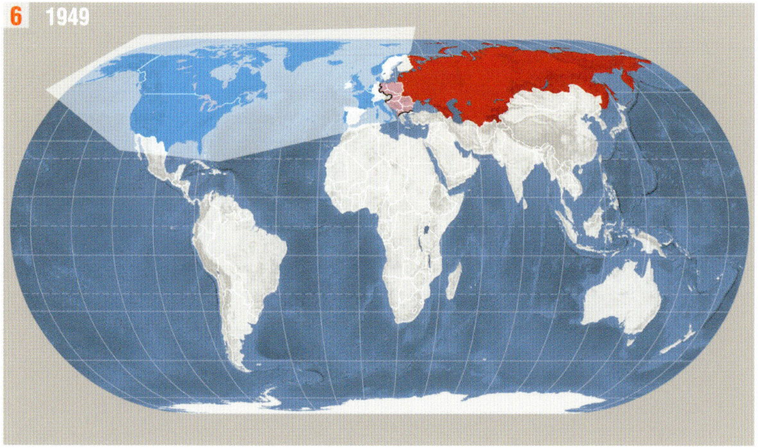

ALLIANCE ATLANTIQUE · DÉMOCRATIES POPULAIRES D'EUROPE DE L'EST · URSS

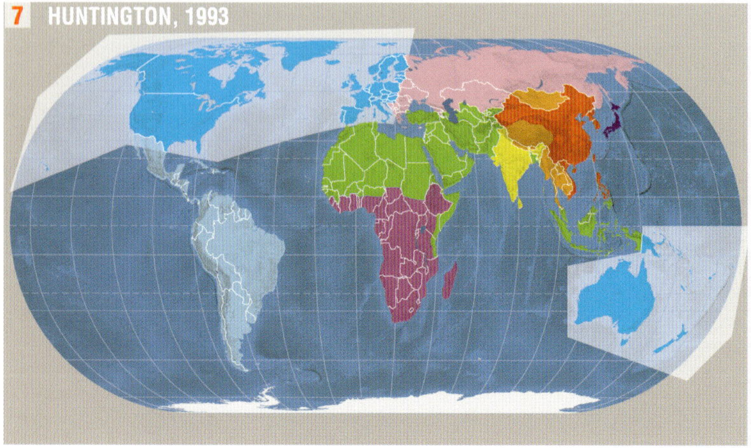

CIVILISATION : OCCIDENTALE · LATINO-AMÉRICAINE · ORTHODOXE · ISLAMIQUE · AFRICAINE · CHINOISE · HINDOUE · BOUDDHISTE · JAPONAISE

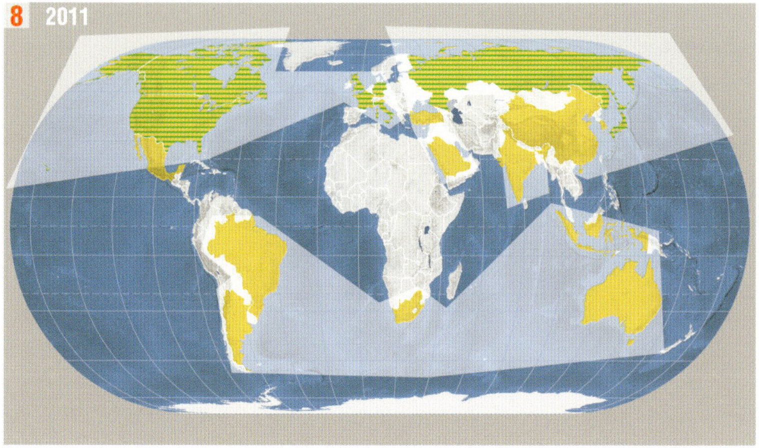

ÉTATS MEMBRES DU G8 · ÉTATS MEMBRES DU G20

naissance à un nouvel État : les États-Unis d'Amérique. Les habitants de ce nouveau pays partent en guerre tout à la fois contre l'environnement naturel, contre les tribus indiennes et contre ceux qui demeurent, alors, des Européens. Cela ne les empêche pas, par ailleurs, d'épouser les valeurs du siècle des Lumières européen que sont la démocratie, la liberté, les droits de l'homme et les droits civiques. Peu à peu, les États-Unis vont former une nouvelle branche de l'« Occident ».

5 LA COLONISATION, OU LE MONDE COMME UNE EXTENSION EUROPÉENNE

Le XIXe siècle va marquer l'apogée de la diffusion des idées occidentales, qui reposent à la fois sur la religion chrétienne et la croyance dans le progrès. Ce credo s'appuie sur la révolution industrielle qui a lieu entre le XVIIIe et le XIXe siècles au Royaume-Uni puis dans le reste de l'Europe. L'avancée industrielle et l'idée même de « progrès » renforcent le concept de « civilisation occidentale » et confortent son expansion. La conquête de nouveaux territoires par des pays dits occidentaux se poursuit en direction de l'Afrique et de l'Asie pour les Français et les Britanniques et, dans une moindre mesure, pour les Belges et les Italiens. Les Espagnols et les Portugais tentent, de leur côté, de conserver tant bien que mal les miettes de leur empire.

L'Occident diffuse et impose ainsi son mode de pensée à des territoires qui dépassent largement ses premiers contours historiques. Que ce soit par la conquête missionnaire, la conquête commerciale ou la conquête militaire, en 1936, la majeure partie des terres émergées de la planète a été colonisée par des États se réclamant de l'Occident.

6 LA GUERRE FROIDE, OU L'« OCCIDENT » CONTRE LE BLOC COMMUNISTE

Pour les peuples d'Asie et d'Afrique, la Seconde Guerre mondiale est un tournant qui vient discréditer l'idée même d'Occident et nourrir le processus de décolonisation qui s'engage après 1945. Au même moment, pourtant, la notion d'Occident va se trouver renforcée du fait de l'arrivée d'un nouvel adversaire : l'URSS. En effet, à peine le nazisme vaincu, l'URSS cesse d'être un allié pour devenir un rival géopolitique. Quatre ans après la fin de la guerre, une nouvelle opposition géopolitique mettant aux prises deux alliances militaires divise le continent européen : le Pacte de Varsovie d'un côté, regroupant l'URSS et ses pays satellites d'Europe de l'Est, et l'Organisation du traité de l'Atlantique nord (OTAN) de l'autre, réunissant les États-Unis et leurs alliés d'Europe de l'Ouest. Le « monde libre », comme on le nomme alors, est bien cet Occident aux contours mobiles, qui se reforme grâce à la menace que constitue l'Union soviétique de l'autre côté du « rideau de fer ». La menace militaire s'accompagne en outre d'une menace pour le modèle occidental : la démocratie, l'économie de marché et la liberté de culte étant des pratiques que l'Union soviétique a interdites en son sein et dans sa sphère d'influence européenne.

7 LE « CHOC DES CIVILISATIONS », L'OCCIDENT SELON SAMUEL HUNTINGTON

Avec la fin de la guerre froide, l'opposition Est-Ouest cesse et les anciens pays du bloc communiste adoptent le modèle économique et politique défendu jusque-là par le bloc occidental. C'est à cette période, en 1993, que le politologue américain Samuel P. Huntington développe son concept de « choc des civilisations », dessinant de nouveaux contours à ce qu'il identifie comme la civilisation occidentale. En se fondant sur des critères religieux, historiques, linguistiques ou liés aux traditions, sa thèse, qui distingue neuf civilisations, se révèle simpliste. Pour ne s'en tenir qu'au critère religieux, on constate qu'Huntington ne tient pas compte de la répartition effective des croyants dans le monde pour établir sa typologie. À titre d'exemple, le Kazakhstan, pays à majorité musulmane, est inclus dans la civilisation orthodoxe. Huntington décrit une civilisation occidentale fermée sur elle-même, alors que d'autres critères suggèrent au contraire un Occident ouvert sur le monde. C'est le cas notamment du critère économique.

8 DU G8 AU G20, LA MONDIALISATION DU MODÈLE ÉCONOMIQUE OCCIDENTAL

Au fil des années, on a observé un processus d'occidentalisation du monde par le biais de l'économie. Créé en 1975, le G6, groupe informel composé des pays industrialisés les plus riches, s'est peu à peu étendu pour réunir des pays ayant adopté le même modèle économique. Devenu G7 en 1976, avec l'entrée du Canada, ce groupe devient le G8, en 1998, avec l'entrée de la Russie.

Enfin, il faudra attendre la crise financière et économique de l'automne 2008 pour voir le G20, structure regroupant les pays industrialisés et émergents, occuper le devant de la scène. Reflétant les évolutions économiques en cours, ce groupe inclut la Chine, l'Inde, le Brésil, l'Indonésie, le Mexique ou l'Afrique du Sud. Il exprime ainsi une nouvelle extension du modèle et des pratiques économiques de l'Occident.

L'économie de marché apparaît actuellement comme le modèle économique dominant sur l'ensemble de la planète, exception faite de la Corée du Nord et Cuba. Ainsi, au regard du modèle économique appliqué au niveau mondial, tous les États ou presque seraient désormais « occidentaux », ce qui rend les contours de l'Occident plus flous encore.

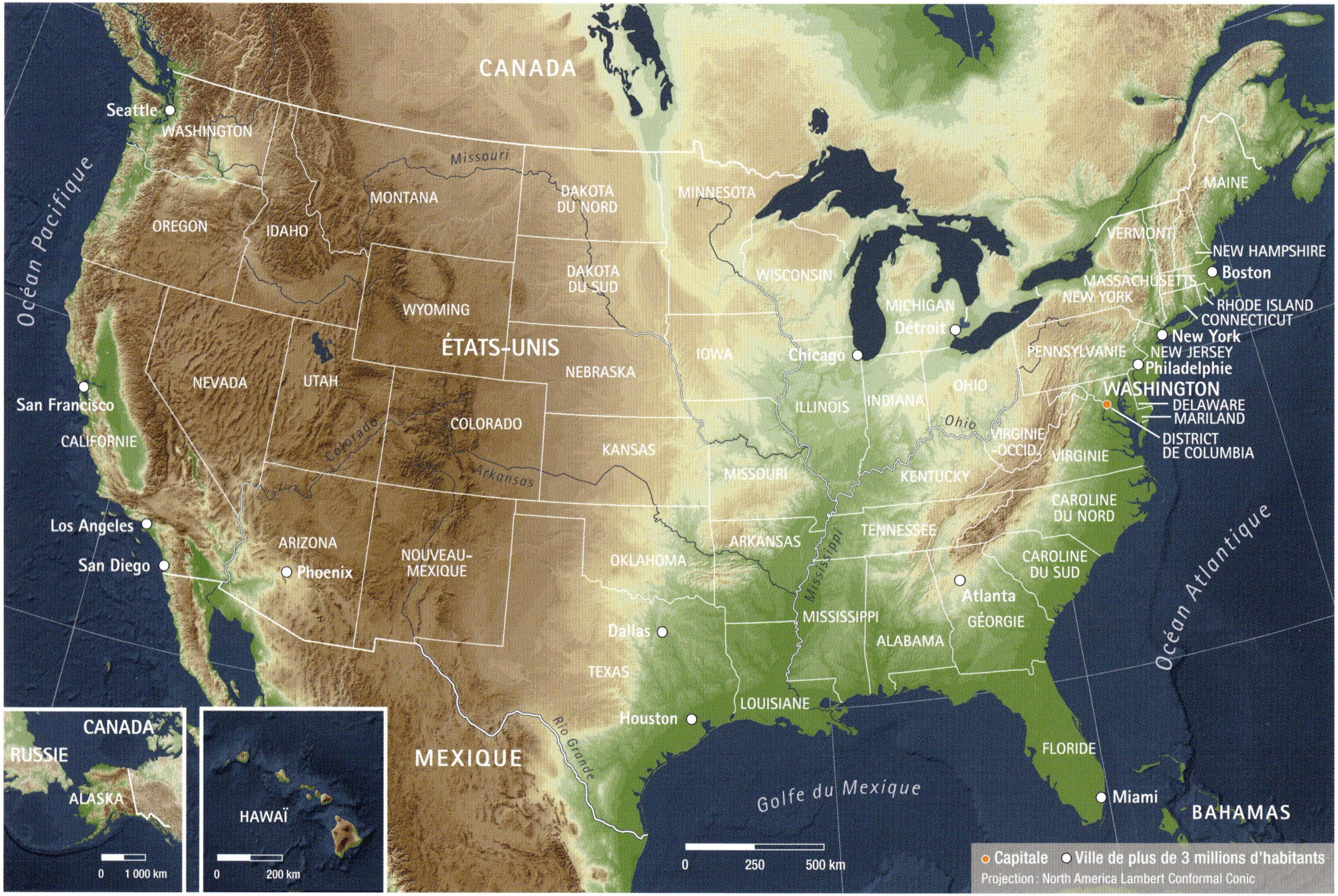

SUPERFICIE : 9 826 675 KM² – POPULATION (2010) : 317 MILLIONS D'HABITANTS – PART DES MOINS DE 15 ANS (2010) : 20,2 % – PIB EN PPA (2011) : 15 227 MILLIARDS $ – PIB/HAB. EN PPA (2011) : 48 665 $
BUDGET ÉDUCATION (2008) : 5,5 % DU PIB – BUDGET MILITAIRE (2009) : 4,4 % DU PIB – EMPREINTE ÉCOLOGIQUE (2007) : 8 HAG/HAB.

Épuisés par deux conflits majeurs en dix ans, à l'origine d'une crise financière et économique devenue mondiale, concurrencés par des puissances économiques émergentes décomplexées, les États-Unis vont-ils maintenir leur statut d'hyperpuissance ?

LES ÉTATS-UNIS, PUISSANCE MALGRÉ TOUT

Plus de dix ans après les attentats du 11 septembre 2001, la question du déclin de la puissance américaine s'est trouvée à nouveau posée. Pourtant, malgré la crise économique, financière et budgétaire traversée, le pays continue à disposer d'atouts considérables dans la compétition économique mondiale, au premier rang desquels se place une société extrêmement dynamique et innovante, celle-là même qui a porté au pouvoir, en novembre 2008, le démocrate Barack Obama.

Une Amérique qui doute

Le 15 septembre 2008, en l'absence de repreneurs et sans soutien de la part du gouvernement fédéral, la principale banque d'affaire américaine, Lehman Brothers, est déclarée en faillite. Il s'ensuit une crise financière qui se répand comme une traînée de poudre à travers le monde. Rapidement, la crise quitte la sphère financière pour devenir économique et sociale. Déjà affaiblie par la crise des *subprimes* qui avait éclaté un an plus tôt, la présidence républicaine de George W. Bush se termine en laissant le monde au bord de l'abîme économique. Loin de l'Amérique triomphante des années Clinton, l'hyperpuissance s'est embourbée dans les guerres d'Afghanistan et d'Irak et a vu son image ternie sur la scène internationale.

C'est donc dans un climat de doute que les Américains se rendent aux urnes le 4 novembre 2008 pour élire leur 44e président. Les résultats électoraux ne rencontrent cette fois-ci aucune contestation : les électeurs se prononcent à plus de 52 % en faveur du candidat démocrate, Barack Obama. À 47 ans, il devient le premier président noir des États-Unis. Noir pour les Blancs, métis ou afro-américain pour les autres, peu importe : avec un taux de participation de 66 %, un record depuis 1908, le vote Obama ne saurait être réduit à un vote ethnique. Il est à la fois le fruit de la forte participation des moins de 30 ans, de la mobilisation des minorités ethniques et des plus pauvres et, surtout, du vote des classes moyennes. C'est donc en rassembleur d'une Amérique multiethnique et socialement fracturée qu'Obama s'est imposé. Dans un discours célèbre, prononcé le 18 mars 2008 dans la ville symbole de Philadelphie, celui qui n'était alors que candidat aux primaires du parti démocrate exhortait le pays à « sortir de l'impasse raciale » dans laquelle il se trouvait depuis de trop nombreuses années

E PLURIBUS UNUM ▶

La devise qui figure sur le Grand sceau des États-Unis renvoie à une société historiquement, socialement, ethniquement et politiquement fragmentée mais qui a su se réunir autour de valeurs patriotiques. « De plusieurs, faire un », c'est ce qu'a incarné Obama en 2008. La large victoire obtenue tient cependant davantage au système électoral qu'à un véritable raz-de-marée électoral. Élu au suffrage universel indirect par un collège de grands électeurs répartis par États, Obama a remporté les États comptant le plus de voix.

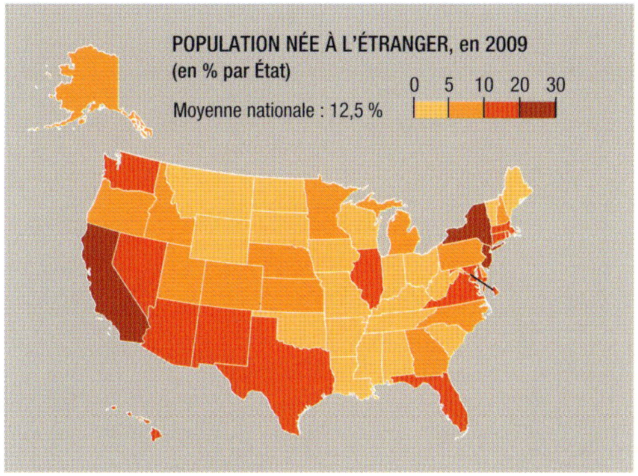

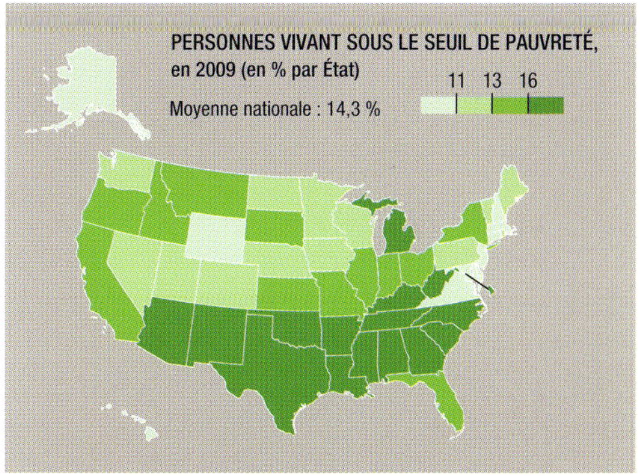

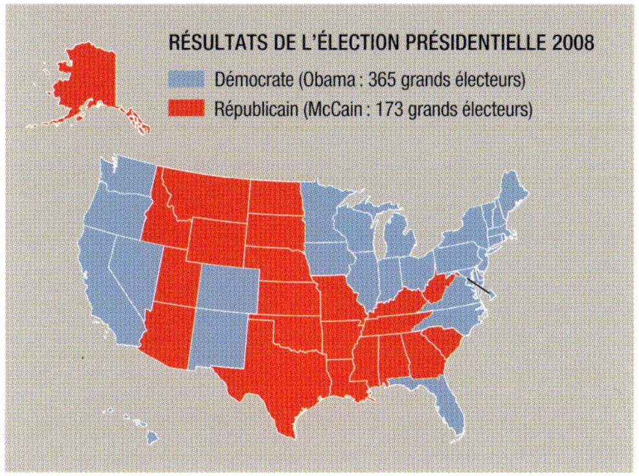

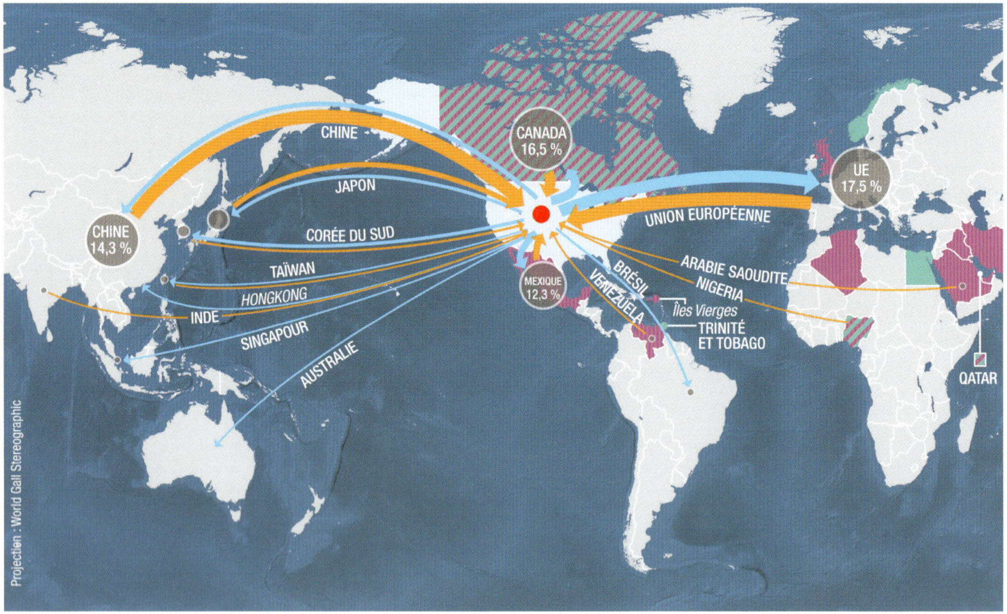

PRINCIPAUX PARTENAIRES COMMERCIAUX DES ÉTATS-UNIS, en 2010 (en % du total des échanges américains de biens)

PRINCIPAUX PAYS D'EXPORTATION

PRINCIPAUX PAYS D'IMPORTATION

PRINCIPAUX PAYS DONT LES ÉTATS-UNIS SONT UN IMPORTATEUR NET DE PRODUITS PÉTROLIERS, en 2009

PRINCIPAUX PAYS DONT LES ÉTATS-UNIS SONT UN IMPORTATEUR NET DE GAZ NATUREL, en 2009

◀ DÉPENDANCE ET INTERDÉPENDANCE DES ÉTATS-UNIS

Commerce, énergie, dette, les États-Unis sont pris dans des réseaux et des logiques d'interdépendance qui les rendent vulnérables à l'extérieur, tout en rendant leurs partenaires commerciaux dépendants de leur demande. Ainsi, sur le plan économique, si les États-Unis ne peuvent se passer du reste du monde, en retour, le reste du monde ne peut se passer des États-Unis, comme l'atteste un déficit commercial de marchandises de 727 milliards de dollars en 2011. Une interdépendance que l'on retrouve également en matière énergétique, puisque les États-Unis sont un importateur net de produits pétroliers (à hauteur de 9,7 millions de barils par jour en 2009).

et à dépasser les clivages ethniques et sociaux internes. Le candidat aura réussi à incarner ce projet en forme d'espoir lors des élections de novembre 2008.

« It's the economy, stupid ! »

Cette formule popularisée par William J. Clinton lors de l'élection présidentielle de 1992 indiquait que les questions économiques étaient cruciales car elles se trouvaient au cœur des préoccupations des citoyens. Vingt ans plus tard, l'économie domine plus que jamais les débats américains. Les réponses apportées pour faire face à la récession économique ont conduit l'administration Obama à injecter massivement de l'argent public dans les rouages de l'économie du pays. Les effets de ces choix de politique publique ont été immédiats : un creusement de la dette publique et une augmentation des déficits. Entre 2007 et 2010, la dette publique américaine est ainsi passée de 62,2 % à près de 95 % du PIB. À cela s'ajoute un déficit s'élevant, en 2010, à près de 11 % du PIB du pays.

À côté de ces grands indicateurs macroéconomiques, la question de l'emploi est au cœur des préoccupations nationales actuelles. Le taux de chômage a pratiquement doublé entre 2007 et 2010, passant de 4,7 % à 9,7 % de la population active (soit 15 millions de personnes) ; une partie des classes moyennes a enregistré une baisse de ses revenus, tandis que le nombre d'exclus aurait augmenté de plus de 6 millions au cours des trois dernières années. Ainsi, près de 50 millions d'Américains vivraient aujourd'hui sous le seuil de pauvreté : de l'ordre de 1 pour 6 au niveau national, ce ratio serait de 1 pour 4 s'agissant des Noirs et des Hispaniques. Si les États-Unis sont sortis de la récession au milieu de l'année 2009 et ont connu une croissance de l'ordre de 2,6 % en 2010, leur économie demeure fragile. Cela n'a pas échappé aux électeurs qui ont lourdement sanctionné l'administration Obama lors des élections de mi-mandat, le 2 novembre 2010. Inquiets de la situation économique du pays, ils ont fait entrer une majorité républicaine à la Chambre des représentants.

La puissance américaine, un déclin relatif

S'il existe des signes tangibles d'une perte d'influence et de puissance des États-Unis sur la scène internationale, le déclin redouté, voire annoncé, est relatif. Avec un PIB légèrement

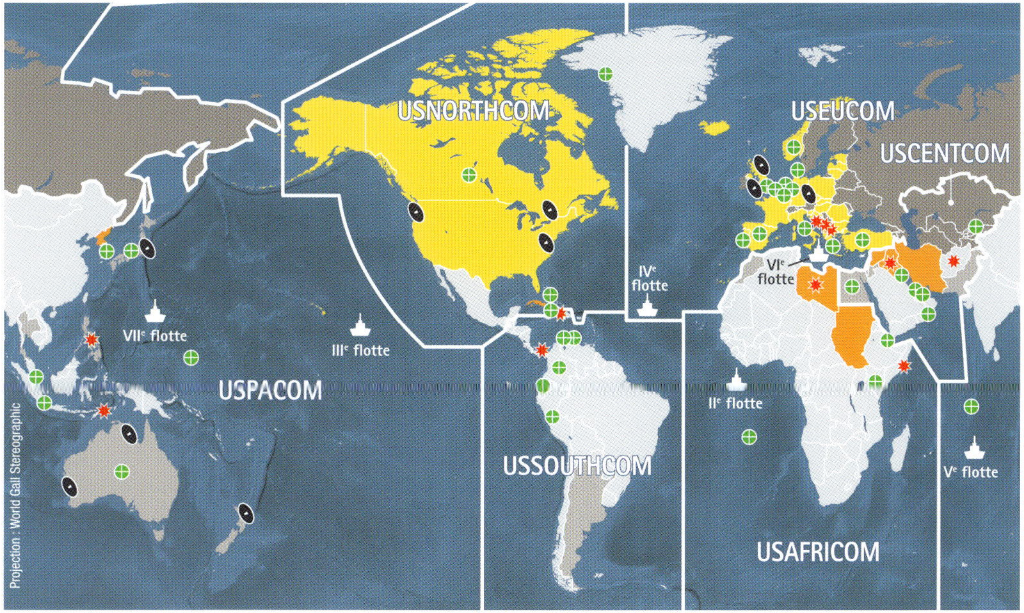

PAYS MEMBRES DE L'OTAN
PAYS NON-MEMBRES DE L'OTAN PARTICIPANT AU PARTENARIAT POUR LA PAIX
PRINCIPAUX PAYS ALLIÉS HORS OTAN
PAYS CONSIDÉRÉS COMME HOSTILES
PRINCIPALES BASES ET INSTALLATIONS MILITAIRES DES ÉTATS-UNIS À L'ÉTRANGER
PRINCIPALES INTERVENTIONS DES ÉTATS-UNIS DEPUIS 1989
PRINCIPALES STATIONS D'ÉCOUTE DU SYSTÈME ÉCHELON
COMMANDEMENT MILITAIRE

◀ LA PRÉSENCE MILITAIRE DES ÉTATS-UNIS DANS LE MONDE

Conçu durant la guerre froide, le dispositif militaire américain à l'étranger s'est maintenu après la fin de celle-ci. Ce maillage militaire mondial, unique sur la scène internationale, se double d'une volonté hégémonique qui a conduit les États-Unis à intervenir militairement aux quatre coins de la planète. Avec ou sans mandat de l'ONU, de manière unilatérale ou en y entraînant ses alliés de l'OTAN, les motifs de ces interventions ont pu être tantôt politiques, stratégiques, énergétiques ou humanitaires.

supérieur à 15 000 milliards de dollars en 2011, les États-Unis demeurent la première puissance économique du monde. Loin derrière, avec un PIB de 6 500 milliards de dollars, la Chine est devenue, en 2010, la deuxième puissance économique mondiale, devant le Japon. Selon certaines projections économiques, elle pourrait « rattraper » le PIB américain vers 2025. Le rééquilibrage partiel qui s'opère tient donc davantage au développement économique et aux forts taux de croissance que connaissent certains pays émergents qu'à un effondrement de l'économie américaine. Historiquement, cette dernière n'a d'ailleurs jamais produit autant de richesses qu'aujourd'hui et le pays continue d'être l'une des destinations privilégiées tant des investissements directs étrangers (0,9 % du PIB en 2009) que des « cerveaux » du monde entier. Le pays se place en outre dans les premiers rangs en matière de dépenses de Recherche et développement (2,6 % du PIB). Enfin, sur le plan militaire, avec des dépenses qui représentent 43 % des dépenses militaires mondiales, les États-Unis n'ont aucun rival.

Ainsi, malgré la concurence des puissances émergentes, le poids des États-Unis sur la scène internationale demeure majeur. La fin de l'hégémonie américaine ne signifie donc ni le déclin, ni la fin des ambitions mondiales. Cependant, ces ambitions ont pris des formes moins agressives que sous la présidence Bush, illustrées par des changements formels dans les discours et la mise en place d'une diplomatie davantage multilatérale. Dans un monde d'interdépendances économique, énergétique et politique, l'unilatéralisme systématique n'est en effet plus de mise. Ces changements n'ont certes pas mis un terme à la violence en Irak et en Afghanistan, ni permis d'avancer dans la résolution du conflit israélo-palestinien. Ils ont en revanche fait évoluer l'image des États-Unis dans le monde, en particulier dans le monde musulman. À la logique du *hard power* (le pouvoir de coercition par la force), l'administration Obama semble avoir préféré le *smart power* (le pouvoir de l'intelligence) comme principe moteur de son action extérieure. Reste à savoir, désormais, si un tel principe résistera à l'épreuve des grands défis stratégiques mondiaux que sont, par exemple, la question du nucléaire iranien ou nord-coréen.

Autant de problématiques qui ne manqueront pas d'être au cœur de la campagne électorale américaine du second semestre 2012.

VOIR AUSSI : AFGHANISTAN, LA GUERRE DE TRENTE ANS, p. 108 - LA PROLIFÉRATION NUCLÉAIRE, p. 125 - L'ABOLITION UNIVERSELLE DE LA PEINE DE MORT, p. 144

UE : SUPERFICIE : 4 200 000 DE KM² – POPULATION (2010) : 501 MILLIONS D'HABITANTS – PART DES MOINS DE 15 ANS (2010) : 15,5 % – PIB EN PPA (2011) : 15 608 MILLIARDS $ – PIB/HAB. EN PPA (2011) : 31 197 $
BUDGET ÉDUCATION (2008) : 4,9 % DU PIB (moyenne des États de l'UE) – BUDGET MILITAIRE (2009) : 1,6 % DU PIB (moyenne) – EMPREINTE ÉCOLOGIQUE (2007) : 5,36 HAG/HAB. (moyenne)

Rejet du projet de constitution en 2005, crise économique en 2009, crise de l'euro en 2010, remise en cause du principe de libre circulation en 2011… Depuis plusieurs années, l'intégration européenne est suspendue à l'issue d'une crise dont les symptômes ne cessent de se modifier – sauf si l'on considère que l'Europe se construit aussi au fil des épreuves.

L'EUROPE À L'ÉPREUVE DES CRISES

Appréciée à l'aune des commentaires de la presse britannique, des notes des agences financières ou du score des partis populistes en Europe, la crise que traverse l'Union européenne (UE) depuis le rejet du projet de constitution en 2005 serait désormais si profonde qu'elle menacerait la poursuite de l'intégration régionale. Début 2011, l'hypothèse brièvement évoquée de réinstaurer le contrôle aux frontières au sein de l'espace Schengen, revenant ainsi sur la liberté de circulation qui est un principe fondamental de la construction européenne, ne vient pas démentir la gravité évoquée de la crise identitaire de l'Europe.

Pour sa part, l'histoire du processus d'intégration communautaire offre depuis vingt ans une analyse plus nuancée de la situation, que semble conforter la réponse des Européens aux récentes crises économique et financière.

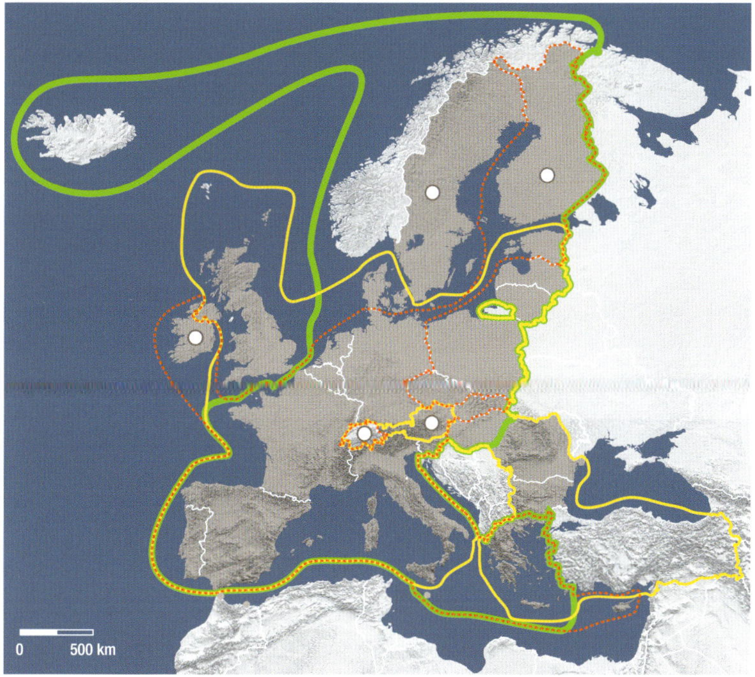

L'EUROPE À LA CARTE

Tandis que l'UE rassemble 27 États (28 en 2013 avec l'adhésion de la Croatie) et la zone euro 17, l'espace Schengen associe pour sa part des membres et des non-membres de l'Union. Si cette formule «à la carte» renvoie au manque de vision commune sur le projet politique européen et au risque de perte de cohésion de l'Union, elle illustre aussi le pragmatisme de la construction communautaire que ni la fin de la guerre froide en Europe, ni les élargissements successifs, ni même la crise de la dette en 2010 ne sont venus interrompre.

ÉTATS MEMBRES DE L'UE — ÉTATS MEMBRES DE L'OTAN
ESPACE SCHENGEN* — ÉTATS DE LA ZONE EURO — PAYS NEUTRES

* Les Açores, Madère (Port.) et les îles Canaries (Esp.), hors cadrage, font partie de l'espace Schengen, tout comme les enclaves de Ceuta et Melilla.

Un processus d'intégration opportuniste

D'abord satisfaits d'avoir évité la déflation à laquelle la récession mondiale des années 2008-2009 exposait la zone euro, les pays de l'Union monétaire européenne se trouvent depuis bousculés par les crises grecque, irlandaise et portugaise et le manque de rigueur budgétaire des États membres. Tandis que les «critères de convergence» imposés pour adhérer à la zone euro exigent des candidats qu'ils ramènent leur déficit public en dessous de 3 % du PIB, la crise révèle qu'aucun pays de la zone n'y parvient plus : en 2009, les déficits de la France, de Chypre et de la Slovaquie dépassent 6 % de leur PIB ; ceux de l'Espagne, du Portugal, de l'Irlande et de la Grèce atteignent même 8 % à 16 % de leur PIB. Alourdies par les effets de la crise sur les recettes budgétaires et par le coût des politiques de relance, les dettes publiques portugaise, grecque, italienne et belge s'élèvent même à plus de 80 % du PIB, soit bien au-delà des 60 % autorisés dans la zone euro.

Sommée de réagir au risque de faillite de la Grèce et aux attaques contre la monnaie européenne, l'UE semble

1986 DATE D'ENTRÉE DANS L'UE (EX-CEE)

- UNION EUROPÉENNE, en 2012
- DATE D'ENTRÉE DANS L'UE (EX-CEE)
- CANDIDATS OFFICIELS À L'ADHÉSION
- CANDIDATS POTENTIELS
- ÉTATS CONCERNÉS PAR LA POLITIQUE EUROPÉENNE DE VOISINAGE
- PARTENARIAT STRATÉGIQUE AVEC L'UE
- ÉTATS MEMBRES DE L'UNION POUR LA MÉDITERRANÉE

1 - CROATIE (adhésion en 2013)
2 - ARYM (MACÉDOINE)
3 - MONTÉNÉGRO
4 - BOSNIE-HERZÉGOVINE
5 - SERBIE
6 - ALBANIE
7 - KOSOVO

QUELLES FRONTIÈRES POUR L'EUROPE ▲

Interrogés à chaque nouvelle demande d'adhésion, les États membres ne parviennent pas toujours à s'entendre, au-delà des critères économiques et démocratiques déjà exigés pour entrer dans l'Union. À défaut de références géographique, historique, culturelle ou religieuse partagées, les voilà donc contraints de formuler des réponses politiques aux candidats qui attendent encore qu'on leur réponde.
Même si les États membres s'accordent sur la nécessité de stabiliser l'environnement proche de l'UE, leurs divergences subsistent sur le cas de la Turquie, un pays musulman peuplé de près de 80 millions d'habitants, en conflit avec un autre État membre (Chypre), et dont l'adhésion porterait la Syrie et le Proche-Orient aux frontières de l'Union.

d'abord hésiter, affaiblie par les divergences de position des États membres et par l'absence de mécanisme d'arbitrage ajusté à la situation. Bientôt, cependant, la volonté politique l'emporte : tandis que la Banque centrale européenne rassure les marchés en rachetant des dettes publiques au sein de la zone euro, les membres du Conseil de l'UE établissent que le problème de la Grèce est un problème européen, appelant une réponse commune des dix-sept pays de la zone monétaire. Au-delà du financement du plan de sauvetage de la Grèce avec le FMI, les États membres de la zone euro décident en mai 2010 de créer un fonds doté de 750 milliards d'euros destiné à préserver la stabilité financière de l'Union. Ce faisant, ils envisagent aussi d'avancer sur la voie d'une intégration accrue de leurs politiques budgétaires, en suggérant, notamment, la création d'instances de supervision communes. Deux ans plus tard, on peut donc retenir que les crises de l'euro et de la dette ont provoqué chez les Européens un réflexe de solidarité que ne prévoyait pourtant aucun texte communautaire. Sans affichage, de manière parfois chaotique, voire à contrecœur pour certains, la construction européenne se poursuit malgré tout sur l'autel de la nécessité.

Une approche pragmatique

Au-delà de la résolution de l'équation financière qu'elle impose à l'Europe, la crise vient également rappeler aux Européens la nécessité d'adapter leurs structures économiques aux nouvelles exigences du marché mondial, que fixent désormais aussi les économies émergentes.
Comme les Européens se plaisent à le rappeler, l'UE constitue la première puissance commerciale mondiale mais aussi le premier émetteur et récipiendaire d'Investissements directs étrangers (IDE). Aussi remarquables soient-elles, ces performances ne suffisent pas à occulter qu'en 2010, les pays de l'UE réalisent 62 % de leur commerce extérieur et 67 % de leurs IDE au sein même de l'UE. Loin d'établir la puissance économique mondiale de l'UE, elles confirment donc surtout le profit que les pays européens tirent de leur intégration économique. C'est une nuance que viennent d'ailleurs souligner la détérioration progressive des termes de l'échange de l'Union européenne avec les pays émergents ainsi que le recul, depuis 10 ans, de la part de l'UE dans le PIB mondial. À ces évolutions s'ajoute le fait que, désormais, l'Inde, la Chine et le Brésil viennent se positionner sur les secteurs industriels à haute valeur ajoutée, imposant ainsi aux pays de l'Union d'accroître leur compétitivité dans les secteurs à forte intensité technologique ou scientifique. Or, on constate au même moment que les

L'UE HORS DE SES FRONTIÈRES ▶

« L'Europe, quel numéro de téléphone ? » demandait Henry Kissinger. Aujourd'hui encore, la boutade de l'ancien secrétaire d'État américain conserve toute sa pertinence. L'UE peine en effet à parler d'une seule voix, tantôt représentée par le président permanent du Conseil européen, Herman Van Rompuy, par la haute-représentante pour les Affaires étrangères, Catherine Ashton, par le président de la Commission européenne, José Manuel Barroso, ou encore par les représentants des États qui se succèdent à la présidence tournante de l'Union. Peu audible et peu visible pour ses interlocuteurs comme pour ses ressortissants, l'UE n'en est pas moins active sur la scène internationale, comme le suggèrent ses interventions civiles et militaires dans le monde.

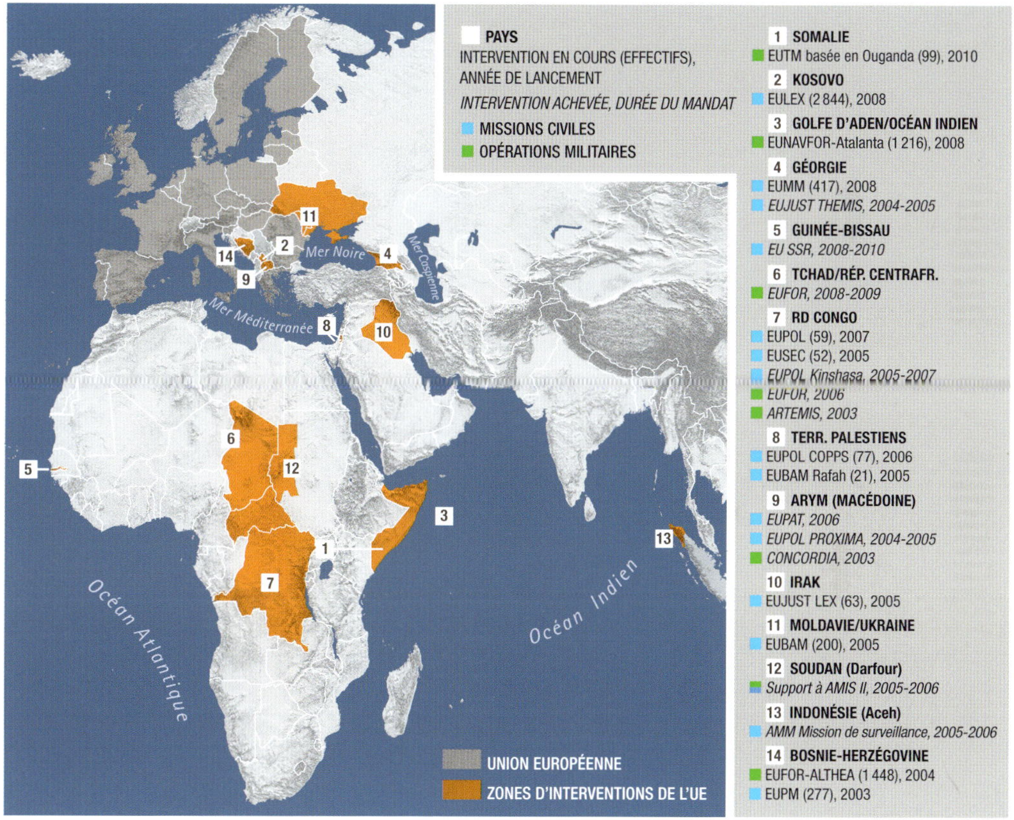

Européens accordent à peine 2 % de leur PIB à la Recherche et développement, tandis que les Japonais lui consacrent 3,5 % de leur PIB et les Américains près de 2,6 %. Dans ces conditions, et considérant la pression prochaine du vieillissement démographique européen sur les salaires et sur les budgets nationaux, le risque s'accroît pour les Européens de perdre en compétitivité sur le marché mondial. Placés au pied du mur par les effets de la crise (dont les Européens constatent justement qu'ils sont moindres dans les pays émergents), les États membres choisissent une nouvelle fois, en juin 2010, d'apporter une réponse commune. Axée sur le développement de nouveaux produits, l'économie numérique, la modernisation de la formation et la promotion des industries sobres en carbone, la stratégie « Europe 2020 » prévoit également d'améliorer la coordination entre les politiques nationales et européennes.

Une panne de discours

Confrontés à un contexte mondial bouleversé par deux fois depuis les débuts de la construction européenne en 1957 (la fin de la guerre froide et la mondialisation), les pays de l'Union peinent à décider de relever ensemble les défis des prochaines décennies : vieillissement, raréfaction des matières premières, stagnation des ressources communautaires, pression migratoire, retrait stratégique des États-Unis du théâtre européen et réchauffement climatique. Cependant, à l'instar des crises récentes qui ont eu pour effets inattendus d'élargir le champ des compétences communautaires et de renforcer la gouvernance européenne, on peut penser que l'intégration de l'Union se poursuive, discrètement, à mesure que ses membres constatent que l'échelle européenne reste la plus efficace pour faire face aux enjeux mondiaux. En attendant, le défi que les États membres devront impérativement relever consistera à produire un discours commun sur l'Europe, même en l'absence d'une vision partagée de son rôle et de sa place dans le monde. C'est en effet aussi à cette condition que l'Union retrouvera sa légitimité auprès de ses citoyens, un préalable indispensable à la poursuite de son intégration.

VOIR AUSSI : LA GOUVERNANCE MONDIALE APRÈS BRETTON WOODS, p. 64 - LES MIGRATIONS OU LES CHEMINS DE L'EXIL, p. 154 - UN PATRIMOINE MONDIAL UNIVERSEL ?, p. 184

SUPERFICIE : 17 098 242 KM² – POPULATION (2010) : 140 MILLIONS D'HABITANTS – PART DES MOINS DE 15 ANS (2010) : 15 % – PIB EN PPA (2011) : 2 355 MILLIARDS $ – PIB/HAB. EN PPA (2011) : 16 840 $
BUDGET ÉDUCATION (2008) : 4 % DU PIB – BUDGET MILITAIRE (2009) : 3 % DU PIB - EMPREINTE ÉCOLOGIQUE (2007) : 4,41 HAG/HAB.

Vingt ans après l'effondrement de l'URSS, la Russie continue de susciter des interrogations. Entre atteintes aux libertés individuelles et libéralisation économique, entre richesse énergétique et déclin démographique, entre Europe et Asie, le pays se cherche un futur à la dimension de son histoire.

LA RUSSIE EN QUÊTE D'INFLUENCE

Comment qualifier le statut international de la Russie ? Puissance émergente, ré-émergente, grande puissance, puissance régionale ? Traversé par de nombreuses contradictions, soumis à de multiples contraintes, le pays développe une politique internationale pragmatique, conséquence tout à la fois de sa géographie, de son histoire et de ses ressources.

Un territoire de moins en moins peuplé

Avec 17 millions de km², la Russie est le plus grand État du monde. Le territoire s'étend de Kaliningrad au détroit de Béring, soit des portes de l'Europe à l'Asie, couvrant ainsi onze fuseaux horaires. La Russie partage ses frontières avec quatorze États et s'ouvre sur la mer Baltique à l'ouest, la mer de Barents au nord-ouest, l'océan Glacial arctique au centre, la mer de Béring, la mer d'Okhotsk et la mer du Japon à l'est et, enfin, sur les mers Noire et Caspienne au sud. Or, ces frontières maritimes sont en partie fermées : au nord, par la banquise pendant sept mois de l'année ; au sud, si le détroit du Bosphore permet de sortir de la mer Noire, il est contrôlé par la Turquie ; enfin, la mer Caspienne, telle un lac, n'ouvre sur aucun océan. Du fait de ces fortes contraintes géographiques et climatiques, la Russie est vue comme une puissance continentale et non comme une puissance maritime, son histoire l'ayant d'ailleurs à plusieurs reprises poussée à rechercher des accès aux mers chaudes.

C'est donc sur un tel territoire – immense et contraignant – que se répartit une population russe dont le nombre ne cesse de baisser depuis vingt ans : 148 millions d'habitants en 1990, 140 millions en 2010. L'indice de fécondité en Russie s'élève aujourd'hui à 1,4 enfant en moyenne par femme – largement au-dessous du seuil de renouvellement des populations, qui est de 2,1 – et l'espérance de vie est en diminution par rapport à la période soviétique, surtout chez les hommes, sous les effets de la privatisation du système de santé et de l'alcoolisme.

Une économie de rente

Une croissance économique annuelle moyenne de près de 7 % depuis le début des années 2000 aura permis au pays d'intégrer le nouveau club des pays émergents. Ce récent statut, la Russie le doit principalement à la vente de ses matières premières (fer, bauxite, nickel, cuivre, uranium, etc.), et notamment de ses hydrocarbures. Elle est ainsi parvenue à transformer la possession de ces ressources en levier de puissance. C'est par exemple le cas avec l'Union européenne (UE) qui importe 25 % de ses hydrocarbures de Russie. Or, ce qui est présenté comme une faiblesse européenne se révèle être une relation de dépendance mutuelle puisque, en sens inverse, l'UE représente le premier marché pour le gaz naturel et le pétrole russes.

Ces ressources sont un atout national considérable mais elles portent en elles-mêmes l'inconvénient d'une économie de rente, c'est-à-dire une économie fondée sur la dépendance à l'égard des matières premières. Par ailleurs, le pays investit peu dans le secteur industriel. Résultat : les infrastructures électriques sont devenues obsolètes, tout comme les réseaux de transports.

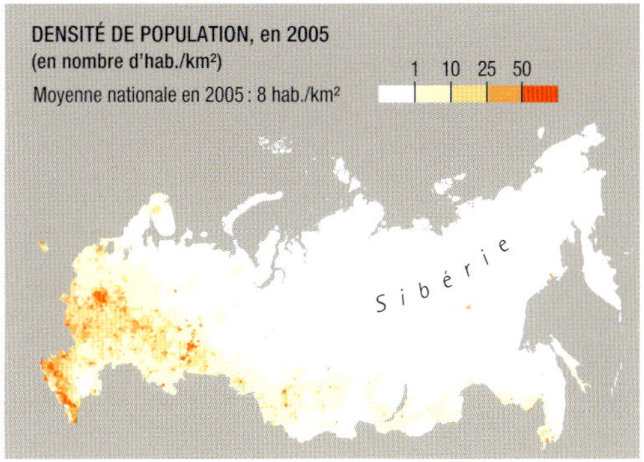

▲ UN TERRITOIRE INÉGALEMENT HABITÉ

La population russe est formée à 80 % de personnes d'origine slave, le reste de la population composant une mosaïque de peuples. Toutes ces populations sont inégalement réparties sur le territoire et se concentrent principalement dans les villes. La densité de population moyenne révèle ainsi un grand déséquilibre : 40 et 60 habitants au km² à l'ouest et au sud, contre moins de 1 habitant au km² dans certaines régions de l'extrême-orient russe.

Une puissance enclavée

Dotée d'un siège de membre permanent au Conseil de sécurité de l'ONU et d'un arsenal nucléaire toujours considérable, la Russie entend projeter sur la scène internationale une image de puissance mondiale. Or, elle est aujourd'hui une puissance moyenne et passablement enclavée. Sur le flanc ouest, les États qui étaient autrefois satellites ou parties intégrantes de l'URSS ont pour la grande majorité d'entre eux rejoint l'UE et l'OTAN. Aujourd'hui, c'est au tour

▲ RESSOURCES NATURELLES : LA RICHESSE D'UN PAYS

La Russie jouit de ressources aussi importantes que diverses : des terres arables nombreuses, la plus grande zone forestière du monde, des ressources hydriques considérables et des matières premières en abondance qui font de ce pays une véritable puissance énergétique. Avec 27 % des réserves mondiales de gaz, la Russie est le premier producteur au monde et fournit 40 % des besoins en gaz naturel de l'Union européenne.
Au regard des réseaux de gazoducs partant de Russie en direction de l'UE et passant par l'Ukraine et la Biélorussie, on mesure les interdépendances entre ces deux acteurs.

INFRASTRUCTURES

- RÉSEAUX D'OLÉODUCS DESSERVANT LES PAYS D'EUROPE
- RÉSEAUX DE GAZODUCS DESSERVANT LES PAYS D'EUROPE
- PROJET D'OLÉODUC
- PROJET DE GAZODUC

RESSOURCES

- PÉTROLE
- CHARBON
- CUIVRE
- THORIUM, URANIUM
- GAZ
- FER
- NICKEL
- DIAMANT

de l'Ukraine et de la Géorgie de se porter candidates pour rejoindre l'Alliance atlantique. La Russie, qui souffre toujours de son complexe obsidional, se voit donc comme une forteresse dont l'Occident voudrait poursuivre l'affaiblissement. Un tel sentiment s'est trouvé exprimé dans le livre blanc portant sur la nouvelle doctrine militaire et de sécurité nationale présentée par le président Medvedev, en février 2010. L'OTAN y est alors placée en tête des menaces extérieures de la Russie, et ce au même titre que la prolifération nucléaire ou le terrorisme. La guerre en Géorgie, en août 2008, peut ainsi être vue comme une réponse à l'extension de l'OTAN. La Russie a montré, à cette occasion, qu'elle pouvait lancer son armée contre un État souverain, sans encourir de réaction majeure de la part des pays de l'OTAN. Cette action militaire apparaissait également comme un signal adressé à l'Ukraine, dans l'éventualité où le pays souhaiterait poursuivre son rapprochement avec l'OTAN.

À l'image de la question géorgienne, c'est au sud, dans le Caucase, que se situent les zones de tensions les plus graves pour la Russie. En mars 2010, l'attentat dans le métro de Moscou, revendiqué par le chef de la guérilla tchétchène, et les attentats réguliers qui ont lieu au Daghestan et en Ingouchie montrent bien que les mouvements sécessionnistes dans le Caucase, islamistes ou non, n'ont pas été éradiqués par la politique du tout répressif appliquée par la Russie.

En direction de l'est, le développement des relations sino-russes engendre des interprétations multiples et souvent divergentes. Le règlement du contentieux frontalier entre les deux pays, à propos du tracé du fleuve Amour, et la rétrocession à la Chine, en 2008, de quelques îlots situés sur le fleuve ont contribué à détendre les relations entre les deux pays. Cette détente a favorisé la signature d'accords commerciaux en octobre 2009, en vue de l'exploitation des régions transfrontalières, riches en minerais. Vus de Pékin, les enjeux d'une telle relation reposent sur la

TERRITOIRE DE L'URSS DURANT LA GUERRE FROIDE
PAYS SATELLITES DE L'URSS DURANT LA GUERRE FROIDE
PAYS MEMBRES DE L'OTAN, en 2011
ZONES DE TENSION DANS LE CAUCASE
PRÉSENCE MILITAIRE DES ÉTATS-UNIS
ZONE ÉCONOMIQUE EXCLUSIVE RUSSE
GISEMENTS IDENTIFIÉS DE GAZ NATUREL
GISEMENTS IDENTIFIÉS DE PÉTROLE

DENSITÉ DE POPULATION DES DEUX CÔTÉS DE LA FRONTIÈRE SINO-RUSSE, en 2005 (en nombre d'hab./km²)

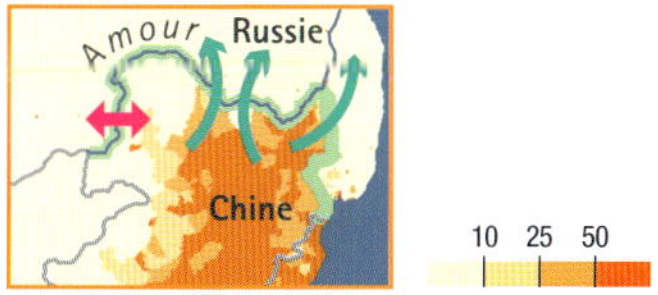

FRONTIÈRE **SINO-RUSSE** PERMÉABLE
MIGRATIONS CHINOISES
ACCORD SINO-RUSSE SUR LE TRACÉ DU FLEUVE AMOUR

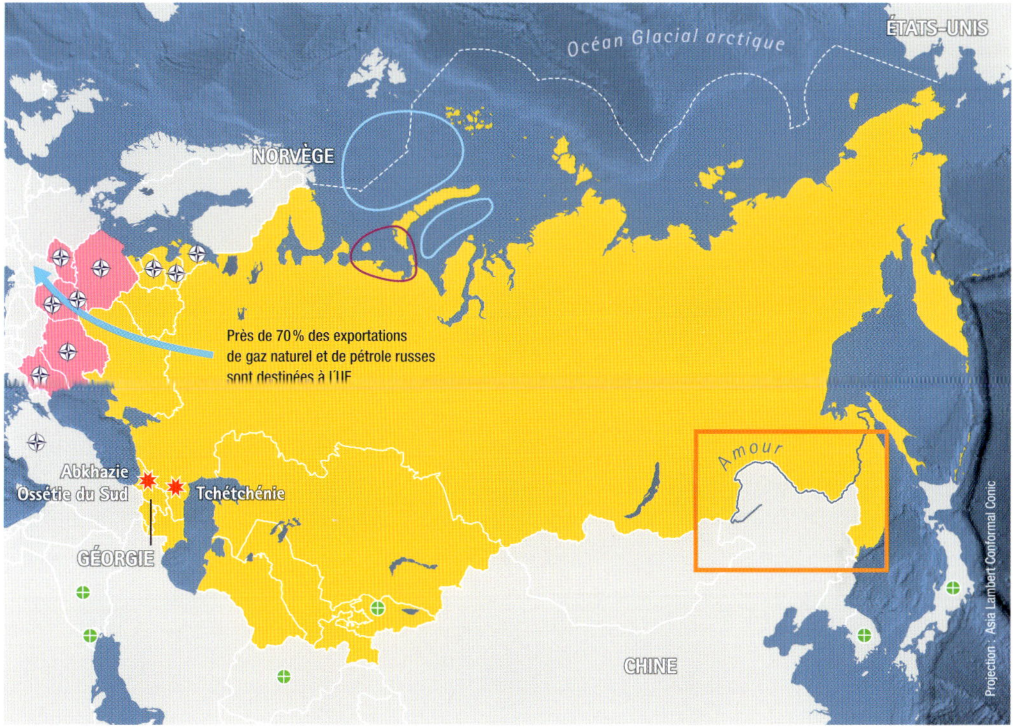

LA RUSSIE ET SON « ÉTRANGER PROCHE »

Au sud et à l'ouest, les relations que la Russie entretient avec ce qu'elle nomme son « étranger proche » mêlent tout à la fois tensions et coopérations, dépendances et interdépendances. Dans ce jeu régional, où les enjeux sécuritaires, militaires, énergétiques et économiques sont étroitement liés, la Russie tente de maintenir sa capacité d'influence.
Pourtant, ni du point de vue économique, ni du point de vue technologique, la Russie n'est capable de faire face aux dépenses nécessaires pour la modernisation de son économie ou de son arsenal militaire. Ce sont autant de limites à l'affirmation de la puissance russe en ce début de XXIe siècle.

nécessité de satisfaire les besoins énergétiques du pays. Vu de Moscou, un tel accord contribue au développement économique de régions où le pouvoir central est quasiment absent et la population russe peu nombreuse. Cependant, ce partenariat sino-russe ne doit pas être surévalué : il repose sur des intérêts mutuels bien compris, et non sur des valeurs partagées.

Dans le Nord de la Russie, avec les évolutions des régions arctiques, une situation nouvelle est apparue depuis quelques années. Poussée par la révision de la convention de Montego Bay sur le droit de la mer et par les conséquences du réchauffement climatique, la Russie affiche de nouvelles revendications territoriales dans cette zone. Des régions sous-marines sont considérées par Moscou comme le prolongement du plateau continental russe, ce qui justifierait sa souveraineté sur plus de 1 million de km² dans l'Arctique. Une telle revendication a été exprimée de façon spectaculaire en août 2007, lorsqu'un submersible russe télécommandé est venu planter un drapeau en titane dans l'océan Glacial arctique, par 4000 mètres de fond.

La Canada et le Danemark ont également exprimé des revendications de souveraineté dans la région. Tous ces États sont ainsi en compétition pour l'exploitation des ressources naturelles du sous-sol arctique, dont le volume pourrait représenter, s'il était confirmé, 20 % des ressources mondiales inexploitées de pétrole et de gaz naturel.

VOIR AUSSI : GÉORGIE-RUSSIE, UN PARFUM DE GUERRE FROIDE, p. 113 - DES DRAPEAUX SOUS LA MER, p. 128 - LE NOUVEL AVENIR DES MONDES POLAIRES, p. 202

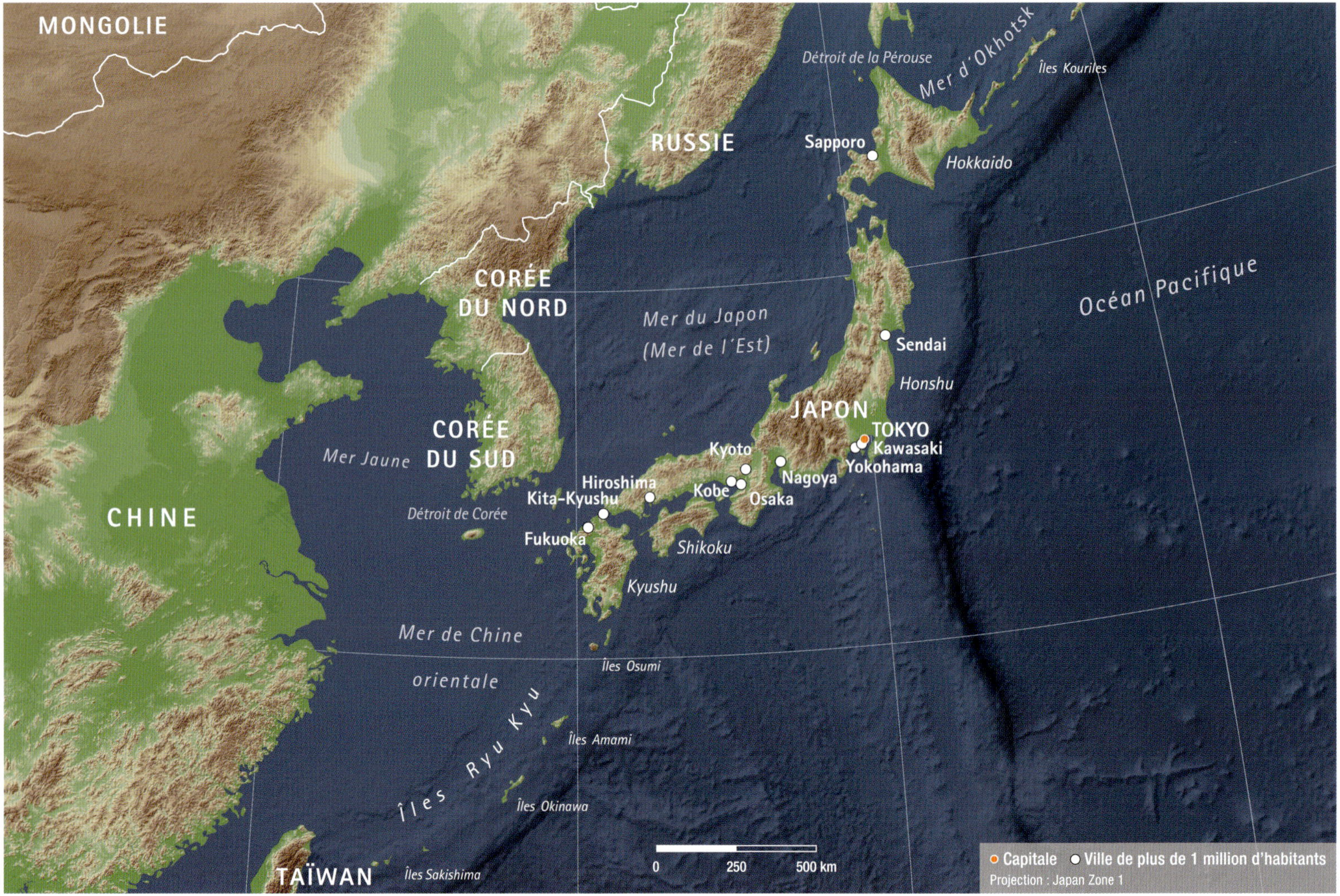

SUPERFICIE : 377 915 KM² – POPULATION (2010) : 127 MILLIONS D'HABITANTS – PART DES MOINS DE 15 ANS (2010) : 13,2 % – PIB EN PPA (2011) : 4 417 MILLIARDS $ – PIB/HAB. EN PPA (2011) : 34 645 $
BUDGET ÉDUCATION (2008) : 3,4 % DU PIB – BUDGET MILITAIRE (2009) : 1,1 % DU PIB – EMPREINTE ÉCOLOGIQUE (2007) : 4,73 HAG/HAB.

Contraint par vingt ans de crise économique, par sa dépendance énergétique ou encore par sa population vieillissante, le Japon reste pourtant une puissance économique majeure. Toutefois, face au changement du contexte régional, le pays doit redéfinir sa doctrine stratégique et composer avec les séquelles des catastrophes de mars 2011.

LE JAPON, PUISSANCE ENTRAVÉE

Situé au carrefour de trois plaques tectoniques – les plaques eurasienne, du Pacifique et des Philippines –, dans une zone où séismes et typhons sont fréquents, l'archipel nippon a appris à vivre avec les risques naturels. Doté de peu de ressources naturelles, le Japon importe près de 80 % de ses besoins en énergie primaire et accorde une grande place à l'énergie nucléaire dans son dispositif énergétique. Honshu, Hokkaido, Kyushu et Shikoku sont les quatre principales îles de l'archipel. Plus vastes et plus peuplées que les autres îles, ce sont elles qui concentrent l'essentiel de l'activité économique et de la population du pays. Avec un indice de fécondité de 1,3 enfant en moyenne par femme et une part des plus de 65 ans dans la population supérieure à 22 %, la société japonaise doit faire face au vieillissement de sa population. Une contrainte démographique qui ne sera pas sans conséquences sociales à l'avenir, et à laquelle le pays se prépare malgré un contexte économique peu favorable.

Une économie de crise

Après 1945, renonçant à jouer un rôle stratégique mondial, le Japon a concentré son effort de reconstruction sur son développement économique, en mettant l'accent, notamment, sur l'innovation.

Dans les années 1960, le Japon est devenu la deuxième puissance économique mondiale, rang que le pays a occupé jusqu'en 2010 (ravi depuis par la Chine) et cela malgré la grave crise économique qui a affecté l'archipel dans les années 1990. En effet, après l'éclatement de la bulle spéculative financière qui s'est alors produit, le Japon est entré dans une décennie de crise économique, sans pour autant que cet état de stagnation ne se traduise par un « déclin ».

Plusieurs facteurs expliquent la capacité de résilience du pays. En premier lieu, la multiplication des plans de relance engagés par les pouvoirs publics depuis les années 1990, et plus encore depuis la crise de 2008, a permis de soutenir l'économie nationale, au prix, cependant, du creusement de la dette publique, qui s'élève aujourd'hui à 200 % du PIB. Ensuite, le rôle des grands groupes industriels nippon (Toyota Sony) et l'investissement dans l'innovation ont maintenu le Japon au premier rang mondial en matière de Recherche et développement. Le Japon consacre ainsi, en 2010, près de 3,5 % de son PIB à ce secteur, tandis que les États-Unis y consacrent 2,6 % et l'UE 1,9 %. Par ailleurs, il convient de rappeler cette évidence : le Japon est en Asie. Cette zone à forte attractivité est en pleine expansion et reçoit plus de 50 % des exportations de marchandises japonaises.

En outre, la société civile évolue plus vite que l'appareil d'État : le rôle social, créatif, donc économique, des femmes japonaises s'est considérablement accru dans les années 2005-2010, ouvrant sur un potentiel d'inventivité bien plus important qu'il y a vingt ans. Enfin, l'Archipel semble jouir d'une relative paix sociale. Ce fait est d'autant plus remarquable que les inégalités sont plus grandes que dans les années 1990 et que le taux de chômage se maintient autour de 5 % depuis dix ans. Cette « paix » est certainement liée au maintien d'un lien social et familial très fort et aux valeurs traditionnelles de solidarité. Celles-ci ne sont sans doute pas étrangères à la maîtrise dont la population a fait preuve lors des catastrophes de Kobe, en 1995, puis de Sendai et Fukushima, en mars 2011.

Des ambitions internationales contrariées

La nouvelle doctrine de défense japonaise, rendue publique en décembre 2010, a mis un terme à la doctrine Yoshida, du nom de l'ancien Premier ministre, qui a prévalu pendant la guerre froide et qui plaçait le pays sous la protection militaire des États-Unis. Alors que le Japon a accordé un soutien sans faille aux États-Unis après les attentats du 11 septembre 2001, sous la forme d'une mission navale de soutien logistique à l'intervention en Afghanistan, puis de l'envoi de troupes issues des Forces d'autodéfense en Irak en 2003, l'enjeu actuel est d'adapter la sécurité du pays à trois types de menaces régionales : les contentieux territoriaux sur les îles Senkaku et Okinotorishima avec la Chine, sur les îles Takeshima avec la Corée du Sud et sur les Kouriles avec la Russie ; l'imprévisibilité de la Corée du Nord qui, en 2006, a annoncé avoir procédé à un essai nucléaire ; et, enfin, le manque de transparence de la politique militaire chinoise.

Cette nouvelle doctrine japonaise entraîne le maintien d'un budget militaire relativement élevé pour un pays qui, en 1945, a fait inscrire dans l'article 9 de sa Constitution le principe de renonciation à la guerre : le Japon se trouve au 7e rang pour la part des dépenses militaires mondiales et le budget de la défense est le 4e poste budgétaire de l'État. Ainsi, le Japon tente d'opérer un retour sur l'échiquier mondial, mais la montée en puissance de la Chine l'empêche de gagner davantage de marge de manœuvre stratégique et diplomatique par rapport aux États-Unis.

VOIR AUSSI : LE NUCLÉAIRE, p. 90 - LE SAVOIR, UN ENJEU DE PUISSANCE, p. 212

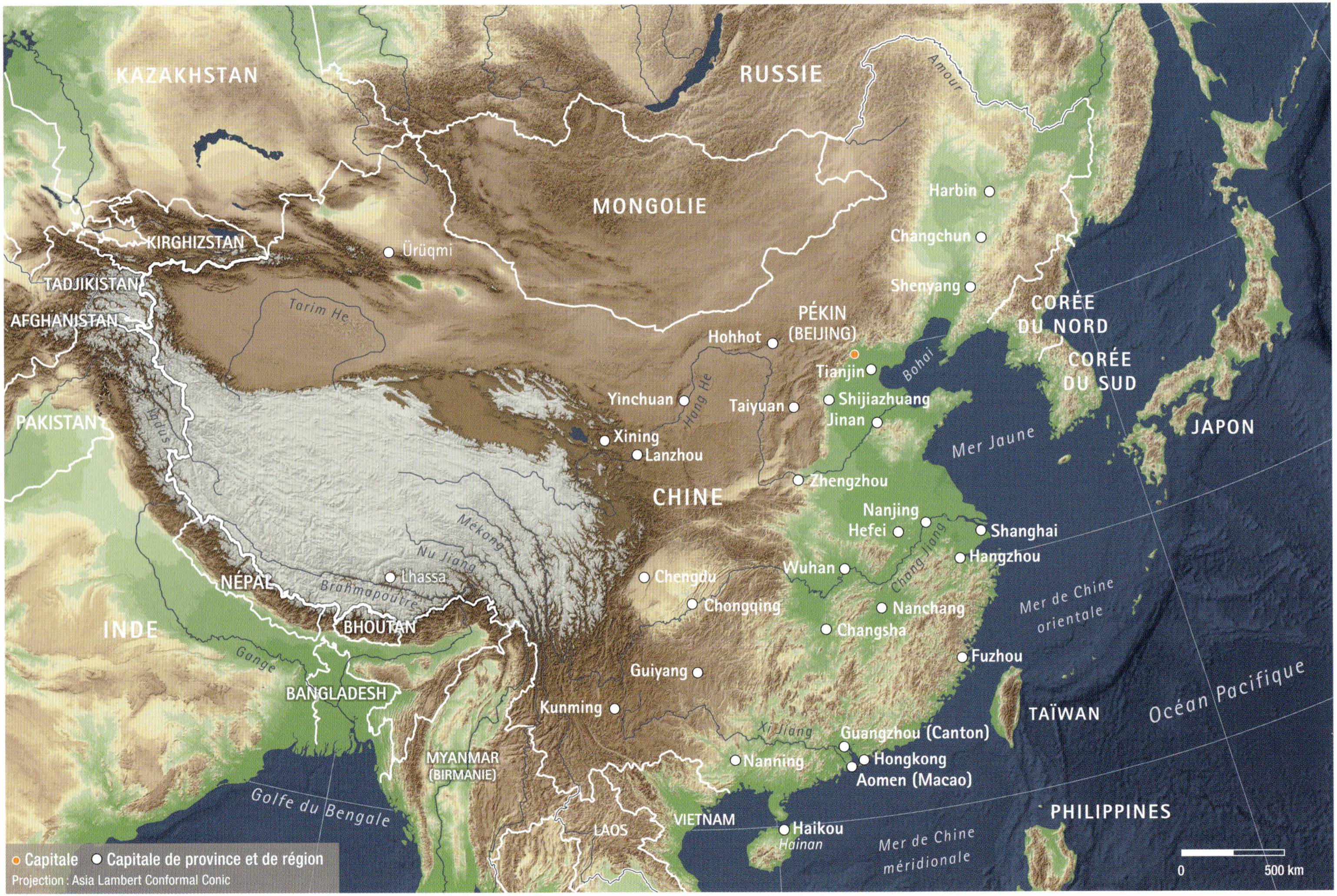

SUPERFICIE : 9 569 961 KM² – POPULATION (2010) : 1,3 MILLIARD D'HABITANTS – PART DES MOINS DE 15 ANS (2010) : 19,9 % – PIB EN PPA (2011) : 11 174 MILLIARDS $ – PIB/HAB. EN PPA (2011) : 8 288 $
BUDGET ÉDUCATION (2008) : ND – BUDGET MILITAIRE (2009) : 1,17 % DU PIB – EMPREINTE ÉCOLOGIQUE (2007) : 2,21 HAG/HAB.

Désormais, les ambitions de puissance de la Chine ne se réduisent plus à la seule dimension économique et au seul espace asiatique. La puissance chinoise est devenue globale. Mais que signifie, au juste, cette notion de puissance pour la Chine ? Comment la conçoit-elle ? Pour quelle finalité ?

LA CHINE, PUISSANCE DÉCOMPLEXÉE

À la mort de Mao Zedong en 1976, la Chine est un pays fermé sur lui-même. Le Grand Timonier a pendant près de 25 ans développé un modèle d'économie planifiée, centralisée, marchant « sur ses deux jambes », voulant éviter toute ouverture et dépendance au monde extérieur. Son successeur à la tête du parti communiste chinois, Deng Xiaoping, va conduire à partir de 1979 une stratégie de réformes à long terme, connue sous le nom des « quatre modernisations », qui concerne les domaines de l'industrie, de l'agriculture, des sciences et technologies, de la défense. L'objectif de ces réformes est alors de rattraper progressivement le PIB des pays industrialisés, le moyen pour l'atteindre étant d'attirer les capitaux des investisseurs étrangers. Pour cela sont instaurées des « zones économiques spéciales », toutes situées le long de la façade côtière. Cette stratégie territoriale vient tourner le dos aux thèses maoïstes de développement de l'industrie à l'intérieur du territoire afin d'éviter d'exposer les ressources économiques vitales du pays aux envahisseurs arrivant par la mer, comme les Britanniques au XIXe siècle ou les Japonais au XXe siècle. Les années 1980 montrent ainsi des autorités chinoises plus concentrées sur le rattrapage économique et la stabilité du pays que sur les ambitions internationales. C'est ce qu'illustrera très clairement l'indifférence du pouvoir chinois à l'image donnée par la répression du mouvement étudiant en 1989 sur la place Tiananmen.

La stratégie d'ouverture « dengiste » s'est donc révélée payante, tant pour l'économie mondiale que pour les Chinois eux-mêmes, bien plus en tout cas que la stratégie maoïste. Jamais dans l'histoire un pays ne s'est transformé aussi radicalement et en aussi peu de temps que la Chine. Entre le début des années 1980 et le début des années 2000, la croissance du pays a été en moyenne de 9 % par an. Le PIB était de 194 milliards de dollars en 1981, il est de 1 300 milliards de dollars en 2001.

L'irrésistible ascension économique de la Chine

Si l'année 2001 est restée celle du 11-Septembre, un autre événement, d'une tout autre nature et pourtant d'une grande importance, est passé inaperçu : le 11 décembre 2001, la Chine est devenue membre de l'Organisation

LES TROIS CHINE ►

L'inégale répartition de la population et des richesses sur le territoire chinois donne sa réalité à l'idée des trois Chine. Le pays se divise ainsi en une Chine littorale, polarisée autour des métropoles de Shanghai et Hongkong, pleinement intégrée à la mondialisation et composée majoritairement d'une population han ; une Chine intérieure, région de peuplement historique ; et une Chine de l'ouest, enclavée, beaucoup plus pauvre et sujette à des revendications nationalistes.

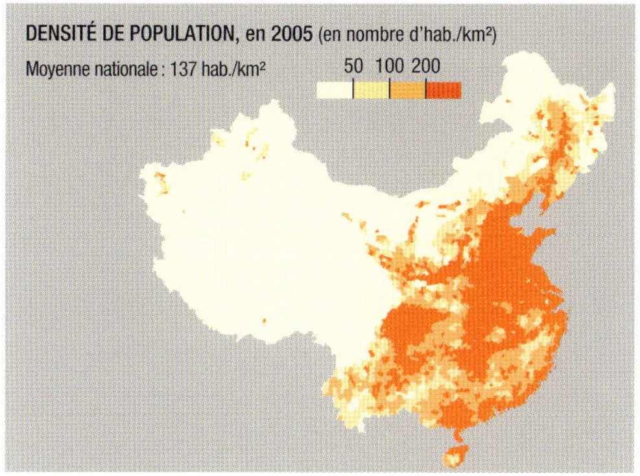

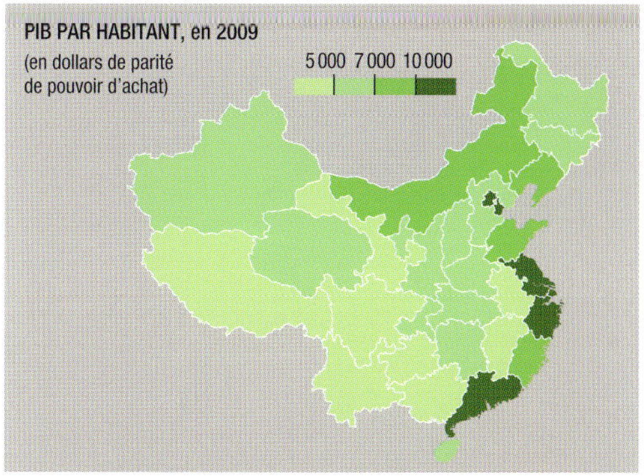

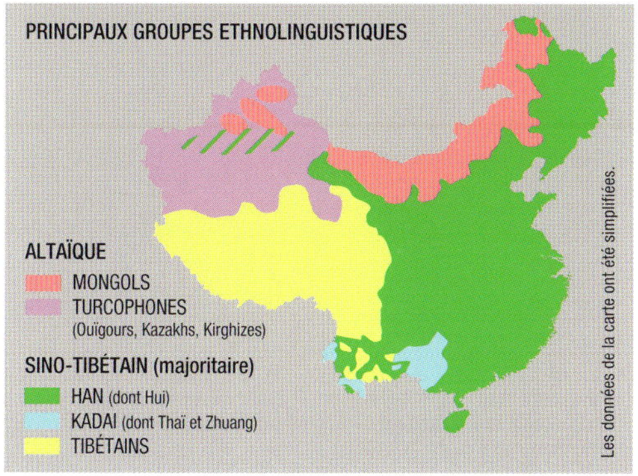

2001, L'ODYSSÉE DE LA CHINE ▶

Grâce aux politiques de modernisation lancées en 1979, la Chine s'est intégrée à l'économie mondiale. Dans les années 1990, son taux de croissance économique atteint en moyenne 15 %, puis se stabilise autour de 10 % dans les années 2000. Ce développement économique s'est accompagné d'une forte augmentation de la consommation et de la demande d'énergie. Un phénomène qui devrait s'accentuer à l'avenir, et qui ne sera pas sans conséquences stratégiques et environnementales.

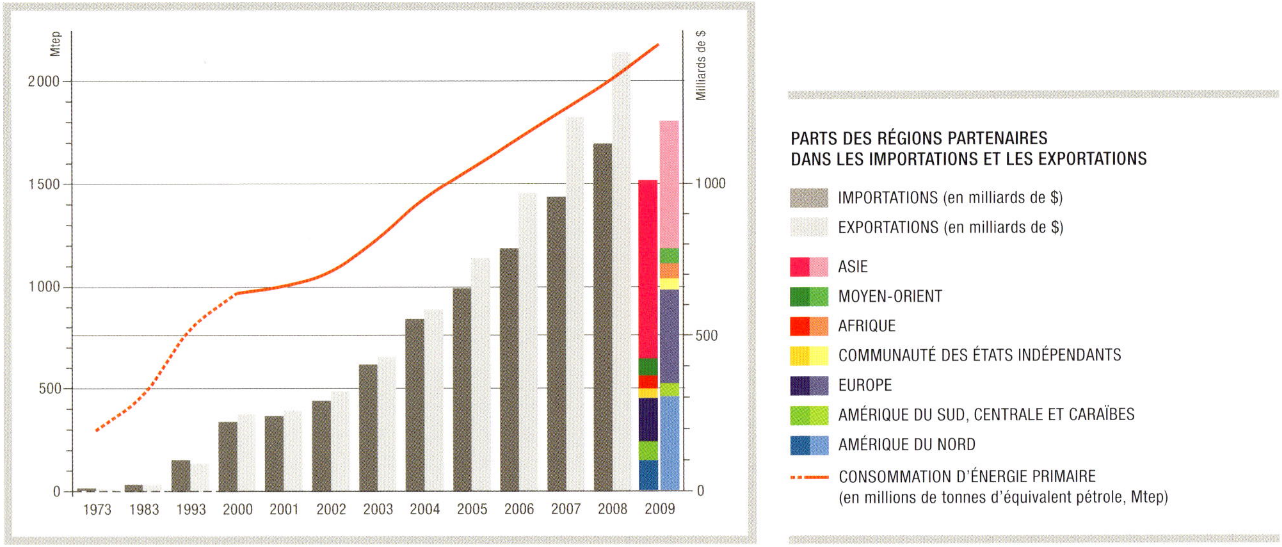

mondiale du commerce (OMC). Depuis, le pays a vu sa part dans les échanges mondiaux multipliée par cinq. En 2010, la Chine est devenue le premier exportateur de marchandises au monde, avec 9,6 % des exportations mondiales, devant l'Allemagne. La même année, elle est devenue la deuxième puissance économique mondiale.

Parmi les atouts de l'économie chinoise, on compte en premier lieu une population nombreuse (1,3 milliard d'habitants), fournissant une main-d'œuvre abondante et sous-payée, qui permet à la Chine d'être compétitive et de tenir le rôle d'« atelier du monde », en fabriquant des produits manufacturés (textiles, jouets) destinés principalement aux marchés des pays industrialisés. Sous l'effet d'investissements internes et externes dans le domaine de la Recherche et développement, le pays a également commencé à concurrencer les pays industriels dans la fabrication de produits manufacturés à haute valeur technologique (composants électroniques, ordinateurs, téléphones mobiles).

La montée en puissance économique de la Chine s'est également manifestée par l'accroissement des réserves de change du pays, notamment du dollar. En outre, la Chine est devenue progressivement le principal détenteur de la dette des États-Unis, par l'achat des bons du trésor américain. Ses investissements vers l'étranger, quasi nuls en 1978, représentaient, en 2009, 1,5 % des stocks d'Investissements directs étrangers (IDE) mondiaux et ont pris la forme de rachats d'entreprises dans les pays industrialisés (branche PC d'IBM, Volvo, Cerruti) ou d'investissements sur le continent africain (sous-sol minier en République démocratique du Congo, infrastructures de transport en République du Congo, terres agricoles au Mozambique). La Chine a fait de ces armes économiques et financières des leviers pour conduire sa politique extérieure, son développement venant progressivement bouleverser certains équilibres mondiaux et régionaux antérieurs, qu'ils soient commerciaux, énergétiques ou militaires.

Puissance et stabilité interne : le dilemme chinois

Depuis les années 1990, la Chine a considérablement augmenté ses capacités militaires – à l'image d'ailleurs de nombreux autres États émergents. En 2012, le budget militaire annoncé de la Chine était de plus de 100 milliards de dollars – sept fois inférieur à celui des États-Unis. Les capacités militaires chinoises se caractérisent ainsi par une hausse constante du budget militaire ces dernières années (autour de 10 % par an en moyenne) et par leur modernisation technologique, notamment s'agissant des capacités d'intervention militaire à l'étranger. Les enjeux de tels efforts budgétaires et militaires sont internationaux, régionaux mais aussi internes.

Deuxième consommateur de pétrole au monde après les États-Unis, la Chine cherche à sécuriser ses routes maritimes d'approvisionnement énergétique dans l'océan Indien et en mer de Chine méridionale – le pays devrait d'ailleurs achever la construction de son premier porte-avion en 2015 –, mais aussi ses routes terrestres, par des achats d'entreprises ou des prises de participation dans des compagnies pétrolières et gazières russes et kazakhs.

Sur le plan régional, la Chine doit gérer de nombreux contentieux territoriaux avec d'autres États de la région. Qu'il s'agisse de la question de Taïwan et de la perspective de réunification avec la province comme l'affirment les autorités de Pékin, des contentieux territoriaux avec le Japon sur les îles Senkaku ou Okinotorishima, ou encore des contentieux avec l'Inde au sujet de l'Arunachal Pradesh ou de l'Aksai Chin, c'est toute la périphérie du pays qui reste sous tensions.

Enfin, à l'échelle interne, l'accroissement des moyens de sécurité chinois prend une autre signification car l'Armée populaire de libération est aussi mobilisée pour assurer des tâches relatives à la sécurité intérieure du pays. C'est le cas dans les provinces tibétaines et dans la province du Xinjiang pour réprimer toute forme de contestation du régime, qu'elle vienne des ouvriers, des internautes ou encore des juristes.

Si l'affirmation de la Chine comme puissance globale semble une ambition à long terme, assurer la stabilité intérieure du pays apparaît comme la priorité constante du régime chinois. Et les motifs de déstabilisation politique et sociale du régime ne manquent pas. Outre les demandes de démocratisation et de respect des droits de l'homme, le décollage économique du pays s'est traduit par un «bond en avant» dans les inégalités sociales qui font de la Chine une puissance fragile, qui voudrait bien ne pas apparaître comme telle.

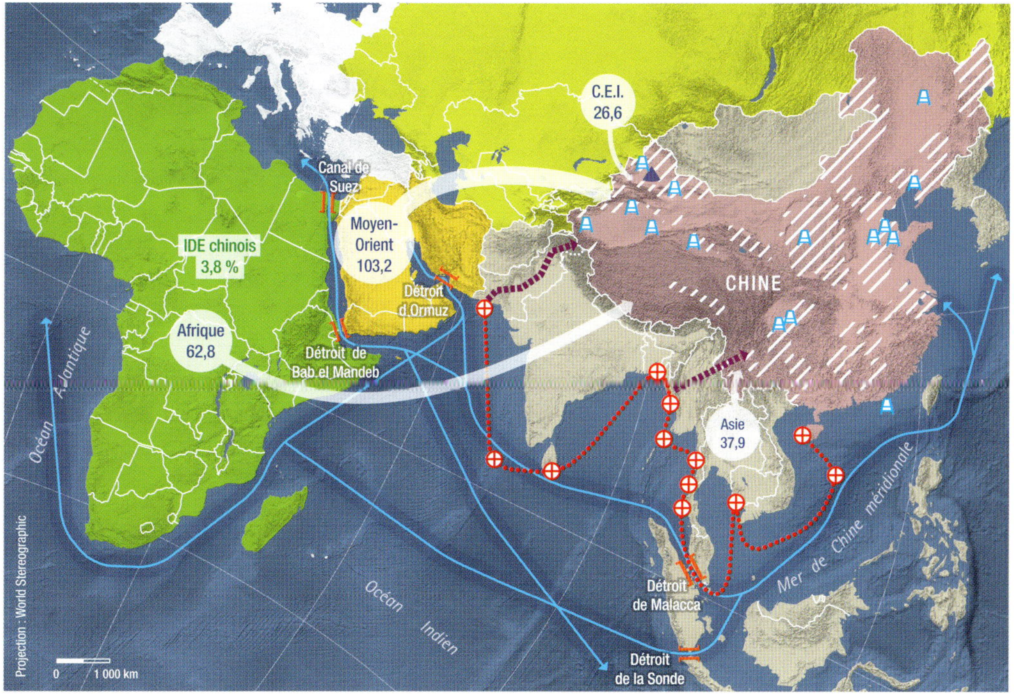

▲ SÉCURISER LES ROUTES MARITIMES

La question de l'approvisionnement énergétique chinois est appelée à jouer un rôle central au cours des prochaines décennies. Aujourd'hui, 70 % de la consommation chinoise d'énergie est assurée par le charbon, présent en abondance sur le territoire national. Dans le même temps, plus de 20 % des importations chinoises de pétrole proviennent d'Afrique et 50 % du Moyen-Orient, et sont acheminées par voie maritime.

La carte montre ainsi la localisation de ce qui a été nommé le « collier de perles », composé de bases ou d'installations militaires chinoises déployées dans la région pour assurer, notamment, la sécurité de ses approvisionnements énergétiques.

- EXPLOITATION DE PÉTROLE ET GAZ NATUREL
- PRINCIPALES MINES ET GISEMENTS DE CHARBON
- MINE D'URANIUM
- IMPORTATIONS CHINOISES DE PÉTROLE PAR RÉGION D'ORIGINE, en 2009 (en millions de tonnes)
- AFRIQUE — MOYEN-ORIENT — C.E.I. — ASIE
- 3,8 INVESTISSEMENTS DIRECTS CHINOIS EN AFRIQUE, en 2007 (en % des IDE totaux)
- PRINCIPALES ROUTES MARITIMES MONDIALES
- PASSAGE MARITIME STRATÉGIQUE
- PROJET ALTERNATIF DE CORRIDOR ÉNERGÉTIQUE
- « COLLIER DE PERLES » (installations portuaires et navales chinoises, existantes ou en projet)

VOIR AUSSI : LE BASCULEMENT DE LA RICHESSE, p. 60 – LE SPORT, UN JEU DE PUISSANCE, p. 188 – INTERNET, UN RÉSEAU SOUS TENSION, p. 206

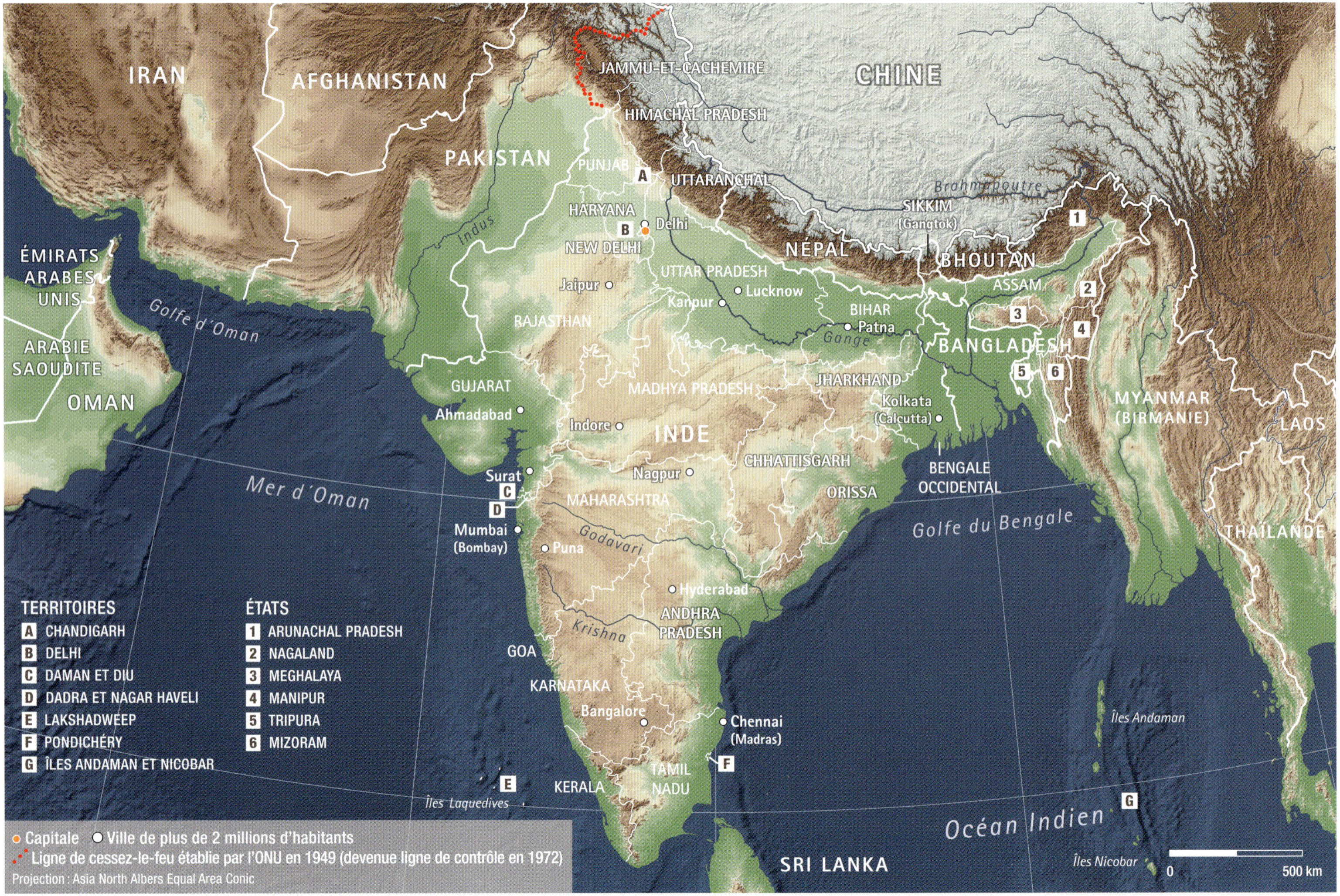

SUPERFICIE : 3 287 263 KM² – POPULATION (2010) : 1,2 MILLIARD D'HABITANTS – PART DES MOINS DE 15 ANS (2010) : 30,8 % – PIB EN PPA (2011) : 4 447 MILLIARDS $ – PIB/HAB. EN PPA (2011) : 3 608 $ BUDGET ÉDUCATION (2008) : 3,2 % DU PIB – BUDGET MILITAIRE (2009) : 2,6 % DU PIB – EMPREINTE ÉCOLOGIQUE (2007) : 0,91 HAG/HAB.

Les chemins de la puissance empruntés par l'Inde ont engendré des perceptions contradictoires selon le lieu géographique où l'on se trouve. Puissance économique, pays doté de l'arme nucléaire et d'une diplomatie active, l'Inde véhicule en Occident l'image d'une puissance sans messianisme.

L'INDE, PUISSANCE PRAGMATIQUE

Avec 1,2 milliard d'habitants en 2010, l'Inde est le pays le plus peuplé au monde après la Chine, qu'elle devrait dépasser vers 2025. La population indienne forme une mosaïque tant linguistique – on y parle plus de 1 600 langues – que religieuse, puisque 80 % des Indiens sont hindous, 13 % sont musulmans, 2,3 % sont chrétiens, auxquels s'ajoutent des sikhs, des bouddhistes, des jaïns, des parsis. Cette hétérogénéité se retrouve également sur le plan social, l'ensemble des territoires et des populations n'ayant pas été affecté de la même manière par les grandes transformations économiques que le pays a connues depuis quarante ans.

Des révolutions indiennes

Depuis son indépendance, l'Inde a vécu deux révolutions économiques majeures qui ont toutes deux contribué à construire la puissance économique actuelle du pays. La « révolution verte », initiée à partir des années 1960 dans le domaine agricole, a permis à l'Inde de mettre un terme aux famines récurrentes qui sévissaient après l'Indépendance. Aujourd'hui, l'Inde est un exportateur net de denrées agricoles et dispose des moyens de garantir sa sécurité alimentaire. En employant la moitié de la population active du pays, l'agriculture est un secteur clé de l'activité économique indienne. Néanmoins, sa part dans le PIB du pays (18 %) ne cesse de diminuer, au profit de l'industrie et des services. Ces transformations économiques en cours ont été rendues possibles par la seconde révolution économique que le pays a connue à la fin du XXe siècle. Ce changement s'est traduit par le passage d'une économie dirigée à une économie de marché, qui a largement favorisé les investissements privés et étrangers. Le décollage économique de l'Inde a également été rendu possible par une politique élitiste et volontariste dans le domaine universitaire. Ce choix provient notamment de la traditionnelle valorisation du savoir propre aux castes brahmaniques, très présentes dans le sud du pays, joint au dynamisme des castes marchandes. Aujourd'hui, 15 % des Indiens ayant entre 20 et 24 ans étudient dans l'enseignement supérieur.

L'INDE, OU L'ÉQUILIBRE DES CONTRAIRES ▶

Depuis l'Indépendance, les écarts se creusent en Inde entre le Sud-Ouest et ses pôles industriels, et le Nord-Est du pays. Au cœur de la plaine du Gange, région agricole très densément peuplée, se situent les pays désignés par l'acronyme BIMARU – *bimar* signifiant « malade » en hindi. Le défi du développement est d'autant plus crucial que c'est dans ces États aux faibles performances économiques que l'on trouve la croissance démographique la plus importante.

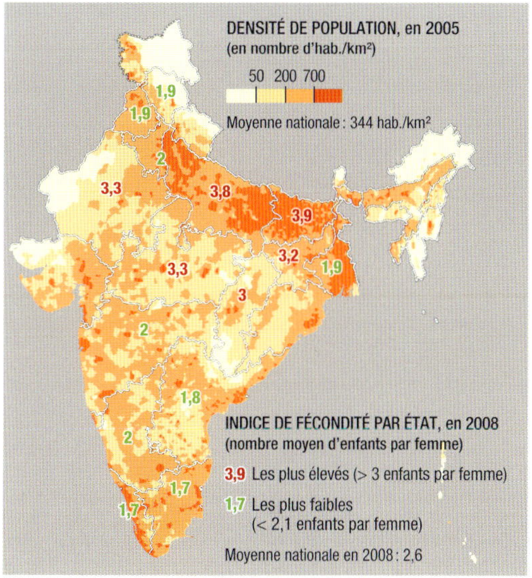

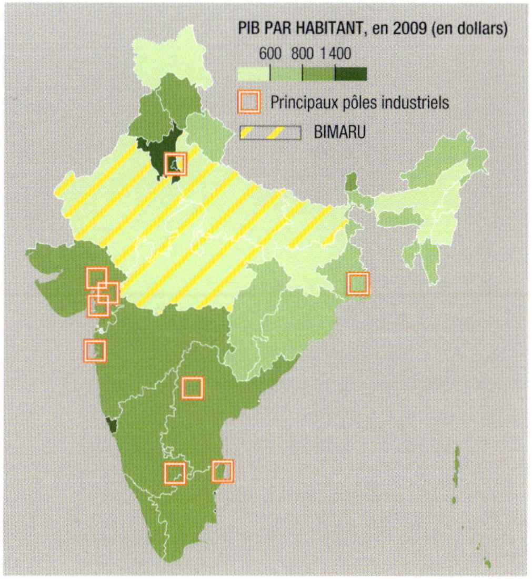

FAMILLES LINGUISTIQUES

INDO-EUROPÉENNE DRAVIDIENNE

AUSTRO-ASIATIQUE SINO-TIBÉTAINE

bengali LANGUES CONSTITUTIONNELLES ET/OU OFFICIELLES DES ÉTATS FÉDÉRÉS

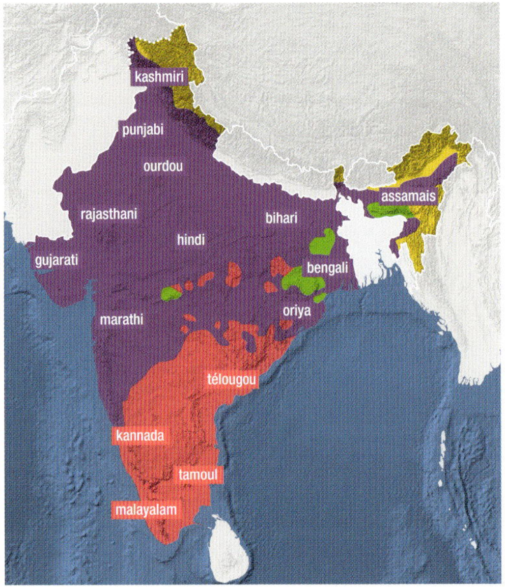

UNE MOSAÏQUE DE LANGUES

Au niveau fédéral, le hindi et l'anglais sont les langues officielles de l'Union, mais quelque 1 600 langues sont parlées en Inde, réparties au sein de quatre familles linguistiques.
Marqueurs identitaires, les langues sont aussi un choix politique pour les États fédérés. *Lingua franca* de la mondialisation, associée à aucune ethnie ou religion, l'anglais, ancienne langue coloniale, est aujourd'hui un rempart contre la domination exercée par le gouvernement central (qui utilise le hindi) pour les États dravidophones du sud de l'Inde.

Ainsi, avec une main-d'œuvre tout à la fois abondante, bon marché et bien formée, à laquelle s'ajoutent des coûts de Recherche et développement inférieurs à ceux que l'on observe en Europe ou aux États-Unis, l'Inde a développé des « niches » dans des secteurs à forte valeur ajoutée, comme le nucléaire civil, la production de médicaments génériques et surtout l'informatique. Ces services informatiques sont concentrés dans la « Silicon Valley » indienne, entre Hyderabad, Bangalore et Chennai, et ils constituent un atout majeur du secteur tertiaire indien qui compte aujourd'hui pour 52 % du PIB. L'Inde vend désormais ses services aux entreprises du monde entier, offrant ainsi le double atout de l'usage de la langue anglaise et d'un décalage horaire avantageux par rapport aux horaires de bureaux américains et européens. En outre, l'idée d'un savoir-faire indien spécifique dans le domaine informatique est renforcée par la présence d'ingénieurs indiens expatriés et très bien implantés en Amérique du Nord, en Europe occidentale ou en Australie.

Grâce à ces évolutions économiques, l'Inde a pu afficher un taux de croissance moyen de 7 % entre 2000 et 2009. Le pays est désormais la 4e puissance économique mondiale en parité de pouvoir d'achat, derrière les États-Unis, la Chine et le Japon. Mais un tel développement économique ne peut masquer le fait que près de 75 % des Indiens vivent encore sous le seuil de pauvreté. De plus, les fortes inégalités économiques et sociales se traduisent par de grandes disparités territoriales entre États de la Fédération et par l'existence d'immenses bidonvilles. Dans l'agglomération du grand Mumbai (Bombay), par exemple, qui compte plus de 20 millions d'habitants, un habitant sur trois vit dans un bidonville. La capitale économique et financière de l'Inde détient ainsi le record du « plus grand bidonville d'Asie », Dharavi, qui abrite près de 1 million d'habitants.

Les trois axes de la politique étrangère indienne

Au cours de la dernière décennie, le pays a redéfini sa politique étrangère dans trois directions : rapprochement avec les États-Unis, sécurité régionale et dialogue Sud-Sud.

Les attentats de septembre 2001 ont accéléré un rapprochement entre l'Inde et les États-Unis. Pour Washington, le terrorisme islamiste et l'incapacité d'Islamabad à contrôler les zones frontalières avec l'Afghanistan rendaient urgente la mise en place d'un partenariat fiable dans la région. Pour l'Inde, l'attentat contre le parlement de New Delhi, en décembre 2001, attribué à des groupes islamistes soutenus par le Pakistan, a entériné la convergence d'intérêts avec les États-Unis. L'émergence de la puissance chinoise, que Washington et New Delhi souhaitent l'un comme l'autre contenir, a fini de lier les deux États. Ce rapprochement s'est notamment concrétisé dans le domaine du nucléaire civil : avec l'accord américano-indien de 2006, l'Inde se trouve reconnue comme une puissance nucléaire responsable, malgré son refus passé de signer le traité de non-prolifération. Elle est désormais autorisée à importer des technologies sensibles et peut ainsi développer ses capacités énergétiques dans le nucléaire civil.

Le deuxième axe de la politique extérieure indienne est lié à son environnement régional, la coopération avec ses voisins étant essentielle pour New Delhi afin d'assurer la sécurité de ses approvisionnements énergétiques. Plusieurs projets d'acheminement de gaz vers l'Inde posent ainsi problème. À l'ouest, le « gazoduc de la paix » provenant d'Iran et censé traverser la province pakistanaise du Baloutchistan butte sur la politique iranienne des États-Unis, qui s'oppose à ce projet et lui préfère un projet alternatif connu sous le nom de TAPI, pour « Turkménistan, Afghanistan, Pakistan, Inde ». À l'est, le gaz de Birmanie suscite aussi l'intérêt indien. Un

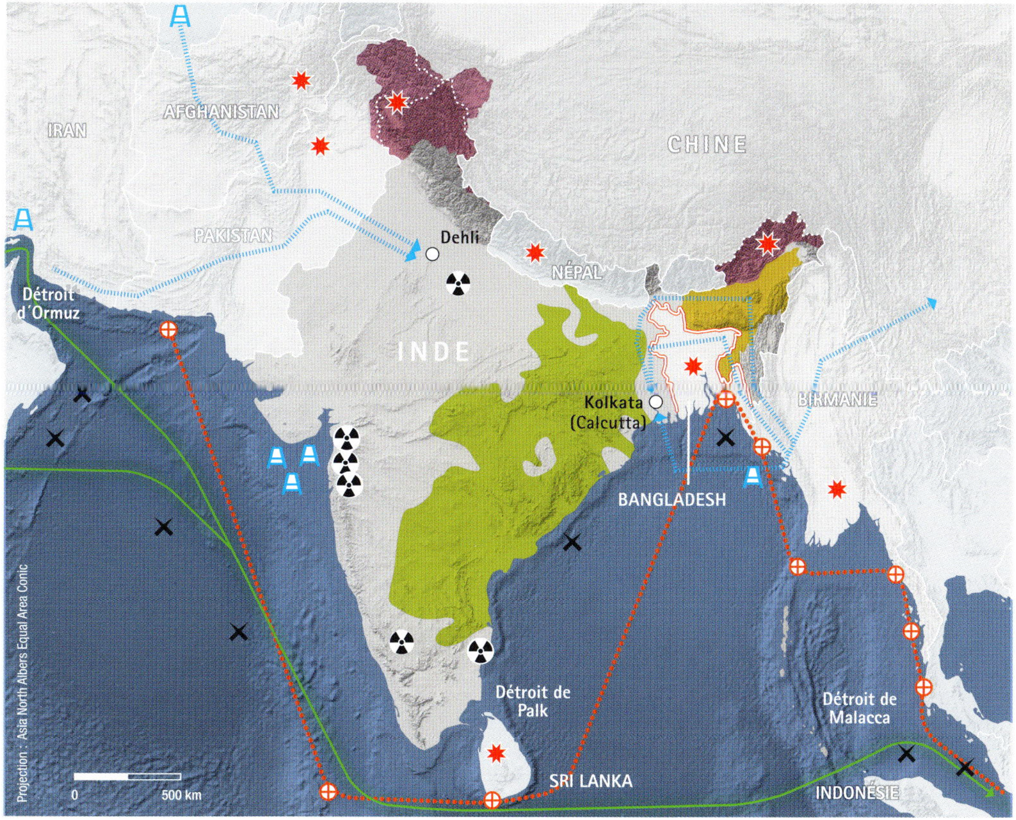

UN ENVIRONNEMENT HOSTILE

Malgré sa position privilégiée au milieu de l'océan Indien, où transitent d'importantes routes commerciales et énergétiques, l'Inde doit faire face à un environnement régional peu favorable. Les tensions diplomatiques et militaires avec ses voisins menacent les projets d'approvisionnement en hydrocarbures dont le pays a besoin pour soutenir sa croissance économique.

projet indo-birman a néanmoins dû être abandonné à cause du coût trop élevé des droits de passage du gazoduc exigés par Dhaka. Le marché a finalement été remporté par Pékin qui a pu signer un accord avec la junte birmane pour importer le gaz birman vers la province chinoise du Yunnan.

Les nombreux foyers de crise qui persistent dans la région – guerre en Afghanistan, litige frontalier avec le Pakistan sur le Cachemire, insurrection naxalite sur le territoire indien, contentieux avec la Chine – ont évidemment des impacts directs sur la politique extérieure de l'Inde et sur les budgets militaires. Ces tensions se retrouvent également en mer, dans l'océan Indien, où la Chine a progressivement disposé plusieurs bases et installations militaires. Cette stratégie du « collier de perles » est perçue par l'Inde comme une volonté d'encerclement. Enfin, le dernier axe de la diplomatie indienne a pris la forme d'un dialogue accru avec les autres pays du Sud, notamment avec le Brésil et l'Afrique du Sud. Comme pour asseoir définitivement son statut international, l'Inde milite ainsi activement pour l'entrée de nouveaux membres permanents au Conseil de sécurité de l'ONU. Une revendication qui est désormais appuyée publiquement par l'administration américaine de Barack Obama.

VOIR AUSSI : LES NAXALITES, UNE GUÉRILLA INDIENNE, p. 118 - L'ANALPHABÉTISME, FLÉAU DU XXIe SIÈCLE, p. 138 - LA CULTURE ENTRE UNIFORMISATION ET DIVERSITÉ, p. 174

SUPERFICIE : 8 514 877 KM² – POPULATION (2010) : 195 MILLIONS D'HABITANTS – PART DES MOINS DE 15 ANS (2010) : 25,5 % – PIB EN PPA (2011) : 2 293 MILLIARDS $ – PIB/HAB. EN PPA (2011) : 11 767 $
BUDGET ÉDUCATION (2008) : 5,3 % DU PIB – BUDGET MILITAIRE (2009) : 1,73 % DU PIB – EMPREINTE ÉCOLOGIQUE (2007) : 2,91 HAG/HAB.

Qu'il s'agisse des pourparlers avec l'Iran ou des négociations climatiques, le Brésil s'impose désormais comme un acteur international de premier plan. Parmi les facteurs qui ont porté l'économie émergente à cette place sur la scène internationale, l'abondance de ses ressources n'est pas le moindre, offrant aux ambitions de puissance brésiliennes des avantages décisifs.

LE BRÉSIL, PUISSANCE EN DEVENIR

« Le Brésil est un pays d'avenir, et il le restera longtemps. » Appréciée à l'aune des ressources dont le pays dispose, l'observation de Georges Clémenceau paraît plus pertinente que jamais. En réalité, voilà pourtant moins d'une dizaine d'années que le Brésil tient pleinement les promesses auxquelles renvoyait la célèbre formule. Des étapes qui lui ont permis de passer du rang de dictature militaire à celui de puissance émergente, trois se dégagent plus particulièrement. La première est commerciale et correspond à la fois à la hausse du cours des matières premières agricoles et minières dont le Brésil est richement pourvu et à la libéralisation des échanges, favorable aux exportations brésiliennes. La seconde est politique et conclut la transition démocratique du Brésil par l'élection à la présidence de la République de Luiz Iñacio Lula da Silva, dit « Lula », en 2002, puis de Dilma Rousseff en 2010. La troisième est énergétique et propulse le pays au statut géopolitique de plus en plus enviable d'exportateur net.

Un pays d'abondance

Avec 8,5 millions de km², le Brésil occupe la moitié de l'Amérique latine. À elle seule, la forêt amazonienne recouvre 40 % du pays et fait de son territoire la plus grande réserve mondiale de biodiversité. Le pays dispose également d'un vaste réseau hydrographique dont la source principale, l'Amazone, l'irrigue d'est en ouest.

De l'installation portugaise, au début du XVIe siècle, jusqu'à nos jours, la richesse du Brésil s'est d'abord construite sur la diversité de ses ressources, dont l'exploitation est destinée à l'exportation. Entre autres matières premières, le Brésil est producteur de pétrole, de gaz, de charbon, de minerai de fer, de manganèse, de cuivre et d'étain. Souvent présenté comme le futur « grenier agricole » de la planète, le Brésil produit également du maïs, du blé, du café, du soja, du sucre, du tabac et de la viande.

Divisée en 26 États auxquels s'ajoute le district de la capitale, Brasilia, la République fédérale brésilienne s'organise en cinq grandes régions économiques. Avec la région Sud, deuxième grand pôle économique du Brésil, la région Sudeste représente le cœur économique du pays où se concentre l'essentiel du secteur tertiaire et de la production industrielle ainsi que les villes de São Paulo, Belo Horizonte et Rio de Janeiro. Au Centre-Ouest, le plateau du Mato Grosso est une terre d'élevage et de soja, dont une partie approvisionne la production de biodiesel. Dans les *fazendas* du Nordeste, des exploitations dont la taille peut atteindre celle d'un département français, on produit le cacao, le coton et la canne à sucre. C'est aussi au Nordeste, où 1 % des propriétaires détiennent 43 % des terres, que naît le mouvement des « sans-terre », un rassemblement de petits paysans installés sur les terres inexploitées et qui réclament une réforme foncière. Enfin, la région du Nord est celle de la forêt amazonienne. Amorcée dans les années 1960 pour exploiter le bois et les ressources minières, sa mise en valeur continue de progresser sous la forme de « fronts pionniers », de percement de routes, de défrichage et d'urbanisation, attirant des populations toujours plus nombreuses.

Les années Lula

Avec la Russie, l'Inde et la Chine, le Brésil fait désormais partie des quatre grands pays émergents désignés par l'acronyme que forment leurs initiales : les BRIC. En 2011, le Brésil se situe même au 6e rang mondial en termes de PIB, devant le Royaume-Uni.

Depuis toujours présenté comme un pays d'avenir, le Brésil aura pourtant dû attendre l'élection de Lula, en 2003, pour que l'exploitation et l'exportation de ses richesses naturelles convertissent le pays en puissance économique mondiale. Grâce à un taux de croissance économique moyen de 5 % depuis le début des années 2000, le gouvernement réussit en même temps à reconstituer ses réserves financières, rembourser sa dette extérieure, rassurer les milieux d'affaires par l'assainissement des comptes publics et, ainsi, se dégager une marge de manœuvre suffisante pour financer une ambitieuse politique sociale. Parmi les mesures populaires qui permettent à Lula d'être réélu en 2006, on trouve le programme « Faim zéro », destiné à lutter contre la malnutrition et l'exclusion, et le programme « Bourse familiale » qui favorise la scolarisation et la vaccination des enfants. De fait, les statistiques indiquent que le nombre de personnes vivant en dessous du seuil brésilien d'extrême pauvreté est passé de 17,5 % en 2003 à 10,5 % en 2008. De la même façon, le chômage qui touchait 12 % de la population active à la fin de l'année 2002 ne dépassait pas 7 % à la fin de l'année 2010. Et tandis que le salaire minimum était sensiblement augmenté, le gouvernement mettait en place un nouveau système de soutien

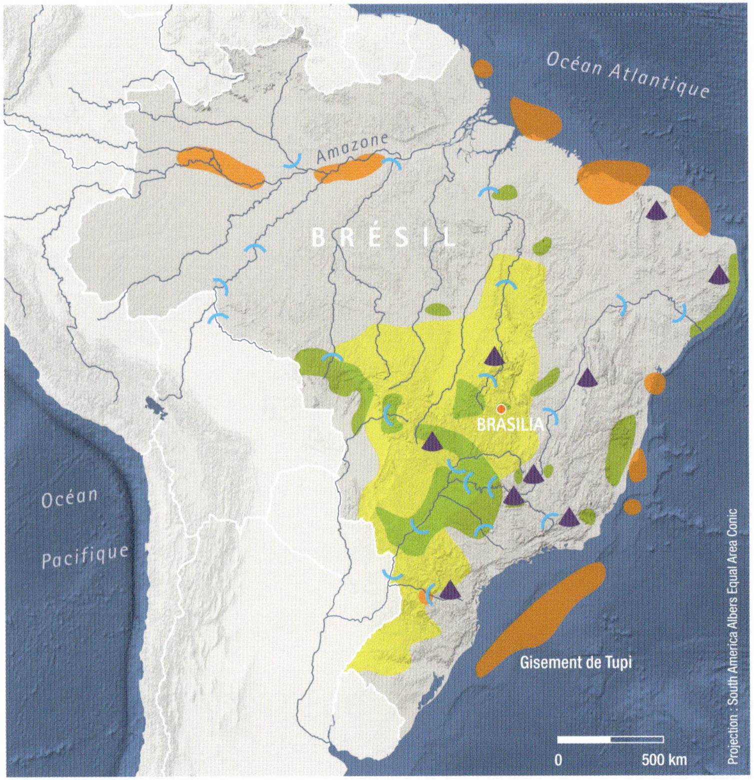

UN RÉSERVOIR D'ÉNERGIES

À l'échelle des ressources dont le Brésil recèle, son potentiel énergétique paraît sous-exploité. Ainsi, on estime que le gisement de pétrole de Tupi, découvert au large de Rio de Janeiro en 2006, pourrait accroître les réserves prouvées du pays de 62 %.
De très bonne qualité, le pétrole de Tupi se révèle néanmoins difficile à extraire. À leur tour, les énergies solaire et éolienne demeurent faiblement exploitées à ce jour, alors que la configuration géographique et climatique du Brésil offre au pays des conditions particulièrement favorables à leur développement. Quant aux ressources hydrauliques, elles sont situées pour une large part en Amazonie, une région particulièrement contraignante sur les plans techniques et écologiques.

GISEMENTS DE PÉTROLE
PRINCIPAUX BARRAGES HYDROÉLECTRIQUES
GISEMENTS D'URANIUM
PLANTES CULTIVÉES POUR LA PRODUCTION D'AGROCARBURANTS
SOJA
CANNE À SUCRE

financier pour les personnes aux revenus modestes de plus de 65 ans. Pourtant, aussi mesurables que soient ces résultats, ils appellent plusieurs nuances. On s'aperçoit, par exemple, que pour financer ses réformes, le gouvernement ne s'est appuyé que sur les dividendes de la croissance du pays, évitant d'engager la réforme délicate d'un système fiscal très inégal. De la même façon, et en dépit de ses engagements, Lula n'a pas redistribué les terres agricoles. Plus globalement, l'indice de Gini, qui permet de mesurer les écarts de richesse au sein d'un même pays, indique que la société brésilienne se maintient parmi les plus inégalitaires au monde, au 10e rang sur 142.

L'énergie, instrument de la puissance brésilienne

Dans la stratégie de puissance du Brésil, ses ressources énergétiques sont devenues, elles aussi, décisives. Avec 2 millions de tonnes de réserves prouvées de pétrole, principalement *offshore*, le pays constitue le deuxième producteur d'Amérique latine derrière le Venezuela. À la faveur de l'abondance de terres arables et de la hausse de la demande énergétique mondiale, les agrocarburants représentent une autre pièce maîtresse. Fabriqué à partir de la biomasse de canne à sucre, l'éthanol brésilien alimente près de 90 % des véhicules du pays. Depuis 2005, la position brésilienne dans le secteur se trouve encore renforcée par la production de biodiesel issu d'huile de soja, faisant du pays le premier exportateur mondial d'agrocarburants. Enfin, le troisième attribut énergétique du Brésil est hydrographique, offrant au pays un potentiel hydraulique immense, à l'image d'Itaipu, le deuxième plus grand barrage au monde à la frontière avec le Paraguay. En 2007, on comptait déjà plus de 800 usines hydroélectriques qui fournissent près de 85 % de l'électricité utilisée au Brésil.

Enfin, avec environ 5 % des réserves mondiales d'uranium, le Brésil bénéficie, dans le secteur nucléaire aussi, d'un véritable avantage comparatif. Et bien qu'il n'ait que faiblement investi dans la filière nucléaire à ce jour, les choses pourraient évoluer dans les prochaines décennies : mené à son terme, le projet d'extension de la centrale d'Angra lancé en 2006 pourrait en effet porter à sept le nombre de réacteurs au Brésil d'ici à 2025, au lieu de deux aujourd'hui.

Si le succès de sa stratégie énergétique permet donc au Brésil de couvrir ses besoins et de soutenir sa croissance, il ne suffit pas à en occulter les impacts écologiques. Ainsi, la construction du barrage de Belo Monte sur le fleuve Xingu, au cœur de la forêt amazonienne, menace à la fois de rompre les écosystèmes locaux et de fragiliser les populations indiennes qui vivent dans cette région.

Avec le temps, on constate aussi qu'en modifiant la géographie régionale des cultures, la production des agrocarburants déporte les fronts agricoles vers l'intérieur, en stimulant le déboisement de la forêt amazonienne. Depuis cinq ans, le Brésil détient le record des pertes annuelles nettes de forêt. Et si le rythme du défrichage a semblé se ralentir, le pays aurait encore perdu près de 7 500 km^2 de forêt en 2009. Ainsi, tandis que Lula a déclaré en 2007 que l'utilisation de l'éthanol a permis au Brésil d'éviter l'émission de 644 millions de tonnes de CO^2, son niveau de déforestation l'a pourtant rangé parmi les dix plus gros émetteurs de gaz à effet de serre dans le monde. Face à cette contradiction pointée par les écologistes, le Brésil a aussitôt réagi en adoptant en 2008 le « Plan national contre le changement climatique » qui doit permettre de ralentir la déforestation.

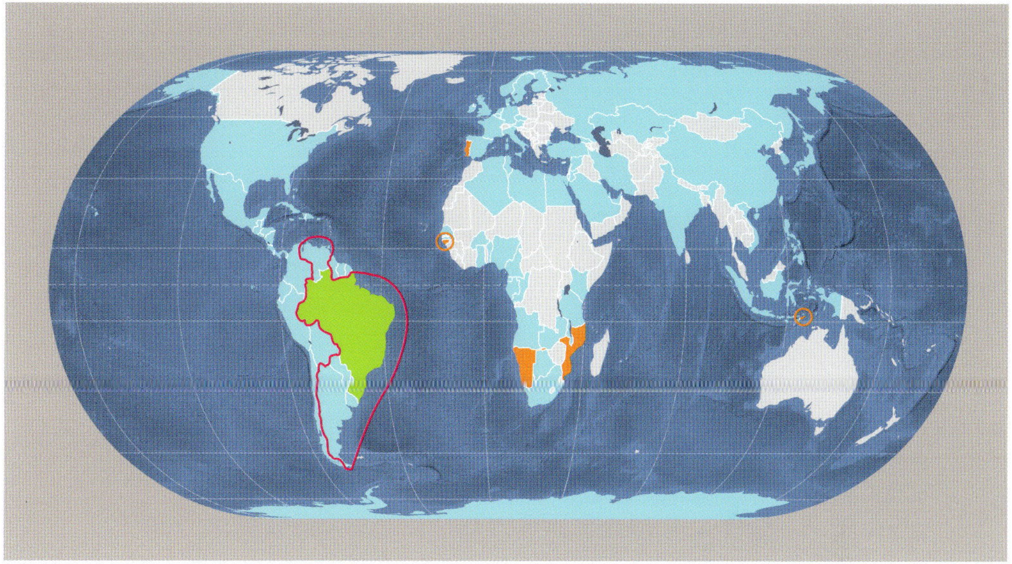

VOYAGES OFFICIELS DU PRÉSIDENT LULA, entre 2002 et 2010

PAYS VISITÉS — PAYS LUSOPHONES VISITÉS

MERCOSUR (Venezuela, adhésion en cours)

À Copenhague, Lula prend même l'engagement de réduire de 39 % les émissions de CO^2 du Brésil d'ici à 2020, laissant à son successeur, Dilma Rousseff, la tâche difficile d'atteindre ces objectifs ambitieux.

Certes, l'affichage ne fait pas la politique comme le souligne la faiblesse des moyens déployés sur le terrain pour contrôler le défrichage sauvage. Toutefois, le retournement du Brésil sur la question amazonienne illustre l'habileté de ses dirigeants pour se donner des leviers diplomatiques supplémentaires, en ajustant l'exploitation de ses ressources aux évolutions du contexte économique, énergétique ou climatique mondial.

▲ LES VOYAGES DE LULA

Sous l'impulsion de Lula, la politique extérieure du Brésil connaît un véritable renouveau. Fortement influencé par le volontarisme économique, énergétique et commercial du chef de l'État, le Brésil s'installe au rang des acteurs internationaux qui comptent sur des dossiers aussi divers que la régulation économique, le nucléaire iranien ou la déforestation. Le Brésil se porte candidat au poste de membre permanent au Conseil de sécurité de l'ONU, candidature que Lula s'efforce de défendre au fil de ses nombreux voyages diplomatiques aux États-Unis, en Europe, en Russie, en Inde, en Chine, en Afrique, dans le monde lusophone, en Antarctique, etc. Enfin, solidement engagé en faveur de l'intégration régionale latino-américaine, notamment au sein du MERCOSUR (le marché commun de l'Amérique du Sud), le Brésil participe à l'émergence d'un monde multipolaire.

VOIR AUSSI : ENTRE TERRE ET MER, p. 82 – LA LONGUE MARCHE DES DROITS DES FEMMES, p. 141

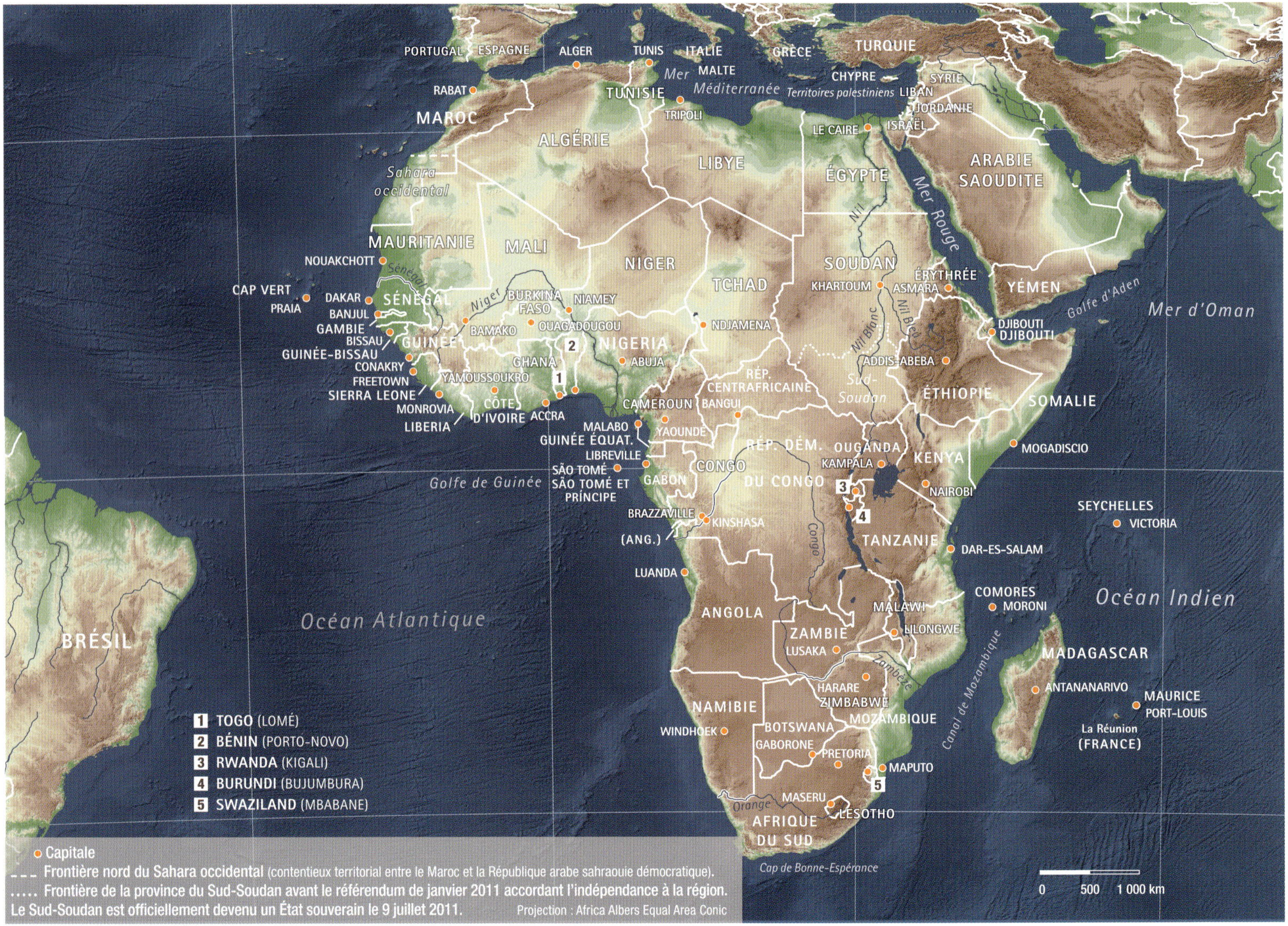
PORTUGAL
ESPAGNE
ALGER
TUNIS
ITALIE
GRÈCE
TURQUIE
Mer Méditerranée
MALTE
CHYPRE
SYRIE
Territoires palestiniens
LIBAN
RABAT
TUNISIE
TRIPOLI
JORDANIE
MAROC
LE CAIRE
ISRAËL
ALGÉRIE
LIBYE
ÉGYPTE
ARABIE SAOUDITE
Sahara occidental
Mer Rouge
Nil
MAURITANIE
MALI
NIGER
SOUDAN
NOUAKCHOTT
Sénégal
TCHAD
ÉRYTHRÉE
YÉMEN
CAP VERT
DAKAR
SÉNÉGAL
Niger
BURKINA FASO
NIAMEY
KHARTOUM
ASMARA
Golfe d'Aden
Mer d'Oman
PRAIA
BANJUL
GAMBIE
BISSAU
GUINÉE-BISSAU
CONAKRY
FREETOWN
SIERRA LEONE
MONROVIA
LIBERIA
GUINÉE
BAMAKO
OUAGADOUGOU
NIGERIA
NDJAMENA
Nil Blanc
Nil Bleu
DJIBOUTI
DJIBOUTI
GHANA
ABUJA
ADDIS-ABEBA
YAMOUSSOUKRO
CÔTE D'IVOIRE
ACCRA
RÉP. CENTRAFRICAINE
Sud-Soudan
ÉTHIOPIE
SOMALIE
CAMEROUN
BANGUI
MALABO
YAOUNDÉ
GUINÉE ÉQUAT.
RÉP. DÉM. DU CONGO
OUGANDA
KENYA
MOGADISCIO
LIBREVILLE
SÃO TOMÉ
SÃO TOMÉ ET PRINCIPE
CONGO
KAMPALA
Golfe de Guinée
GABON
NAIROBI
BRAZZAVILLE
KINSHASA
Congo
TANZANIE
SEYCHELLES
VICTORIA
(ANG.)
DAR-ES-SALAM
LUANDA
COMORES
MORONI
Océan Indien
Océan Atlantique
ANGOLA
MALAWI
ZAMBIE
LILONGWE
BRÉSIL
LUSAKA
MADAGASCAR
Zambèze
Canal de Mozambique
HARARE
ANTANANARIVO
MAURICE
PORT-LOUIS
NAMIBIE
ZIMBABWE
MOZAMBIQUE
WINDHOEK
BOTSWANA
La Réunion (FRANCE)
GABORONE
PRETORIA
MAPUTO
MASERU
Orange
LESOTHO
AFRIQUE DU SUD
Cap de Bonne-Espérance
1 TOGO (LOMÉ)
2 BÉNIN (PORTO-NOVO)
3 RWANDA (KIGALI)
4 BURUNDI (BUJUMBURA)
5 SWAZILAND (MBABANE)
Capitale
Frontière nord du Sahara occidental (contentieux territorial entre le Maroc et la République arabe sahraouie démocratique).
Frontière de la province du Sud-Soudan avant le référendum de janvier 2011 accordant l'indépendance à la région.
Le Sud-Soudan est officiellement devenu un État souverain le 9 juillet 2011.
Projection : Africa Albers Equal Area Conic
0
500
1 000 km

Si les inégalités socio-économiques et les troubles politiques persistent encore dans de nombreux pays d'Afrique subsaharienne, l'heure n'est pourtant plus à l'afro-pessimisme. Peu à peu, entre échec et réussite, l'Afrique trace sa voie dans la mondialisation.

L'AFRIQUE EN MOUVEMENT

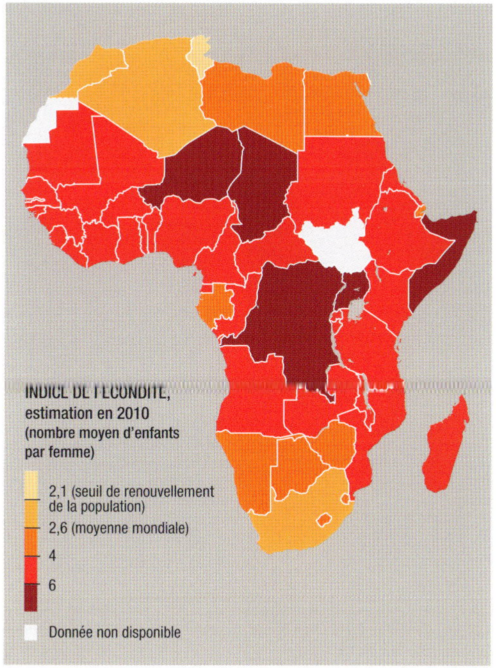

◀ INDICE DE FÉCONDITÉ EN AFRIQUE SUBSAHARIENNE

Au niveau mondial, la tendance est à une diminution de l'indice synthétique de fécondité, conformément à ce que nous indique le modèle de transition démographique. On est ainsi passé de 4,9 enfants en moyenne par femme en 1950 à 2,6 enfants par femme en 2010.
Les pays d'Afrique subsaharienne débutent à peine leur transition démographique. À l'exception de l'Afrique du Sud, le nombre d'enfants par femme demeure encore très élevé dans tous les pays d'Afrique subsaharienne. Bien que la tendance soit à la diminution, l'indice des États africains est bien supérieur à la moyenne mondiale. Avec en moyenne 2,5 enfants par femme, l'Afrique du Sud, pays économiquement le plus développé du continent, se rapproche des niveaux de fécondité des pays industrialisés.

Contrairement à l'Asie, l'Afrique subsaharienne vient à peine d'entamer sa transition démographique, ce qui lui vaut encore une forte croissance de sa population (2,2 % par an). Le continent qui comptait 227 millions d'habitants en 1950 en réunit 1 milliard en 2010 et devrait en abriter le double à l'horizon 2050. Il représenterait alors près de 21 % de la population mondiale.
Si l'instabilité politique, la guerre et la pauvreté demeurent des réalités, elles ne peuvent suffire à caractériser l'Afrique. Peu à peu, le continent se débarrasse des obstacles qui l'isolaient sur la scène économique mondiale. Parmi eux, la dette souveraine cumulée des pays subsahariens est ainsi passée de 85 % de leur PIB en 2000 à 40 % en 2009, libérant de nouvelles marges de manœuvre pour la dépense publique et l'investissement. L'Afrique subsaharienne est d'autant mieux intégrée dans le processus de mondialisation qu'elle a largement entamé sa révolution numérique. En forte croissance, les investissements directs étrangers (IDE) sur le continent ont, pour leur part, battu des records depuis 2000, jusqu'à la crise économique qui n'a pas épargné la région. La Chine ne s'y est pas trompée et y investit déjà pour 3,1 milliards de dollars. Or, fait nouveau, ces IDE ne se cantonnent plus à l'extraction de matières premières mais s'étendent au secteur tertiaire.
Malgré la diversification de ses économies, l'Afrique subsaharienne ne saurait se passer de la richesse de ses sols et sous-sols en minerais et en hydrocarbures – et ce d'autant moins que les prix de l'or, du cuivre, du diamant et de l'uranium ont connu une hausse significative au cours des dix dernières années. Malgré les effets conjoncturels de la crise, cette tendance à la hausse devrait se poursuivre à long terme, grâce à la forte demande des émergents pour assurer leur développement économique et à la prise de conscience de la finitude des ressources. Quelle que soit la composition des énergies de demain, l'Afrique comptera donc parmi les premiers fournisseurs de combustible.
Ce n'est donc pas sans difficulté que des pôles de stabilité et de prospérité apparaissent sur ce territoire de 30 millions de km². Nigeria, Ghana et République démocratique du Congo pourraient, à l'avenir, rejoindre l'Afrique du Sud, unique puissance africaine régionale à ce jour, et devenir les prochains moteurs d'une Afrique déjà en mouvement.

VOIR AUSSI : L'INSÉCURITÉ SOCIALE MONDIALE, p. 132 - LES RÉFUGIÉS DU XXIe SIÈCLE, p. 160

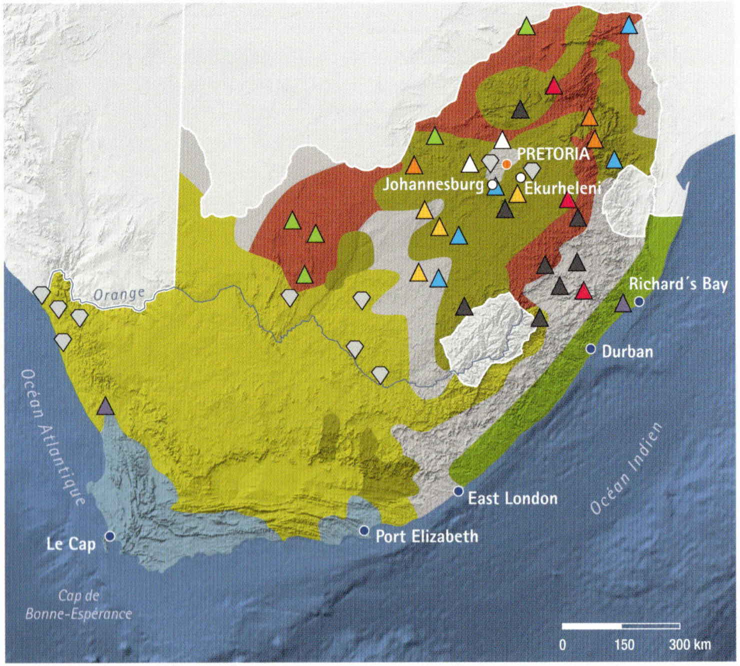

AGRICULTURE ET ÉLEVAGE
- ÉLEVAGE OVIN
- ÉLEVAGE BOVIN
- CÉRÉALICULTURE INTENSIVE
- AGRICULTURE DE TYPE MÉDITERRANÉEN
- AGRICULTURE TROPICALE

RESSOURCES MINIÈRES
- OR
- PLATINE
- CHROME
- VANADIUM
- MANGANÈSE
- TITANE
- DIAMANT
- CHARBON
- URANIUM

- CAPITALE
- VILLE DE PLUS DE 3 MILLIONS D'HABITANTS
- PRINCIPALES VILLES PORTUAIRES

L'AFRIQUE DU SUD, LA BONNE ESPÉRANCE DU CONTINENT

L'Afrique du Sud est un pays de 1,2 million de km², dans lequel vivent 50 millions d'habitants aux origines très diverses. La « nation arc-en-ciel » est composée pour 79 % de populations d'origine africaine, le reste de la population étant d'origine européenne (9,6 %), métisse (8,9 %) ou encore d'origine asiatique (2,6 %). La minorité blanche, descendant principalement des Hollandais arrivés au XVIIe siècle (les Afrikaners), a exercé un pouvoir sans partage dans ce qui était alors devenu une colonie de peuplement, au point d'institutionnaliser, en 1948, un régime d'apartheid – un système de ségrégation raciale organisant toute la vie politique et sociale du pays. Il faudra attendre 1991 pour que soit mis fin à ce régime. Un an plus tôt, le leader historique de l'African National Congress (ANC), principal mouvement de lutte contre l'apartheid, Nelson Mandela, avait été libéré ; en 1994, il devenait le premier président noir élu d'Afrique du Sud.

Depuis, si la société sud-africaine demeure très inégalitaire socialement, le pays a malgré tout réussi à s'imposer comme une puissance économique et diplomatique régionale. Une position qu'il doit notamment à la richesse de son territoire. L'Afrique du Sud dispose, en effet, de grandes zones agricoles, où l'on trouve une agriculture diversifiée à laquelle s'ajoutent de vastes zones consacrées à l'élevage. La production agricole permet ainsi au pays d'être à la fois autosuffisant et grand exportateur agricole. L'agriculture sud-africaine reste cependant la propriété de quelque 40 000 fermiers blancs, tandis que les Noirs travaillent comme ouvriers agricoles dans les exploitations ou pratiquent une agriculture vivrière.

À côté de l'agriculture, le pays dispose également d'importantes ressources minières. L'Afrique du Sud est ainsi le premier producteur d'or, de platine, de chrome et de vanadium au monde, le deuxième pour la production de manganèse et de titane et le cinquième pour les diamants et le charbon. L'exploitation de ces ressources a permis le développement industriel du pays dans les secteurs de la sidérurgie, de la chimie, du textile, de l'agroalimentaire ou encore de l'électronique. Ces industries se concentrent dans les grandes villes portuaires du Cap, de Port Elizabeth, de Durban, de l'East London ou de Richard's Bay, permettant au pays d'être connecté aux routes maritimes internationales. On en retrouve également dans le Gauteng, la région autour de Johannesburg, qui à elle seule représente 40 % du produit intérieur brut sud-africain.

UNE SOCIÉTÉ ENCORE DIVISÉE

Cette réussite économique n'a pas permis, pour autant, de régler tous les problèmes du pays. Comme bien souvent dans les pays émergents, on est en présence d'une économie à deux vitesses, où l'enrichissement d'une partie de la population se double d'un niveau d'inégalité qui compte, en Afrique du Sud, parmi les plus élevés au monde : 30 % de la population en Afrique du Sud vit toujours sous le seuil de pauvreté, soit avec moins de 2 $ par jour. Ni le gouvernement de Thabo Mbeki, qui a succédé à Nelson Mandela à la tête du pays en 1999, ni celui de Jacob Zuma, président depuis 2008, n'ont réussi à concilier développement économique et développement social. Surtout, l'économie reste encore profondément marquée par 43 années d'apartheid. Les quartiers les plus pauvres correspondent pour beaucoup aux anciens *townships*, à majorité noire et métisse. La ségrégation raciale a laissé place à la ségrégation sociale. Aux problèmes socio-économiques s'ajoutent des problèmes sécuritaires et surtout sanitaires.

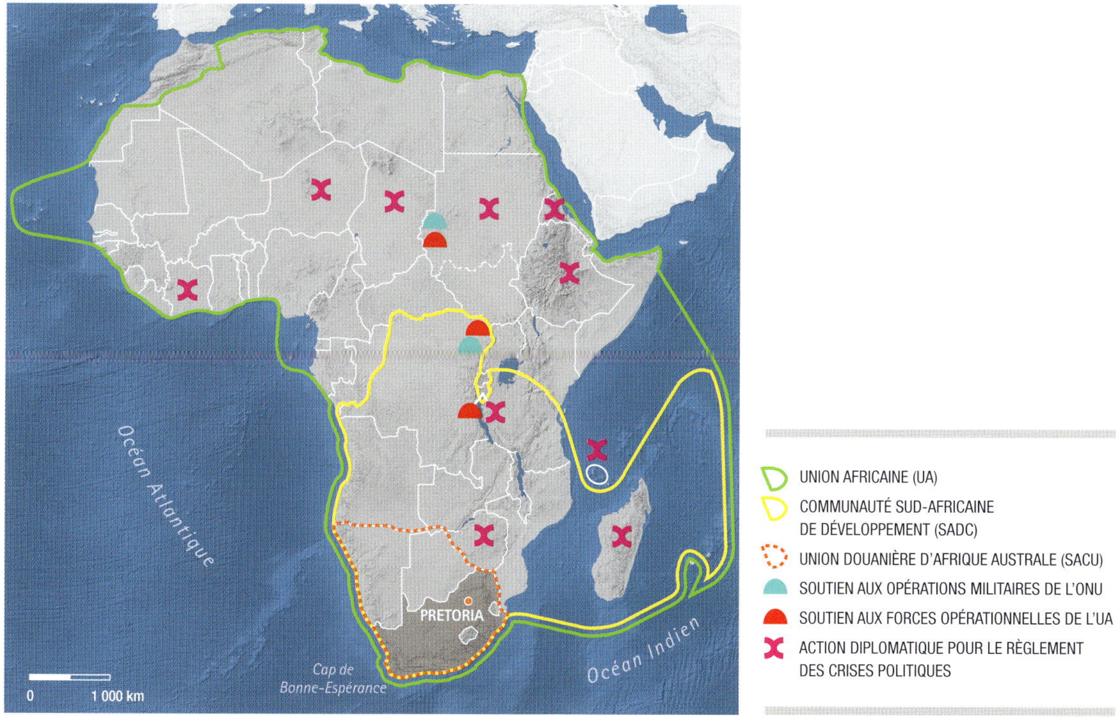

En la matière, c'est la question du VIH-sida qui demeure la plus problématique. Malgré les efforts de prévention et les progrès de la médecine, la prévalence du VIH y est l'une des plus fortes au monde. On estime que 5,7 millions de personnes vivent avec le virus du sida, soit plus de 10 % de la population du pays. Un millier de personnes meurent chaque jour de cette maladie et l'on en prévoit cinq fois plus d'ici à 2013. En Afrique du Sud, la population noire est la plus touchée par le virus.

C'est tout le paradoxe de l'Afrique du Sud : être un pays encore fragmenté sur le plan interne, mais qui s'intègre de plus en plus aux grands circuits commerciaux et diplomatiques régionaux et internationaux. Au niveau régional, l'Afrique du Sud représente à elle seule 25 % du PIB du continent africain et n'hésite plus à jouer un rôle de médiation dans la gestion des crises politiques qui se produisent sur le continent. L'organisation de la coupe du monde de football, en juin 2010, la première sur le continent africain, a été l'occasion pour le pays de montrer au reste du monde sa propre réussite, mais il a également servi de vitrine à l'ensemble du continent.

Ce dynamisme économique et politique régional a trouvé une reconnaissance internationale au début de l'année 2011, lorsque le pays a rejoint le club des grands pays émergents jusque-là formé par le Brésil, la Russie, l'Inde et la Chine (BRIC).

* L'État d'Israël a néanmoins fixé officiellement sa capitale à Jérusalem en 1949 malgré l'absence d'accord international sur le statut de cette ville.

Projection : Egypt Gulf of Suez S650 TL Red Belt

Les révoltes arabes du printemps 2011 ont bouleversé le bassin méditerranéen, ébranlant un ordre politique que d'aucuns considéraient comme immuable. Par-delà leurs enjeux nationaux, c'est l'échiquier stratégique régional que ces mouvements populaires ont contribué à modifier, à défaut de le remettre en cause radicalement.

LA MÉDITERRANÉE EN ÉBULLITION

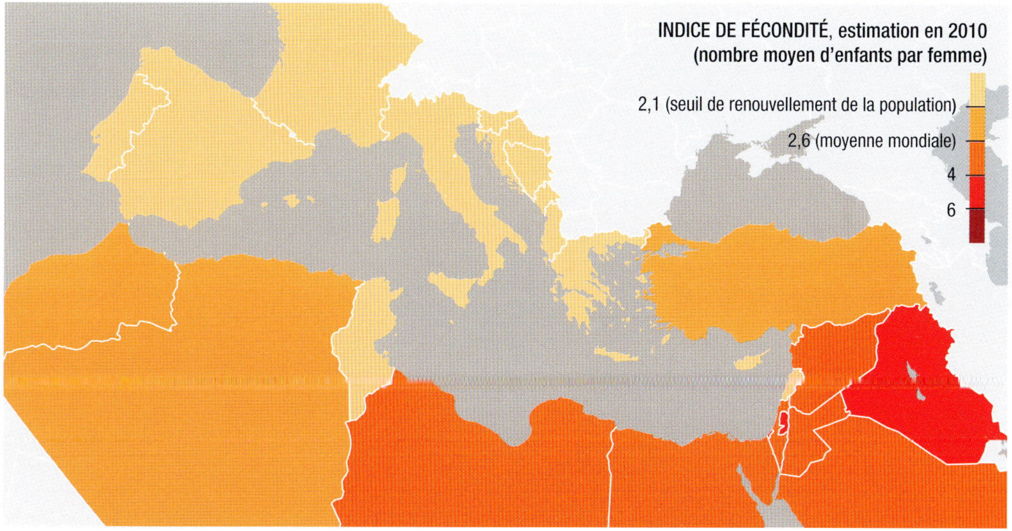

En 2011, le bassin méditerranéen a recouvré une place au centre du monde. Durant plusieurs mois, cette « mer au milieu des terres », selon son étymologie, berceau de la démocratie athénienne, a vécu au rythme des soulèvements populaires de sa rive sud. La « Révolution de Jasmin » en Tunisie s'est prolongée en « Printemps arabe ». Partie du Maghreb, cette vague de contestation n'a pas tardé, en effet, à gagner le Machrek, avant de s'étendre à certains États de la péninsule arabique avec partout un même message exigeant davantage de liberté et des conditions de vie meilleures. Dans toute la région, les régimes politiques autoritaires ou dictatoriaux, népotistes ou clientélistes, en place depuis plusieurs décennies ont été fortement destabilisés.

Délimitée par les détroits de Gibraltar à l'ouest et des Dardanelles à l'est, la mer Méditerranée dessine un espace géopolitique qui réunit vingt et un États. Cette région, qui a vu la naissance des trois monothéismes (judaïsme, islam, christianisme), a sans cesse balancé au cours de son histoire entre unité et diversité : unité politique au temps de l'Empire romain et diversité religieuse au sein d'un même espace. Pourtant, jamais les échanges n'ont cessé entre les rives de la Méditerranée. Sur le plan culturel, entre les VIIIe et XIIe siècles, les intellectuels musulmans, à l'image du penseur andalou Averroès, ont joué un rôle de passeurs de la philosophie grecque par leur commentaire ou leur traduction. Sur le plan économique, l'âge d'or des cités italiennes, notamment de Venise, entre les XIIe et XVe siècles, a permis au commerce de s'intensifier en Méditerranée et d'en faire un espace de richesse et de prospérité.

En 2011, au moment où un vaste mouvement de démocratisation traverse le monde arabe, la Méditerranée a révélé à nouveau combien le destin des populations qui l'habitent semble lié. Au cœur de cet espace sous tensions, un État, la Turquie, est désormais présenté comme « un laboratoire de la modernité de l'islam » pour le monde arabo-musulman.

▲ INDICE DE FÉCONDITÉ AUTOUR DU BASSIN MÉDITERRANÉEN

En matière de fécondité, le bassin méditerranéen se divise en deux ensembles. Les pays de la rive nord sont en dessous du seuil de renouvellement de la population, tandis que les pays de la rive sud, à l'exception de la Tunisie, de l'Algérie et du Maroc, sont largement au-dessus de la moyenne mondiale. Dans cette région, la Turquie, puissance en devenir, occupe une place singulière. Avec un indice de 2,13 enfants en moyenne par femme en 2010, elle révèle des comportements démographiques proches de ceux des pays industrialisés.

Stabilité politique, progrès démocratique, croissance économique, actions diplomatiques et médiations régionales, cette puissance régionale montante apparaît de plus en plus « centrale », au carrefour de plusieurs mondes.

VOIR AUSSI : ISRAËL-PALESTINE, LE CONFLIT SANS FIN, p. 104 – LE PRINTEMPS DES PEUPLES ARABES, p. 114

LA TURQUIE, ENTRE ORIENT ET OCCIDENT

Seul État du Moyen-Orient à faire partie de l'Alliance atlantique (OTAN), la Turquie déploie ces dernières années une diplomatie qui se veut à la fois pragmatique et multipolaire. Conceptualisée par le ministre turc des Affaires étrangères, Ahmet Davutoglu, la politique extérieure turque repose sur la doctrine du « zéro problème avec ses voisins ». Depuis quelques années, plusieurs signaux vont dans ce sens.

La Turquie est le château d'eau du Moyen-Orient : c'est dans les monts Taurus que naissent le Tigre et l'Euphrate, avant d'irriguer la Syrie et l'Irak. Les projets de barrages de la Turquie, pays amont, ont souvent suscité des tensions avec ses voisins, notamment avec la Syrie. Or, en 2010, les deux États ont lancé en commun le projet du « barrage de l'amitié », sur le fleuve Oronte, qui traverse le Nord-Ouest de la Syrie et rejoint la Méditerranée dans le « Sandjak d'Alexandrette » ; dans le même temps, les deux pays ont lancé plusieurs programmes de coopération et conduit des exercices militaires conjoints. Ankara a suivi avec attention la crise syrienne en 2011, multipliant les visites à Damas et cherchant à éviter les sanctions des puissances occidentales contre le régime alaouite. L'objectif turc est d'offrir des options à la Syrie afin d'accroître les marges de manœuvre de cette dernière face à son allié iranien.

À l'égard de l'Iran, le calcul est identique. Chaque année, l'Iran répond à 30 % des besoins turcs en gaz naturel et Ankara a été invité à s'associer à l'exploration du gisement gazier de South Pars, dans lequel la Turquie va investir 5 milliards de dollars à partir de 2012. La sécurité énergétique de la Turquie pousse ainsi le pays à conduire une politique extérieure autonome vis-à-vis des politiques occidentales, en refusant notamment de voter un alourdissement des sanctions contre l'Iran au Conseil de sécurité des Nations unies. Enfin, les relations ont également changé entre la Turquie et Israël. Ankara avait été l'un des premiers États de la région à reconnaître l'État juif en 1949. Un accord de défense avait été passé en 1996, autorisant l'entraînement des pilotes israéliens au-dessus du territoire turc. Cependant, depuis la guerre menée par Israël sur le territoire de Gaza et l'affaire dite de la « flottille de la paix » en 2010, Ankara peut assumer des tensions avec l'État d'Israël.

Avec les orientations prises sur le plan interne et ce tropisme oriental renouvelé de la diplomatie turque, le pays veut prouver qu'être un État laïc et musulman n'entraîne pas nécessairement la négation des libertés individuelles ni celle de la laïcité. Et de fait, on constate que les révoltes arabes de l'hiver 2011 regardent vers Ankara, davantage que vers Téhéran.

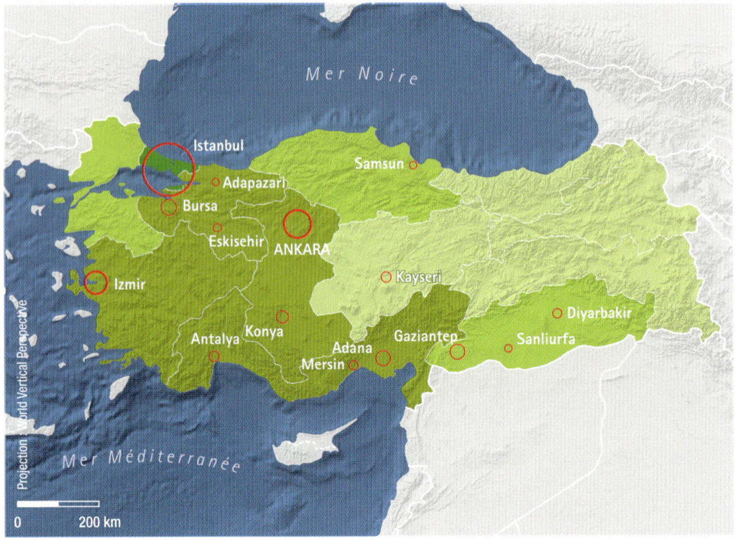

PART DES RÉGIONS DANS LE PIB NATIONAL, en 2006 (en %)

4 10 25

POPULATION DES VILLES DE PLUS DE 400 000 HABITANTS, en 2010

12 000 000
4 000 000
400 000

DÉSORMAIS LOIN DE L'EUROPE ?

Le désir turc de rejoindre l'Europe communautaire remonte à la signature, en 1963, d'un accord d'association avec la CEE. Plusieurs facteurs motivent un tel choix. Le premier est d'ordre économique : 85 % des investissements en Turquie proviennent de l'UE et c'est vers l'UE que vont la moitié des exportations turques.

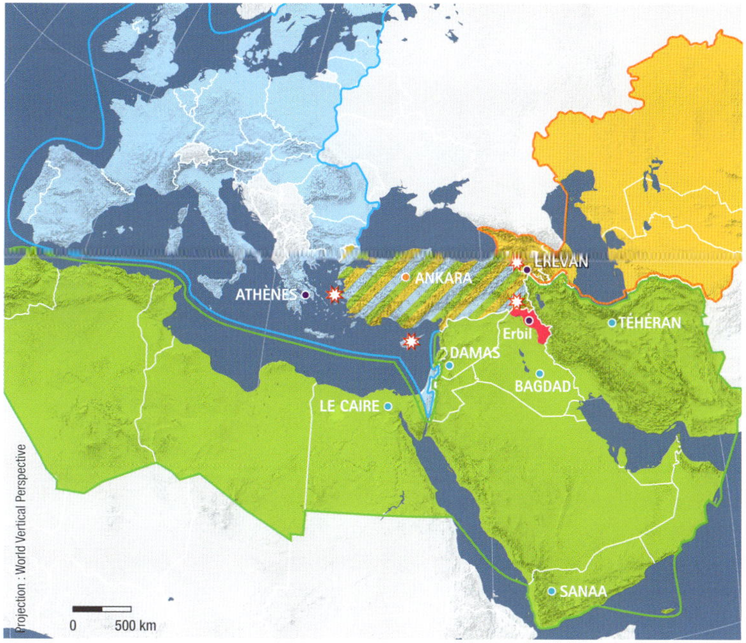

LA TURQUIE AU CARREFOUR DES MONDES

- ALLIANCES TRADITIONNELLES (UE, Israël)
- PARTENAIRES D'ASIE CENTRALE
- RÉORIENTATION DE LA DIPLOMATIE TURQUE VERS LE MAGHREB ET LE MOYEN-ORIENT
- RELATION DIPLOMATIQUE PRIVILÉGIÉE
- OUVERTURE RÉCENTE D'UN DIALOGUE DIPLOMATIQUE
- RÉGION AUTONOME KURDE
- TENSIONS TERRITORIALES

Le deuxième facteur a trait à la question chypriote. Depuis son occupation par l'armée turque en 1974, l'île est divisée en deux : au nord, la « République turque de Chypre du Nord », autoproclamée et non reconnue par l'ONU ; au sud, la République de Chypre, reconnue et qui a rejoint l'UE en 2004. L'entrée de la Turquie dans l'UE pourrait jouer en faveur d'une résolution de la situation chypriote.

Enfin, il y a le facteur humain : les pays membres de l'UE accueillent aujourd'hui environ 4 millions de ressortissants turcs, notamment l'Allemagne, où la communauté turque est estimée à 1,6 millions de personnes.

Les négociations d'adhésion de la Turquie ont débuté en 2005. Depuis, le pays a mis en route de grandes réformes, telles que l'abolition de la peine de mort, afin de respecter les critères de Copenhague. Cependant, outre les questions arménienne et kurde, trois obstacles freinent l'adhésion du pays : la Turquie est une république laïque dont 99 % de la population est de confession musulmane, ce qui, sans que ce soit formulé ouvertement, embarrasse certains gouvernements européens ; la démographie du pays lui donnerait une place centrale dans les équilibres institutionnels internes de l'UE ; enfin, l'UE veut faire une pause après le grand élargissement de 2007, les dirigeants des États membres n'ayant plus de vision concernant l'avenir du modèle géopolitique européen.

La réorientation de la politique turque vers le monde arabe pourrait trouver une légitimité dans la mesure où l'UE ne semble plus pressée de faire avancer sa candidature.

Et pourtant, c'est en réussissant cette diplomatie du « zéro problème » que la Turquie se donne le plus de chance d'être à terme plébiscitée par l'UE comme agent de stabilité géopolitique dans un environnement qui ne l'est guère.

CHINE
INDE
TAIPEI
TAÏWAN
Océan Pacifique
Fleuve rouge
Irrawaddy
BANGLADESH
HANOÏ
Détroit de Luçon
LAOS
NAYPYIDAW
Salouen
VIENTIANE
MYANMAR (BIRMANIE)
Mékong
Mer de Chine méridionale
Mer des Philippines
THAÏLANDE
MANILLE
PHILIPPINES
BANGKOK
CAMBODGE
VIETNAM
PHNOM PENH
MICRONÉSIE
PALAU
BRUNEI
BANDAR SERI BEGAWAN
Détroit de Malacca
MALAISIE
Mer de Sulawesi
KUALA LUMPUR
SINGAPOUR
SINGAPOUR
PAPOUASIE-NOUVELLE-GUINÉE
Mer de Java
JAKARTA
Océan Indien
Détroit de la Sonde
INDONÉSIE
DILI
TIMOR-ORIENTAL
Détroit de Lombok
PORT MORESBY
AUSTRALIE
Capitale
Projection : Asia South Lambert Conformal Conic
0
500 km

Peu à peu, l'Asie du Sud-Est est en train de devenir un espace économique et stratégique pivot, courtisé par les États-Unis, la Chine ou encore l'Inde.
Si la région connaît périodiquement des accès de violence et des troubles sociaux ou politiques, rien à ce jour ne semble cependant pouvoir contrarier le dynamisme économique de la région.

L'ASIE DU SUD-EST, ESPACE STRATÉGIQUE

La région de l'Asie du Sud-Est est composée de onze États, soit une population de près 590 millions d'habitants (8,5 % de la population mondiale). Elle se trouve à la rencontre du continent asiatique et de l'Océanie, de l'océan Indien et de l'océan Pacifique, et occupe une place stratégique centrale puisqu'elle est traversée par les principales routes de commerce et d'approvisionnement énergétiques entre l'Asie orientale, l'Europe, le Moyen-Orient et l'Afrique. Pour cette raison, les détroits de la zone (Malacca, la Sonde, Lombok) font l'objet d'une surveillance particulière, non seulement par les pays de la région, mais également par la Chine, qui constitue, avec l'Inde, la grande puissance voisine. Du sultanat de Brunei, pays pétrolier de 407 000 habitants, à l'Indonésie, pays de plus de 239 millions d'habitants, de Singapour, cité-État prospère de 4,8 millions d'habitants et plaque tournante du commerce mondial, au Timor-Oriental, État le plus pauvre de la région, l'Asie du Sud-Est est un espace hétérogène. On retrouve également cette diversité sur le plan religieux, les religions majoritaires variant d'un pays à l'autre : musulmane en Indonésie, bouddhiste au Vietnam, catholique aux Philippines. Elle n'a cependant pas empêché les États de la région de mettre en place des coopérations économiques. Ainsi, à l'exception du Timor-Oriental, l'ensemble des pays de la région est membre de l'Association des nations du sud-est asiatique (ASEAN). Fondée en 1967, en pleine guerre américano-vietnamienne, l'organisation s'est ensuite attachée à augmenter les échanges commerciaux entre pays membres. Promesse non tenue, en 2010, 80 % du commerce des pays membres de l'ASEAN a continué à se faire avec l'extérieur, notamment avec la Chine, avec laquelle l'ASEAN a créé en 2010 la plus vaste zone de libre-échange du monde, soit un ensemble de près de 2 milliards de personnes. Les États de l'ASEAN envisagent cependant d'approfondir leur intégration et de créer, à l'horizon 2015, un marché unique.
En 2010, si l'Asie du Sud-Est ne comptait encore que pour 2,7 % du PIB mondial, elle a affiché néanmoins un fort dynamisme économique, que ne saurait venir entacher la montée des mouvements islamistes radicaux dans certains pays. À cet égard, l'Indonésie, qui fait figure de puissance régionale en devenir, apparaît comme un concentré de toutes les réalités du sud-est asiatique.

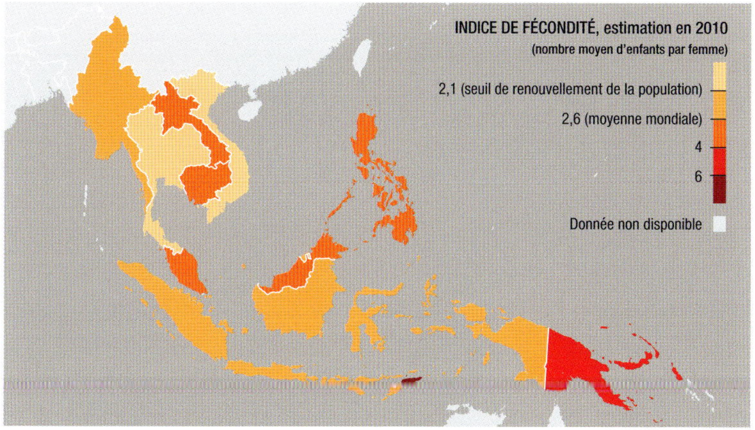

▲ INDICE DE FÉCONDITÉ EN ASIE DU SUD-EST
Dans la région de l'Asie du Sud-Est, les comportements démographiques des États se révèlent divers. Si le Timor-Oriental, avec 6,5 enfants en moyenne par femme, est le pays où l'indice de fécondité est le plus élevé, on trouve également des pays comme le Vietnam ou la Thaïlande, où l'indice est aujourd'hui inférieur au seuil de renouvellement. Pour ce qui concerne l'Indonésie, puissance économique régionale, la tendance est à une diminution de l'indice de fécondité. Avec 2,19 enfants en moyenne par femme, le pays suit une trajectoire conforme aux autres puissances régionales émergentes, confortant la thèse d'une relation entre développement économique et diminution du nombre moyen d'enfants par femme.

VOIR AUSSI : ENTRE TERRE ET MER, p. 82 – LES MIGRATIONS OU LES CHEMINS DE L'EXIL, p. 154

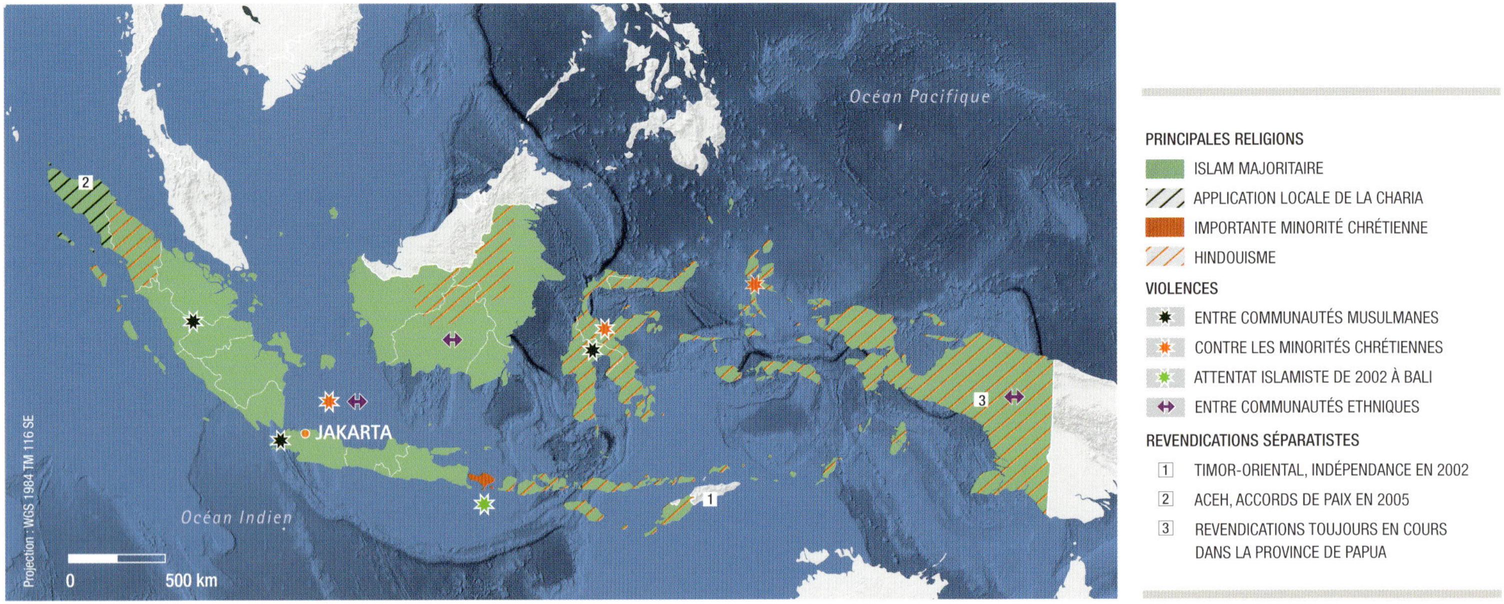

L'INDONÉSIE, DÉMOCRATIE ÉMERGENTE

Soumise à un régime dictatorial depuis 1965, l'Indonésie n'accède au pluralisme politique qu'en mai 1998 quand, dans le sillage de la crise financière qui frappe alors l'Asie du Sud-Est, les révoltes sociales indonésiennes conduisent à la chute du président Suharto. Au fil d'une période de transition économique, politique et territoriale d'une dizaine d'années (*reformasi*), au cours de laquelle se succèderont trois chefs d'État, l'Indonésie surmonte peu à peu ses handicaps. Quatorze ans plus tard, en dépit des risques d'éclatement séparatistes, mais aussi des attentats terroristes qui frappent l'archipel à plusieurs reprises, elle apparaît comme la démocratie la plus avancée de l'Asie du Sud-Est devant les Philippines, et vient même se ranger au G20 parmi les pays riches et émergents.

À la faveur de sa localisation sur l'une des principales routes maritimes mondiales entre l'océan Pacifique et l'océan Indien, et de sa position sur le détroit de Malacca, par lequel transite un tiers du commerce mondial, l'Indonésie jouit également d'une position jugée stratégique par toutes les grandes puissances : le Japon et la Corée du Sud, pour lesquels le détroit malayo-indonésien est énergétiquement vital ; la Chine, désireuse d'étendre son influence en mer de Chine méridionale mais aussi de profiter des ressources naturelles indonésiennes et de sécuriser ses voies d'approvisionnement ; l'Inde et les États-Unis, enfin, qui entendent justement faire de Jakarta un allié face aux aspirations chinoises dans la région. Sollicitée par l'ensemble des acteurs de la région, l'Indonésie s'efforce de diversifier ses relations, tout en privilégiant son environnement proche : le monde malais (Malaisie, Brunei, Singapour, Philippines), le Pacifique-Sud (et l'Australie en particulier) et l'ASEAN, au sein de laquelle l'Indonésie éprouve son statut de puissance

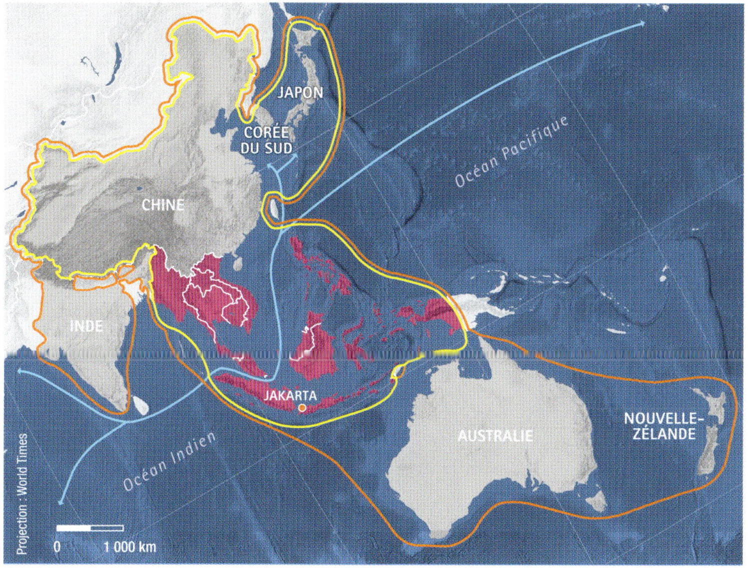

INTÉGRATIONS RÉGIONALES

ASEAN ASEAN +3 ASEAN +6 ROUTE COMMERCIALE MARITIME

régionale. En y multipliant les coopérations avec d'autres États de la zone – avec la Chine, le Japon et la Corée du Sud dans le cadre de « l'ASEAN + 3 », auxquels s'ajoutent l'Australie, l'Inde et la Nouvelle-Zélande au sein de « l'ASEAN + 6 » –, l'organisation régionale offre à l'Indonésie un véritable tremplin vers le reste du monde. Comme d'autres pays de la région avant elle, l'Indonésie choisit de faire reposer sa croissance (supérieure à 6 % en 2010) sur la libéralisation mondiale des échanges et sur la compétitivité de ses exportations. Fort d'une population de 239 millions d'habitants, le quatrième pays le plus peuplé au monde vise également à développer son marché intérieur en s'appuyant sur une classe moyenne qui rassemble déjà environ 20 % des Indonésiens. Parmi ses atouts économiques figurent aussi ses abondantes ressources naturelles (charbon, gaz naturel, pétrole, étain, nickel), qui lui permettent d'afficher une production énergétique bien supérieure à sa consommation (taux de couverture énergétique de 174 % en 2007). Pour autant, les succès économiques remportés par la politique menée à Jakarta et la diminution de la pauvreté dans le pays ne suffisent pas à masquer ni la croissance des inégalités sociales, ni le très haut niveau de corruption pratiqué.

Si la mise en place de la démocratie conduit à l'arrivée au pouvoir de gouvernants se référant ouvertement à l'islam, le principe de pluralité religieuse inscrit dans la constitution ne semble jamais remis en cause. Il affirme la coexistence de six religions dans le pays : l'islam, le protestantisme, le catholicisme, l'hindouisme, le bouddhisme et le confucianisme. Face aux manifestations locales de radicalisation islamique, les scrutins nationaux expriment d'ailleurs le choix des Indonésiens de conserver un État séculier : à deux reprises, ils portent à la tête de l'État le général Susilo Bambang Yudhoyono, dont la réputation renvoie justement au consensus, à l'ouverture et au pluralisme. Sans complaisance non plus vis-à-vis des mouvements islamiques radicaux locaux qui revendiquent les attentats terroristes perpétrés à Java et à Bali, les Indonésiens s'efforcent de montrer au reste du monde le visage exemplaire d'un islam politique moderne et modéré, ouvert et tolérant.

Cependant, si les principes démocratiques fondamentaux semblent donc désormais établis à l'échelle du pays, il apparaît aussi que le chemin vers l'unification nationale pourrait prendre encore plusieurs années. Composée d'une population à 80 % musulmane mais dispersée sur un archipel de près de 17 000 îles, l'Indonésie reste traversée par de profondes divisions ethnique, culturelle ou économique, conduisant régulièrement à des flambées de violences interconfessionnelles ou interethniques.

2 _ L'ÉCONOMIE AU CŒUR DES RAPPORTS DE FORCE

En ce début de XXIe siècle, les cartes de l'économie mondiale se redistribuent. Porté par la mondialisation et renforcé par la crise financière et économique de 2008, un nouveau monde économique émerge, remettant en cause la suprématie des pays industrialisés. Le système économique, financier et monétaire international édifié après la Seconde Guerre mondiale doit s'adapter à la présence de nouveaux acteurs, comme à de nouvelles pratiques économiques. Redevenue un élément central de la puissance, l'économie structure aujourd'hui sans doute plus qu'hier les rapports de force mondiaux, dessinant le visage qu'aura le monde du XXIe siècle.

LES NOUVEAUX VISAGES DE L'ÉCONOMIE MONDIALE

LE BASCULEMENT DE LA RICHESSE 60

LA GOUVERNANCE MONDIALE APRÈS BRETTON WOODS 64

LA CONTESTATION DE L'ORDRE ÉCONOMIQUE LIBÉRAL 68

LE BHOUTAN, PAYS DU BONHEUR BRUT 69

UN MONDE SANS FRONTIÈRES

UN COMMERCE SANS ENTRAVES 70

LA GUERRE DES MONNAIES 72

LES PARADIS FISCAUX EN ACCUSATION 74

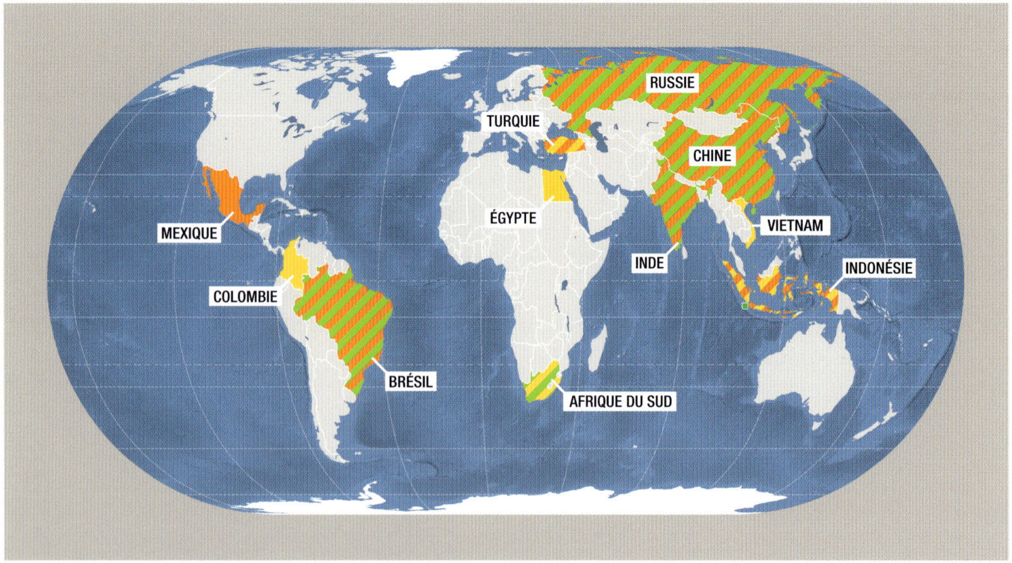

BRICS — CIVETS — E7

▲ LA GÉOMÉTRIE VARIABLE DE L'ÉMERGENCE

Inventé en 2001 par la banque d'affaires Goldman Sachs, BRIC est le plus connu des acronymes permettant d'identifier les principaux pays émergents : Brésil, Russie, Inde et Chine (puis BRICS avec l'ajout de l'Afrique du Sud en 2011). D'autres dénominations existent néanmoins, qui élargissent la liste. L'acronyme CIVETS, proposé en 2010 par la banque sino-britannique HSBC, signifie Colombie, Indonésie, Vietnam, Égypte, Turquie et Afrique du Sud. Une autre étude, issue du cabinet d'audit PricewaterhouseCoopers, parle de E7, pour « Emerging Seven ». Les E7 correspondent aux BRIC auxquels sont ajoutés le Mexique, l'Indonésie et la Turquie.

Au tournant des années 2000, la géographie de l'économie mondiale a connu des transformations radicales. De l'Asie à l'Amérique latine en passant par l'Afrique, conduits par la Chine, l'Inde, le Brésil ou l'Afrique du Sud, de nouveaux pôles de richesse économique ont fait leur apparition et viennent désormais concurrencer les pays du Nord.

LE BASCULEMENT DE LA RICHESSE

Pour évaluer la richesse des pays, le critère communément utilisé est le Produit intérieur brut (PIB). Ce critère consiste à évaluer l'ensemble des biens et des services marchands et non marchands produits au cours d'une période donnée. Selon ce seul critère, et particulièrement depuis 1945, le monde s'est trouvé divisé en deux : d'un côté, les pays développés et, de l'autre, les pays en développement, autrement dits les pays riches et les pays pauvres. Les pays développés se résument bien souvent aux pays industrialisés membres de l'Organisation pour la coopération et le développement économiques (OCDE).

Le terme « pays en développement » renvoie, quant à lui, aux pays du Sud que l'on regroupait, à l'époque de la guerre froide, sous le nom de pays du Tiers-Monde. Cette dernière catégorie n'est plus opérante aujourd'hui car elle regroupe des États aux niveaux de développement bien trop dissemblables. Impossible, en effet, de placer dans

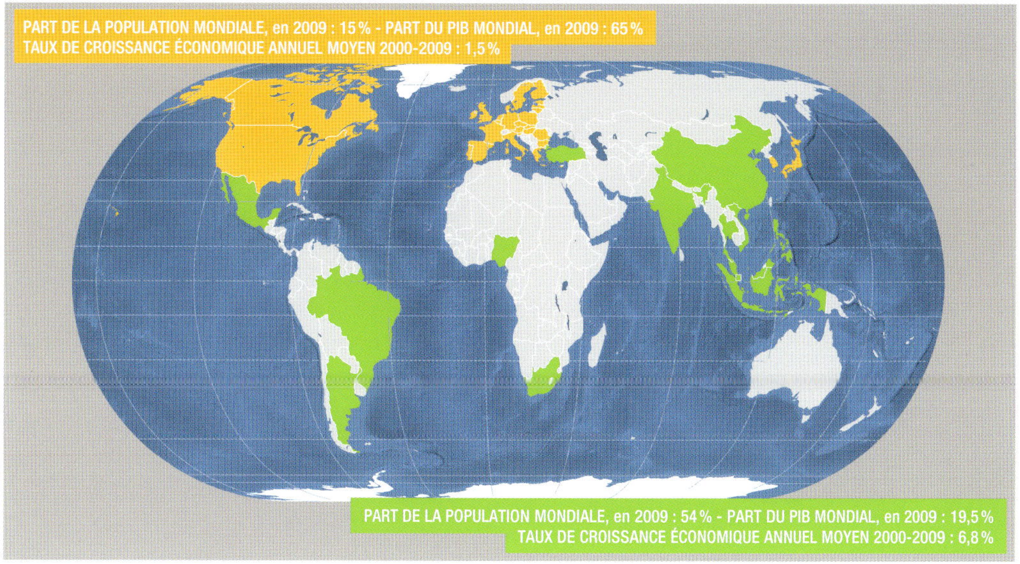

◄ QUAND LE « SUD » RATTRAPE LE « NORD »

La vision d'un monde polarisé autour de la triade (États-Unis, Europe, Japon) et fracturé entre un Nord et un Sud est devenu obsolète : sur le plan économique, les pays « industrialisés » se font rattraper, voire dépasser, par les pays émergents. Bien que les premiers concentrent toujours plus de la moitié de la richesse mondiale, la croissance économique rapide des seconds dessine les nouveaux contours de l'économie mondiale, davantage polycentrique.

une même catégorie la Chine ou l'Inde, avec le Paraguay, le Cambodge ou l'Éthiopie.

Le monde des émergents

Considérés comme « en développement », certains pays ont connu un dynamisme économique tel, lors des deux dernières décennies, que certains organismes financiers (banques ou agences de notation) ont cru bon d'inventer une nouvelle dénomination pour définir cette catégorie de pays : les émergents. Avec les taux de croissance économique les plus élevés du monde (Chine : 14,2 % de croissance en 2007, 10,5 % en 2010 ; Inde : 9,8 % en 2007, 9,5 % en 2010 ; Brésil : 6,1 % en 2007, 7,5 % en 2010), les émergents sont devenus, depuis le début des années 2000, des pays complètement « émergés » et les véritables moteurs de l'économie mondiale. En 2010, la croissance des pays industrialisés s'est élevée à 2,7 % en moyenne, tandis que les pays émergents affichaient une croissance globale de 7 %. Même si, en 2010, les pays industrialisés demeurent les plus riches, puisqu'ils représentent près de 65 % de la richesse produite dans le monde, leur part dans l'économie mondiale diminue en valeur relative.

Difficile à circonscrire, la catégorie des pays émergents regroupe un nombre variable d'États, qui évolue en fonction des critères retenus et des organismes qui établissent de tels regroupements. On peut néanmoins arrêter quelques critères communs : ces États ont tous une population importante, ils sont dotés d'institutions stables, d'un marché intérieur en expansion, ils sont ouverts aux échanges économiques internationaux et ont des taux de croissance élevés et constants. Si le nombre de pays considérés comme émergents divise les analystes, un noyau dur s'est malgré tout constitué depuis 2001, connu sous l'acronyme BRIC (Brésil, Russie, Inde, Chine). Ces BRIC couvrent 25 % des terres émergées dans le monde ; ils représentent 42 % de la population mondiale et 15 % du PIB mondial. Chacun de ces États jouit d'un avantage économique comparatif : les produits agricoles pour le Brésil, les ressources énergétiques pour la Russie, le tertiaire pour l'Inde et les biens manufacturés pour la Chine. L'Afrique du Sud a officiellement rejoint le groupe au début de l'année 2011, modifiant l'acronyme en BRICS. Le groupe d'émergents peut aussi se transformer en BASIC (Brésil, Afrique du Sud, Inde, Chine), excluant ainsi la Russie, fragilisée par son « hiver démographique » et la dépendance de son économie aux seules exportations d'hydrocarbures.

Les raisons du boom économique de ces pays sont diverses. L'ouverture aux échanges internationaux, aux capitaux et

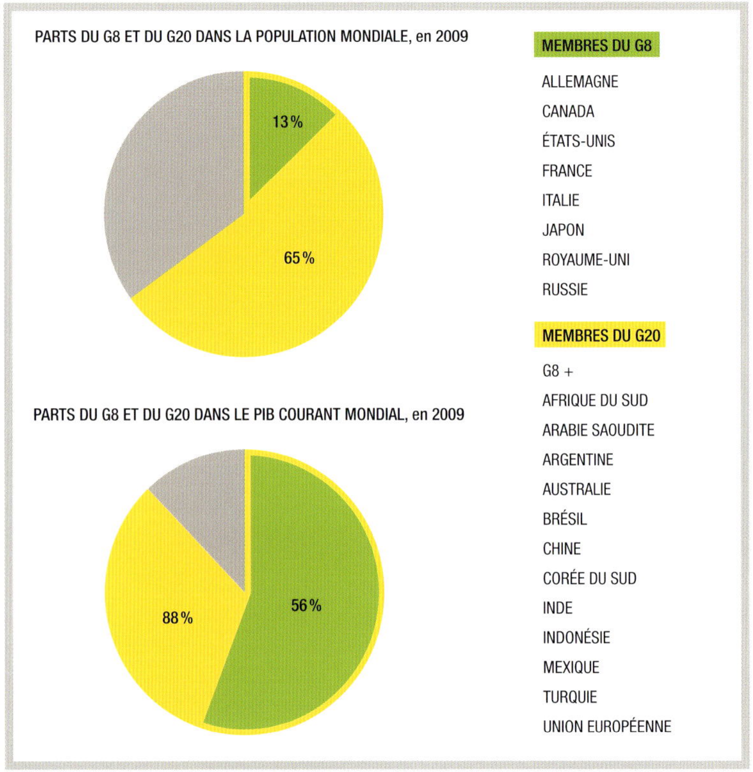

DU G8 AU G20

Avec la crise de 2008, le G20 a vu son autorité renforcée comme instance de négociation internationale. Ce rééquilibrage, autant économique que démographique, fait du G20 un club plus représentatif, donc peut-être plus légitime, sur le plan international.

aux Investissements directs étrangers (IDE), ainsi que la présence d'une main-d'œuvre abondante, bon marché et souvent bien formée, ont contribué à diminuer le coût de fabrication des biens de consommation exportés ensuite vers les pays industrialisés. Ces exportations ont favorisé la croissance qui, en retour, a conduit à accroître la demande intérieure en matières premières dans ces pays, entraînant par ricochet la croissance d'autres régions du monde riches en ressources minières ou en hydrocarbures. Le volume des échanges commerciaux depuis 1990 a ainsi été multiplié par quatre à l'échelle globale et par dix si on ne compte que les échanges entre pays en développement.

Parmi les transformations de fond que connaissent les pays émergents, la constitution et surtout l'élargissement de leur classe moyenne n'est pas des moindres. Profitant de l'essor continu de leur pays, un nombre toujours plus important de personnes accèdera à l'avenir à cette classe sociale. Selon l'OCDE, la part des classes moyennes chinoise et indienne dans la classe moyenne mondiale devrait passer de 7 % en 2010 à près de 50 % en 2050. Cette évolution programmée ne doit pas, pour autant, faire oublier l'écart des inégalités qui se creuse entre les personnes les plus riches et les plus pauvres au sein des pays émergents.

L'affirmation politique des BRICS

Alors que le terme BRIC a été inventé par des acteurs tiers pour identifier des pays à l'économie dynamique, il a ensuite fait l'objet d'une véritable réappropriation par les États concernés. En juin 2009, les BRIC se sont retrouvés pour un sommet à Iekaterinbourg, en Russie, pour affirmer leur statut de puissances émergentes et ne pas le limiter au seul domaine économique.

Lors de ce sommet, les quatre ont fait connaître leur opposition au projet d'indépendance du Kosovo, soutenu au contraire par de nombreux pays « occidentaux ». Ceci n'a rien d'étonnant puisque, à l'exception du Brésil, les BRICS sont tous confrontés à des mouvements indépendantistes : la Russie fait face aux séparatismes dans le Caucase (au Daghestan et en Tchétchénie) ; l'Inde doit contrer le mouvement révolutionnaire maoïste des naxalites, présents notamment dans l'est du pays ; enfin, la Chine s'oppose à toute velléité d'autonomie au Tibet et au Xinjiang. Deux ans plus tard, en avril 2011, les BRICS se sont retrouvés pour un sommet à Sanya, en Chine, lors duquel ils ont critiqué l'intervention de l'OTAN en Libye. Cette unité affichée sur certains thèmes stratégiques n'empêche pas ces États d'entretenir entre eux plusieurs contentieux, qu'il s'agisse de conflits frontaliers – entre l'Inde et la Chine notamment, en Aksai-Chin à l'ouest, et en Arunachal-Pradesh à l'est – ou de positions divergentes lors de négociations à l'OMC – entre l'Inde et le Brésil, par exemple, dans le domaine agricole.

Malgré ces différends, le groupe des BRICS a de très nombreux atouts pour peser sur l'avenir du monde : il regroupe tout à la fois des géants énergétiques, des géants démographiques, des puissances nucléaires et des membres permanents du Conseil de sécurité des Nations unies. Les pays émergents militent d'ailleurs pour que les pouvoirs au sein des instances internationales issues de la fin de la Seconde Guerre mondiale soient rééquilibrés : rééquilibrage des droits de vote et des quotes-parts au sein de la Banque mondiale et du Fonds monétaire international, et modification de la composition des membres permanents au Conseil de sécurité des Nations unies.

Le G20, une instance plus représentative du monde actuel

La croissance des pays émergents et leur résilience face à la crise économique actuelle a accéléré leur insertion au sein d'autres enceintes de décision internationales. Le G6 (États-Unis, Japon, Royaume-Uni, France, République fédérale allemande, Italie), groupe informel de pays riches fondé en 1975, après le choc pétrolier de 1973, devenu G7 en 1976 avec le Canada, puis G8 en accueillant la Russie en 1998, a longtemps fait figure de directoire du monde. Or, ce club n'était plus ni le plus représentatif ni le plus efficace pour imaginer des solutions aux grandes problématiques mondiales.

En 2009, au sommet de Pittsburg, le G20 a donc supplanté le G8 comme enceinte de référence où se négocient et se décident les grandes orientations économiques du monde, du moins celles qui demeurent encore du ressort des États.

PRINCIPAUX DÉTENTEURS DE LA DETTE AMÉRICAINE, en février 2011 (bons du Trésor, en milliards de dollars)
TOTAL DE LA DETTE : 4 474 MILLIARDS DE DOLLARS

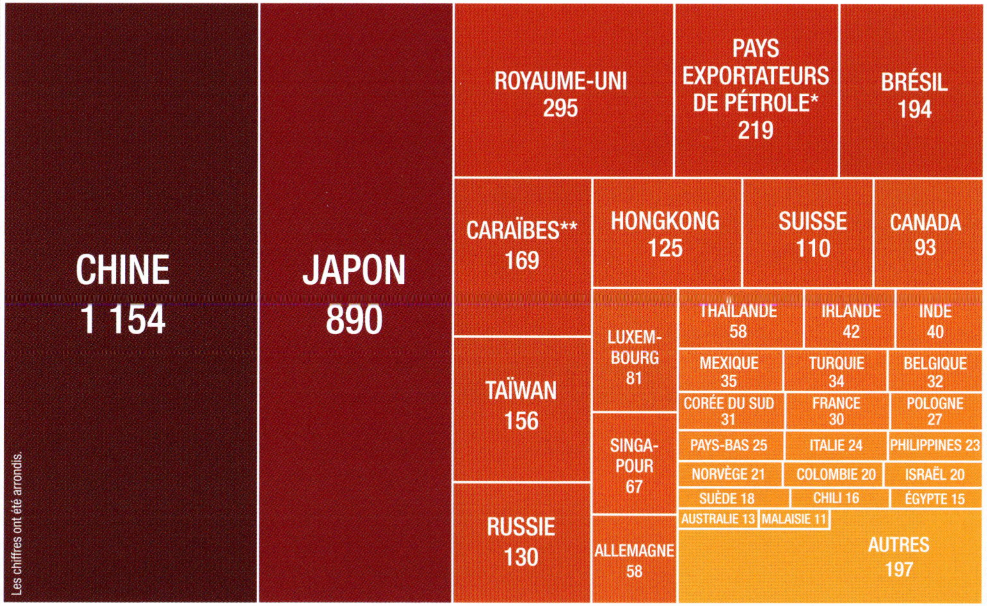

* Équateur, Venezuela, Indonésie, Bahreïn, Iran, Irak, Koweït, Oman, Qatar, Arabie saoudite, Émirats arabes unis, Algérie, Gabon, Libye et Nigeria.

** Bahamas, Bermudes, Îles Caïmans, Antilles néerlandaises, Panama et les Îles Vierges britanniques.

▲ G2, LA « CHINAMÉRIQUE » DIRIGE-T-ELLE LE MONDE ?

En juillet 2010, le président des États-Unis, Barack Obama, déclarait : « Les relations entre les États-Unis et la Chine façonneront le XXIe siècle. » C'est à cette période que les références à la Chinamérique ou au G2, pour « groupe des deux », ont fait leur apparition. Il s'agissait d'insister sur l'interdépendance de la Chine et des États-Unis, ce que montre le schéma des pays détenteurs de la dette états-unienne, mais également de signifier qu'aucune décision d'importance ne pourra être prise au niveau international sans l'accord des deux pays.

VOIR AUSSI : LES ÉTATS-UNIS, PUISSANCE MALGRÉ TOUT, p. 20 - LA CHINE, PUISSANCE DÉCOMPLEXÉE, p.34 - LE SAVOIR, UN ENJEU DE PUISSANCE, p. 212

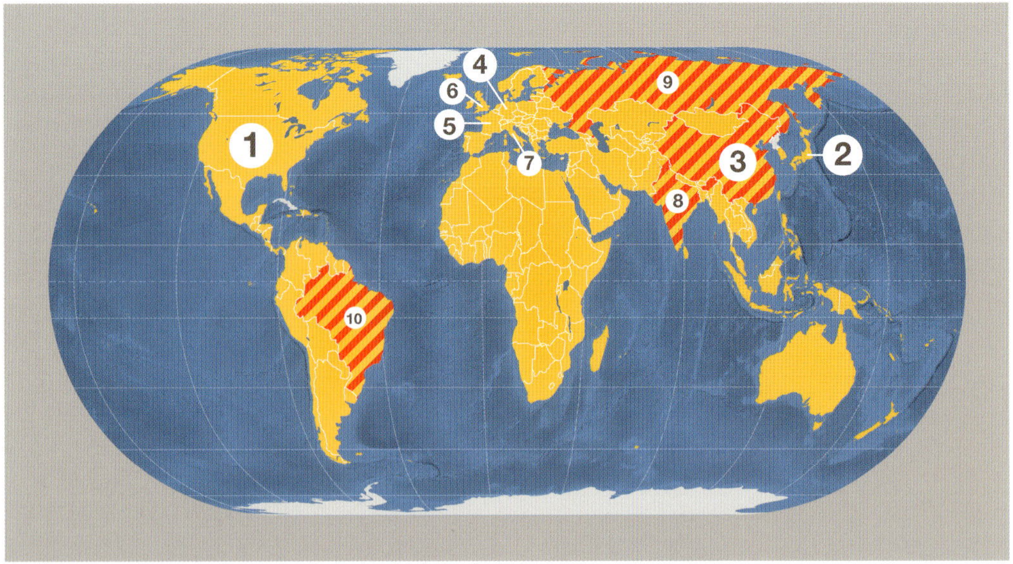

ÉTATS MEMBRES DU FMI

9 CLASSEMENT DES DIX PREMIERS CONTRIBUTEURS DU FMI

PAYS DONT LA QUOTE-PART A AUGMENTÉ APRÈS LA RÉFORME

▲ LA RÉFORME DU FMI

Le FMI est composé de 187 États, soit la quasi-totalité du monde, à l'exception de quelques pays comme Cuba, la Corée du Nord, Andorre ou encore le Vatican. La réforme intervenue à la fin de l'année 2010 a permis de donner davantage de poids aux pays émergents dans le processus de prise de décision.
Comme l'indique la carte, les BRIC sont les principaux pays à voir leur quote-part augmenter. Dévolu traditionnellement à une personnalité européenne, le poste de directeur général du FMI pourrait, à l'avenir, revenir à un représentant des pays émergents, entérinant, au niveau institutionnel cette fois, le rééquilibrage entre pays du Nord et pays du Sud au sein des instances de pouvoir mondial.

Lentement, le fonctionnement et la composition du système de gouvernance économique mondiale est en train de changer. Désormais, les pays émergents entendent disposer d'un pouvoir politique à la hauteur de leur poids économique.

LA GOUVERNANCE MONDIALE APRÈS BRETTON WOODS

Le système économique, financier et monétaire dans lequel le monde a vécu depuis plus de 60 ans est né lors de la conférence de Bretton Woods, aux États-Unis, qui a réuni en juillet 1944 des délégués de 44 États. Cette conférence était chargée d'organiser la coopération économique et monétaire internationale de l'après-guerre et de créer de nouvelles institutions. Parmi elles, on trouve la Banque internationale pour la reconstruction et le développement (BIRD), qui deviendra la Banque mondiale, le fonds chargé de coordonner les politiques de change, qui donnera naissance au Fonds monétaire international (FMI), ou encore l'Accord général sur les tarifs et le commerce (GATT), qui deviendra, en 1995, l'Organisation mondiale du commerce (OMC).

Le rééquilibrage des pouvoirs au sein du FMI

Le FMI a été créé pour réguler un système monétaire international de change fixe basé sur la convertibilité du dollar en or. Cependant, avec la fin de cette convertibilité en 1971, le FMI s'est transformé en instrument de refinancement pour les pays en développement faisant face à des crises chroniques liées à leur déficit budgétaire. Organisme prêteur, il intervient lorsque les pays en font la demande et à la condition de s'engager à rétablir l'équilibre de leur balance des paiements en adoptant des politiques restrictives en matière de finances publiques. Le FMI peut ainsi exercer dans les faits un contrôle sur les politiques économiques – et donc sociales – des États dont il est devenu le créancier.

Les sources de financement du FMI sont de plusieurs ordres. Le Fonds est le troisième plus grand détenteur de réserves officielles en or au monde (avec 2 827 tonnes en janvier 2011), derrière les États-Unis (8 134 tonnes) et l'Allemagne. Le FMI est aussi doté de ressources provenant de ses 187 États membres, variables selon le poids de chacun dans l'économie mondiale. C'est ce qu'on appelle les « quotes-parts ». En 2010, la quote-part la plus forte était celle des États-Unis, avec quelque 56 milliards de dollars, et la plus faible celle de Tuvalu, avec 2,5 millions de dollars.

La répartition des quotes-parts est importante car elle détermine pour chaque pays non seulement sa capacité d'emprunt mais aussi son droit de vote lors de l'attribution des prêts aux États en difficulté. En outre, pour les décisions les plus importantes, les statuts du FMI exigent une majorité de 85 % des voix. Or les États-Unis disposent de 17 % du total des voix, ce qui leur offre *de facto* un droit de veto.

Depuis plusieurs années, cependant, les rapports de force mondiaux changent et certaines économies émergentes, comme celles du Brésil, de l'Inde ou de la Chine, réclament un rééquilibrage des pouvoirs au sein des institutions financières. L'ensemble des BRIC ne représentait jusqu'en 2010, que 9,5 % du total des voix au sein du conseil d'administration du FMI, même si leur PIB cumulé (environ 18 000 milliards de dollars) était supérieur à celui des États-Unis (14 600 milliards de dollars). Le rééquilibrage souhaité a eu lieu en octobre 2010, lors du sommet du G20 de Séoul.

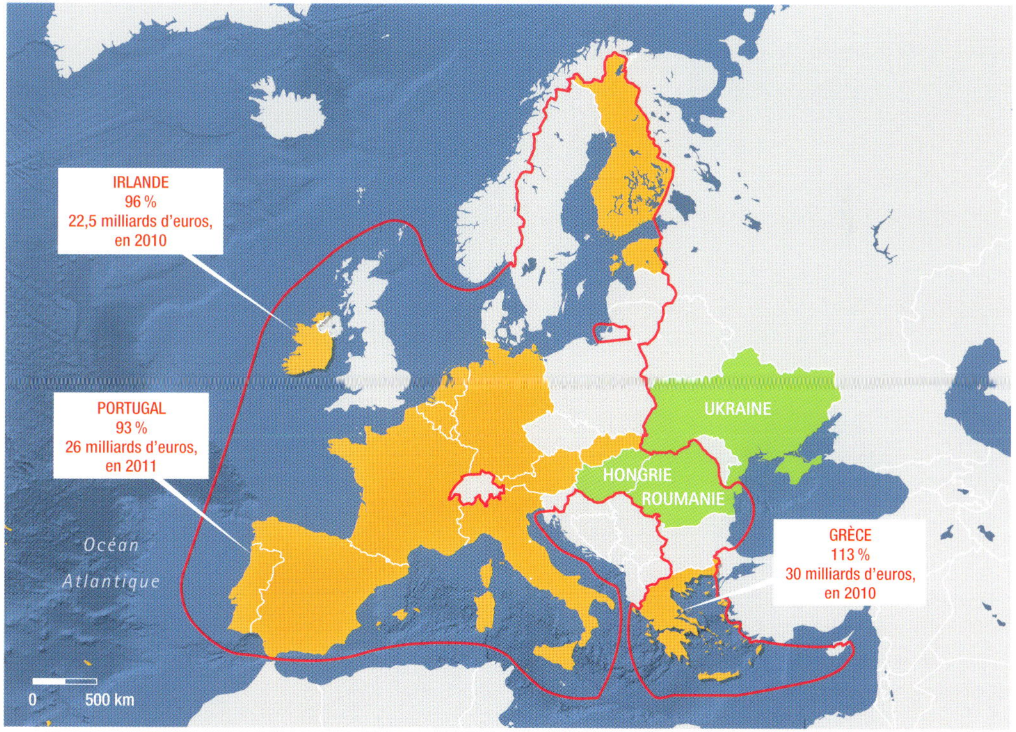

UNION EUROPÉENNE

PRINCIPAUX PAYS D'EUROPE DE L'EST BÉNÉFICIAIRES DE L'AIDE DU FMI AUJOURD'HUI

ZONE EURO

PAYS DE LA ZONE EURO BÉNÉFICIAIRES DE L'AIDE DU FMI
Niveau de la dette publique (en % du PIB national)
Montant de l'aide du FMI,
année de l'intervention

▲ LE FMI AU SECOURS DE... L'EUROPE

On a longtemps considéré que l'action du FMI ne concernait que les pays du Sud. Or, depuis la fin de la guerre froide, les États d'Europe centrale et orientale amorçant leur transition vers l'économie de marché ont reçu des aides considérables du FMI. Depuis 2010, des pays riches comme la Grèce, l'Irlande ou le Portugal ont à leur tour eu recours à l'aide du FMI pour répondre à la crise de leur dette souveraine.

Afin de bénéficier d'un prêt du FMI, ces trois pays se sont engagés à réduire leur dette publique, et donc à adopter des politiques d'austérité budgétaire, largement contestées par les populations en raison du coût social engendré.

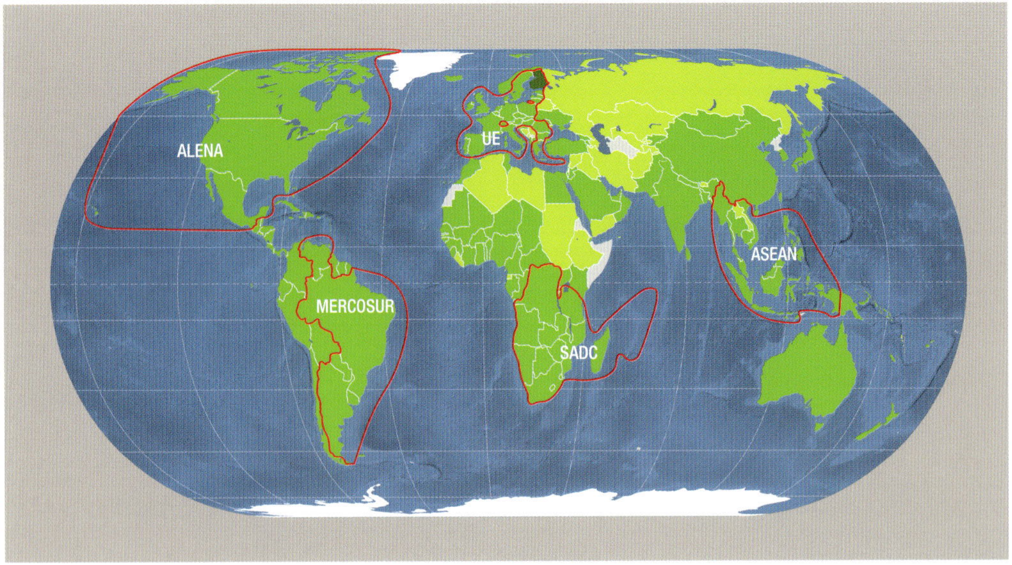

MONDIALISATION OU RÉGIONALISATION

Parmi les principes qui régissent l'action de l'OMC, on trouve la clause dite de la « nation la plus favorisée » : elle suppose que si un pays membre applique une quelconque préférence tarifaire à un autre pays membre, il doit accorder cette même faveur à l'ensemble des États membres de l'organisation. Des dérogations à cette clause existent, notamment dans le cadre des processus d'intégration régionale. Différentes thèses s'affrontent quant aux relations entre mondialisation et régionalisation. Pour certains, les deux phénomènes s'opposent ; pour d'autres, au contraire, la création de zone de libre-échange régionale serait en soi une première étape vers la mondialisation.

Le Fonds monétaire international, la Banque mondiale et le « consensus de Washington »

Le Fonds monétaire international et la Banque mondiale sont des institutions qui reposent sur une même doctrine, connue sous le nom de « consensus de Washington », en référence à la ville où ces deux institutions, ainsi que le département du Trésor américain, ont leur siège. Cette idéologie se traduit par une série de mesures réglementaires et de pratiques économiques que le Fonds estime vertueuses : réduction des dépenses publiques, privatisation progressive des entreprises publiques, allègement de la fiscalité, libéralisation des échanges extérieurs, libéralisation financière, facilitation des investissements directs étrangers, etc.

Dans les pays du Sud, notamment en Amérique latine et en Afrique subsaharienne, l'action du FMI a pris la forme de plan d'ajustement structurel devant réduire l'endettement public des États. Le Ghana, qui a eu recours à l'aide du FMI dans les années 1980, est un exemple assez représentatif du mode d'intervention et des exigences du FMI. Ce pays est le deuxième producteur mondial de cacao, culture dont il est très dépendant économiquement puisqu'elle représente plus de 60 % de ses exportations agricoles. Bien qu'il soit également doté de ressources minières (or, manganèse, diamant), le Ghana n'a pas su diversifier son économie ni trouver d'autres relais de croissance. En 1982, l'économie du pays a donc été durement frappée par la baisse générale des cours des matières premières. Le gouvernement ghanéen a alors été contraint de s'endetter : il a fait appel au FMI et obtenu un prêt de 2,5 milliards de dollars sur quatre ans, en contrepartie d'une libéralisation des prix et des échanges commerciaux. Au final, les recettes de l'exportation des matières premières ont été aspirées par le remboursement de la dette et n'ont pas permis au gouvernement de réaliser les investissements éducatifs et sanitaires nécessaires.

En définitive, si pour certains États les interventions du Fonds ont pu constituer une véritable bouée de sauvetage, pour d'autres, elles n'ont fait qu'accentuer leur surendettement et leur dépendance vis-à-vis des bailleurs internationaux.

Depuis 2008, le FMI est devenu un instrument central dans la stratégie des dirigeants du G20 pour gérer la crise. Cela s'est traduit notamment par l'augmentation des capacités d'intervention du Fonds, qui devaient passer de 250 à 750 milliards de dollars en 2011.

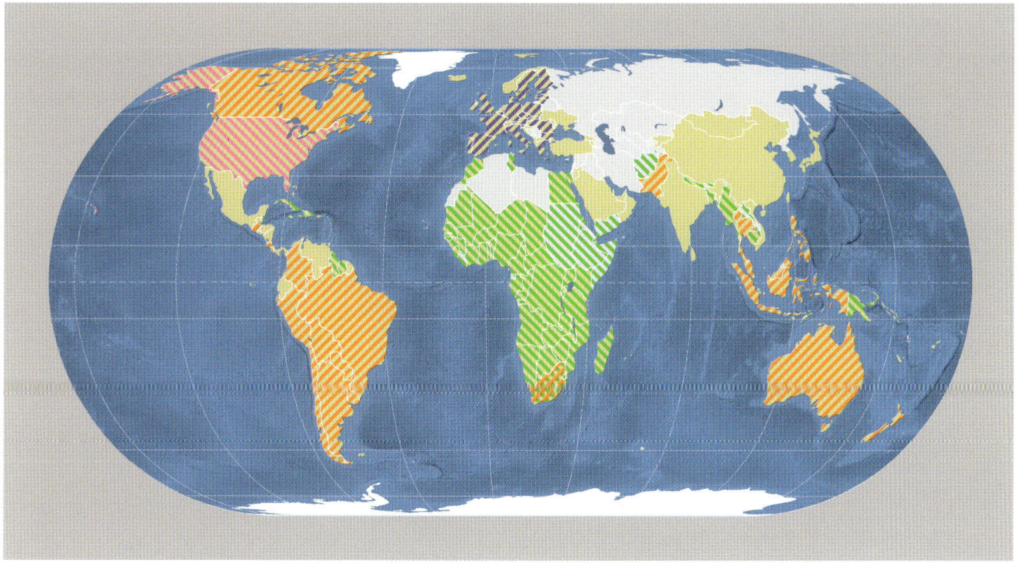

▲ **LES ALLIANCES AU SEIN DE L'OMC**

Le cycle de Doha voit s'affronter des coalitions d'États aux intérêts divergents, notamment dans le domaine agricole : les États-Unis s'opposent à l'UE, auxquels s'opposent le groupe de Cairns et le G90. Le groupe de Cairns est composé d'exportateurs de produits agricoles, dont les gouvernements n'octroient ni aides ni subventions à leurs producteurs nationaux, et qui demandent en conséquence l'abaissement des barrières douanières européennes ainsi que la baisse des subventions américaines aux exportations agricoles. Leur position rejoint celle de l'Inde, de la Chine et du Mexique. Le G90 regroupe les États que leur agriculture, organisée en petites exploitations vivrières, rend vulnérables à la concurrence « déloyale » imposée par les États qui subventionnent leurs exportations.

ÉTATS MEMBRES DE L'OMC
GROUPE DE CAIRNS
G90
ÉTATS-UNIS
UNION EUROPÉENNE

Au cœur du commerce mondial

Avec l'économie, la finance et les questions monétaires, le système international dispose également d'une organisation spécifiquement consacrée au commerce : l'OMC. La fonction première de cette organisation est de faciliter et de réguler le commerce des biens et des services entre les pays. Aujourd'hui, environ 90 % des flux commerciaux mondiaux se font entre les États membres de cette organisation, conférant à l'OMC un rôle d'acteur international de premier plan.

Parmi les principaux contributeurs au budget de l'organisation, les poids lourds de l'économie mondiale (États-Unis, Japon, Chine, États européens) représentent plus de 50 % du total des contributions en 2010, alors que les 39 États membres les plus marginaux dans les échanges internationaux représentent à peine 0,6 % du budget. Malgré ces disparités, chaque membre de l'OMC dispose d'un même droit de vote.

Parmi les questions qui provoquent de façon récurrente des blocages au sein de l'OMC, l'agriculture occupe une place centrale puisque ce secteur est l'un des derniers à ne pas avoir été entièrement libéralisé. Le cycle de négociation de Doha, ouvert en 2001 et qui n'était toujours pas achevé en octobre 2011, butte notamment sur la libéralisation de ce secteur. Malgré les nombreuses conférences qui réunissent, périodiquement, les ministres des États membres, les négociations peinent à accoucher d'un consensus en la matière. Ces difficultés révèlent des rapports de force politiques extrêmement complexes dans un domaine vital pour les États. Par-delà les intérêts économiques en jeu, ces derniers ne sont pas prêts, en effet, à renoncer à exercer leur souveraineté agricole, condition de leur sécurité alimentaire. Ces difficultés signalent également, en filigrane, que les biens et les services ne sont peut-être pas tous libéralisables ou même commercialisables.

VOIR AUSSI : L'INDE, PUISSANCE PRAGMATIQUE, p. 38 - LE BRÉSIL, PUISSANCE EN DEVENIR, p. 42

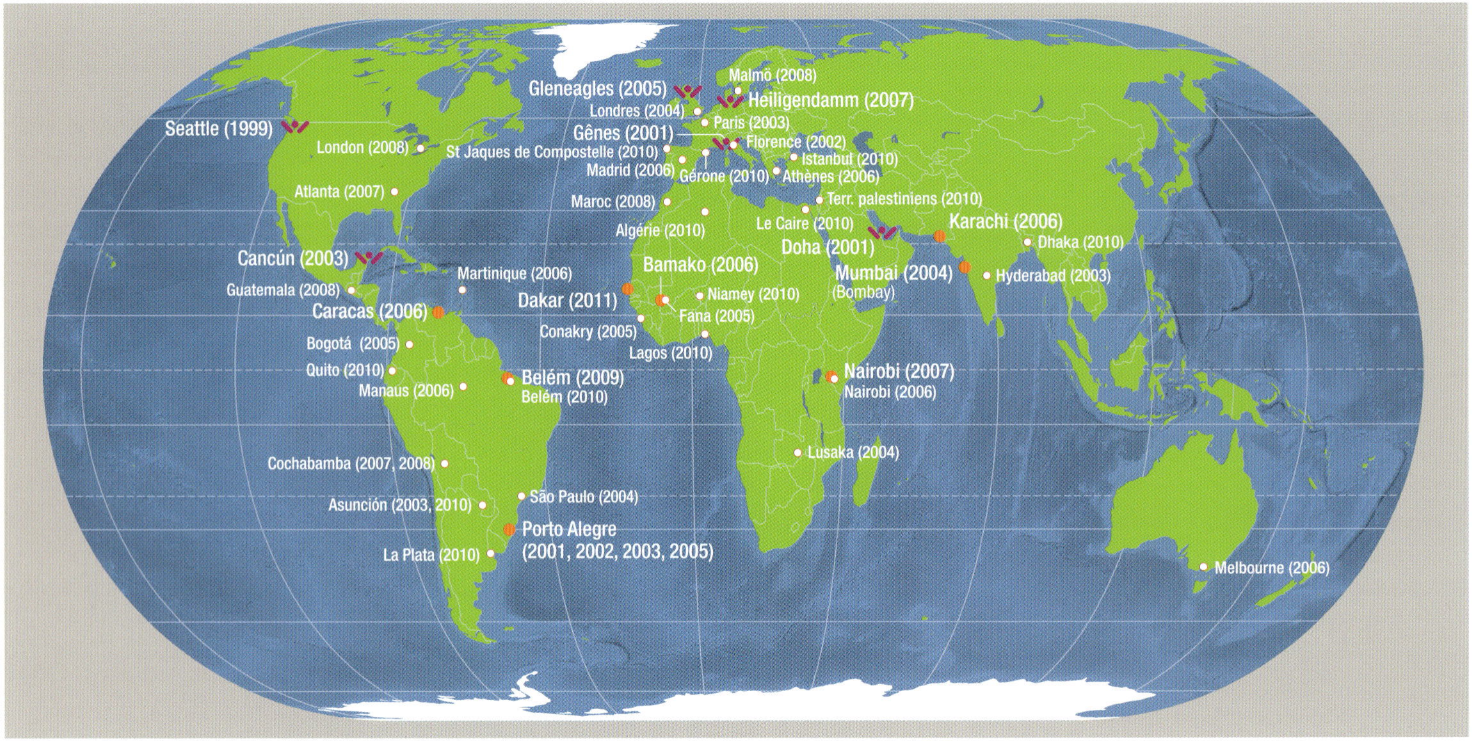

PRINCIPAUX SOMMETS INTERNATIONAUX DU G8 ET DE L'OMC AYANT ENTRAÎNÉ DES CONTESTATIONS — FORUMS SOCIAUX MONDIAUX — PRINCIPAUX FORUMS SOCIAUX RÉGIONAUX ET/OU THÉMATIQUES

LA CONTESTATION DE L'ORDRE ÉCONOMIQUE LIBÉRAL

En 1999, la conférence ministérielle de l'OMC qui s'est tenue à Seattle, censée ouvrir un nouveau cycle de négociations commerciales, a été le théâtre d'une vaste mobilisation internationale contre l'« ordre néolibéral ». Ces manifestations ont inauguré un cycle de contestation dite « altermondialiste » qui s'est traduit par la tenue, en 2001, à Porto Alegre (Brésil), du premier Forum social mondial. Depuis, de tels forums se sont multipliés à travers le monde, se divisant en forums régionaux, nationaux ou thématiques.

LE BHOUTAN, PAYS DU BONHEUR BRUT

Enclavé sur le toit du monde, entre les deux puissances majeures que sont aujourd'hui la Chine et l'Inde, le petit royaume du Bhoutan s'est longtemps tenu à l'écart du monde. De 1910 à 2007, sa politique étrangère a été conduite par un État tiers : d'abord par l'Empire britannique puis, dès 1947, par l'Inde, qui voyait dans le pays un État tampon face aux visées expansionnistes de Pékin, clairement manifestées par la conquête du Tibet en 1959. En 1971, le Bhoutan est admis aux Nations unies, tribune de choix pour présenter au monde le concept de BNB, « Bonheur national brut ».

Créé à l'initiative du monarque Jigme Singye Wangchuk, cet indicateur entend se substituer au conventionnel Produit national brut (PNB), jugé insuffisant pour mesurer le réel bien-être de la population et le développement effectif du pays. Imprégné de valeurs bouddhistes, le BNB se fonde sur quatre piliers : l'indépendance et la croissance économique, la promotion de l'identité culturelle, la préservation de l'environnement et la bonne gouvernance.

Dans ce pays riche en biodiversité, la loi impose de préserver la forêt à hauteur de 60 % de la superficie du territoire, et la totalité de l'énergie produite est d'origine hydroélectrique. Durable est aussi le mot d'ordre pour le tourisme, secteur économique important qui est strictement encadré. À l'instar de la protection de l'environnement, la gouvernance peut être elle aussi mesurée puisque le royaume est devenu en 2008 une démocratie parlementaire, se dotant pour la première fois d'une constitution et d'un gouvernement élu.

Pour autant, la réalisation des deux autres piliers du BNB est à nuancer. État enclavé, le Bhoutan reste dépendant de l'économie indienne et, selon le Programme des Nations unies pour le développement (PNUD), près du quart de sa population vit encore sous le seuil de pauvreté. La notion de protection de l'identité culturelle est sujette à caution si l'on pense au contentieux toujours non résolu qui oppose le Bhoutan et le Népal au sujet des quelque 100 000 réfugiés lhotsampas. Au début des années 1990, ces habitants bhoutanais d'origine népalaise ont subi l'application de la politique de Thimphu « Une nation, un peuple » : considérés comme des migrants illégaux, ils ont dû fuir le pays et vivent en majorité dans des camps installés près de la frontière avec le Népal.

Si l'exemple du Bhoutan doit être nuancé dans ses réalisations, le BNB a depuis fait école. Dans le monde, plusieurs gouvernements et instituts de statistiques évoquent en effet la possibilité de tenir compte du bien-être de la population afin de mesurer autrement la richesse nationale : après la France, le Royaume-Uni, l'Italie et l'Allemagne, cela a été au tour du président chinois de conjuguer, de façon inédite, les termes de croissance et de bonheur lors de la session annuelle du Parti communiste chinois, en mars 2011. L'OCDE a également lancé son *Better Life Index*, un outil interactif permettant de comparer le bien-être des populations de ses 34 pays membres, sur la base de plusieurs critères essentiels tels que le logement, l'emploi, l'environnement ou encore la satisfaction de vie.

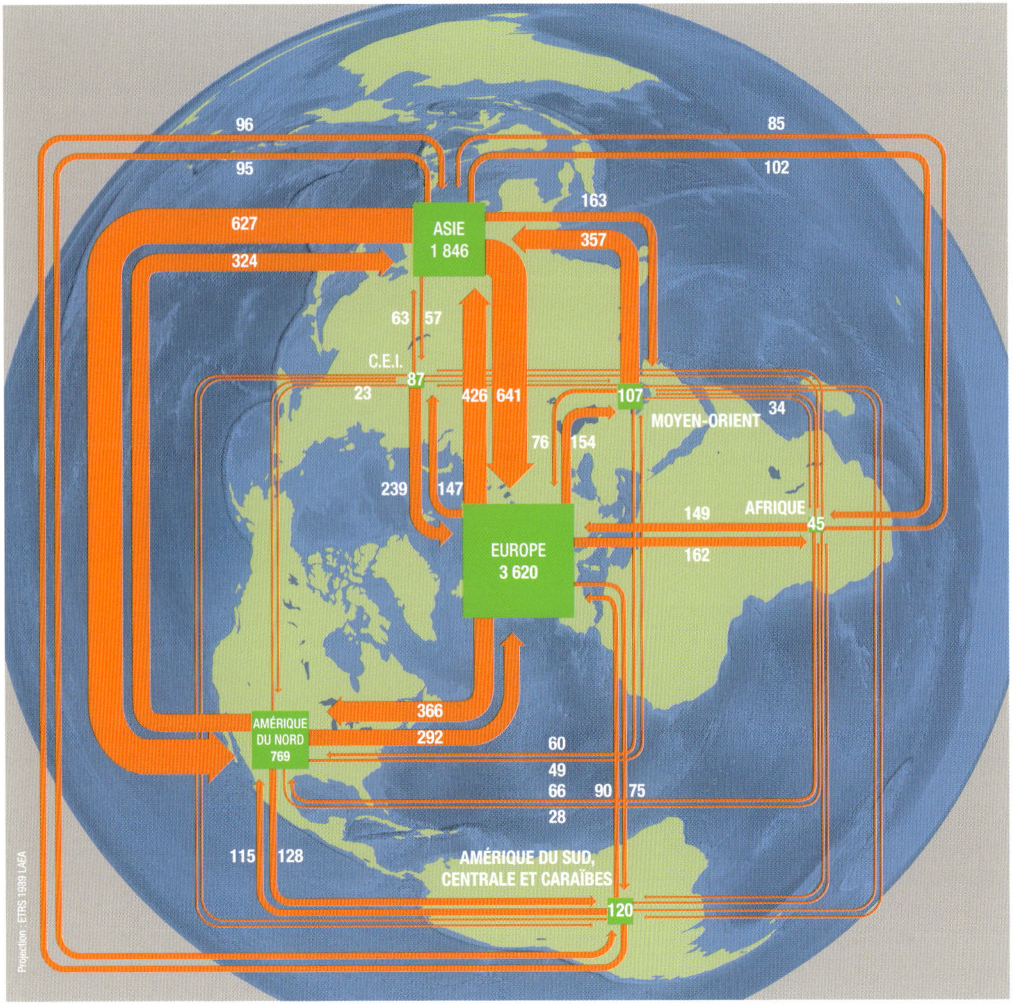

COMMERCE MONDIAL DE MARCHANDISES, en 2009 (en milliards de dollars)

COMMERCE INTERRÉGIONAL (seules les valeurs supérieures à 20 milliards de dollars sont indiquées) COMMERCE INTRARÉGIONAL

Le libre-échange est au cœur du commerce mondial. Pourtant, avec la crise économique de 2008 et la concurrence accrue des pays émergents ou en développement, des débats ont à nouveau vu le jour, en Europe, autour de la question du protectionnisme.

UN COMMERCE SANS ENTRAVES

◄ COMMERCE TOUS AZIMUTS

Si l'Europe et les États-Unis demeurent les principaux pôles commerciaux du monde, l'Asie, dans son ensemble, occupe une place de plus en plus importante dans les échanges mondiaux. Première puissance commerciale du monde, l'Europe doit en partie sa position à l'intensité de ses échanges intrarégionaux. Sans se modifier totalement, cette hiérarchie est néanmoins appelée à évoluer sous l'effet de la montée en puissance des autres blocs régionaux, de l'accroissement de leurs échanges régionaux et de leur insertion dans le commerce mondial. En construisant leur développement économique sur la libéralisation du commerce mondial et la promotion de politiques tournées vers l'exportation, les pays émergents (Chine, Inde, Brésil, Mexique, Indonésie, Malaisie, par exemple) tendent à devenir les véritables moteurs du commerce régional et mondial.

Doctrine développée par des économistes libéraux classiques comme Adam Smith (1723-1790) ou David Ricardo (1772-1823), la théorie du *free trade* – libre-échange – trouve ses premières applications en Grande-Bretagne, dans la seconde moitié du XIXe siècle. Cette théorie prône le démantèlement de l'ensemble des obstacles à la circulation internationale des marchandises, tels que droits de douanes ou barrières non tarifaires. Dans la logique du libre-échange, tout ce qui peut porter atteinte à la libre circulation des biens et restreindre les échanges doit être supprimé.

La mondialisation du libre échange

Après la Seconde Guerre mondiale, cette doctrine va s'imposer peu à peu comme la pierre angulaire du système commercial mondial. Cette politique de libéralisation des échanges commerciaux a été soutenue par le GATT dès 1947, puis par l'OMC à partir de 1995. Réunissant 23 États en 1947, le GATT comptait 128 États signataires en 1994. L'OMC a poursuivi ce mouvement d'élargissement, jusqu'à compter, au début de l'année 2011, 153 membres et 31 observateurs.

Entre 1950 et aujourd'hui, le volume des échanges commerciaux dans le monde a été multiplié par vingt, les barrières douanières tarifaires diminuant pour passer en moyenne de 40 % de la valeur des marchandises à 2,2 % aujourd'hui. Que ce soit par voie terrestre, maritime ou aérienne, les flux de commerce dessinent une véritable toile à la surface de la planète. Cependant, ces échanges de marchandises, certes mondiaux, se font avant tout à des échelles régionales. Comme le montre la carte du commerce mondial de marchandises, en 2009, les échanges intrarégionaux comptaient pour 54 % du volume total de marchandises échangé à l'échelle mondiale.

Aujourd'hui la géographie du commerce mondial se concentre autour de quelques grands pôles régionaux : Europe, Amérique du Nord, Asie orientale, tandis que d'autres pôles comme l'Amérique latine ou l'Asie du Sud s'insèrent progressivement dans les circuits commerciaux internationaux. L'Asie est devenue une région centrale pour le commerce mondial, se transformant au fil du temps en une vaste zone d'exportation, notamment à destination des pays de l'OCDE. En devenant le premier exportateur mondial de produits manufacturés en 2010, la Chine montre qu'elle a su tirer profit de son entrée à l'OMC en décembre 2001 et de la réduction généralisée des droits de douane qu'on y pratique.

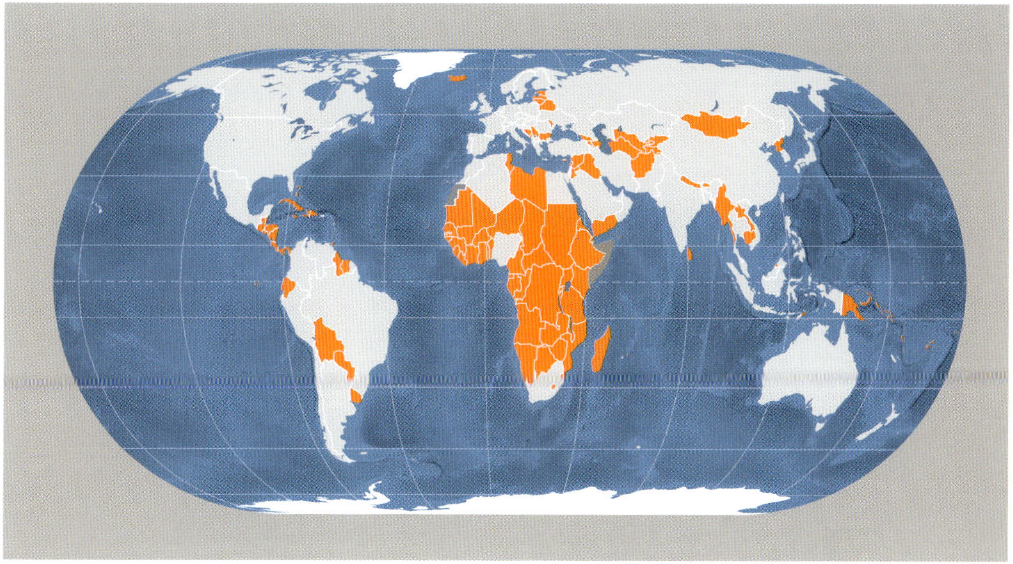

PAYS AYANT UN PIB INFÉRIEUR AU CHIFFRE D'AFFAIRES DE MCDONALD'S, en 2010

DONNÉE NON DISPONIBLE

▲ MCDONALD'S PLUS RICHE QUE LES ÉTATS

Si l'on compare le chiffre d'affaires des firmes multinationales et le PIB des États, on constate que plusieurs multinationales sont plus riches que bien des pays. Ainsi, McDonald's, qui ne se trouve pourtant qu'à la 76e place du classement des entreprises mondiales les plus riches établi par le *Financial Times* en 2010, génère une activité de 61 milliards de dollars, soit un volume supérieur au PIB respectif de 143 pays dans le monde.

VOIR AUSSI : LE COMMERCE DES ARMES NE CONNAÎT PAS LA CRISE, p. 127 – LA CULTURE, ENTRE UNIFORMISATION ET DIVERSITÉ, p. 174

Plus discrète et moins sanglante que les conflits armés, la « guerre des monnaies » ne fait pas moins de victimes collatérales. Elle s'annonce d'autant plus longue et acharnée que de nouveaux acteurs entrent dans l'arène et qu'ils entendent, à ce jeu, user des mêmes armes que leurs aînés.

LA GUERRE DES MONNAIES

Si l'expression est récente, le phénomène n'a rien d'inédit puisqu'il émaille les relations commerciales que les hommes entretiennent depuis l'Antiquité. Mais avec l'abandon du régime de fixité des taux de change en 1973 et la fin de la suprématie du dollar, les monnaies sont entrées dans une nouvelle ère de dévaluations compétitives successives. La confrontation n'a d'ailleurs fait que croître avec l'intégration régionale des pays européens et l'émergence de la Chine sur la scène économique mondiale.

Le nerf de la guerre

Prérogatives des États et symboles de leur souveraineté, les monnaies agissent tel un levier régulateur des échanges commerciaux internationaux, en ceci que le taux de change des unes par rapport aux autres conditionne la facilité de chaque pays à importer et exporter des biens et des services. Ainsi, une devise forte allège la charge des importations, car ces dernières deviennent relativement moins

● LES DIX PREMIÈRES PLACES FINANCIÈRES MONDIALES, en mars 2011

● AUTRES PRINCIPALES PLACES FINANCIÈRES MONDIALES

CLASSEMENT DES DIX PREMIÈRES

1 - LONDRES 2 - NEW YORK 3 - HONGKONG 4 - SINGAPOUR 5 - TOKYO
6 - SHANGHAI 7 - CHIGACO 8 - ZURICH 9 - GENÈVE 10 - SIDNEY

▲ LA FINANCE MONDIALE SANS CONTRÔLE

Comme celle de la richesse mondiale, la géographie des places financières se concentre en Amérique du Nord, en Europe et en Asie. La grande vague de dérèglementation des années 1980 a certes conduit à la multiplication des flux financiers à l'échelle de la planète, mais les pays riches ont continué d'attirer l'essentiel des mouvements de capitaux.
Cette globalisation des échanges s'est accompagnée d'une complexification des produits boursiers et bancaires dont on a pu observer les effets lors de la crise de 2008. Depuis, plusieurs tentatives de régulation ont vu le jour, mais aucune n'est à la hauteur des risques que des marchés financiers sans contrôle font peser sur le monde.

COMPOSITION MONÉTAIRE DES RÉSERVES DE CHANGE MONDIALES, en 2010 (en %)

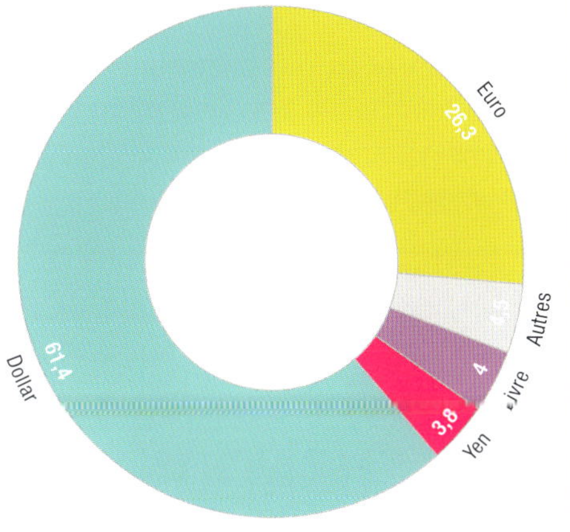

RÉPARTITION DES RÉSERVES DE CHANGE ET D'OR PAR PAYS, en 2010 (en %)

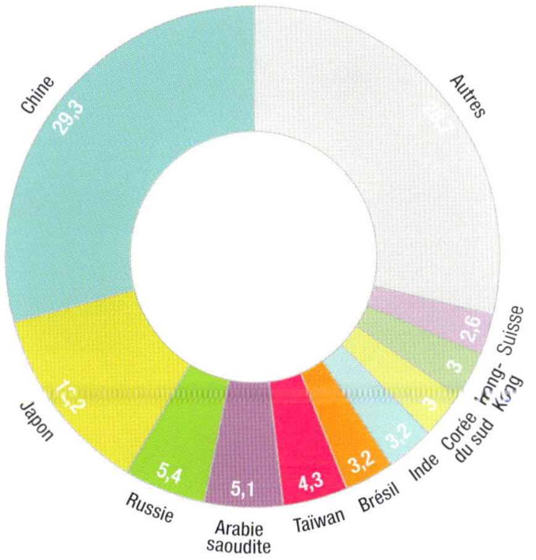

DES MONNAIES EN COMPÉTITION

Monnaie de référence depuis le milieu du xxe siècle, le dollar reste aujourd'hui incontournable dans les échanges commerciaux mais tend à perdre du terrain, notamment face à l'euro. Ainsi, si la part de la devise américaine dans les réserves de change mondiales s'est tassée de 72,7 % en 2002 à 61,4 % en 2010, celle de la monnaie européenne est passée, sur la même période, de 17,1 % à 26,3 %. De son côté, le yen japonais a faiblement reculé, quand la livre sterling, elle, a connu un léger rebond. À l'échelle mondiale, la Chine est le pays qui gère les réserves de change les plus importantes, loin devant le Japon, autrefois premier détenteur de devises, et la Russie.

coûteuses, mais pénalise les exportations, qui sont rendues moins compétitives, car plus chères à produire. C'est le modèle sur lequel se fondent, bon gré, mal gré, les économies matures du Nord qui misent avant tout sur la consommation de leur marché intérieur. À l'inverse, les pays émergents et en développement du Sud, essentiellement tournés vers l'étranger, s'accommodent de devises faibles qui, bien qu'elles renchérissent leurs importations de matières premières et d'énergie, assurent un débouché plus large à leurs productions nationales.

Des alliances et des concurrences

C'est précisément pour éviter toute distorsion de concurrence commerciale entre pays membres, qui se fonderait sur une sous-évaluation artificielle de certaines devises nationales, que les artisans de la construction européenne ont imaginé un système monétaire commun et l'adoption d'une monnaie unique. Depuis son entrée en vigueur en 2002, sur les vingt-sept pays que compte aujourd'hui l'Union européenne, dix-sept ont adopté l'euro. Les dix autres se répartissent entre ceux qui n'ont pas atteint la stabilité économique suffisante pour y prétendre et ceux qui n'ont pas l'intention de renoncer au privilège de battre monnaie. Entrée de plain-pied sur ce champ de bataille, la Chine entend maintenir, de son côté, l'avantage concurrentiel dont elle jouit sur l'Europe, le Japon et les États-Unis. À cette fin, Pékin organise l'ancrage de sa monnaie au dollar, ne laissant fluctuer le yuan que pour mieux épouser les oscillations du billet vert. Que le yuan chute et Pékin vend du dollar. Que le yuan s'apprécie et Pékin en rachète. Pressée de toutes parts, la Chine consent régulièrement à laisser flotter sa devise, mais seulement de façon marginale puisque le yuan ne peut fluctuer que de 0,5 % par rapport au dollar, à la hausse comme à la baisse. Le yuan reste donc largement sous-évalué par rapport au billet vert et aux autres monnaies de réserve que le pays ne manque pas d'accumuler à la faveur d'excédents commerciaux colossaux. En 2010, les réserves de change de la Chine se sont ainsi élevées à près de 3 000 milliards de dollars. Toutefois, confrontée à une inflation importée galopante, essentiellement due à cette faiblesse du yuan, la Chine pourrait bientôt être contrainte de rééquilibrer ses parités de change et de pouvoir d'achat. Ce faisant et au regard du poids du pays dans le commerce mondial, le yuan pourrait devenir, à terme, une monnaie internationale librement convertible, voire une monnaie de réserve au même titre que le dollar, l'euro et le yen. De quoi relancer la guerre des monnaies sur la base d'une concurrence moins biaisée. À moins que les grandes puissances s'entendent sur l'adoption d'une devise mondiale unique, la « paix des monnaies » reste donc bien illusoire.

VOIR AUSSI : L'EUROPE À L'ÉPREUVE DES CRISES, p. 24

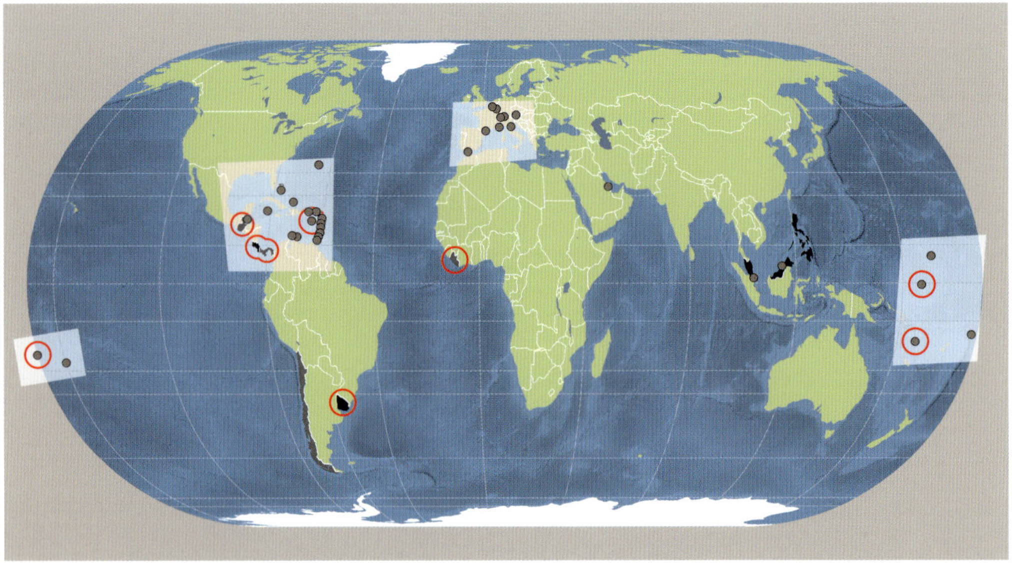

Les paradis fiscaux jouent un rôle essentiel dans la globalisation des échanges financiers. Du fait même de leur position, ils en menacent l'architecture et parfois même la stabilité. Entre besoins financiers réels, petites tricheries et grands arrangements spéculatifs, à quoi servent les paradis fiscaux ?

LES PARADIS FISCAUX EN ACCUSATION

▲ CARTOGRAPHIE DES PARADIS FISCAUX

En 2009, le G20 a publié une double liste : une liste grise, qui désigne les territoires qui se sont engagés à adopter des normes fiscales internationales, mais qui en réalité ne font rien, et une liste noire, désignant les États qui refusent tout engagement, soit quatre pays (Costa Rica, Uruguay, Malaisie, Philippines). À la suite de la protestation de ces derniers et leur promesse de réformer leur réglementation fiscale et financière, la liste noire a été abandonnée au profit d'un regroupement, sous une seule liste grise, des 42 États et territoires à surveiller. À la fin de l'année 2010, malgré des accords de transparence signés par plusieurs pays et des promesses d'engagement d'autres pays, cette même liste grise s'est réduite à seulement 9 États.

LISTE DES PARADIS FISCAUX ÉTABLIE PAR LE G20, en 2009

LISTE GRISE : ÉTATS S'ÉTANT ENGAGÉS À ADOPTER LES NORMES FISCALES INTERNATIONALES MAIS NE LES AYANT PAS APPLIQUÉES

LISTE NOIRE : ÉTATS NE S'ÉTANT PAS ENGAGÉS À ADOPTER LES NORMES FISCALES INTERNATIONALES

LISTE DES PARADIS FISCAUX ÉTABLIE PAR LE G20, en 2010

ÉTATS N'AYANT PAS SIGNÉ D'ACCORD DE TRANSPARENCE NI PROMIS D'ENGAGEMENT

« Centres financiers *offshore* », « paradis prudentiels », « paradis bancaires », quelles que soient les appellations données à ces entités, en 2000, une première liste repérait 52 États et territoires pouvant être qualifiés de « paradis fiscaux ». Parmi eux, 33 étaient des États souverains, membres des Nations unies. Les 19 autres territoires étaient rattachés à un État souverain, dont plus de la moitié au Royaume-Uni. Cette liste, variable et imprécise, est issue de trois organismes internationaux d'évaluation et de régulation : l'OCDE, le Forum de stabilité financière (FSF) et le Groupe d'action financière (GAFI).

Qu'est-ce qu'un paradis fiscal ?

Les mécanismes qui gouvernent les paradis fiscaux ne sont pas nouveaux. Les circuits contournant les réglementations commerciales, financières et fiscales ont toujours existé.

Néanmoins, on observe une accélération de la création de ces entités après la Seconde Guerre mondiale, lorsque le deuxième processus de décolonisation s'enclenche. Plusieurs de ces territoires n'étaient en fait que des zones de transit pour le commerce – et non des zones de production ou d'exploitation –, à l'image des îles des Caraïbes, héritières du commerce triangulaire, ou bien du Vanuatu, de Kiribati ou des Bahamas, dont la seule fonction était d'offrir aux Britanniques des sites stratégiques. Au moment où ces États accèdent à l'indépendance, les métropoles cessent leur soutien politique et financier et la plupart de ces nouveaux États vont faire le choix du tourisme et de la finance pour assurer leur développement.

Souvent exigus, peu peuplés et insulaires, les paradis fiscaux se caractérisent par une totale liberté de circulation des capitaux internationaux, par un secret bancaire renforcé, voire total, par un enregistrement facile et rapide des sièges des entreprises et, enfin, par l'absence de taxation des non-résidents du pays. Pour «devenir» un paradis fiscal, il faut aussi afficher une grande stabilité économique et politique, et ne pas avoir la réputation d'être une place pour le blanchiment de l'argent. Par ailleurs, il faut pouvoir bénéficier de l'appui des grandes places financières (Londres, New York, Paris, Tokyo, Shanghai), ces dernières servant d'interface entre l'*onshore* (finance conventionnelle) et l'*offshore* (finance dérégulée).

Les paradis fiscaux bénéficient à une multitude d'acteurs. En premier lieu, ils permettent des domiciliations de «complaisance» pour les particuliers fortunés qui souhaitent placer leurs capitaux en toute discrétion (réduction d'impôts, exemption de droits de succession, etc.). Si ces pratiques sont éthiquement répréhensibles, dans le même temps, elles demeurent juridiquement possibles, pour peu que l'on sache contourner les lois. Avec la multiplication des grandes fortunes ces dernières années, le phénomène d'exode fiscal a ainsi eu tendance à se renforcer : de 4,5 millions en 1996, le nombre d'individus disposant d'un patrimoine supérieur à 1 million de dollars est ainsi passé à quelque 10 millions en 2010.

Les paradis fiscaux servent également les grandes entreprises. Ainsi, les 50 firmes européennes les plus importantes sont toutes présentes dans les paradis fiscaux d'Europe et du reste du monde, où elles ont domicilié 21 % de leurs filiales. Cette pratique permet aux entreprises, et surtout aux multinationales, de réduire la pression fiscale qui s'exerce sur elles. Elles minorent en effet artificiellement les gains réalisés dans les zones fortement taxées et maximisent les gains réalisés par les filiales installées dans les paradis fiscaux.

Mais les places *offshore* attirent surtout les organisations criminelles qui y placent l'essentiel des revenus qu'elles tirent de la contrebande, de la contrefaçon, de la prostitution, du trafic d'êtres humains et du trafic de drogue. Si les mécanismes de blanchiment d'argent issu du trafic de drogue sont désormais bien connus, en revanche, les montants issus de ces activités criminelles transitant par les paradis fiscaux sont extrêmement difficiles à évaluer, pour ne pas dire impossibles.

En finir avec les paradis fiscaux

Les paradis fiscaux agissent sur les capitaux étrangers comme une véritable pompe aspirante. Si les volumes qui y transitent restent difficiles à calculer du fait même du secret qui les entoure, on estime tout de même que la moitié des transactions financières mondiales passe par les centres *offshore*.

La crise financière et économique de 2008, la plus sévère depuis la Grande Dépression de 1929, a quelque peu changé la donne car les centres financiers *offshore* ont eu une large responsabilité dans la formation puis la diffusion des facteurs de crise. Ils ont permis à de nombreuses banques et fonds d'investissement d'occulter une partie de leurs créances. Sous la pression des opinions publiques, les dirigeants du G20 ont inscrit la lutte contre les paradis fiscaux à l'agenda du sommet de Londres d'avril 2009. À cette occasion, une série de mesures visant à identifier les paradis fiscaux et à les sanctionner a été arrêtée. Néanmoins, les actions consenties depuis restent le fait des places *offshore* européennes et se limitent à l'échange d'informations entre administrations fiscales.

En 2012, le bilan de la lutte contre les paradis fiscaux est donc bien maigre. Loin des grands discours volontaristes qui ont suivi le déclenchement de la crise financière mondiale, la lutte contre les paradis fiscaux s'est rapidement transformée en un vœu pieux. Les simples promesses faites par les États figurant sur les listes grises et noires établies par le G20 ont suffi à voir leur nom retiré de ces listes. Les rares efforts de transparence semblent répondre davantage à des stratégies de communication qu'à une réelle volonté de réforme. Pourtant, d'un point de vue réglementaire, il serait facile d'asphyxier les paradis fiscaux. Il suffirait que les grandes places financières internationales (comme Tokyo, New York, Londres, Shanghai) décident d'interdire toutes transactions à destination ou en provenance des places *offshore*. La réalité se révèle cependant beaucoup plus complexe. De nombreux paradis fiscaux sont des États souverains, or la fiscalité relève de la souveraineté de l'État. En outre, de nombreux États de la planète entretiennent des relations avec ces paradis fiscaux, fussent-elles secrètes. De même, le manque de transparence rend difficile l'identification du paradis fiscal. Enfin, les nombreux acteurs qui tirent profit de ces mécanismes n'ont pas forcément intérêt à ce qu'ils disparaissent.

Maillon faible de la régulation financière mondiale, les paradis fiscaux demeurent encore, à ce jour, des acteurs influents du système financier international, malgré les risques qu'ils font peser sur l'économie mondiale.

VOIR AUSSI : DROGUE, GUERRE ET (INTER)DÉPENDANCE, p. 121

3 _ L'ENVIRONNEMENT, DÉFI MONDIAL

Vingt-cinq ans après l'accident nucléaire de Tchernobyl, la catastrophe industrielle de Fukushima, au Japon, en mars 2011, a de nouveau alerté le monde entier sur les enjeux, les risques et la complexité du nucléaire civil. Ne se réduisant pas à un simple enjeu énergétique, cette question mêle à la fois menaces environnementales, sécurité humaine, contraintes imposées par les milieux naturels et, enfin, choix mercantiles des gouvernements et des entreprises. Au rythme des catastrophes et sur fond de surexploitation globale des ressources, l'environnement s'est peu à peu imposé comme un dossier central et structurant de l'agenda international. Néanmoins, ces questions demeurent tributaires des intérêts politiques, économiques et stratégiques des États, alors même qu'elles représentent un enjeu transnational et nécessiteraient une coopération accrue entre tous les acteurs concernés. La difficulté des négociations diplomatiques autour de la lutte contre les changements climatiques le prouve, année après année.

LA PLANÈTE MENACÉE

L'EMPREINTE ÉCOLOGIQUE OU LA PLANÈTE À CRÉDIT 78

ENTRE TERRE ET MER : RESSOURCES CONVOITÉES, RESSOURCES MENACÉES 82

LA PÊCHE, FIN DE L'ABONDANCE 85

ÉNERGIES, CHANGEMENT DE CAP FACE AU PIC 86

LE NUCLÉAIRE : D'UNE POLLUTION À UNE AUTRE, D'UNE DÉPENDANCE À UNE AUTRE 90

LA DIPLOMATIE ENVIRONNEMENTALE

LE MONDE AU CHEVET DU CLIMAT 92

LE MARCHÉ DU CARBONE 95

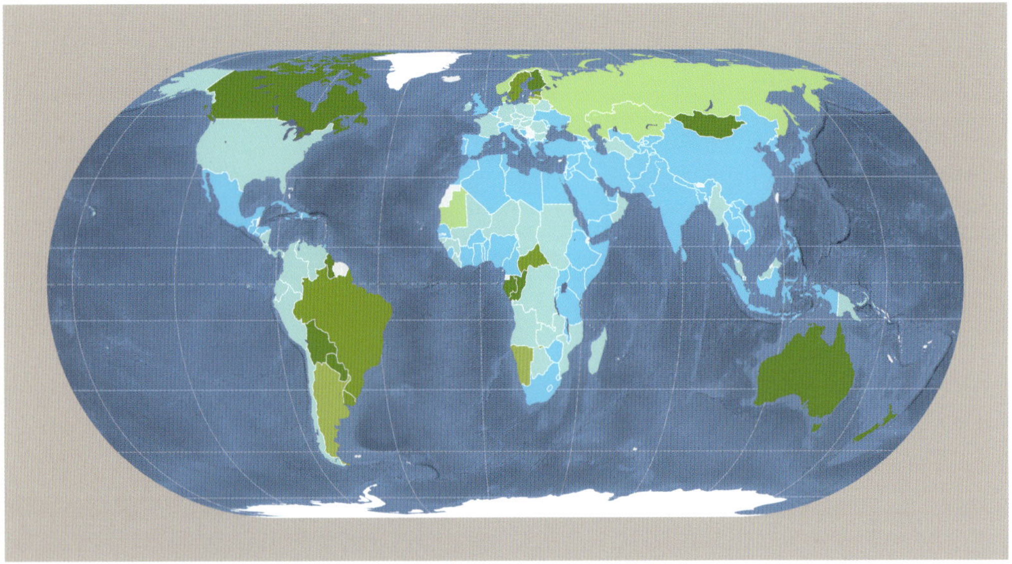

C'est au début des années 1990 que deux chercheurs, le Canadien William Rees et le Suisse Mathis Wackernagel, inventent le concept d'« empreinte écologique ». L'enjeu est d'évaluer la pression qu'exercent les activités humaines sur les ressources et prendre ainsi conscience de leur épuisement programmé si rien ne change.

L'EMPREINTE ÉCOLOGIQUE OU LA PLANÈTE À CRÉDIT

▲ LA BIOCAPACITÉ

La biocapacité renvoie aux ressources renouvelables disponibles et à leur capacité de régénération. Elle est calculée en prenant en compte la surface de terres disponibles et leur degré de productivité. La biocapacité se compose de cinq éléments : les pâturages, les terres cultivées, les surfaces de pêche, les terrains bâtis et les forêts. En valeur absolue, dix pays, parmi lesquels le Brésil, la Chine et les États-Unis, se partagent près de 60 % de la biocapacité de la planète.
Si on ramène la biodiversité à la population, le Gabon est le pays qui dispose de la biocapacité par habitant la plus importante, avec près de 29 hectares globaux par habitant.

BIOCAPACITÉ PAR HABITANT, en 2007 (en hectares globaux)

1,78 (moyenne mondiale) | 4 | 6 | 8 | 10

Donnée non disponible

S'inscrivant dans les débats sur la surexploitation des ressources et sur la nature même du modèle de développement qui rend possible une telle surexploitation, le concept d'empreinte écologique met en relation les demandes humaines en ressources renouvelables et les capacités de régénération de la planète (la biocapacité). L'empreinte écologique est une unité de mesure qui s'attache à évaluer la pression que les productions et les consommations humaines exercent sur les écosystèmes terrestres. Elle mesure ainsi la surface dont une population a besoin pour subvenir à sa consommation de ressources et pour absorber les déchets qu'elle a produits – en l'occurrence, l'empreinte écologique ne tient compte que des émissions de dioxyde de carbone (CO_2). Le calcul de

LES COMPOSANTES DE L'EMPREINTE ÉCOLOGIQUE ▶

L'empreinte écologique mesure la demande de ressources renouvelables nécessaire à la satisfaction des besoins humains et à l'absorption du CO_2. Elle se compose de six éléments, dont l'empreinte carbone, le plus important, qui représente 52 % de l'empreinte écologique totale dans le monde. En 2007, elle était onze fois supérieure à celle des années 1960, ce qui indique que les émissions de CO_2 n'ont cessé d'augmenter, contribuant à l'accélération du réchauffement climatique.

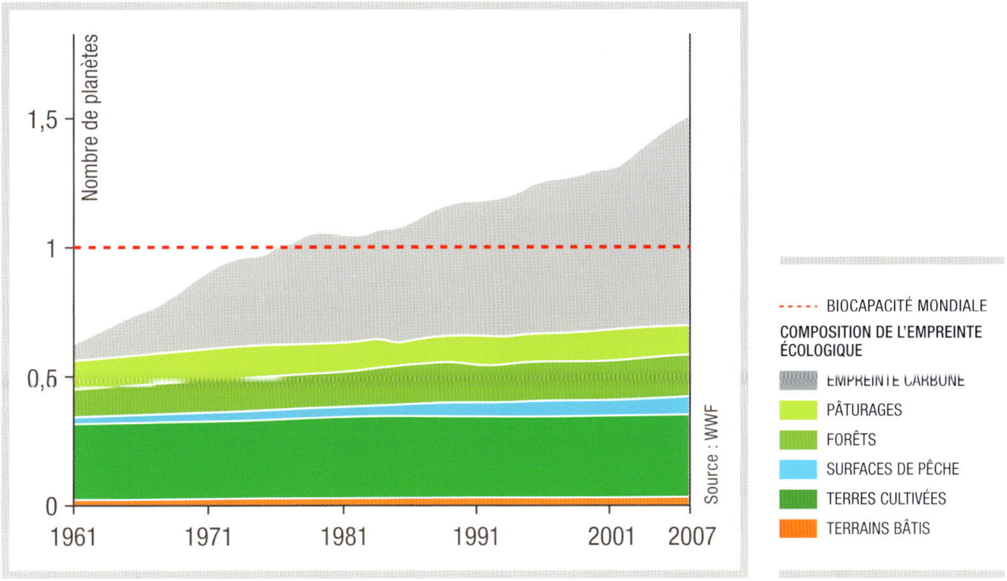

l'empreinte s'exprime en hectares globaux (hag), un hectare global représentant un hectare de terre dont la capacité de production équivaut à la productivité mondiale moyenne.

Danger sur les ressources

En 2007, les ressources renouvelables disponibles dans le monde (la biocapacité) s'élevaient à 11,9 milliards d'hectares globaux, soit une moyenne mondiale de 1,8 hag par habitant. L'empreinte écologique mondiale – c'est-à-dire les ressources consommées et celles nécessaires à l'absorption du CO_2 – s'élevait à 18 milliards d'hectares globaux, soit 2,7 hag par habitant en moyenne. Le constat est simple : en 2007, l'empreinte écologique était une fois et demie plus importante que la biocapacité ; l'humanité surexploite donc les ressources naturelles renouvelables de près de 50 %. Depuis 1966, date à laquelle a été établie la première mesure de l'empreinte écologique, la tendance est à une augmentation constante des surfaces nécessaires à la satisfaction des besoins humains. Entre 1966 et 2007, l'empreinte écologique mondiale a doublé et cette tendance ne semble pas prête à s'inverser. Si l'humanité a recours aujourd'hui à l'équivalent des ressources d'une planète et demie, des projections utilisant un scénario tendanciel indique qu'en 2030, il faudra l'équivalent des ressources de deux planètes par an pour satisfaire les besoins de la population mondiale. Cela signifie qu'au cours d'une année, en consommant les ressources renouvelables plus rapidement que les écosystèmes ne peuvent les régénérer, l'homme vit d'une certaine manière à crédit.

Parmi les facteurs expliquant l'accroissement de la pression exercée sur les ressources naturelles, le facteur économique occupe une place centrale. Qu'il s'agisse du modèle de développement en vigueur dans les pays industrialisés (Amérique du Nord, Europe ou Japon), du processus de développement économique des émergents (à l'image de la Chine, de l'Inde et du Brésil) ou, enfin, des perspectives à long terme de sortie de la misère de pays en développement relativement peuplés, tels que la République démocratique du Congo ou le Bangladesh, le mode de consommation des uns et l'enrichissement plus ou moins rapide des autres conduiront à accroître la demande globale en ressources naturelles, et donc à accentuer la pression sur la biocapacité. À côté du volet économique, le facteur démographique jouera également un rôle important. L'augmentation de la

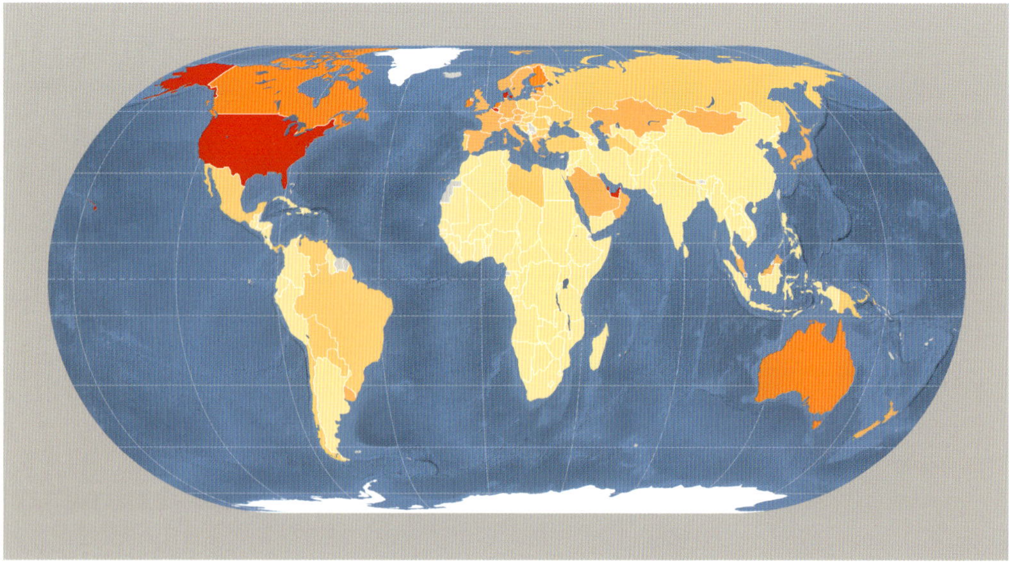

EMPREINTE ÉCOLOGIQUE PAR HABITANT, en 2007
(en hectares globaux)

2,7 (moyenne mondiale) | 4,5 | 6 | 8

DONNÉE NON DISPONIBLE

L'INÉGALE RÉPARTITION DE LA CHARGE DE L'EMPREINTE ÉCOLOGIQUE

En rapportant l'empreinte écologique d'un État à son nombre d'habitants, on constate que les pays développés et les pays peu peuplés, riches en hydrocarbures (pétrole, gaz naturel, charbon), contribuent très fortement à l'empreinte écologique mondiale. Pour les premiers, le modèle de développement économique et de consommation est la principale cause de leur forte empreinte écologique, alors que pour les seconds ce niveau s'explique principalement par le potentiel d'émissions de CO_2 des hydrocarbures.

population mondiale, qui devrait passer de 6,9 milliards de personnes en 2010 à 9 milliards en 2050, conduira elle aussi à accroître la demande en ressources.

Une géographie de l'empreinte écologique

Alors que les conséquences de l'augmentation de l'empreinte écologique représentent un défi pour l'ensemble de l'humanité, les acteurs à l'origine de son développement se répartissent inégalement à la surface de la Terre. La géographie réelle de l'empreinte écologique révèle ainsi avec netteté les responsabilités des différents États dans la surexploitation des ressources et donc dans le processus qui conduira, à terme, à leur épuisement.
La géographie de cette empreinte se confond avec celle des zones de développement économique. Ainsi, en 2007, à l'échelle régionale, l'Amérique du Nord est l'espace dont l'empreinte écologique est la plus élevée, avec en moyenne 7,9 hectares globaux par personne, suivie de la zone Océanie (5,4 hag par personne), de l'Europe (4,7 hag par personne), de l'Amérique du Sud, centrale et Caraïbes (2,6 hag par personne). Quant à l'Asie, son empreinte est de 1,8 hag par personne, soit une surface inférieure à la moyenne mondiale. Les dynamiques démographiques et économiques conjuguées du continent asiatique devraient néanmoins conduire à une augmentation considérable de l'empreinte écologique à l'avenir.
Enfin, en Afrique, elle est de l'ordre de 1,4 hag en moyenne par personne. Là encore, ce faible niveau conforte la correspondance entre géographie de l'empreinte écologique et géographie du développement économique. Si l'on abandonne l'échelle régionale et que l'on s'intéresse aux États, on constate que, en valeur absolue – soit l'empreinte écologique totale d'un État –, plus de 50 % de l'empreinte écologique mondiale est le fait d'une dizaine de pays : États-Unis, Chine, Inde, Russie, Japon, Royaume-Uni, Mexique, Allemagne, France et Brésil. Le niveau de développement économique, les modes de vie et la démographie apparaissent comme des déterminants majeurs du niveau atteint par l'empreinte écologique dans ces États. Ainsi, en combinant niveau de développement économique élevé et population nombreuse, l'ensemble des pays émergents formant les BRIC figure désormais parmi les six premiers pays responsables du niveau de l'empreinte écologique mondiale.
Ce classement de l'empreinte écologique en valeur absolue accorde une grande importance à l'effet de masse démographique. Ainsi, des pays comme la Chine ou l'Inde occupent le haut du classement du fait d'une population nombreuse.

En revanche, dès que l'on rapporte le niveau d'empreinte écologique totale d'un pays à la taille de sa population, on observe que les Émirats arabes unis et le Qatar, petits États peu peuplés et producteurs de pétrole, occupent, avec plus de 10 hag par personne, les premiers rangs du classement. Viennent ensuite des États comme le Danemark, la Belgique, les États-Unis (8 hag par personne), l'Estonie, le Canada, l'Australie, le Koweït, l'Irlande, les Pays-Bas, dont le niveau d'empreinte écologique est surtout dû à la nature du modèle économique des pays développés. Ramenée au nombre d'habitants du pays, l'empreinte écologique de la Chine (2,2 hag par personne), du Brésil (2,9 hag par personne) et surtout de l'Inde (0,9 hag par personne) permet de conclure que ces habitants, pris individuellement, consomment beaucoup moins de ressources, et exercent donc une pression moindre sur la biocapacité, que les habitants des pays du Nord ou des monarchies pétrolières du Golfe.

L'empreinte écologique au quotidien

Cette mesure de l'empreinte écologique au niveau mondial, régional ou national peut sembler totalement abstraite mais, en appliquant cette évaluation au niveau urbain ou individuel, on mesure combien et comment, au quotidien, la pression sur les ressources peut s'exercer. En calculant approximativement l'empreinte écologique d'une personne à partir de son mode de vie et de ses pratiques quotidiennes (logement, transport, type d'alimentation, objets usuels, consommation d'énergie, etc.), on peut mesurer l'impact et la responsabilité de chacun dans la surexploitation des ressources.

Au regard de ces calculs individualisés, on constate que si la population mondiale adoptait le mode de vie d'un Émirati ou d'un Américain, il faudrait une bio-capacité équivalente à 4,5 planètes Terre pour répondre à ses besoins et absorber les émissions de CO_2 produites par ses modes de consommation.

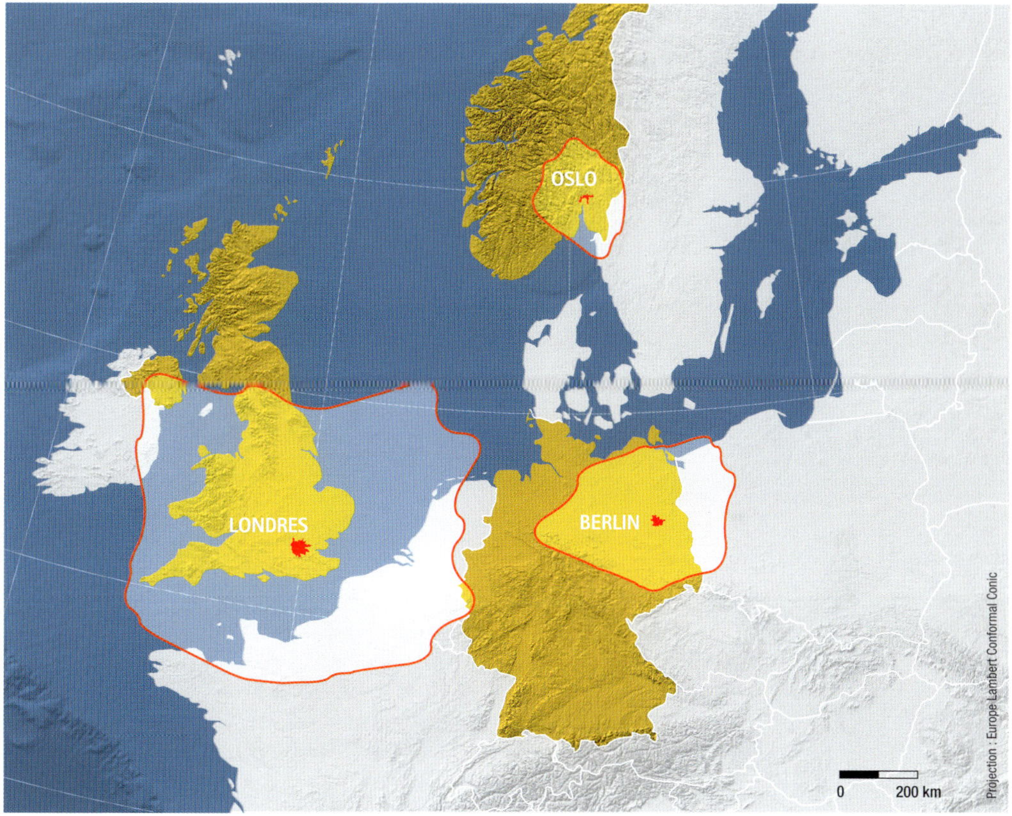

▲ L'EMPREINTE ÉCOLOGIQUE DES VILLES

Calculée à l'échelle urbaine, l'empreinte écologique permet de montrer qu'une ville est loin de consommer seulement la superficie qu'elle occupe. Elle a également recours aux surfaces nécessaires pour son approvisionnement en nourriture, en énergie ou en eau.
S'agissant de Londres, Berlin et Oslo, la surface dessinée par l'empreinte écologique est ainsi largement supérieure à la superficie réelle de la ville.

VOIR AUSSI : L'INSÉCURITÉ SOCIALE MONDIALE, p. 132 - LA VILLE, TERRITOIRE DE CONTRADICTIONS, p. 198

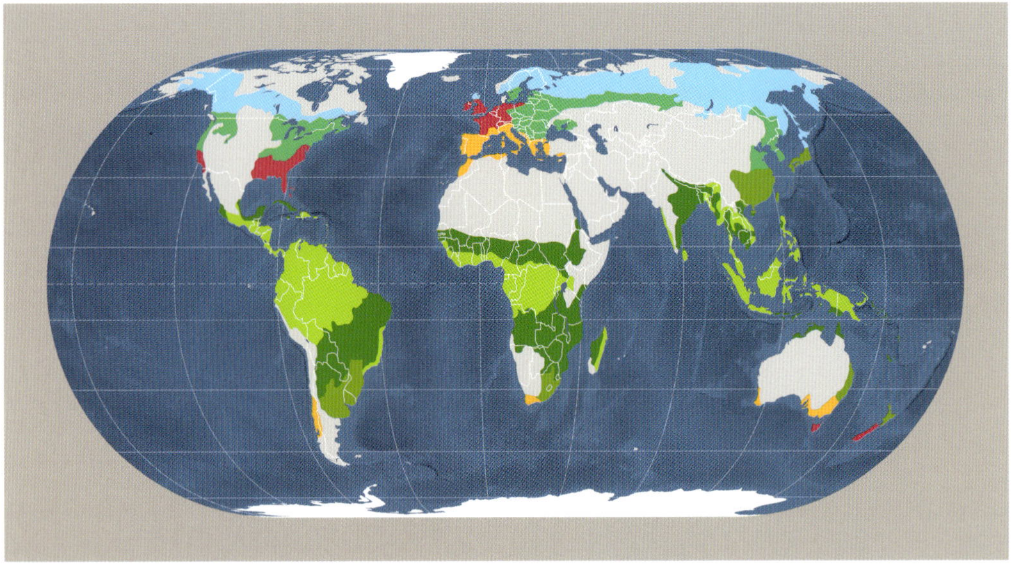

FORÊT TROPICALE
FORÊT SUBTROPICALE
FORÊT ÉQUATORIALE
FORÊT TEMPÉRÉE OCÉANIQUE
FORÊT TEMPÉRÉE CONTINENTALE
FORÊT MÉDITERRANÉENNE
FORÊT BORÉALE

▲ UNE FORÊT, DES FORÊTS

Selon la FAO, la forêt se définit comme « une zone d'une superficie d'au moins un demi-hectare, occupée par des arbres dont le houppier couvre plus de 10 % de la surface au sol, et qui atteignent à maturité une hauteur minimale de cinq mètres ». Il existe une grande diversité d'écosystèmes forestiers à l'échelle du globe : les grandes forêts tropicales, que l'on divise entre forêt équatoriale, forêt tropicale humide et sèche, et forêt subtropicale ; les forêts tempérées, qu'elles soient océaniques, continentales ou méditerranéennes ; et les forêts boréales, peuplées notamment de conifères et de bouleaux.

Qu'il s'agisse de déforestation ou de surpêche, toutes les pratiques conduisant à surexploiter les ressources naturelles sont autant de menaces à l'équilibre écologique général de la planète. De la forêt amazonienne au thon rouge de Méditerranée, les ressources menacées révèlent la dimension à la fois nationale et internationale des problèmes posés.

ENTRE TERRE ET MER :

RESSOURCES CONVOITÉES, RESSOURCES MENACÉES

Les forêts couvrent 31 % de la superficie des terres dans le monde, soit 4 milliards d'hectares. Inégalement réparti à l'échelle mondiale, le couvert forestier se concentre dans une dizaine d'États (Russie, Brésil, Canada, États-Unis, Chine, Australie, République démocratique du Congo, Indonésie, Pérou et Inde) qui regroupent à eux seuls les deux tiers de la superficie totale des forêts. Une dizaine de pays ne dispose pas de forêts sur leur territoire et pour une cinquantaine d'autres, le couvert forestier représente moins de 10 % de leur superficie. Alors que les forêts demeurent une ressource nationale, exploitée et gérée souverainement par les États, le sort qui leur est réservé a néanmoins des conséquences mondiales, faisant ainsi de la protection des forêts un défi transnational. Le lancement, en 2008, du programme des Nations unies pour la réduction des

VARIATION MOYENNE DE LA SURFACE FORESTIÈRE PAR PAYS, entre 2005 et 2010 (en milliers d'hectares par an)

-500 -250 -50 +50 +250 +500

VARIATION DU COUVERT FORESTIER MONDIAL ▶

Certains pays ont vu leur couvert forestier diminuer ces cinq dernières années (Brésil, Australie, Indonésie, Zimbabwe et Birmanie), tandis que d'autres ont vu le leur augmenter (la Chine notamment) grâce à des politiques de reboisement. Au total, sur la période 2000-2010, entre déforestation et reboisement, la perte nette de superficie de forêt au niveau mondial s'est élevée à 5,2 millions d'hectares par an, soit une surface équivalente à celle du Costa Rica.

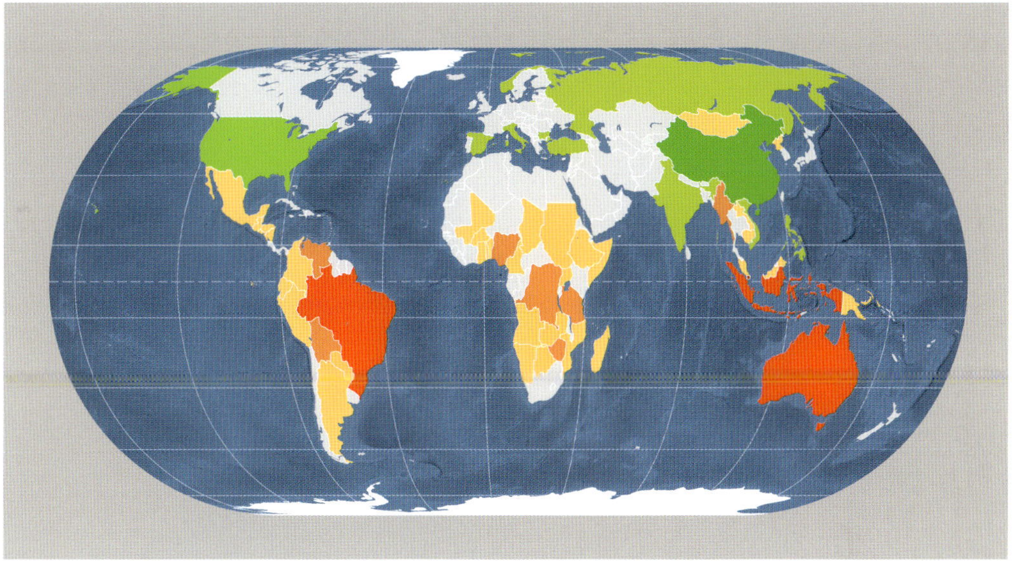

émissions résultant du déboisement et de la dégradation des forêts (REDD) atteste de la prise de conscience de la communauté internationale du caractère global d'un tel problème.

De l'intérêt des forêts

Les forêts ont trois grandes fonctions écologiques. Elles participent à la captation et au stockage des eaux de pluie, puis à leur restitution sous forme de vapeur d'eau ; elles sont un réservoir de la biodiversité (deux tiers de toutes les espèces animales et végétales de la Terre vivent dans les forêts) ; et, enfin, elles représentent un acteur majeur dans le cycle du carbone. Pendant leur croissance, les arbres absorbent du gaz carbonique, émettent de l'oxygène grâce au processus de photosynthèse et fixent d'importantes quantités de carbone, formant ainsi de véritables « puits de carbone ». Lorsque le bois se décompose ou est brûlé, le CO_2 stocké est de nouveau rejeté dans l'atmosphère. La diminution du couvert forestier entame donc la fonction de captage du carbone des forêts et participe ainsi à l'émission de gaz à effet de serre et au réchauffement climatique.

En plus de ces fonctions essentielles à l'équilibre écologique de la planète, les forêts ont également un rôle économique et social important. Elles fournissent de nombreux biens matériels (bois de construction, bois pour l'énergie ou plantes médicinales et alimentaires) ; elles sont une source de richesse économique pour les États et sont aussi un lieu de vie pour de nombreuses populations. Selon l'Organisation des Nations unies pour l'alimentation et l'agriculture (FAO), environ 350 millions de personnes dans le monde vivraient dans des forêts ou leurs alentours. Elles font vivre, à différents degrés, plus de 1,5 milliard de personnes. Enfin, pour de très nombreux peuples, génération après génération, les forêts ont une fonction sacrée, elles nourrissent l'imaginaire et portent bien des légendes.

La forêt menacée

Du fait même de ces richesses, les forêts ont toujours été soumises à une forte pression humaine, entraînant souvent une déforestation importante. D'après les estimations de la FAO, au cours de la décennie 2000-2010, ce sont chaque année en moyenne 13 millions d'hectares – soit la superficie de la Grèce – qui ont été déboisés ou perdus du fait de phénomènes naturels. Bien qu'en diminution par rapport à la décennie précédente, où la déforestation avait atteint 16 millions d'hectares par an en moyenne, l'impact environnemental est immense. Le reboisement ou

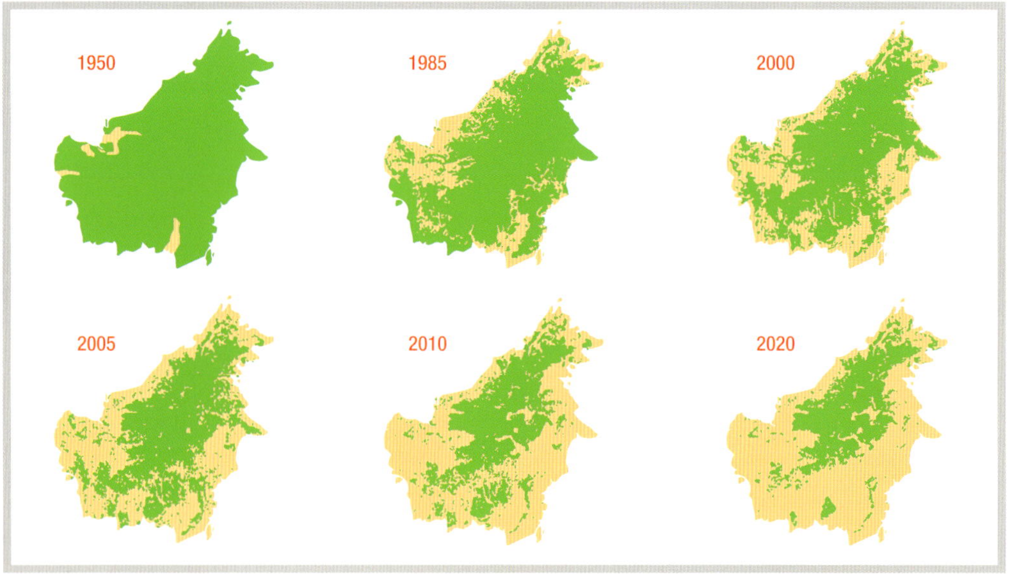

ÉVOLUTION DU COUVERT FORESTIER SUR L'ÎLE DE BORNÉO, de 1950 à 2020

COUVERT FORESTIER

▲ MENACE SUR L'ÎLE DE BORNÉO

À Bornéo, les plantations de palmier à huile destinées à la production d'agrocarburants et à l'industrie agroalimentaire sont la principale cause du recul de la forêt.

l'extension naturelle des forêts contribuent en partie à compenser ces pertes, mais dans des proportions trop peu considérables.

Cette déforestation est le fait d'un nombre restreint de pays. Mise à part l'Australie, qui est touchée par la sécheresse et les incendies, la dégradation des forêts et la déforestation concernent avant tout trois grands bassins forestiers tropicaux : l'Amazonie, l'Afrique centrale et l'Asie du Sud-Est – notamment l'Indonésie. Dans certains États d'Afrique (République démocratique du Congo, Cameroun, Gabon), c'est l'exploitation du bois pour la combustion destinée à la cuisine ou pour le commerce illégal de bois tropical qui est en cause. Ces dérives sont favorisées par la faiblesse des autorités publiques, la non-application des lois nationales, la corruption des armées ou encore l'instabilité engendrée par les nombreux conflits. Dans d'autres régions du monde, ce sont des conflits d'usage qui sont à l'origine de la déforestation, notamment lorsque les zones forestières sont converties en pâturages ou en terres agricoles à des fins de cultures alimentaires – humaines ou animales – ou énergétiques, pour produire des agrocarburants.

La déforestation de l'Amazonie, dilemme brésilien

Au Brésil, la déforestation est un phénomène ancien. La destruction de vastes espaces de forêt attenante à la côte atlantique, la Mata Atlantica, débute dès le XVIe siècle avec l'arrivée des colons portugais. Depuis les années 1950-1960, de nouveaux « fronts pionniers » se sont ouverts, en Amazonie, forêt culturellement perçue comme « infinie ». Le pic de déforestation a été atteint en 1995, avec plus de 2,9 millions d'hectares détruits, soit une surface à peu près équivalente à celle de la Belgique. Bien que la tendance soit à une diminution, sous l'effet notamment des protestations de l'opinion publique et de divers engagements internationaux, la déforestation s'élevait malgré tout à 1,2 million d'hectares en 2008. Depuis les années 1970, l'Amazonie, considérée comme le poumon de la planète, aurait perdu près de 18 % de sa surface.

Outre l'urbanisation du pays et la croissance démographique, ce sont principalement les enjeux économiques qui sont à l'origine de la pression exercée sur les terres forestières. L'agriculture, à des fins d'alimentation ou de production d'agrocarburants, et l'élevage, deux secteurs qui occupent une place centrale dans le développement économique du pays, sont en effet les premiers bénéficiaires des terres ainsi rendues exploitables. Avec la question récurrente de la déforestation de l'Amazonie, désormais inscrite à l'agenda des négociations internationales relatives à la réduction des émissions de gaz à effet de serre, le Brésil est ainsi confronté à un dilemme : la pérennité de son modèle de développement économique ou la défense de l'environnement – 75 % des émissions de gaz à effet de serre du Brésil étant le fait de la déforestation en Amazonie.

VOIR AUSSI : L'INDONÉSIE, DÉMOCRATIE ÉMERGENTE, p. 56 - ISRAËL-PALESTINE, LE CONFLIT SANS FIN, p.104 - DES DRAPEAUX SOUS LA MER, p. 128

LA PÊCHE, FIN DE L'ABONDANCE

Les hommes ont toujours vécu le long des fleuves et des côtes afin de tirer profit des opportunités de circulation et des ressources alimentaires disponibles. Aujourd'hui encore, la moitié de la population mondiale vit à moins de 60 km des côtes, les principales zones de pêche dans le monde se situant elles aussi à proximité des côtes. Ces zones de pêche sont inégalement réparties dans le monde et celles où les rendements annuels sont les plus importants se trouvent en Amérique, en Europe, à l'ouest de l'Afrique et au nord du continent asiatique.

Depuis 1950, date à laquelle la question de la surpêche a commencé à se poser, les captures de poisson ont été multipliées par quatre, s'élevant en 2009 à près de 80 millions de tonnes. Le doublement de la population mondiale entre 1960 et 2010 ainsi que les changements de comportement alimentaire ont entraîné une augmentation de la consommation de poisson et sont à l'origine de cette surexploitation des ressources halieutiques. Alors qu'en 1960, on consommait en moyenne 10 kg de poisson par personne et par an, on en consomme 17 kg en 2008. À cela s'ajoute la modification radicale des équipements des navires : les pêcheries se sont industrialisées, les navires devenant de véritables usines flottantes, assurant tout à la fois pêche, transformation, congélation et transport. Alors qu'il fallait, en 1987, 336 jours de pêche pour obtenir 1,5 million de tonnes d'anchois, en 1994, il n'en fallait plus que 12. On est ainsi entré dans un cercle vicieux où le coût des investissements industriels impose aux pêcheurs d'accroître leur productivité, et donc leurs prises. Alors que le poisson se raréfie dans les zones de pêche, les pêcheurs sont contraints de prendre des poissons plus petits, plus jeunes, limitant la reproduction des espèces et entraînant une réduction des stocks. Cette situation suscite des tensions entre des pays où l'industrie de la pêche est vitale à l'économie nationale. Dans les années 1970, la pêche à la morue avait poussé l'Islande à étendre peu à peu ses eaux territoriales, suscitant la colère des pêcheurs britanniques. Plus récemment, des tensions politiques entre le Japon et l'Union européenne ont vu le jour au sujet de la pêche du thon rouge.

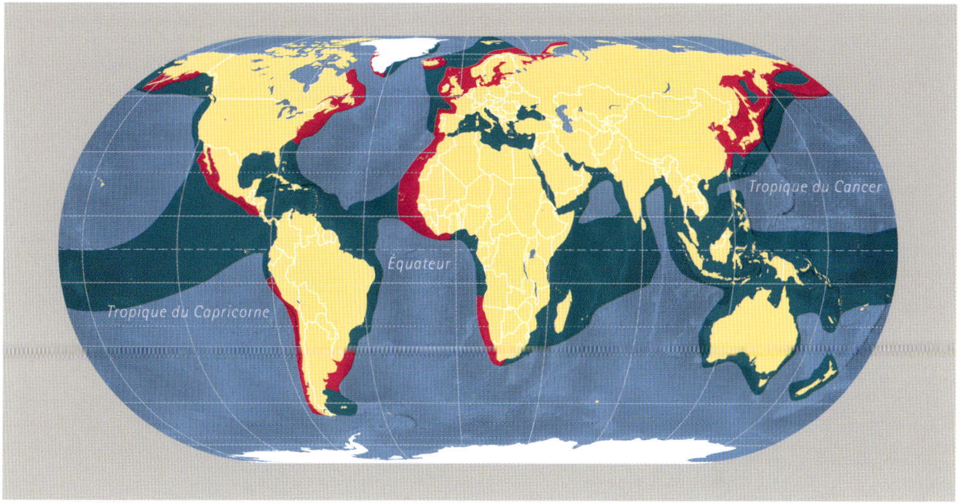

PRINCIPALES ZONES DE PÊCHE — ZONES DE PÊCHE À HAUT RENDEMENT

POUR UN DROIT DE LA MER PLUS EFFICACE

Selon les dernières données de la FAO, la production globale de poisson de mer était de 100 millions de tonnes en 2009. Si on exclut les 20 % issus de l'aquaculture, les captures en milieu sauvage représentent 80 millions de tonnes. La FAO estime, aujourd'hui, que 3 % des stocks de poisson dans le monde sont épuisés, 28 % sont surexploités et 1 % sont en voie de repeuplement.

Afin de gérer de manière durable ces ressources, la convention de Montego Bay, signée en 1982 et établissant un « droit des océans », a défini des Zones économiques exclusives (ZEE), situées entre la mer territoriale et la haute mer, et limitées à 200 milles marins. La ZEE confère aux États la responsabilité économique de l'exploitation des mers et la gestion durable des ressources vivantes. Or, en l'absence véritable d'autorité de contrôle et de sanctions, les ZEE servent uniquement à assurer l'exploitation maximale des ressources par les États, au détriment de la protection nécessaire des espèces et des écosystèmes marins.

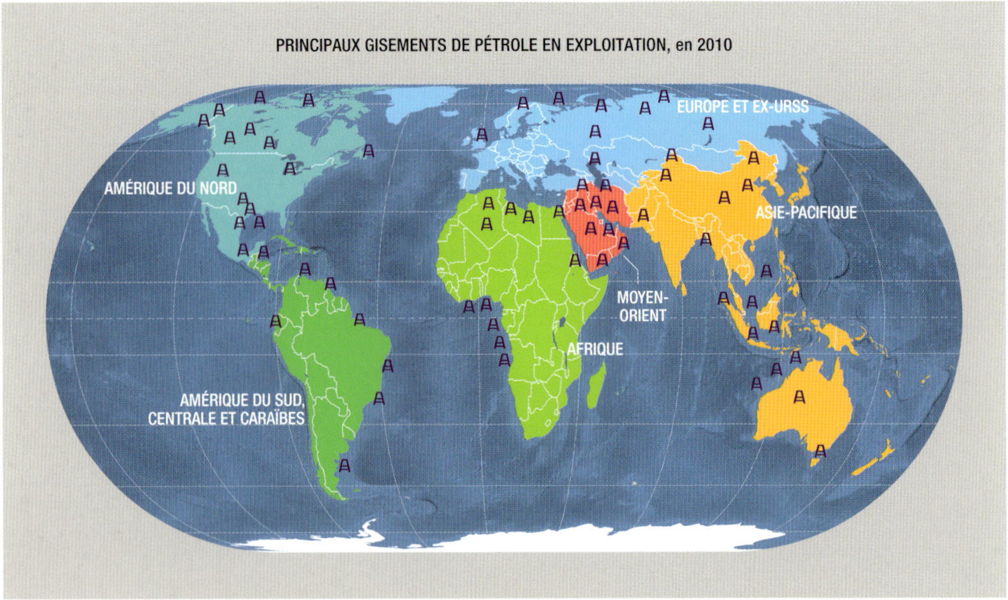

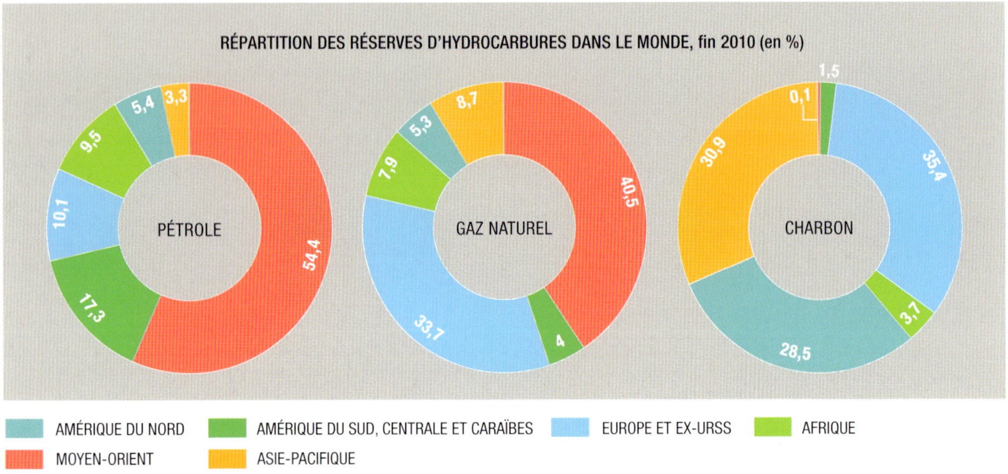

L'énergie est un facteur clé du développement économique des États. La dépendance de certaines économies aux énergies fossiles ainsi que leur raréfaction annoncée n'ont fait qu'amplifier leur valeur stratégique. Associés à la multiplication des catastrophes environnementales, comme les marées noires ou les pollutions radioactives, ces constats obligent à penser de nouvelles alternatives énergétiques.

ÉNERGIES, CHANGEMENT DE CAP FACE AU PIC

Les diverses sources d'énergie disponibles occupent, en fonction de leur efficacité, une place plus ou moins importante dans le mix énergétique mondial. Pour l'heure incontournables, le pétrole, le gaz naturel et le charbon répondent ensemble à plus de 80% de la demande mondiale en énergie primaire. Cette prépondérance des hydrocarbures offre aux pays qui disposent des principales réserves un avantage concurrentiel décisif sur ceux qui en sont dépourvus et donc dépendants, d'autant plus que ces trois ressources sont très inégalement réparties sur la planète. Si les nappes de pétrole brut et les poches de méthane sont souvent localisées dans le sous-sol ou au large des mêmes États d'Afrique du Nord, d'Asie

LE PIC PÉTROLIER ▶

Le graphique en cloche de Hubbert permet de représenter le concept de « pic pétrolier ». Il est difficile, cependant, de s'entendre sur la date à laquelle ce pic pourrait être atteint, son estimation variant en fonction de l'organisme chargé de l'évaluer. Qu'elles soient réalisées par des agences internationales, des instituts de recherche ou des compagnies pétrolières, les analyses sont bien souvent déterminées par des connaissances partielles, des intérêts divergents ou encore la difficulté à évaluer le rôle des mécanismes économiques, tels que l'impact réel du cours du baril de pétrole sur la consommation.

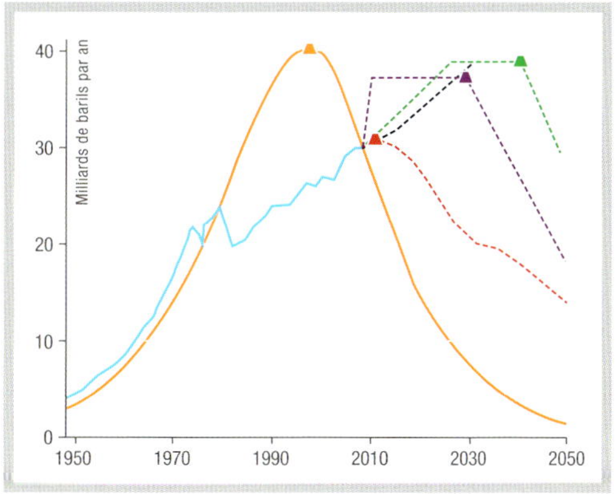

LE PIC PÉTROLIER

- PRODUCTION MONDIALE DE PÉTROLE, jusqu'en 2009
- MODÈLE DE HUBBERT

PRÉVISIONS DE LA PRODUCTION DE PÉTROLE, à partir de 2009

- PRÉVISION DE L'AGENCE INTERNATIONALE DE L'ÉNERGIE (AIE)
- PRÉVISION DE L'ASSOCIATION FOR THE STUDY OF PEAK OIL (ASPO)
- PRÉVISION DE L'INSTITUT FRANÇAIS DU PÉTROLE (IFP)
- PRÉVISION DE SHELL
- ▲ ESTIMATION DU PIC PÉTROLIER

centrale et du Moyen-Orient, la géographie de la houille, elle, privilégie l'Amérique du Nord, l'Océanie et l'Asie de l'Est et du Sud. Puissance rentière ré-émergente, la Russie fait figure d'exception notable et jouit du trio énergétique en quantités considérables.

Un épuisement annoncé

Nés de la décomposition de débris organiques il y a plusieurs centaines de millions d'années, les hydrocarbures sont des ressources fossiles, donc épuisables, et posent dès lors la question de leur raréfaction. Le calendrier de leur disparition est toutefois imprécis, chaque grand acteur du secteur (États producteurs, compagnies exploitantes, instituts de recherche) étant susceptible d'en estimer l'échéance, en fonction de sa propre évaluation des réserves. Si le charbon offre des réserves suffisantes pour couvrir les besoins des mille prochaines années, celles de gaz et de pétrole s'avèrent bien moins abondantes. Au rythme actuel de sa consommation et de la découverte de nouveaux gisements, les réserves de gaz naturel pourraient se tarir avant la fin du XXIe siècle. Quant au pétrole, l'échéance semble si proche qu'elle alimente le concept de « pic pétrolier » développé au milieu du siècle dernier par le géologue américain Marion King Hubbert et selon lequel la production de brut est appelée à croître jusqu'à atteindre un sommet, puis à entamer son déclin à mesure que les gisements s'épuiseront. Les calculs autour du pic pétrolier ont ceci de particulier qu'ils se fondent sur les réserves d'or noir et non sur les ressources. Ces deux notions sont à distinguer dans la mesure où les réserves relèvent de considérations beaucoup plus économiques que géophysiques. Les réserves pétrolières se répartissent en trois catégories, en fonction de leur taux de récupération respectif. Les premières sont dites prouvées car elles présentent 90 % de chances d'être récupérées aux conditions économiques, politiques, institutionnelles et technologiques du moment. Les suivantes sont qualifiées de probables dans la mesure où l'éventualité de les exploiter n'est que de 50 %. Les dernières, enfin, sont seulement considérées comme possibles car la perspective de les extraire ne dépasse pas 10 %. Ainsi, si les ressources n'augmentent qu'avec la découverte de nouveaux gisements et ne diminuent qu'avec leur exploitation, les réserves, elles, n'ont de cesse d'osciller à la hausse, lorsque le prix du brut est suffisamment élevé pour rentabiliser la mise en production de champs pétroliers plus coûteux (gisements en grande profondeur ou en environnement arctique) et, à la baisse, quand le cours du baril de brut chute et rend trop onéreuses la récupération et la transformation des pétroles les moins conventionnels (huiles extralourdes, sables asphaltiques, pyroschistes).

À la fois variable et baromètre de la croissance économique mondiale, le prix du pétrole ne cesse de fluctuer d'un jour à l'autre, en fonction de la demande attendue et de l'offre disponible. Bien qu'il se négocie sur l'ensemble des grandes places boursières, son cours de référence reste celui enregistré à la bourse de New York. Toutefois, ce prix reste très théorique, car il ne concerne que le brent, un pétrole composite léger issu de la mer du Nord et dont les caractéristiques ne sont communes qu'à un peu plus de la moitié de la production mondiale. En effet, la qualité du pétrole peut fortement varier d'une région à l'autre, d'un gisement à l'autre. Tous les bruts ne se valent donc pas. Plus un pétrole est léger,

PRINCIPAUX ACCIDENTS PÉTROLIERS, depuis 1967
(plus de 100 000 tonnes de pétrole déversées)

⬢ AMOCO CADIZ : source de la pollution
16/03/1978 : date de l'accident

La catastrophe de l'Erika, en 1999, a conduit au déversement de 19 800 tonnes de pétrole au large de la Bretagne (France).

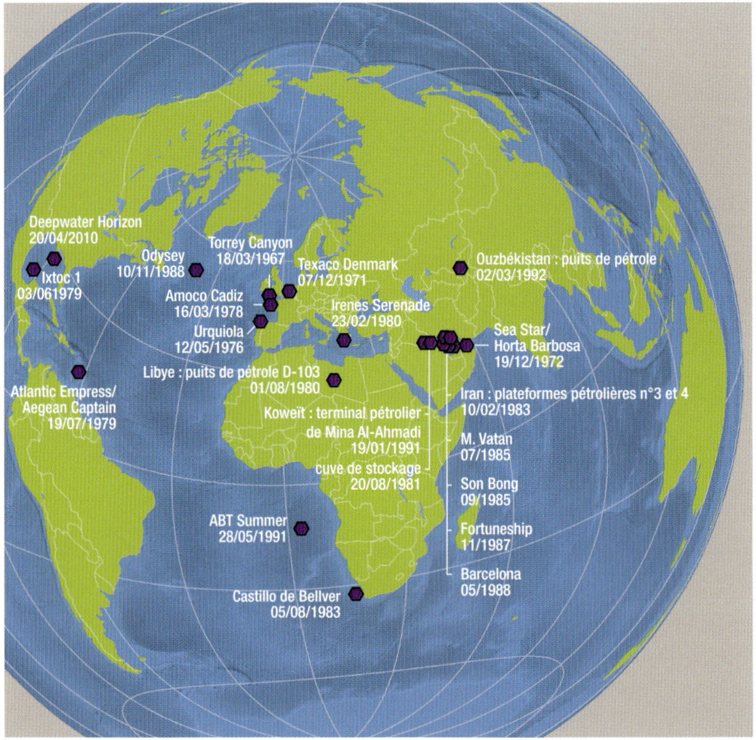

LES ACCIDENTS DU PÉTROLE ►

Outre les catastrophes de grande envergure, il continue de se produire une multitude d'accidents de moindre impact qui contribuent à polluer toujours un peu plus les mers et les terres. Aucune région du monde ne semble épargnée, comme le montre la marée noire qui se répand depuis juin 2011 dans le golfe de Bohai, dans le nord de la Chine, ou encore la catastrophe silencieuse qui affecte, depuis cinquante ans, le delta du Niger, au Nigeria. En l'espèce, dans l'anonymat le plus total, le pétrole issu de fuites d'oléoducs vétustes ou mal entretenus se déverse quotidiennement dans cette région marécageuse riche en hydrocarbures, polluant et compromettant les ressources agricoles et maritimes pourtant vitales aux millions d'habitants de la région.

moins il est coûteux de le transformer en produits finis à forte valeur ajoutée (essence, gazole, solvants). À l'inverse, plus un brut est lourd et riche en soufre, plus il est onéreux de le raffiner : les produits qui en sont issus présentent donc une plus faible valeur marchande (lubrifiants, fiouls lourds, bitumes). Jusqu'au début des années 2000, le cours du baril s'est maintenu entre 15 et 40 dollars, n'oscillant qu'au gré des grandes crises géopolitiques qui ont émaillé la seconde moitié du XXe siècle. Mais la décennie passée a vu le cours du brut s'envoler, passant de 26 dollars le baril en juillet 2002 à 146 dollars en août 2008. Depuis, il s'inscrit de nouveau dans une tendance haussière que la perspective du pic pétrolier ne cesse de conforter.

Un pic qui fait polémique

La date supposée du pic fait l'objet de multiples analyses et est sujette à de nombreuses controverses. Pour certains, le pic a été dépassé autour des années 2005-2010 et l'humanité vit d'ores et déjà dans l'ère de la déplétion. Pour d'autres, cette échéance est à venir d'ici à 2030 ou 2050. Pour les derniers, enfin, le concept de pic est sans fondement scientifique à l'échelle mondiale, dans la mesure où les travaux de Hubbert ne portaient à l'origine que sur la production et les réserves pétrolières américaines.
Les nombreux acteurs du secteur pétrolier défendent des intérêts souvent divergents, voire contraires, et ont donc des raisons différentes de tenir telle ou telle position sur le pic pétrolier. Ainsi, l'hypothèse du pic, sa proximité ou son dépassement appellent un changement des habitudes

LA MARÉE NOIRE DANS LE GOLFE DU MEXIQUE
(état de la nappe de pétrole au 1er mai 2010)

▲ DEEPWATER HORIZON

L'explosion de la plateforme *offshore* Deepwater Horizon, propriété du groupe pétrolier BP, le 20 avril 2010, a provoqué la mort de onze ouvriers et déversé près de 4,9 millions de barils de brut dans le golfe du Mexique, pendant plus de quatre mois, endommageant gravement les côtes de Floride et de Louisiane. Cet accident a montré toutes les limites du forage en *offshore* profond, une technologie pourtant appelée à se développer dans les années à venir.

de consommation et des modes de production, au profit d'énergies alternatives, renouvelables ou non. Or la perspective d'une transition accélérée des pays industrialisés vers une économie décarbonée menace la rente sur laquelle les pays exportateurs ont fondé leur développement depuis plus d'un demi-siècle et explique leur contestation du pic. Cette dernière attitude n'est toutefois pas la mieux partagée parmi ces pays, dans la mesure où, fort de la spéculation qui l'entoure, le spectre de la déplétion peut soutenir à lui seul les cours du pétrole, face aux demandes constantes et croissantes des grands États importateurs.

Certes, avec une hausse de 25 % par rapport à leur volume de décembre 2000, les réserves prouvées de pétrole recensées à la fin 2010 suffiraient – à production constante – à répondre à la demande mondiale des 46 prochaines années. Mais ces quelque 1 383 milliards de barils de brut récupérable ne sauraient occulter une autre réalité : aujourd'hui, on ne découvre plus qu'un seul baril de pétrole pour six barils produits. Pour pallier ce déséquilibre, deux options complémentaires se font jour. La première consiste à accroître l'offre de brut, en forant toujours plus profond et en améliorant les taux de récupération des puits existants. La seconde option s'attache, quant à elle, à réduire la demande d'or noir en promouvant les économies d'énergie et les sources alternatives. L'urgence est d'autant plus grande que l'essor économique des pays émergents, en transition ou en développement, s'accompagne, pour nombre d'entre eux, de leur forte croissance démographique. Une combinaison qui présage l'étendue des besoins énergétiques qu'il faudra couvrir dans les vingt prochaines années et à laquelle s'ajoute le refus des pays du Sud de conditionner leur essor économique au respect de normes environnementales auxquelles les nations du Nord n'ont pas été soumises pour assurer leur propre développement.

Sans accréditer ouvertement l'imminence du pic pétrolier, certaines monarchies du golfe Persique, comme le Qatar et les Émirats arabes unis, ont déjà engagé la diversification de leur économie, en développant conjointement les secteurs de la finance, du tourisme, de l'enseignement supérieur et des nouvelles technologies. Envisageant la fin du pétrole à la fois en tant que producteurs et consommateurs, ces États investissent massivement dans les énergies alternatives et les constructions à basse consommation, voire à énergie positive. Toutefois, à l'échelle globale, l'après-pétrole augure surtout un âge d'or du gaz naturel. Plus abondant et réputé moins polluant que le brut ou la houille, le méthane s'impose déjà, si ce n'est comme une solution durable au moins comme une énergie de transition vers des sources renouvelables existantes, en développement ou à inventer.

L'environnement menacé

La dépendance au pétrole entraîne une transformation des écosystèmes dont on peine aujourd'hui encore à mesurer tous les impacts, y compris sur le développement économique et humain. Il faut dire qu'à l'échelle globale, la combustion des hydrocarbures pour l'industrie, le transport et la génération d'électricité est responsable de l'essentiel des émissions anthropiques de dioxyde de carbone. Outre sa contribution à l'aggravation de l'effet de serre, le pétrole est la source régulière de pollutions maritimes considérables, l'essentiel des exportations étant acheminé par cargo. Depuis 1967, pas moins de 21 catastrophes pétrolières majeures ont été enregistrées, libérant à elles seules plus de 5,4 millions de tonnes de brut. Aux marées noires spectaculaires et tragiques s'ajoutent les déballastages sauvages plus discrets, mais tout aussi désastreux. Bien que les accidents tendent à se faire plus rares, près de 200 000 tonnes de produits pétroliers continuent d'être déversées chaque année dans les mers et les océans.

VOIR AUSSI : LE JAPON, PUISSANCE ENTRAVÉE, p. 32 - LA PROLIFÉRATION NUCLÉAIRE, LE FAIBLE ET LE FORT, p. 125

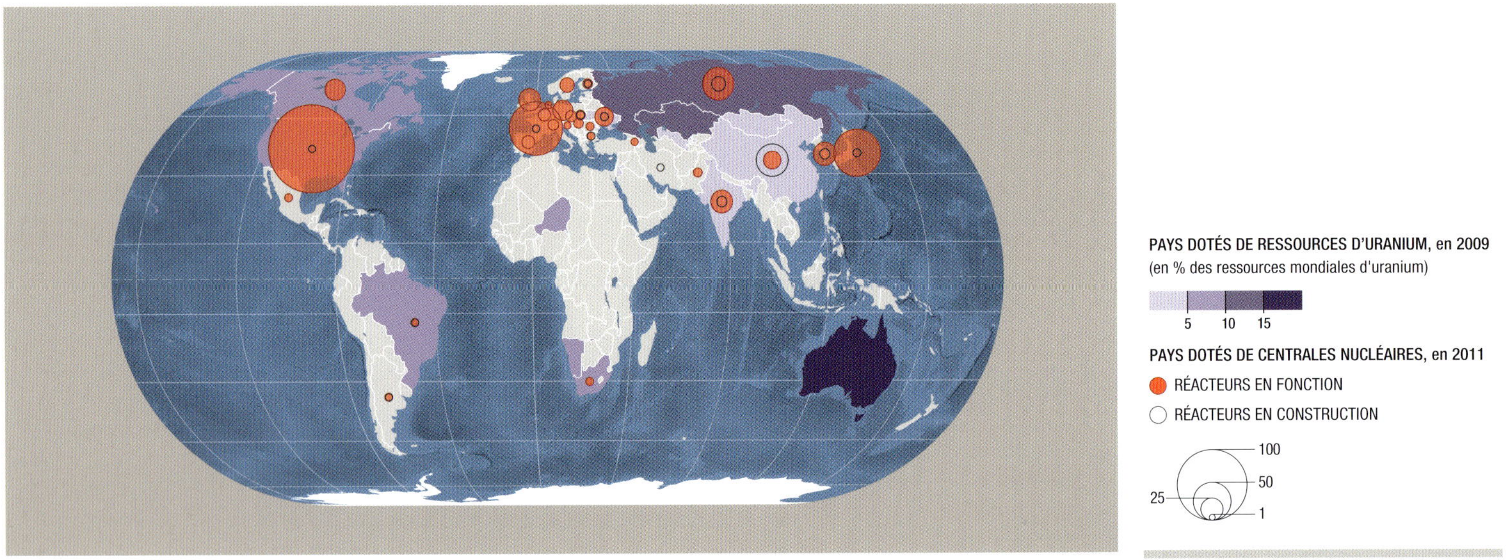

LE NUCLÉAIRE : D'UNE POLLUTION À UNE AUTRE, D'UNE DÉPENDANCE À UNE AUTRE

La technologie du nucléaire civil répond aujourd'hui à 6 % de la demande globale en énergie primaire et compte pour 15 % dans la production mondiale d'électricité. Dotée d'un vaste parc nucléaire, la France est le pays qui affiche la plus grande dépendance à l'atome, ce dernier couvrant 40 % de son bouquet énergétique et 75 % de sa production électrique. Les disparités entre États sont d'autant plus marquées que le nucléaire n'est pas accessible à tous. Le premier obstacle est économique car, si l'on considère l'ensemble du processus de production d'électricité, de l'extraction du minerai au stockage des déchets ultimes, cette source d'énergie est finalement très coûteuse. Le second obstacle est réglementaire car l'accès au nucléaire civil se fait sous le contrôle de l'Agence internationale de l'énergie atomique (AIEA), qui veille à ce que le combustible ne soit pas enrichi à des fins militaires. Créée en 1957, en réponse aux craintes suscitées par la découverte de l'énergie nucléaire, l'AIEA est un organisme autonome appartenant à la famille des institutions onusiennes. Basée à Vienne (Autriche), elle compte aujourd'hui 151 États membres. Organe central de la coopération internationale dans le domaine des questions nucléaires, elle a trois fonctions principales. En premier lieu, l'Agence est chargée de contrôler les installations et les activités nucléaires dans le monde entier et de vérifier que l'usage du nucléaire demeure à des fins énergétiques ; ensuite, l'Agence favorise la coopération internationale dans les domaines technologique et scientifique liés au nucléaire ; enfin, elle assiste ses membres dans les domaines de la sécurité et de la sûreté nucléaires.

Depuis 1951 et la construction de la première centrale nucléaire dans l'Idaho aux États-Unis, près de 500 réacteurs sont entrés en fonction dans le monde. En 2011, 436 sont en service et 63 en construction. Les installations se concentrent aux États-Unis (104 réacteurs), en France (58), au Japon (50) et en Russie (32). À eux quatre,

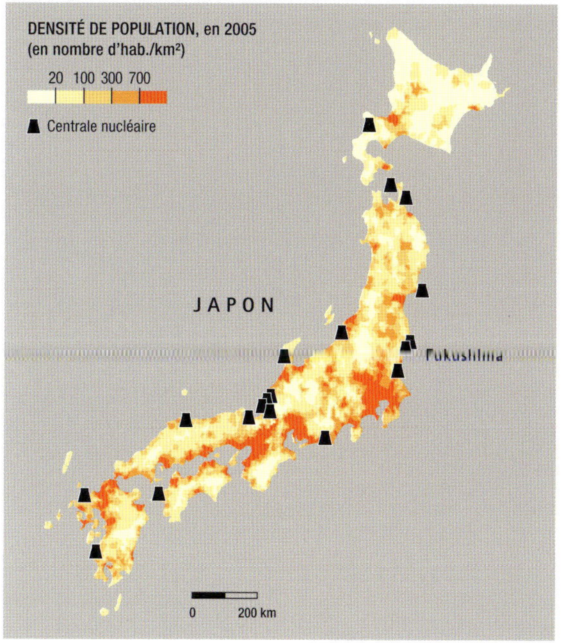

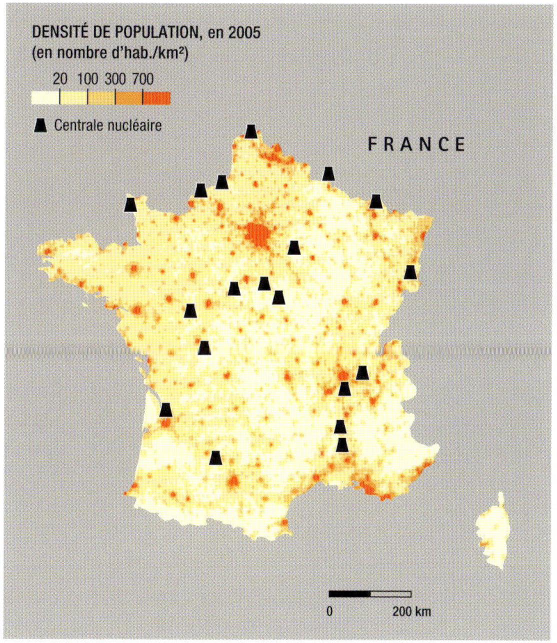

ces États réunissent plus de la moitié des réacteurs actifs et s'imposent par conséquent comme les premiers producteurs d'électricité nucléaire au monde.

RISQUES ET DÉPENDANCE

Comme l'a rappelé la catastrophe de Fukushima, au Japon, en mars 2011, après celle survenue à Tchernobyl (Ukraine, 1986), la technologie nucléaire comporte des risques élevés y compris dans les pays les plus avancés sur le plan technologique. Si l'on connaît les techniques de génération électrique, on maîtrise moins bien la sécurité des installations et des hommes, notamment en cas de fuite d'éléments radioactifs. Le risque est d'autant plus grand que les centrales sont souvent implantées dans des zones densément peuplées, parfois à proximité de grandes villes. C'est ce qu'indique, notamment, la localisation des centrales nucléaires françaises et japonaises. Depuis la catastrophe de Fukushima, certains pays ont quelque peu revu leurs projets en matière de nucléaire. Tandis que le Premier ministre japonais a annoncé, en mai 2011, l'abandon du projet visant à faire passer la part du nucléaire dans la production d'électricité de 30 % à 50 %, l'Allemagne, de son côté, a fait voter au Parlement, à la fin du mois de mai, l'abandon progressif de la filière nucléaire ; l'Italie, après le référendum négatif des 12 et 13 juin 2011, a décidé de renoncer au lancement de son nouveau programme.

À l'inverse, malgré l'émoi suscité dans les opinions publiques par la catastrophe japonaise, des États comme la France, l'Inde ou la Chine poursuivent la construction de réacteurs nucléaires de nouvelle génération afin de pouvoir répondre à la croissance constante de la demande en énergie électrique. En Chine, par exemple, 26 réacteurs en cours de construction viendront s'ajouter aux 16 unités déjà en service.

Envisagée comme une garantie d'indépendance énergétique face à l'importation d'hydrocarbures, le nucléaire est lui aussi une énergie polluante qui n'évite pas la dépendance. En effet, sa production génère des déchets dont le recyclage et le retraitement ne sont encore que partiels. De plus, l'uranium est une ressource non renouvelable, particulièrement rare dans la croûte terrestre (3 g d'uranium par tonne de terre) et dont les réserves se concentrent dans une poignée d'États. Cette rareté confère à l'uranium une valeur économique et stratégique qui ne fera que croître avec l'augmentation de la demande et la raréfaction de cette ressource.

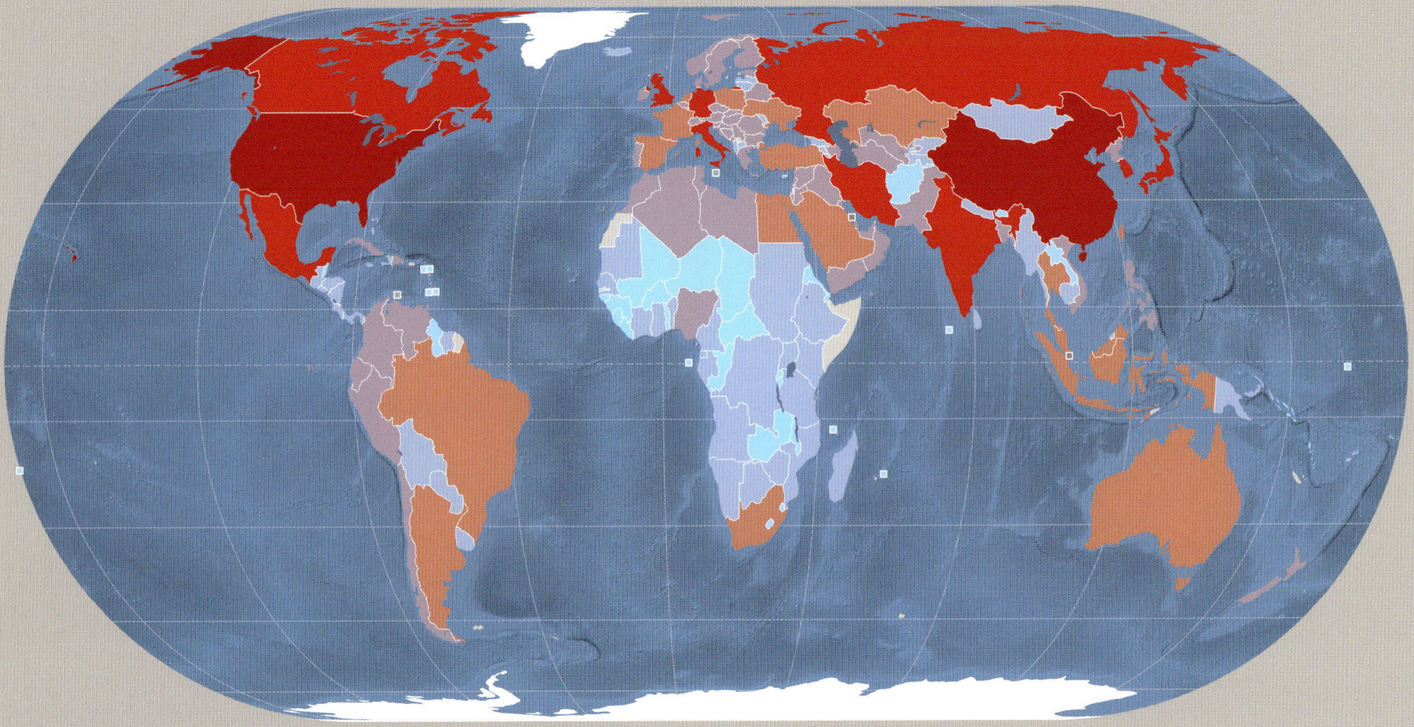

ÉMISSIONS DE GAZ À EFFET DE SERRE, en 2008 (en millions de tonnes d'équivalent CO_2)

1,5 15 150 400 5 000

DONNÉE NON DISPONIBLE

Phénomène d'ampleur planétaire, le réchauffement climatique n'affectera pas de la même manière les pays industrialisés et les pays en développement. Au cœur des négociations internationales sur le climat se trouve une question centrale : qui doit rembourser la dette climatique ?

LE MONDE AU CHEVET DU CLIMAT

Grâce à la mobilisation des organisations de défense de l'environnement et aux travaux du Groupe d'experts intergouvernemental sur le climat (GIEC), organisme créé en 1988 dans le cadre de l'ONU, la question du changement climatique s'est imposée sur l'agenda politique international au début des années 1990. Diverses recherches scientifiques menées notamment par les océanographes et les glaciologues ont ainsi montré que depuis le début de la révolution industrielle, au milieu du XIXe siècle, la température de la planète a lentement progressé. Au cours du XXe siècle, cette progression s'est élevée en moyenne à 0,8 °C. Cependant, depuis la fin du XXe siècle, le réchauffement de la planète s'est beaucoup accéléré. Selon les climatologues, la fourchette d'augmentation de la température d'ici à 2100 devrait se situer entre 1,1 °C au minimum et plus de 6,4 °C.

Le constat arrêté par le GIEC et repris ensuite comme base aux négociations internationales est clair : il s'agit d'éviter à la planète, à l'horizon 2100, un réchauffement supérieur à 2 °C par rapport à l'époque préindustrielle. Au-delà de ce seuil, les experts craignent que l'évolution du climat ne s'emballe et ne devienne incontrôlable ; mais pour qu'un tel objectif soit atteint, il faudrait que la communauté internationale s'entende sur des mesures de réduction des émissions de gaz à effet de serre (GES).

Depuis 1992 et la conférence des Nations unies sur l'environnement et le développement (appelée également sommet de la Terre), qui s'est tenue à Rio, les grandes rencontres internationales sur la défense de l'environnement se sont multipliées. De la conférence de Kyoto, en 1997, à celle de Copenhague en 2009, puis Cancún en 2010 et Durban en 2011, les négociations internationales sur le climat ont permis de renforcer la prise de conscience des citoyens, de mettre en place de nouveaux outils juridiques internationaux et d'initier une diplomatie environnementale fort complexe. Pourtant, chaque conférence fait apparaître les divergences d'intérêts entre États face à ces négociations, sur fond de responsabilité différenciée entre pays développés et pays en développement.

L'injustice climatique

Le changement climatique a beau être une problématique globale, tous les États ne contribuent pas de la même manière aux émissions de GES. Dans la lutte contre le réchauffement climatique, les pays industrialisés ont une responsabilité particulière. Même s'ils ne représentent que 15 % de la population mondiale, ils sont, avec près de la moitié des émissions de CO_2, les principaux émetteurs de GES aujourd'hui. Par ailleurs, leur modèle de développement économique depuis la révolution industrielle a conduit à l'accumulation de GES dans l'atmosphère, créant les conditions du désordre climatique actuel. Selon le Programme des Nations unies pour le développement (PNUD), ils seraient collectivement responsables de plus de 70 % du CO_2 d'origine fossile émis depuis le début de l'ère industrielle. Sommés de réduire leurs émissions de GES dès à présent, ils doivent en même temps répondre de la « dette climatique » qu'ils ont contractée envers le reste du monde.

Une nouvelle géographie des émetteurs de gaz à effet de serre

Dans la convention-cadre des Nations unies sur les changements climatiques de 1992, autant que dans le protocole de Kyoto de 1997, la distinction entre pays développés et pays en développement est exprimée dans ce qui est appelé les « pays de l'annexe 1 ». Ces derniers recouvrent l'ensemble des États membres de l'OCDE en 1992, ainsi que les pays dits en transition vers l'économie de marché, principalement les pays de l'ex-bloc soviétique. Si la convention-cadre de Rio fixait le cadre conceptuel et les objectifs à atteindre pour les pays développés, le protocole de Kyoto (ratifié par 184 États, sans les États-Unis) engageait 38 de ces pays industrialisés à des objectifs chiffrés et contraignants en matière de réduction des émissions de GES. L'objectif global était de réduire en moyenne de 5,2 % les émissions de GES par rapport au niveau d'émissions de 1990.

Cette division du monde, appropriée dans les années 1990, a cessé d'être opérante. En effet, entre-temps, les pays émergents sont apparus sur la scène politique et économique mondiale, au point de voir leurs émissions de GES côtoyer, voire dépasser pour certains, celles des pays développés. Ainsi, au regard du PIB et des émissions de GES grandissantes, la composition de la catégorie des pays dits « en développement » mériterait d'être reconsidérée aujourd'hui – la Chine, par exemple, est devenue, avec 22 % des émissions mondiales de CO_2, le premier émetteur de GES en 2010 devant les États-Unis (19 % des émissions mondiales de CO_2). Ramenées au nombre d'habitants, les émissions

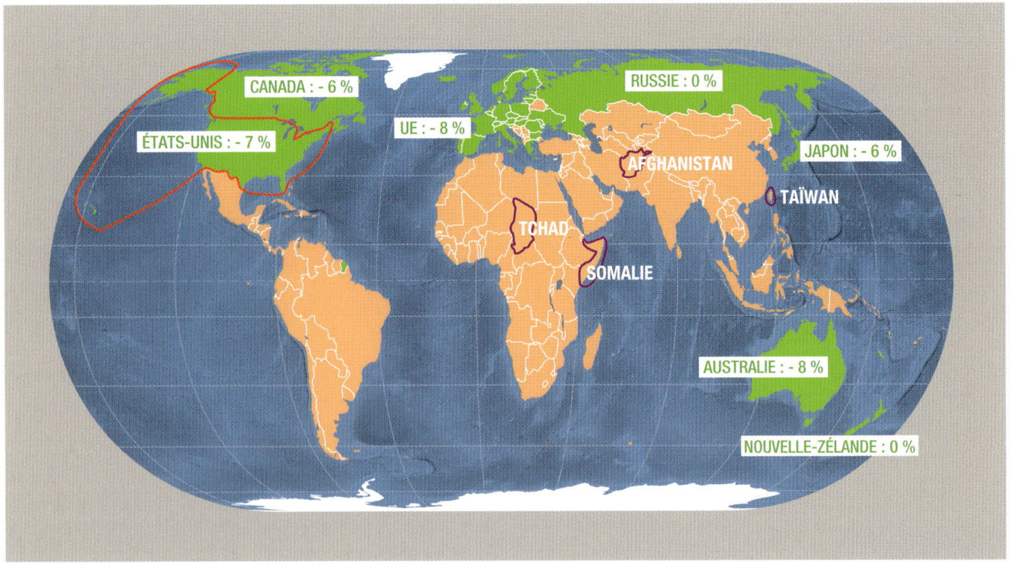

DIVISION DU MONDE SELON LE PROTOCOLE DE KYOTO

- PAYS AYANT UN OBJECTIF DE RÉDUCTION DE LEURS ÉMISSIONS DE GAZ À EFFET DE SERRE
- UE : - 8 % OBJECTIF DE RÉDUCTION
- PAYS SANS CONTRAINTE D'ENGAGEMENT
- PAYS AYANT SIGNÉ LE PROTOCOLE DE KYOTO MAIS NE L'AYANT PAS RATIFIÉ
- PAYS N'AYANT PAS SIGNÉ LE PROTOCOLE DE KYOTO

◄ LES ENGAGEMENTS DU PROTOCOLE DE KYOTO

En 1995, le protocole de Kyoto propose un objectif de réduction des émissions de GES des pays industrialisés de 5,2 % par rapport à 1990. Cet objectif se déclinait différemment selon les États : réduction de 6 % pour le Canada et le Japon, 8 % pour l'UE. En revanche, les pays hors annexe 1, qui regroupent un ensemble hétéroclite allant de la Chine et l'Inde aux pays du Golfe, ainsi qu'aux pays dits les moins avancés, sont certes parties au protocole de Kyoto mais ne sont pas soumis à des objectifs en matière de réduction d'émissions de GES.
Le Congrès américain, en refusant de ratifier le protocole que l'administration Clinton avait pourtant signé, évitait aux États-Unis d'être contraints de réduire leurs émissions de GES.

de CO_2 de la Chine, de l'Inde, du Brésil et du Mexique sont encore largement inférieures à celles des pays développés. Néanmoins, la comparaison entre ces pays émergents, d'une part, et des pays comme le Burkina Faso ou le Cambodge, d'autre part, pourtant tous classés dans la catégorie des pays en développement dans la typologie de la convention-cadre des Nations unies sur le climat, n'a pas lieu d'être. Entre les conférences internationales de Rio (1992), Kyoto (1997) puis Copenhague (2009), on a ainsi pu constater un changement dans la géographie des pays émetteurs de GES (voir la carte des émissions de gaz à effet de serre), laissant augurer une révision des objectifs de réduction des émissions de GES et une participation accrue des émergents au financement des coûts du changement climatique. Le sommet de Copenhague a bien tenté de revenir sur la division binaire entre pays développés et pays en développement en créant une nouvelle catégorie propre aux pays émergents. Cependant, les États concernés se sont montrés peu favorables aux changements et aux contraintes nouvelles que cela impliquerait pour eux. La référence à la dette climatique historique des pays riches contribue à conforter la position de ces États qui n'entendent pas sacrifier leur développement économique sur l'autel de considérations écologiques.

De Copenhague à Durban, laborieuses négociations pour sauver la planète

La conférence des Nations unies sur le climat, qui s'est tenue à Copenhague, en décembre 2009, aurait dû être déterminante : les engagements pris dans le cadre du protocole de Kyoto prenant fin en 2012, il s'agissait de redéfinir les objectifs de réduction des émissions de GES jusqu'en 2020, en les adaptant à la nouvelle donne économique mondiale. Malgré la participation record et la très forte médiatisation, Copenhague fut considéré comme un échec puisqu'aucun engagement juridique contraignant n'a été signé. La communauté internationale est toutefois

parvenue à un accord sur une stabilisation des émissions, dont elle n'a fait que « prendre note », et a validé l'objectif global de limiter le réchauffement climatique à 2 °C par rapport aux températures de l'ère préindustrielle. L'adoption formelle de cet accord fut reportée à la conférence de Cancún, un an plus tard. Les divergences d'intérêt entre les pays du Nord et les pays émergents, notamment les BASIC – Brésil, Afrique du Sud, Inde, Chine, réunis dans un groupe de concertation pour l'occasion –, ont paralysé les négociations. Dans le bras de fer entre la Chine et les États-Unis, les deux plus gros émetteurs de CO_2 au monde en valeur absolue, aucun n'a cédé : la Chine refusant toute concession en l'absence d'engagement significatif des États-Unis, eux-mêmes contraints par leurs échéances électorales.
Un an plus tard, la conférence de Cancún est un relatif soulagement après l'échec de Copenhague. La création d'un « fonds vert » pour aider les pays du Sud à réduire leurs émissions de CO_2 et à s'adapter au changement climatique, déjà prévue à Copenhague, a été décidée. Des progrès notables ont été faits sur les questions de la déforestation, dont les effets sont désormais inclus dans le bilan carbone des États concernés, ainsi que sur l'adaptation des territoires souffrant déjà du changement climatique et sur le transfert de technologies vers les pays les moins avancés (PMA) et les États insulaires pour y faire face. Surtout, cette conférence a permis d'établir un cadre de suivi et de vérification des engagements pris dans le cadre du protocole de Kyoto.
Malgré ces quelques réussites, l'essentiel des questions ont été renvoyées à la conférence de Durban, en Afrique du Sud. Lors de ce sommet, qui s'est tenu du 28 novembre au 11 décembre 2011, les États ont adopté une feuille de route pour un nouvel accord global prenant la suite du protocole de Kyoto. Si l'ensemble des États devraient s'engager à réduire leurs émissions de GES, rien n'a été décidé concernant le caractère contraignant du texte qui, par ailleurs, ne devrait entrer en vigueur qu'en 2020. Ce qui rend d'autant plus incertain l'objectif de non-augmentation de la température de plus de 2° C.

VOIR AUSSI : LE BASCULEMENT DE LA RICHESSE, p. 60
L'INSÉCURITÉ SOCIALE MONDIALE, p.132 - LE NOUVEL AVENIR DES MONDES POLAIRES, p. 202

LE MARCHÉ DU CARBONE

Afin de lutter contre les émissions de gaz à effet de serre, le protocole de Kyoto a créé un marché du carbone. Le principe repose sur la fixation, pour chaque pays ou entreprise concerné d'un plafond d'émission de GES à ne pas dépasser. Les États et les entreprises qui émettent moins que ce qui leur est imposé disposent ainsi d'un « permis d'émission », ou de « crédits carbone », qu'ils peuvent revendre à ceux qui polluent au-delà de leur quota. À terme, l'objectif est de baisser régulièrement les plafonds pour que chacun réduise ses émissions.
Quelques marchés régionaux du carbone ont vu le jour, notamment au sein de l'Union européenne, avec le système communautaire d'échange de quotas mis en place depuis 2005. Il permet à des entreprises très polluantes du secteur de l'énergie, de l'industrie minière, du carton, du papier ou de la sidérurgie, d'échanger des quotas d'émission. Ce marché s'applique à 10 500 sites responsables de 40 % des émissions de l'UE. La première période de mise en œuvre de ce système, de 2005 à 2007, a montré qu'il était économiquement plus intéressant pour ces entreprises d'acheter des quotas supplémentaires que de réduire leurs émissions. Le prix de la tonne de CO_2 a donc été rehaussé sur le marché en 2008, passant de 40 à 100 euros, rendant ainsi la pénalité beaucoup plus chère. Une deuxième période d'application de ce système communautaire d'échange a été ouverte en 2008. Elle va jusqu'en 2012 et les résultats demeurent à ce jour indisponibles.
On trouve un autre exemple de mise en place de marché carbone régional aux États-Unis. Avec 19 % des émissions de gaz à effet de serre mondiales, le pays est le deuxième émetteur de GES après la Chine. Les États-Unis ont signé le protocole de Kyoto mais, le Congrès américain ne l'ayant jamais ratifié, les dispositions du texte n'ont pas été appliquées. Cette décision fédérale, qui a quelque peu perturbé les négociations internationales, a néanmoins été contournée par un certain nombre d'entreprises, de villes et d'États fédérés américains. Ainsi, une première initiative de mise en place d'un marché carbone regroupe des États américains et des provinces canadiennes. Ce marché concerne les entreprises de production électrique qui doivent, à l'horizon 2020, parvenir à une réduction de 15 % de leurs émissions par rapport à leur niveau de 2005 – et non par rapport à leur niveau de 1990, comme l'impose le protocole de Kyoto. À partir de 2015, la mesure de réduction s'étendra au secteur des transports, puis aux particuliers.
Le protocole de Kyoto arrive à échéance en 2012 ; il sera plus aisé à ce moment-là d'évaluer l'efficacité de ces mesures qui, bien souvent, n'ont pas fait l'objet d'un vaste consensus au moment de leur adoption. En effet, pour certains, la financiarisation du carbone serait un leurre tandis que, pour d'autres, ce système permet d'encourager les réductions d'émission de GES sans avoir recours à des sanctions ou à des taxes.

[redacted]

LES VIOLENCES DU MONDE

PARTIE 2

LES VIOLENCES DU MONDE

Qu'elles aient été régies par le droit de la guerre qui se met en place à partir du XVIIe siècle pour tenter de réglementer la violence entre États, qu'elles soient autorisées par les dispositions du chapitre VII de la Charte des Nations unies, adoptées en 1945, qui prévoient les cas de recours à la force, ou qu'elles soient décidées et déclenchées unilatéralement par les États hors de tout cadre juridique international, les guerres ont longtemps été considérées comme la principale source de violence sur la scène mondiale. L'État se présentant comme l'acteur central des relations internationales, la sécurité mondiale s'est souvent confondue avec la sécurité des États. En ce début de XXIe siècle, loin de disparaître, les affrontements entre armées régulières continuent d'alimenter la chronique des violences du monde, comme le montrent des guerres aussi différentes que celles des années 2000 en Irak, en Géorgie ou en Libye. Ces conflits se révèlent toutefois moins nombreux que par le passé. À côté de ces guerres entre États, la scène internationale a surtout vu se multiplier, depuis la fin de la guerre froide, les guerres internes aux États, comme sur le continent africain (Sierra Leone, Liberia) ou dans des pays où la violence a prospéré sur la décomposition de l'État. Ces États défaillants (*Failed States*), comme on a pris coutume de les appeler, se caractérisent notamment par l'effondrement de l'appareil d'État (gouvernement, administration, armée), par la perte de légitimité des autorités publiques et leur incapacité à assurer le contrôle de leur territoire (Afghanistan, Somalie).

L'évolution des conflits et des formes de violence politique dans le monde s'est notamment traduite par un changement dans la nature des victimes touchées. Alors qu'au début du XXe siècle, les militaires représentaient la majorité des victimes des conflits, 5 % seulement d'entre elles étant des civils, un siècle plus tard, le rapport s'est inversé avec 90 % de victimes civiles dans les conflits. Avec leur lot de déplacés et de réfugiés, notamment de femmes et d'enfants, les violences politiques contemporaines, et en particulier les violences infra-étatiques, ont placé les individus au centre des attentions et des enjeux sécuritaires en portant directement atteinte à l'intégrité physique des personnes.

La sécurité internationale ne pouvant plus, dès lors, se réduire à la sécurité des États, il importe désormais de prendre en considération la sécurité des individus composant ces sociétés, en temps de guerre comme en temps de paix, en veillant tout d'abord sur leurs conditions de vie. C'est dans ce contexte, et afin de tenir compte des violences à la fois politiques, économiques et sociales faites aux personnes, que le concept de sécurité humaine s'est développé. À la suite de la Conférence du millénaire des Nations unies, en 2000, une commission sur la sécurité humaine a vu le jour en 2001, coprésidée par Sadako Ogata, ancienne haut-commissaire des Nations unies pour les réfugiés, et le Prix Nobel d'économie, Amartya Sen. Dans son premier rapport, *La Sécurité humaine maintenant*, remis en 2003 au secrétaire général de l'ONU, Kofi Annan, la commission appelait la communauté internationale à modifier sa conception de la sécurité et à rompre avec la définition issue du XVIIe siècle. Pour les auteurs du rapport, « la notion de sécurité humaine traite de la sauvegarde et de l'élargissement des libertés civiles essentielles. Il s'agit à la fois de protéger les gens contre les menaces aiguës qui pèsent sur leur sort et de leur donner les moyens de prendre leur destin en main. Cela signifie également élaborer des systèmes qui donnent aux gens les bases de la survie, de la dignité et du bien-être minimum », obligeant ainsi à faire des questions de pauvreté, de santé, d'alimentation ou d'éducation des sujets centraux pour les gouvernements et la communauté internationale.

1 _ ÉTAT DE GUERRE, ÉTATS EN GUERRE

Contrairement aux discours qui se sont répandus au début des années 1990, la fin de la guerre froide n'a pas signé la fin des violences politiques dans le monde et les dividendes de la paix escomptés se sont révélés bien maigres. Des conflits présents durant la guerre froide se sont poursuivis (Israël-Palestine), des revendications jusque-là gelées ont refait leur apparition (dans le Caucase ou la corne de l'Afrique), tandis que des zones de tension ont émergé à l'occasion de contentieux régionaux ou internationaux ayant pour mobile des territoires ou le pouvoir (Irak, Afghanistan, Côte d'Ivoire). La violence n'a donc pas faibli depuis 1989 mais elle a pris des formes nouvelles. Sans disparaître, les conflits internationaux, au sens juridique de « guerre entre États », ont laissé la place aux conflits internes, tandis que le terrorisme, la prolifération nucléaire, les régimes dictatoriaux ou les narcotrafics n'ont fait qu'accroître le potentiel de violence du monde et multiplier les ressources de l'insécurité internationale.

UN MONDE EN GUERRE

LES BAROMÈTRES DES CONFLITS 100

LES CONFLITS SANS NOM 103

ISRAËL-PALESTINE, LE CONFLIT SANS FIN 104

AFGHANISTAN, LA GUERRE DE TRENTE ANS 108

LA PRIVATISATION DE LA GUERRE 112

GÉORGIE-RUSSIE, UN PARFUM DE GUERRE FROIDE 113

UN MONDE SOUS TENSION

LE PRINTEMPS DES PEUPLES ARABES 114

LES NAXALITES, UNE GUÉRILLA INDIENNE 118

DROGUE, GUERRE ET (INTER)DÉPENDANCE 121

LE SAHEL, NOUVELLE ZONE GRISE 122

LA PROLIFÉRATION NUCLÉAIRE, LE FAIBLE ET LE FORT 125

LE COMMERCE DES ARMES NE CONNAÎT PAS LA CRISE 127

DES DRAPEAUX SOUS LA MER 128

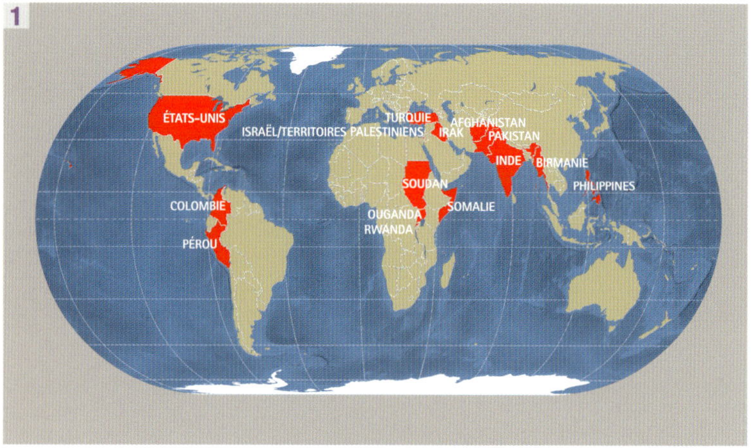

LES CONFLITS SELON LE STOCKHOLM INTERNATIONAL PEACE RESEARCH INSTITUTE (SIPRI), en 2010

LOCALISATION DES CONFLITS ARMÉS MAJEURS EN COURS, en 2010

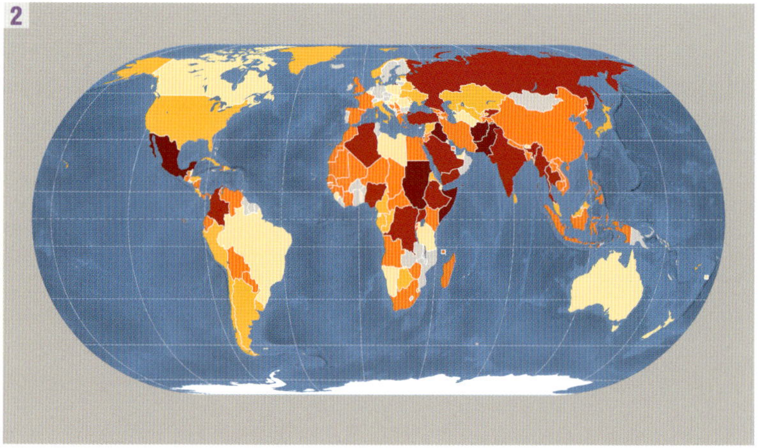

LES CONFLITS POLITIQUES SELON LE HEIDELBERGER INSTITUT FÜR INTERNATIONALE KONFLIKTFORSCHUNG (HIIK), en 2010

CONFLIT LATENT — CONFLIT MANIFESTE — CRISE — CRISE GRAVE — GUERRE

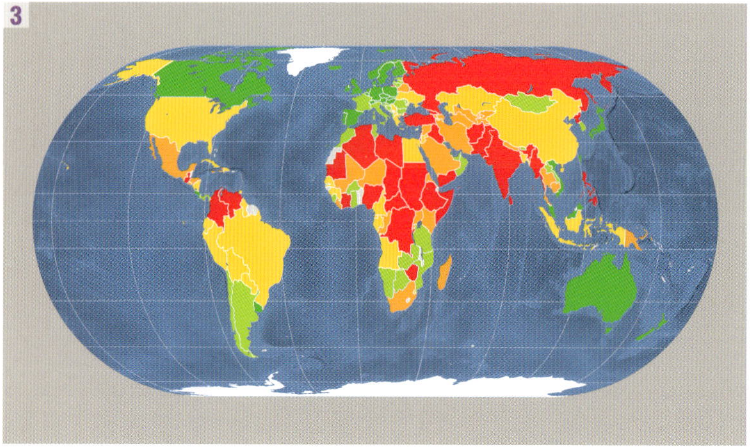

LE GLOBAL PEACE INDEX 2011 – ÉTAT DE LA PAIX, en 2010

TRÈS ÉLEVÉ — ÉLEVÉ — MOYEN — BAS — TRÈS BAS — DONNÉE NON DISPONIBLE

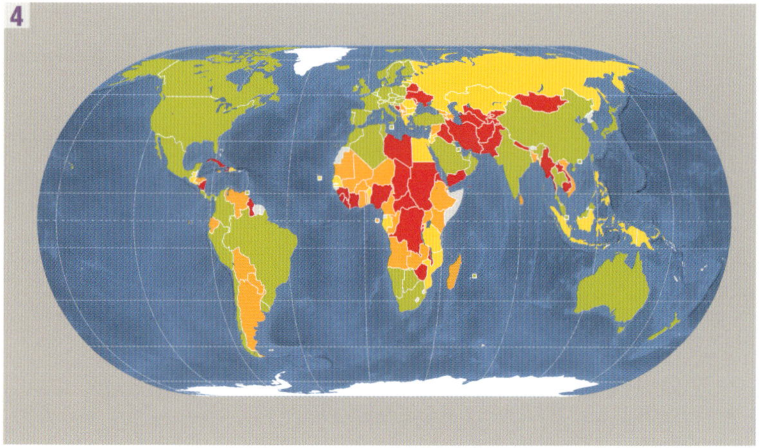

LA NOTATION DU RISQUE-PAYS SELON COFACE, en avril 2011 – PROBABILITÉ DE DÉFAUT DES ENTREPRISES

A, TRÈS FAIBLE - ACCEPTABLE — B, ASSEZ ÉLEVÉE — C, ÉLEVÉE — D, TRÈS ÉLEVÉE

Le droit international, à travers les conventions de Genève de 1949 et leurs protocoles additionnels, reconnaît deux types de conflits armés : les conflits armés internationaux opposant des États parties aux conventions et les conflits armés non internationaux. Cette distinction ne rend pourtant pas compte de la diversité des conflits et des formes de violence dans le monde, comme le suggèrent les travaux de divers centres d'analyse.

LES BAROMÈTRES DES CONFLITS

1 LES CONFLITS ARMÉS MAJEURS DANS LE MONDE SELON LE SIPRI

Le Stockholm international peace research institute (SIPRI) est un centre de recherche sur la paix basé en Suède. Ses travaux dénombrent 15 conflits armés majeurs en cours identifiés en 2010. Alors que l'Afghanistan ou le Soudan sont le théâtre de guerres, on observe que les États-Unis sont également considérés comme un territoire en guerre. Le SIPRI estime en effet que, même si le sol national n'accueille pas d'affrontement, les armées des États-Unis sont engagées dans des conflits en Afghanistan, au Pakistan et en Irak. Par ailleurs, le centre de recherche suédois mobilise un critère quantitatif pour établir sa liste, en ne mentionnant que les conflits comptant « au moins 1 000 victimes enregistrées en une année depuis le début des hostilités ». Il suffirait donc d'abaisser ce seuil pour voir le nombre de conflits augmenter mécaniquement sur la carte. En outre, en mesurant la réalité des conflits *via* le seul critère du nombre de victimes, cette carte situe un État en conflit, sans pour autant nous renseigner sur la localisation spécifique des zones de conflit ni même sur la nature civile ou militaire des victimes.

2 LES CONFLITS SELON LE HEIDELBERGER INSTITUT FÜR INTERNATIONALE KONFLIKTFORSCHUNG (HIIK)

Le Heidelberg institut donne une définition plus large des conflits. Est considéré comme un conflit un « affrontement d'intérêts, d'une certaine durée et ampleur, entre États, mais aussi entre groupes organisés, déterminés à atteindre leurs buts respectifs ». Les motifs de ces tensions peuvent être le territoire, la sécession, l'idéologie ou les ressources. Dans cette définition, un conflit peut-être politique sans être accompagné de violence physique – à l'image des tensions entre les partis flamand et wallon en Belgique, considérées comme un exemple de conflit politique dit « de niveau 1 », le plus bas sur une échelle de 5 dans la typologie proposée. Le conflit de souveraineté constant opposant le Japon à la Chine à propos des Îles Senkaku est considéré comme relevant du niveau 2. Du fait du mouvement indépendantiste corse et de la violence de la crise des banlieues en 2005, la France est placée au niveau 3, en état de crise. Le niveau 4 est atteint dans le cas du Darfour, dans l'Ouest du Soudan, et le niveau 5, le plus élevé, est attribué à l'état de guerre au Pakistan contre les talibans. On constate ainsi que, selon les critères retenus, les cartes de la guerre et de la paix prennent des formes bien différentes.

3 L'ÉTAT DE LA PAIX DANS LE MONDE SELON LE GLOBAL PEACE INDEX

Si l'on se réfère au dictionnaire Le Petit Robert, la paix serait la « situation d'un État ou d'une nation qui n'est pas en guerre ». Ce n'est pas l'avis du Global Peace Index 2011 (qui mesure l'état de la paix pour l'année 2010 et qui ne tient donc pas compte des révolutions arabes), qui évalue à partir de 23 indicateurs qualitatifs et quantitatifs l'état de paix dans un pays donné. Parmi ces indicateurs, on trouve le type de relations avec les États voisins, le pourcentage de réfugiés ou de déplacés, le taux d'homicide, le budget consacré aux affaires militaires, le nombre de fois où le pays étudié a été en guerre, etc. Parmi les États considérés comme pacifiques, on trouve entre autres la Nouvelle-Zélande, le Danemark, l'Islande ou le Canada ; en revanche, on ne trouve aucun État totalement pacifique en Afrique, qui concentre, avec l'Asie du Sud et le Moyen-Orient, la majeure partie des États évalués comme les moins pacifiques (Somalie, Soudan, Afghanistan, Irak, Israël, etc.). Le rapport du Global Peace Index précise aussi que le monde devient moins « pacifique » lors d'une hausse des prix des denrées alimentaires et du carburant, ou encore d'une crise financière. Ces critères semblent loin de la vision classique du « conflit » mais ils s'avèrent, cependant, plutôt justes et adaptés si l'on considère que les domaines financier, économique et social sont liés et peuvent fabriquer de la vulnérabilité et donc affecter la stabilité nationale.

4 LES RISQUES-PAYS SELON COFACE

Toutes les formes de vulnérabilité d'un État ont des répercussions économiques. En effet, un État en paix est un État dans lequel on peut investir. En la matière, la mesure de cet état de paix renvoie à ce que l'on appelle le risque-pays qui est évalué notamment par des agences de notation, comme Standard & Poor's, Fitch ou Moody's pour les plus connues, qui mettent ces données à la disposition des investisseurs. C'est également la fonction de Coface, une compagnie d'assurances française spécialisée, qui élabore tous les trimestres des évaluations macroéconomiques, financières et socio-politiques des États de la planète à partir de données collectées par les missions économiques des quelque 160 ambassades de France dans le monde. Dans ces notes entrent en compte la qualité et la transparence

5

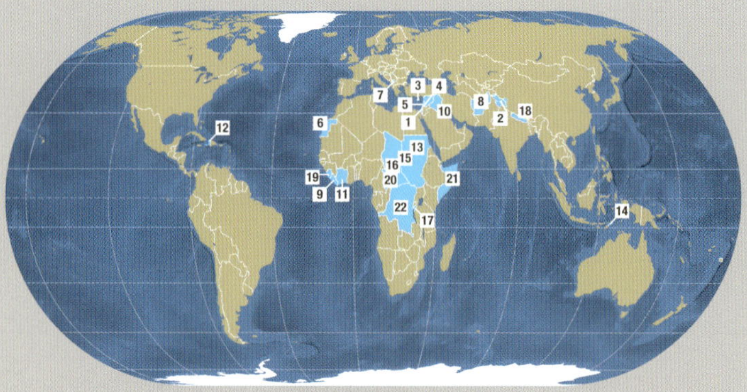

MISSIONS DE MAINTIEN DE LA PAIX DES NATIONS UNIES, en cours en février 2010
NOM DE LA MISSION, DATE DE SA MISE EN PLACE

1 - Organisme des Nations unies chargé de la surveillance de la trêve à Jérusalem (ONUST), 1948
2 - Groupe d'observateurs militaires des Nations unies dans l'Inde et le Pakistan (UNMOGIP), 1949
3 - Force des Nations unies chargée du maintien de la paix à Chypre (UNFICYP), 1964
4 - Force des Nations unies chargée d'observer le désengagement du Golan (FNUOD), 1974
5 - Force intérimaire des Nations unies au Liban (FINUL), 1978
6 - Mission des Nations unies pour l'organisation d'un référendum au Sahara occidental (MINURSO), 1991
7 - Mission d'administration intérimaire des Nations unies au Kosovo (MINUK), 1999
8 - Mission d'assistance des Nations unies en Afghanistan (MANUA), 2002
9 - Mission des Nations unies au Liberia (MINUL), 2003
10 - Mission d'assistance des Nations unies pour l'Irak (MANUI), 2003
11 - Opération des Nations unies en Côte d'Ivoire (ONUCI), 2004
12 - Mission des Nations unies pour la stabilisation en Haïti (MINUSTAH), 2004
13 - Mission des Nations unies au Soudan (MINUS), 2005
14 - Mission intégrée des Nations unies au Timor-Leste (MINUT), 2006
15 - Opération hybride Union africaine-Nations unies au Darfour (MINUAD), 2007
16 - Mission des Nations unies en République centrafricaine et au Tchad (MINURCAT), 2007
17 - Opération des Nations unies au Burundi (ONUB), 2007
18 - Mission des Nations unies au Népal (MINUNEP), 2007
19 - Bureau intégré des Nations unies pour la consolidation de la paix en Sierra Leone (BINUCSIL), 2008
20 - Bureau intégré des Nations unies en République centrafricaine (BINUCA), 2009
21 - Bureau politique des Nations unies pour la Somalie (UNPOS), 2009
22 - Mission de l'Organisation des Nations unies pour la stabilisation en République démocratique du Congo (MONUSCO), 2010

des informations financières du pays, l'environnement institutionnel, la vulnérabilité financière de l'État, le surendettement extérieur ou encore la fragilité du secteur bancaire.

Dans le classement élaboré par Coface, « A » représente une « situation économique et politique qui influe favorablement sur le paiement des entreprises » et « D », la plus mauvaise note, correspond à un « environnement économique et politique qui présente des risques élevés, avec un environnement d'affaires qui peut être difficile ». Ce type d'évaluation, que les Anglo-Saxons nomment *rating*, rejoint les préoccupations des investisseurs qui ont besoin de connaître l'état de stabilité des pays dans lesquels ils évoluent. Il est ainsi important pour eux de savoir, par exemple, si un coup d'État pourrait amener au pouvoir une élite peu disposée à solder les dettes du gouvernement précédent, s'il existe un risque qu'une nationalisation dans les secteurs énergétiques ait lieu sans dédommagement pour les entreprises étrangères ayant investi dans ce secteur, ou encore s'il existe un risque d'insolvabilité des États. C'est précisément parce que la note de la Grèce a été abaissée par les agences de notation, pour cause d'endettement excessif, à la fin de l'année 2009, que la méfiance des investisseurs est apparue, entraînant une crise financière nationale majeure, qualifiée par le Premier ministre grec de « danger pour la souveraineté » de l'État. Dès lors, il convient de s'interroger sur l'origine et les raisons de l'attribution de ces notes. Derrière ces diverses représentations géopolitiques ou financières s'inscrit la compréhension du monde dans lequel nous vivons.

5 LES OPÉRATIONS DE MAINTIEN DE LA PAIX DE L'ONU

L'ONU dispose d'un important appareil cartographique. Parmi les cartes que l'organisation produit, celle qui répertorie les opérations de maintien de la paix menées sous son mandat établit les zones de conflit dans lesquelles des casques bleus sont engagés. Cette carte ne donne pourtant qu'un aperçu partiel de l'état de la guerre et de la paix dans le monde. Elle ne permet pas, en effet, d'évaluer les missions de rétablissement ou de maintien de la paix, et donc de savoir quel est le niveau de violence encore présent dans les pays concernés, mais surtout elle fait l'impasse sur les situations de violence étatique qui n'ont pas fait l'objet d'une intervention des Nations unies, faute d'accord entre les membres permanents du Conseil de sécurité. À titre d'exemple, en mars 2011, le Conseil autorisait une intervention en Libye ; dans le même temps, plus d'un an après le début des révoltes populaires en Syrie et malgré les violences de l'armée syrienne contre les manifestants, le Conseil de sécurité n'avait toujours pas autorisé d'intervention.

LES CONFLITS SANS NOM

Anciens ou récents, guerres civiles ou guerres entre États, conflits gelés ou de basse intensité, guérillas militaires ou urbaines, conflits pour des territoires, des ressources, de la reconnaissance, revendications autonomistes ou nationalistes, ces conflits sans nom forment les violences politiques de ce début de XXIe siècle. Ils constituent des conflits aux contours flous et aux mobiles devenus imprécis avec le temps. À une autre époque, ils ont pu faire l'objet d'attention particulière de la part de la communauté internationale ou des médias. Désormais, seul un événement majeur, un drame, un cessez-le-feu éventuel vient parfois rappeler leur existence. Que ces conflits aient fait l'objet d'une résolution, qu'ils soient en cours ou à peine éteints, leur violence passée demeure présente et continue d'affecter les populations, rendant leur quotidien et leur avenir toujours incertains. En raison de l'oubli qui les accompagne et de leur réapparition sporadique sur l'agenda médiatique ou international, ces conflits semblent interminables, maintenant un état de violence latent et permanent.

Aucun continent n'est épargné par ces conflits. Que l'on pense aux rébellions karen, kachine ou shan en Birmanie ; aux revendications des Indiens Mapuches au Chili ; aux tensions autour du Cachemire, entre l'Inde et le Pakistan, qui durent depuis la partition de 1947 ; aux revendications séparatistes en Casamance, au Sud du Sénégal ; aux querelles autour du Haut-Karabakh entre l'Arménie et l'Azerbaïdjan ; à la Somalie, pays aux mains des seigneurs de la guerre et des milices al-chabab malgré l'existence d'un gouvernement fédéral de transition, en butte à la guerre civile, aux famines, aux déplacements de population et aux interventions extérieures depuis les années 1970. Que l'on songe à l'insurrection communiste qui dure depuis plus de quarante ans aux Philippines, principalement dans les zones rurales ; à la guerre civile et aux rébellions qui sévissent au Tchad depuis 1965 ; au mouvement séparatiste musulman auquel les autorités thaïlandaises sont confrontées depuis 2004, dans le sud du pays. Sans oublier la défaite récente des Tigres de l'Eelam Tamoul au Sri Lanka, la situation au Congo, les revendications du Front Polisario au Sahara occidental, la question kurde en Turquie, etc.

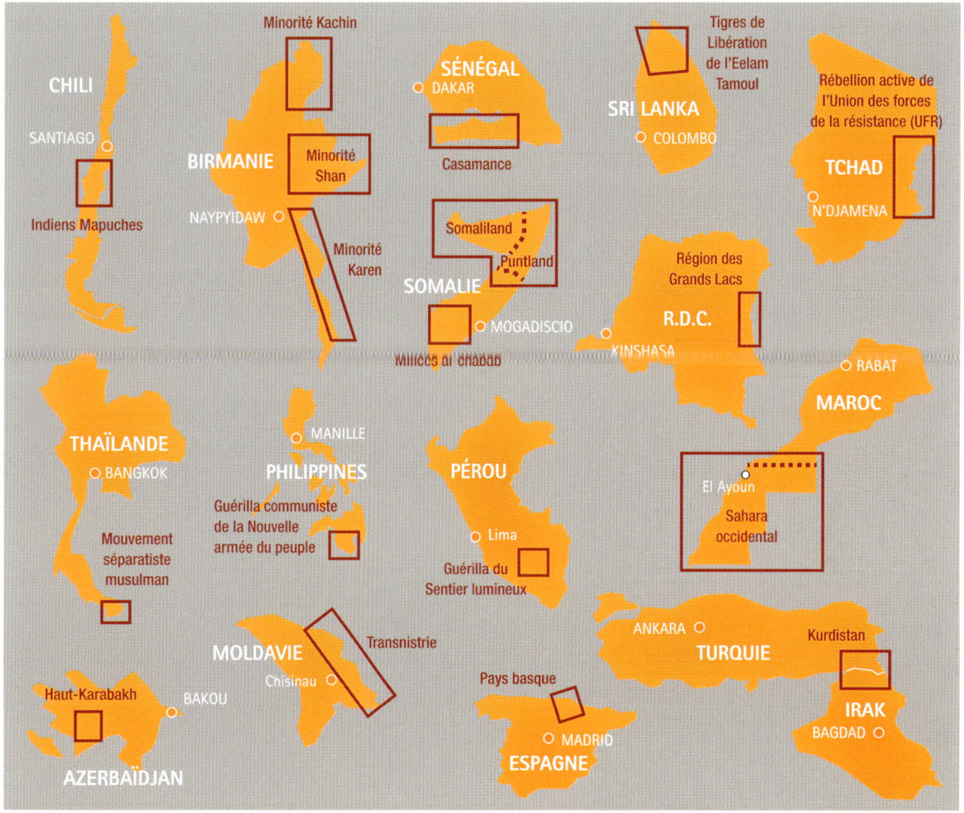

LOCALISATION DES ZONES SOUS TENSION
Pays basque NOM DE LA RÉGION, DE LA MINORITÉ OU DU MOUVEMENT CONCERNÉ PAR CES TENSIONS
CAPITALE

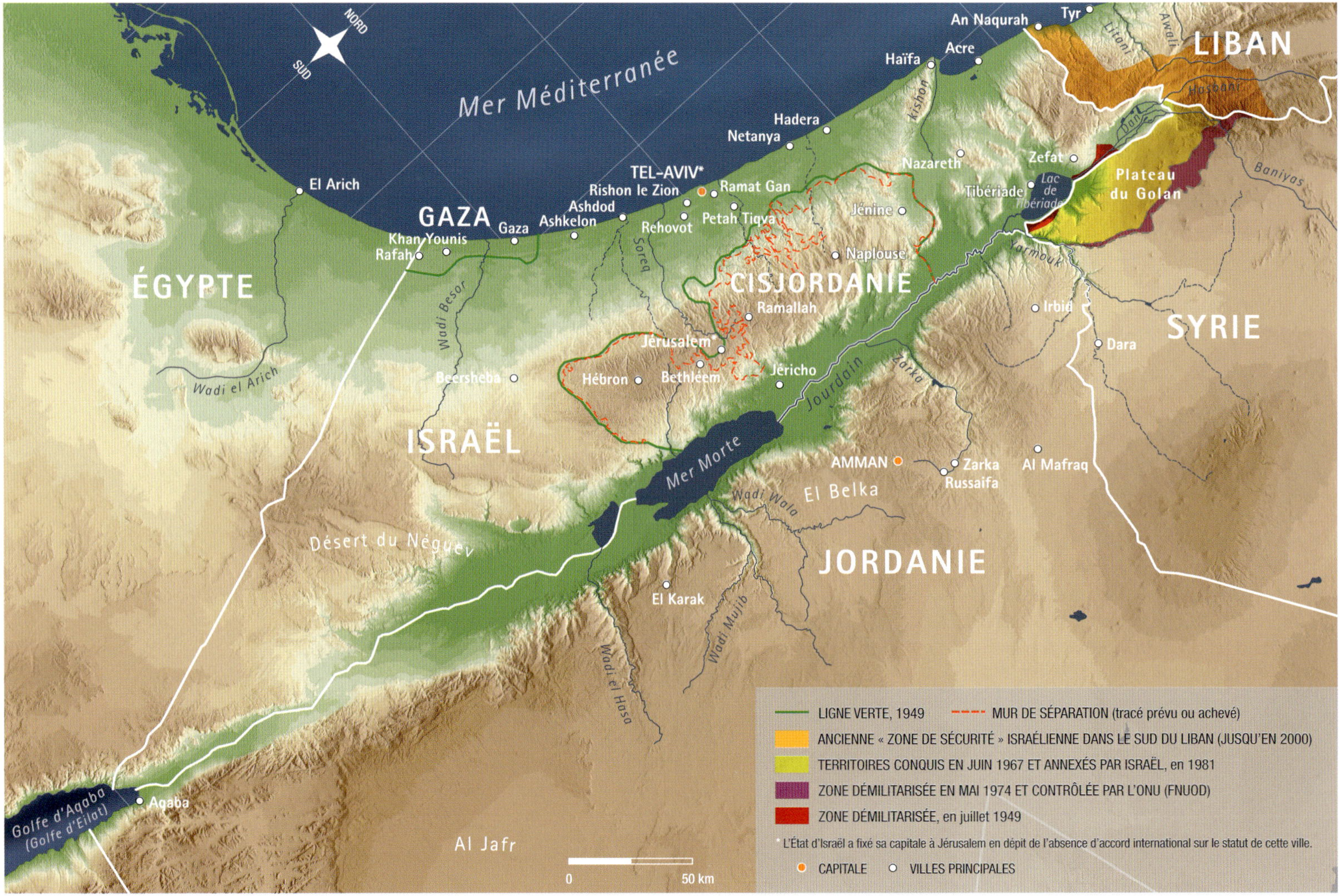

ISRAËL : SUPERFICIE : 22 072 KM² – POPULATION (2010) : 7,4 MILLIONS D'HABITANTS – PIB/HAB. EN PPA (2011) : 30 347 $ – BUDGET MILITAIRE (2009) : 6,4 % DU PIB

TERRITOIRES OCCUPÉS PALESTINIENS : SUPERFICIE : 6 220 KM² – POPULATION : 4 MILLIONS D'HABITANTS – PIB/HAB. EN PPA (2011) : NON DISPONIBLE – BUDGET MILITAIRE (2009) : ABSENCE D'ARMÉE RÉGULIÈRE

Depuis plus de soixante ans, le Proche-Orient vit au rythme du conflit israélo-palestinien. Malgré les nombreuses tentatives de résolution du conflit, rien n'a pu enrayer la mécanique de la violence qui s'est peu à peu installée et dans laquelle attentats et représailles entretiennent le ressentiment et la colère.

ISRAËL-PALESTINE, LE CONFLIT SANS FIN

En 1947, le plan de partage de la Palestine élaboré par l'ONU (résolution 181 de l'Assemblée générale) prévoyait la création d'un État juif, d'un État arabe et d'une zone sous régime international (Jérusalem). Rejeté par les États arabes, le plan échoue et conduit les représentants de la communauté juive dans la région à déclarer unilatéralement la création de l'État d'Israël le 14 mai 1948. Immédiatement attaqué par les armées de Syrie, d'Égypte et de Jordanie, l'État d'Israël remporte une première victoire militaire et étend ses frontières territoriales initiales, incluant désormais la partie Ouest de Jérusalem – les populations palestiniennes rejoignant la partie orientale de la ville. L'accord d'armistice signé en 1949 entre les belligérants est venu figer cet état de fait militaire. Une « ligne verte » délimitant les frontières d'Israël et les zones de présence des populations palestiniennes est établie. Jérusalem-Est et la Cisjordanie (la rive ouest du Jourdain) passent sous contrôle de la Transjordanie (qui devient la Jordanie en 1950), tandis que l'Égypte prend le contrôle de la bande de Gaza. La deuxième guerre israélo-arabe, du 5 au 10 juin 1967, appelée la guerre des Six Jours, va donner à la région sa configuration territoriale et géopolitique actuelle.

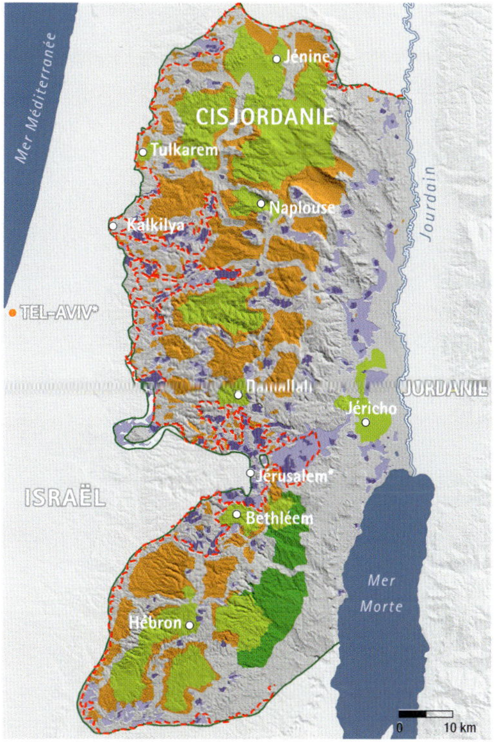

LIGNE VERTE, 1949

MUR DE SÉPARATION (tracé prévu ou achevé)

ORGANISATION TERRITORIALE APRÈS LES ACCORDS D'OSLO II, 1995

- ZONE A (territoires sous contrôle de l'Autorité palestinienne)
- ZONE B (territoires sous contrôle partiel de l'Autorité palestinienne)
- ZONE C (territoires sous contrôle israélien)
- RÉSERVE NATURELLE
- LIMITE DES MUNICIPALITÉS ISRAÉLIENNES, en 2010
- COLONIE ISRAÉLIENNE (limite du bâti), en 2010

* L'État d'Israël a fixé sa capitale à Jérusalem en dépit de l'absence d'accord international sur le statut de cette ville.

◄ LA CISJORDANIE, FRAGMENTS DE TERRITOIRE

Occupée par les Israéliens depuis la guerre des Six Jours en 1967, la Cisjordanie s'étend sur 5 600 km² et accueille environ 2,5 millions de Palestiniens (Jérusalem-Est incluse). Les accords d'Oslo II (septembre 1995) prévoyaient la segmentation de la Cisjordanie en trois zones, préfigurant une plus large autonomie palestinienne. Dans la zone A (3 % du territoire de Cisjordanie), qui accueille la majorité des grandes villes et de la population de Cisjordanie, l'Autorité palestinienne gère le territoire de manière autonome, notamment en matière de sécurité et d'ordre public. Dans la zone B (25 % de la Cisjordanie), l'autonomie palestinienne est partielle, ses compétences se restreignant au domaine civil, la sécurité étant du ressort d'Israël. Enfin, la zone C (72 % de la Cisjordanie) est sous le contrôle exclusif d'Israël et la colonisation s'y poursuit. Depuis 1993, le nombre de colons en Cisjordanie serait passé de 111 000 à 300 000. L'absence de continuité territoriale en Cisjordanie rend *de facto* incertaine la perspective de création d'un État palestinien viable.

1967

Craignant une attaque de la part de ses voisins, Israël lance une attaque préventive contre l'Égypte, puis une contre-offensive contre la Jordanie. La guerre des Six Jours se termine par une victoire israélienne et contribue à placer l'ensemble des territoires palestiniens de 1947 sous contrôle israélien : l'armée israélienne soustrait la Cisjordanie et Jérusalem-Est à la Jordanie, la bande de Gaza et le Sinaï à l'Égypte, le plateau du Golan à la Syrie. L'occupation militaire des Territoires palestiniens se double alors d'un processus de colonisation – dénommé « implantations » par les colons israéliens –, qui n'a nullement été interrompu par la brève période des accords d'Oslo de 1993. Les implantations israéliennes viennent fragmenter les Territoires occupés

JÉRUSALEM, VILLE CAPITALE ▶

Après la guerre de 1948, Jérusalem est partagée entre Jérusalem-Ouest sous contrôle israélien et Jérusalem-Est sous autorité arabe. En 1949, Israël décide de faire de Jérusalem sa capitale. Le siège du gouvernement israélien y est transféré mais les ambassades étrangères demeurent à Tel-Aviv. En 1967, l'occupation de Jérusalem-Est par les Israéliens pose les bases du projet de faire de Jérusalem réunifiée la capitale indivisible d'Israël. Cet état de fait n'est pas reconnu au niveau international. Dans la foulée de l'annexion, la superficie de la ville passe de 7 km² à 72 km² et les implantations israéliennes se multiplient afin de modifier le rapport démographique entre populations arabe et juive. En 1983, on comptait 76 000 colons israéliens à Jérusalem-Est, ils sont près de 200 000 en 2009. Côté palestinien, on revendique Jérusalem-Est comme capitale du futur État. Actuellement, l'Autorité palestinienne est basée à Ramallah, en Cisjordanie.

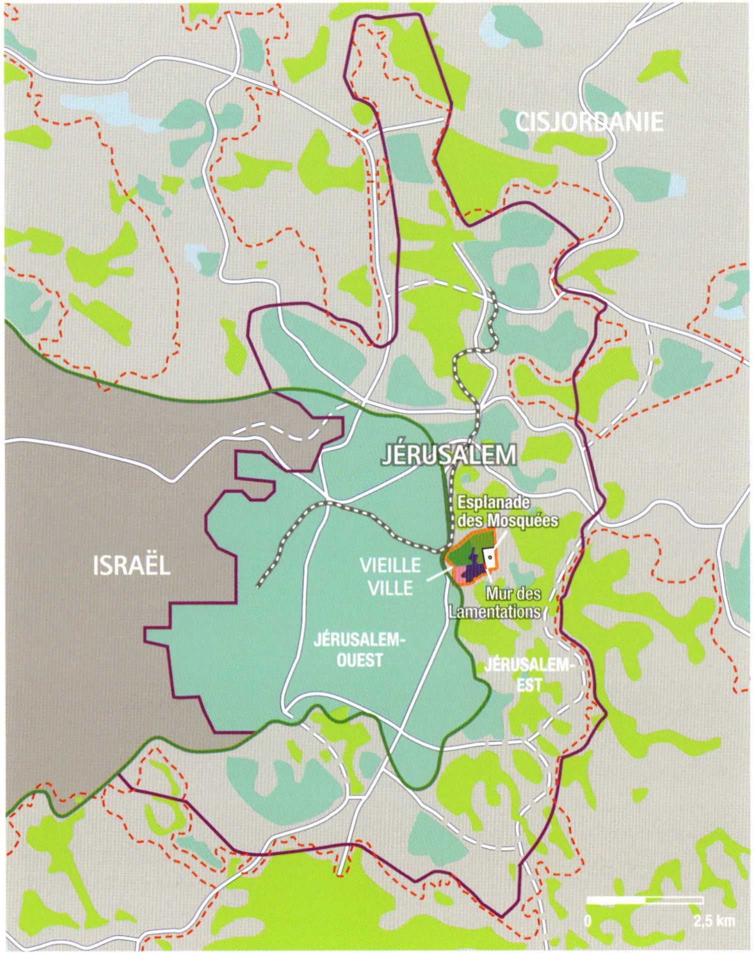

LIMITE DE JÉRUSALEM (fixée par Israël) — MUR D'ENCEINTE DE LA VIEILLE VILLE — LIGNE VERTE

MUR DE SÉPARATION (tracé prévu ou achevé) — LIGNE 1 DU TRAMWAY — PEUPLEMENT PALESTINIEN — PEUPLEMENT ISRAÉLIEN

QUARTIERS DE LA VIEILLE VILLE MUSULMAN — CHRÉTIEN — JUIF — ARMÉNIEN

palestiniens (Cisjordanie et Jérusalem-Est, Israël s'étant désengagé de Gaza en 2005) au point de rendre toujours plus compliquée la création d'un État palestinien politiquement souverain, économiquement viable et fonctionnel sur le plan territorial. À l'heure actuelle, cette situation territoriale alimente le blocage des négociations de paix qui achoppent sur de nombreux points : les conséquences à tirer des réalités démographiques et de terrain induites par la colonisation de la Cisjordanie, le statut de Jérusalem ou encore le choix des frontières du futur État palestinien (celles d'avant juin 1967 ou des frontières modifiées). À ces points de blocage il faudrait aussi ajouter la problématique du droit au retour pour les centaines de milliers de réfugiés palestiniens qui ont dû quitter leur territoire depuis la guerre de 1948.

Les frontières de la paix et de la guerre

La question du contrôle des territoires prend également tout son sens au regard des multiples enjeux hydriques qui se posent dans une région aride ou semi-aride. Si la guerre de 1967 a parfois été présentée comme une guerre de l'eau, une telle assertion doit néanmoins être prise avec prudence en raison de la dimension avant tout stratégique et sécuritaire du conflit. Malgré tout, les gains territoriaux de la guerre de 1967 ont fixé le contexte hydro-politique actuel du pays. Avec l'occupation du territoire syrien du Golan, une partie du lac de Tibériade et certaines sources du Jourdain ont alors basculé sous le contrôle d'Israël. Avant la mise en route de la nouvelle usine de dessalement de Hadera en 2010, 57 % des ressources en eau de l'État israélien provenaient de territoires situés à l'extérieur de ses frontières d'avant 1967. Israël a ainsi réussi à inverser une situation géographique et hydrique défavorable : pays situé en aval de nombreux cours d'eau, Israël est devenu un État en amont. Associées aux enjeux territoriaux et identitaires, les questions hydriques compliquent encore un peu plus les négociations de paix entre les deux parties.

L'EAU, UNE RESSOURCE RARE ▶

Avec 252 m³/hab./an pour Israël et 200 m³/hab./an pour les Territoires occupés palestiniens (Cisjordanie, bande de Gaza et Jérusalem-Est), les disponibilités en eau renouvelable dans la région placent les populations dans une situation de pénurie hydrique permanente. La rareté de la ressource s'accompagne en outre d'un partage inégal. Sur les trois aquifères de la région (environ 700 millions de m³ par an), les prélèvements effectués par les Palestiniens ne représentent que 20 % des ressources, le reste des prélèvements d'eau étant le fait des Israéliens. À l'avenir, l'accroissement de la demande en eau, du fait de la croissance démographique et de l'augmentation potentielle du niveau de vie, ainsi que les pollutions des nappes et leur surexploitation conduiront à une raréfaction accrue des ressources. L'eau pourrait constituer une source de tension supplémentaire, à moins que les deux parties fassent de cet élément vital une source de coopération.

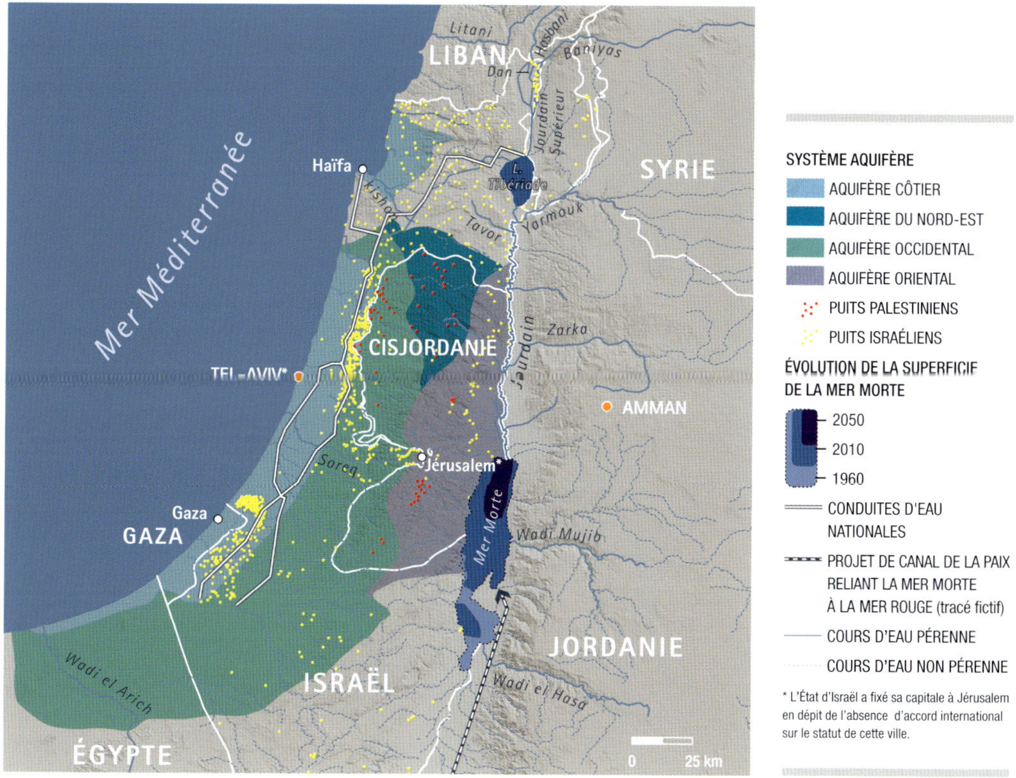

Depuis la fin des années 1940, de nombreuses résolutions des Nations unies ont été adoptées, fixant sans succès un cadre juridique international au règlement du conflit israélo-palestinien : à l'image de la résolution 242 du Conseil de sécurité (22 novembre 1967) qui, après avoir dénoncé la prise de territoire par un fait de guerre, réclame le retrait des forces armées israéliennes des territoires occupés et la reconnaissance de la souveraineté et des frontières de chaque État ; ou encore la résolution 1397 du Conseil de sécurité (13 mars 2002) qui évoque la perspective de voir deux États vivre en paix dans des frontières reconnues et sûres. De même, la liste des négociations de paix, convoquées bien souvent à l'initiative des États-Unis, acteur majeur du conflit et soutien traditionnel d'Israël, est également longue : conférence de Madrid (octobre 1991), accords d'Oslo I et II (septembre 1993 et septembre 1995), rencontres de Camp David (juillet 2000), négociations de Taba (janvier 2001), feuille de route établie par le Quartet pour le Proche-Orient (États-Unis, UE, Russie, ONU, en mai 2003), initiative de Genève (décembre 2003), conférence d'Annapolis (novembre 2007). Elles se sont toutes ou presque révélées infructueuses, en raison notamment de rapports de force inégaux entre les deux belligérants, d'une politique du fait accompli rendant les concessions difficilement acceptables, de jeux politiques internes entretenant de part et d'autre le cercle vicieux de la provocation et de la répression. À cela s'ajoutent les divisions politiques palestiniennes et leur traduction territoriale – la bande de Gaza est dirigée par le mouvement Hamas depuis 2007 et la Cisjordanie par le Fatah –, qui compliquent les négociations de paix et surtout les perspectives de création d'un État palestinien unifié sous une autorité unique.

C'est dans ce contexte de division interne et d'impasse des négociations de paix que le président de l'Autorité palestinienne, Mahmoud Abbas, a décidé, contre la volonté d'Israël et des États-Unis, de présenter à l'ONU le 23 septembre 2011 une demande de reconnaissance de l'État de Palestine dans les frontières d'avant 1967 (Cisjordanie, Gaza, Jérusalem-Est). Sans succès.

AFGHANISTAN - SUPERFICIE : 652 230 KM² - POPULATION : 31 MILLIONS D'HABITANTS - PIB/HAB. EN PPA (2011) : 960 $ - BUDGET MILITAIRE (2009) : 3,3 % DU PIB

PAKISTAN - SUPERFICIE : 796 095 KM² - POPULATION : 173 MILLIONS D'HABITANTS - PIB/HAB. EN PPA (2011) : 2 851 $ - BUDGET MILITAIRE (2009) : 2,6 % DU PIB

L'Afghanistan, pays superbe au peuple raffiné et à l'histoire passionnante, est en guerre depuis trente ans. L'intervention de la Coalition en 2001 a remis dans l'actualité un conflit oublié de l'Occident.

AFGHANISTAN, LA GUERRE DE TRENTE ANS

Depuis 1978, l'Afghanistan connaît un état permanent de violence au cours duquel guerres civiles et guerres contre des forces étrangères se succèdent. Plusieurs phases peuvent être identifiées : entre 1978 et la fin de l'année 1979, une résistance afghane s'organise, de l'intérieur, contre les tentatives de réformes socialistes et surtout contre la brutalité du Parti communiste afghan en place depuis le coup d'État du 27 avril 1978. Dans une deuxième phase, de 1980 à 1989, cette résistance entre en lutte cette fois contre l'armée soviétique qui a envahi le pays en décembre 1979 en soutien au Parti communiste afghan. Entre 1991 et 1996, une nouvelle guerre civile éclate entre factions afghanes. Elle trouve un terme avec l'arrivée au pouvoir à Kaboul des talibans, soutenus par le Pakistan. Ces « Étudiants du livre » instaurent un régime islamique et abritent l'organisation terroriste Al Qaida qui fait du pays sa base arrière pour préparer les attentats contre les États-Unis. Enfin, une quatrième phase s'amorce avec la riposte aux attentats du 11 septembre 2001. Dirigée par les États-Unis, une coalition militaire (Australie, Canada, Grande-Bretagne, France...) intervient dans le pays, l'opération *Enduring Freedom* répondant alors à deux objectifs de guerre : chasser les talibans du pouvoir et traquer les combattants affiliés à Al Qaida.

Des erreurs stratégiques

Dix ans après les premiers bombardements en Afghanistan, quel est le bilan ? Les troupes américaines, soit 90 000 hommes en 2011, auxquelles s'ajoutent les 40 000 hommes

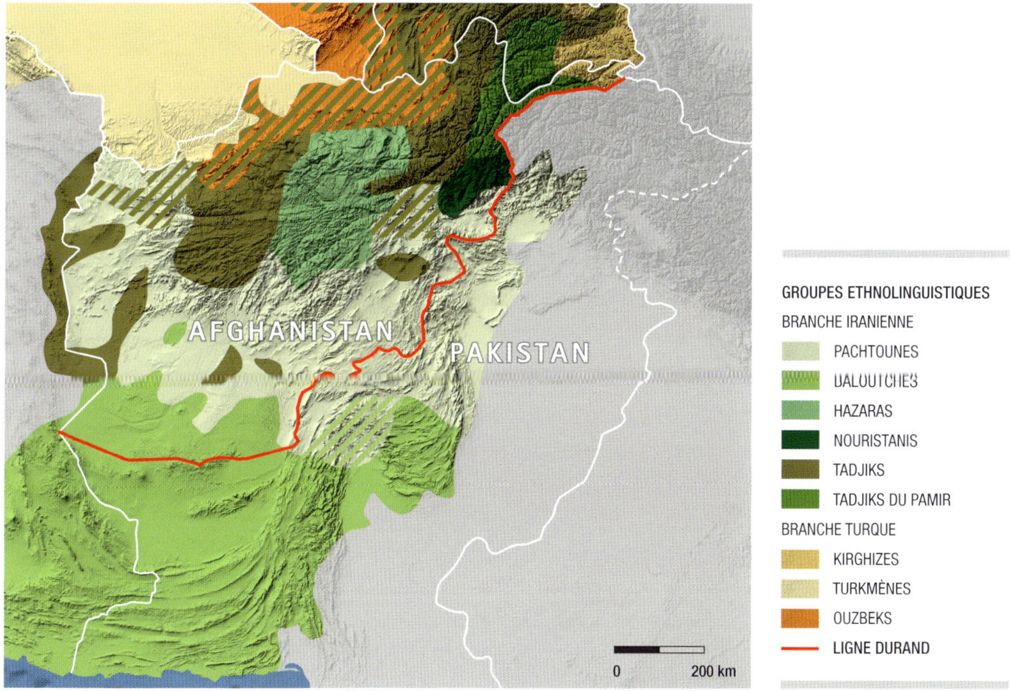

▲ UN ÉTAT MULTIETHNIQUE

L'Afghanistan est un État multiethnique dans lequel une seule de ses composantes, l'ethnie pachtoune, détient depuis toujours le pouvoir. Que ce soit dans la lignée des monarques, puis les chefs du Parti communiste, hier les talibans et aujourd'hui le clan Karzaï, le pouvoir politique ne se partage pas. Ce peuple, nommé *pachtoun* en Afghanistan et *pathan* au Pakistan, vit de part et d'autre de la frontière qui sépare ces deux États. Ces tribus furent séparées par les Britanniques en deux entités étatiques distinctes lors du tracé de la frontière dite « ligne Durand », en 1893.

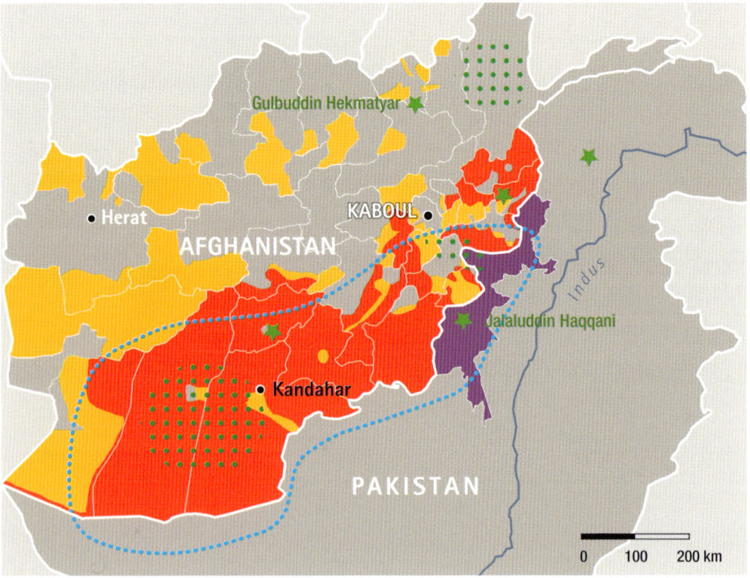

ZONES AFGHANES À RISQUE D'APRÈS LES NATIONS UNIES, en octobre 2010

- HAUT RISQUE
- TRÈS HAUT RISQUE
- PRINCIPALES ZONES DE PRODUCTION DE L'OPIUM
- ZONES À FORTE PRÉSENCE TALIBANE
- ZONES TRIBALES PAKISTANAISES
- FIEF DE CHEF DE GUERRE TALIBAN

GUÉRILLA, PAVOT ET ZONES TRIBALES EN « AFPAK »

Les mouvements insurgés dans le pays se divisent entre les mouvements talibans – formant une nébuleuse de tribus pachtounes –, les mouvements liés à Al Qaida et les mouvements se réclamant des commandements Haqqani ou Hekmatyar, tous deux déjà chefs de guerre du temps de l'occupation soviétique. C'est dans les zones tribales pakistanaises que les principaux dirigeants talibans et d'Al Qaida sont parvenus à reconstituer leurs forces et qu'ils préparent les attaques contre la Coalition. C'est la raison pour laquelle les États-Unis considèrent désormais l'Afpak (Afghanistan-Pakistan) comme une seule zone tactique et stratégique. Alors que l'Afghanistan représente 93 % de la production mondiale d'opium, les zones de production et de transformation se situent principalement dans les zones contrôlées par les talibans, la culture du pavot constituant une source de revenu traditionnelle pour soutenir l'effort militaire de la guérilla. La FIAS a d'ailleurs demandé la destruction des champs dans les zones sous contrôle taliban, ce que le gouvernement afghan a refusé, la culture du pavot étant aussi une source de revenu pour les paysans – il est plus rentable de mettre en culture les terres arables disponibles avec du pavot plutôt qu'avec des céréales.

de la Force internationale d'assistance à la sécurité (FIAS) de l'OTAN, conduisent une guerre anti-insurrectionnelle dont les finalités ont perdu en précision. Renversés dès la fin de l'année 2001, les talibans n'ont pas disparu du pays et leur guérilla remporte régulièrement des succès tant militaires que politiques.

Plusieurs erreurs ont rendu possible cette situation : en premier lieu le fait que la Coalition ait recherché une alliance avec certains groupes ethniques – notamment les Tadjiks – et certains seigneurs de la guerre – notamment Ismael Khan – au détriment des autres. Cette stratégie a contribué à renforcer les chefs de guerre locaux, rendant difficile la consolidation d'un État afghan qui n'a jamais été un État fort et centralisé. Par ailleurs, on ne fait pas en même temps, avec les mêmes hommes et les mêmes uniformes, la guerre et la reconstruction dans un pays. La coalition occidentale et les sociétés militaires privées jouissent d'une image dégradée auprès des populations. Opérations militaires et mauvais ciblages de bombardements ont entraîné des pertes civiles conséquentes : en 2004, on comptait environ 400 civils tués ; en 2010, on en comptait près de 3 000. Or, dans la mémoire des populations, la guerre n'avait plus cours dans le pays du temps des talibans.

Le Pakistan, acteur incontournable et ambigu

Par ailleurs, la coalition militaire occidentale doit composer avec l'énigme pakistanaise. Le gouvernement du Pakistan, acteur central dans la région, conduit une politique double : il affiche officiellement une posture de lutte antiterroriste mais ne parvient pas à contrôler les services de renseignement ou les franges de l'armée qui soutiennent les mouvements islamistes. Élites militaires et civiles pakistanaises ne se défont pas d'une obsession géopolitique qui les conduit, aujourd'hui encore, à penser que l'ennemi véritable du Pakistan est toujours l'Inde, à l'est. D'où la nécessité pour les stratèges pakistanais de vouloir « allonger » la profondeur stratégique du Pakistan vers l'ouest et, pour cela, chercher à mettre sur pied un gouvernement allié à Kaboul. Pour Islamabad, cela passe par « la carte talibane », c'est-à-dire par le maintien sur leur sol des commandements talibans, qui furent souvent formés dans les *madrassa* pakistanaises, dans les années 1980 et 1990.

Militairement, les théâtres afghans et ouest-pakistanais ne peuvent être dissociés. Or ils le sont politiquement : le centre de gravité de la guérilla des talibans est situé dans la Kunar, vallée à l'est de l'Afghanistan, mais surtout dans les zones tribales, situées, elles, au Pakistan. Ces zones se situant au-delà des limites politiques fixées par les acteurs de la FIAS, il est impossible pour les troupes de l'OTAN d'y organiser des opérations militaires susceptibles d'atteindre les commandements talibans.

Vers un compromis ?

Le gouvernement afghan, très corrompu, est étranglé par le manque de trésorerie ; la formation de la police et de l'armée afghane subit de constantes désertions dans ses rangs. Des négociations avec les dirigeants talibans en vue d'une solution politique sont désormais discrètement engagées par les services américains – département d'État ou centrales de renseignement – pour tenter de trouver, d'ici quelques années, une forme de gouvernement d'alliance. C'est une façon de tenter d'isoler les groupes plus radicaux encore, tels celui de Gulbuddin Hekmatyar ou celui de Jalaluddin Haqqani. C'est là un compromis qui pourrait être favorisé par le gouvernement pakistanais qui, de toute évidence, ne veut pas perdre son atout taliban pour avoir du poids face à l'Inde. Les jeux sont donc loin d'être faits car demeure dans l'équation l'immense voisin indien, qui pèse dans la balance par le biais de ses services de renseignement, par ses programmes de coopération en Afghanistan et par la région du Cachemire, au Nord-Est du Pakistan, susceptible de perturber le fragile processus en cours.

Pas plus qu'il n'a accepté la présence des Britanniques au XIXe siècle ou celle des Soviétiques au XXe, le peuple afghan n'aura donc pas été soumis par les Américains, les Canadiens ou les Européens au XXIe siècle. La plus grande organisation militaire du monde, l'OTAN, représentant environ 70 % du budget mondial de la défense, est donc mise en échec par des groupes non étatiques dont l'effectif de combattants atteint à peine 30 000 hommes. Cette guerre en Afghanistan est avant tout une guerre américaine, surtout depuis la fusion des deux commandements (FIAS et *Enduring Freedom*), c'est-à-dire celui de l'OTAN et des États-Unis. Les calendriers de décisions et les stratégies sont dictés davantage par les préoccupations de politique intérieure américaine que par le dialogue avec les coalisés même si les forces venant des États de l'Union européenne représentent le tiers de la force engagée.

Dix ans après les attentats du 11 septembre, il s'agit pour la Coalition de faire en sorte que l'Afghanistan ne soit plus jamais « un havre pour le terrorisme », d'empêcher que le pays ne redevienne l'Émirat islamique d'Afghanistan proclamé en 1997 et de poursuivre la guerre en fonction d'objectifs de sécurité régionale. Cependant, en filigrane se conduit une guerre imposant les valeurs démocratiques de la Coalition. La guerre en Afghanistan va durer plus de trente ans.

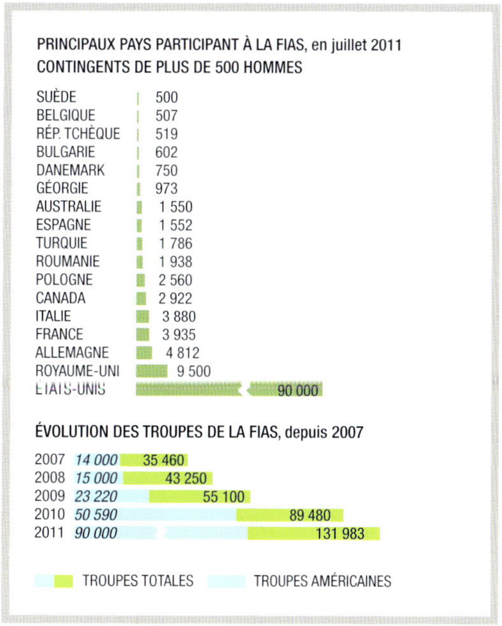

◄ ▼ LA FIAS : UNE COALITION INTERNATIONALE

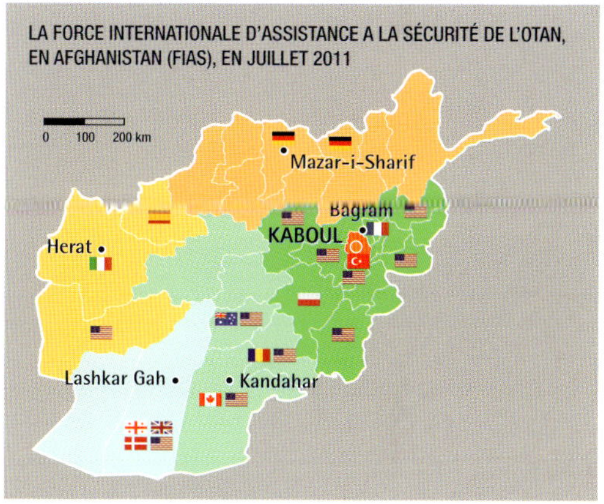

COMMANDEMENT RÉGIONAL EST, DIRIGÉ PAR LES ÉTATS-UNIS
COMMANDEMENT RÉGIONAL SUD, DIRIGÉ PAR LES ÉTATS-UNIS
COMMANDEMENT RÉGIONAL SUD-OUEST, DIRIGÉ PAR LES ÉTATS-UNIS
COMMANDEMENT RÉGIONAL OUEST, DIRIGÉ PAR L'ITALIE
COMMANDEMENT RÉGIONAL NORD, DIRIGÉ PAR L'ALLEMAGNE
COMMANDEMENT RÉGIONAL CAPITALE, DIRIGÉ PAR LA TURQUIE
CAPITALE • SIÈGE DU COMMANDEMENT RÉGIONAL
PRINCIPALES UNITÉS DE LA FIAS, CONTINGENT SUPÉRIEUR À 700 HOMMES

VOIR AUSSI : LE PRINTEMPS DES PEUPLES ARABES, p. 114 – LE SAHEL, NOUVELLE ZONE GRISE, p. 122

LA PRIVATISATION DE LA GUERRE

À la fin de la guerre froide, la diminution du nombre de guerres entre États s'est accompagnée de nouvelles formes de conflictualité. Les guerres conventionnelles ont laissé la place aux conflits asymétriques, dans lesquels des armées régulières sont opposées à des groupes armés non étatiques. Les domaines de la défense et de la sécurité, jusque-là compétences des États souverains, seuls détenteurs du monopole de la violence légitime, attirent désormais de nombreux acteurs privés. Les Sociétés militaires privées (SMP) répondent ainsi aux demandes de sécurité des ONG, des entreprises, mais aussi des États et de l'ONU. Elles sont présentes aujourd'hui dans une cinquantaine de zones de crise et de tension dans le monde.

Si les mercenaires ont toujours existé, le temps des « baroudeurs », des « chiens de guerre » et des « affreux », comme on les surnommait, semble révolu. La diminution des dépenses militaires des États dans les années 1990 ainsi que la baisse des effectifs militaires ont créé les conditions pour que des fonctions et des services jusque-là assurés par des militaires nationaux soient désormais externalisés et réalisés par des personnels privés. C'est à la fin des années 1980 que les SMP vont se multiplier, la société sud-africaine Executive Outcomes, fondée en 1989, étant considérée comme la première d'entre elles. Ses agents sont d'abord intervenus au début des années 1990 en Angola et en Sierra Leone afin de protéger les intérêts pétroliers et miniers d'entreprises multinationales, avant de prendre en charge la sécurité des gouvernements de ces mêmes États. Depuis, on compterait des centaines de sociétés militaires privées, surtout anglo-saxonnes et européennes, assurant des fonctions de plus en plus larges (sécurisation de sites stratégiques, renseignement, entraînement de forces de police, forces de combat, maintien de la paix). Ces nouveaux mercenaires sont souvent d'anciens militaires attirés par des rémunérations bien plus conséquentes.

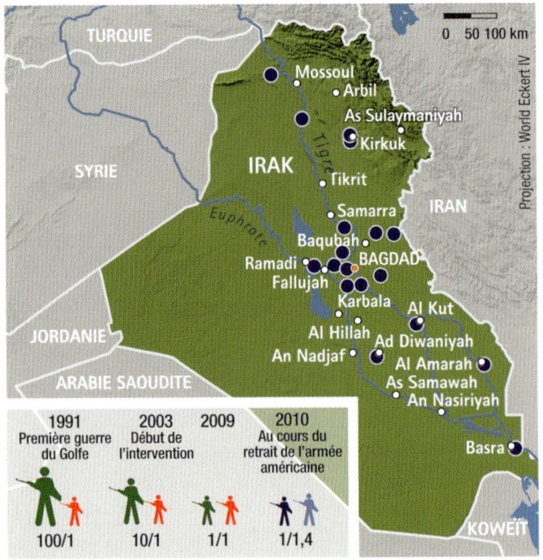

BATAILLONS DE L'ARMÉE AMÉRICAINE en 2010, avant le retrait des troupes de combat

RATIO DES FORCES PRÉSENTES EN IRAK

- SOLDATS DES ARMÉES RÉGULIÈRES
- CONTRACTUELS ENGAGÉS PAR DES SMP
- SOLDATS DE L'ARMÉE AMÉRICAINE
- CONTRACTUELS TRAVAILLANT POUR LE COMPTE DU DÉPARTEMENT DE LA DÉFENSE AMÉRICAINE

Les conflits afghan puis irakien marquent un changement de la part des États-Unis dans le recours aux sociétés de sécurité. En 2005, on estimait le chiffre d'affaires de l'ensemble de ces SMP à près de 100 milliards de dollars ; depuis, ce montant aurait doublé. Fin 2009, en Irak, on comptait 170 000 contractuels privés américains pour 120 000 soldats nationaux américains. Le désengagement total des troupes américaines prévu pour la fin de l'année 2011 pourrait entraîner une augmentation de la présence de ces acteurs de sécurité privés. En Afghanistan, en 2009, le personnel privé embauché par le département de la Défense américain représentait 57 % des forces américaines présentes. Le recours à ces contractuels n'est pas sans risque, comme l'attestent les nombreux incidents survenus en Irak ou en Afghanistan. Par exemple, en 2004, le scandale de la prison d'Abou Ghraïb en Irak avait révélé des traitements dégradants infligés à des prisonniers irakiens avec la participation des personnels des compagnies privées. De même, un rapport du Congrès d'octobre 2007 établissait qu'entre 2005 et 2007, la société Blackwater avait été impliquée dans 195 incidents armés en Irak : dans 85 % des cas les agents de la société Blackwater auraient ouvert le feu en premier. La privatisation de nombreuses fonctions militaires et sécuritaires régaliennes pose aussi de nombreux problèmes juridiques. Les auteurs de la tuerie qui a coûté la vie à 17 civils irakiens en 2007 étaient des agents contractuels de la société Blackwater. Ces agents, traduits en justice aux États-Unis, n'ont pas été condamnés, ce qui confirme le statut juridique flou de ces personnels.

Ni le protocole additionnel aux conventions de Genève de 1977, ni la convention de l'Organisation de l'unité africaine sur l'élimination du mercenariat en Afrique de 1977, ni la convention de l'ONU contre le recrutement, l'utilisation, le financement et l'instruction des mercenaires en 1989, ni le « document de Montreux », signé par 17 États en 2008, ne sont jusqu'à présent parvenus à réglementer ce secteur d'activité.

GÉORGIE-RUSSIE, UN PARFUM DE GUERRE FROIDE

L'instabilité territoriale qui prévaut dans le Caucase depuis l'éclatement de l'URSS n'a cessé d'empoisonner les relations entre la Russie et la Géorgie. Le 8 août 2008, le président de la République géorgienne, Michael Saakashvili, décide de restaurer l'intégrité territoriale de la Géorgie en lançant une offensive militaire contre l'Ossétie du Sud. La réaction du voisin russe est immédiate. L'armée russe pénètre sur le territoire géorgien par l'Abkhazie et l'Ossétie du Sud et écrase les troupes géorgiennes. Au terme de la médiation de l'Union européenne, la Russie accepte de retirer ses troupes du territoire géorgien, tout en demeurant présente sur les territoires désormais sécessionnistes d'Abkhazie et d'Ossétie du Sud, contrevenant ainsi à l'accord de cessez-le-feu signé entre les belligérants. Avec le *statu quo* territorial actuel, figé par la présence de troupes russes en Abkhazie et en Ossétie, la perspective de réintégration de ces territoires à la Géorgie paraît peu probable.

Aux yeux des autorités russes, plusieurs facteurs justifient le maintien de troupes dans les deux entités sécessionnistes. La première est d'ordre politico-militaire et répond à la demande d'adhésion à l'OTAN formulée par la Géorgie en 2006. Moscou, qui inscrit cette candidature dans une stratégie d'encerclement de la Russie par l'OTAN, entend ainsi contrecarrer un tel projet. La deuxième raison est d'ordre énergétique et a trait à la position géographique de la Géorgie. Avec son ouverture maritime sur la mer Noire et sa position entre l'Azerbaïdjan et la Turquie, la Géorgie occupe une position stratégique pour le transit des hydrocarbures de la Caspienne vers l'Europe – à l'image des oléoducs Bakou-Tbilissi-Soupsa ou Bakou-Tbilissi-Ceyhan. La Russie entend donc contrer toute nouvelle infrastructure énergétique ne passant pas par son territoire et maintenir ainsi sous sa dépendance en hydrocarbures les États européens et ceux de la région souhaitant éviter le territoire russe pour exporter leurs ressources, à l'image de l'Azerbaïdjan.

FÉD. DE RUSSIE ET SES RÉP. AUTONOMES
TERR. OCCUPÉS PAR LA RUSSIE
GÉORGIE ET SES RÉP. OU RÉGIONS AUTONOMES
AZERBAÏDJAN ET SA RÉP. AUTONOME
ARMÉNIE ET TERR. OCCUPÉS PAR L'ARMÉE ARMÉNIENNE
HAUT-KARABAKH, RÉP. AUTO-PROCLAMÉE (anciennement région autonome d'Azerbaïdjan)
CAPITALE
CONFLIT NON RÉSOLU, TENSIONS, GUÉRILLA

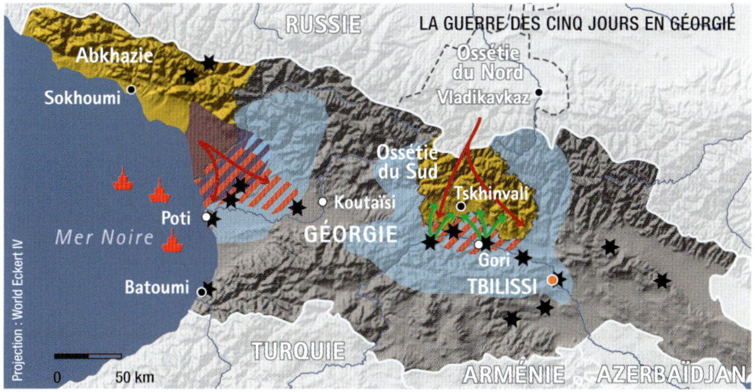

RÉGIONS SÉPARATISTES
OFFENSIVES GÉORGIENNES DANS LA NUIT, du 7 au 8 août 2008
OFFENSIVES RUSSES, le 8 août 2008
ZONE OCCUPÉE PAR LA RUSSIE AU COURS DU CONFLIT
BOMBARDEMENTS RUSSES
MARINE RUSSE
PRÉSENCE DES MISSIONS DE L'UNION EUROPÉENNE ET DE L'OSCE, en 2008 et 2009
PRÉSENCE DE LA MISSION D'OBSERVATION DES NATIONS UNIES EN GÉORGIE (MONUG)

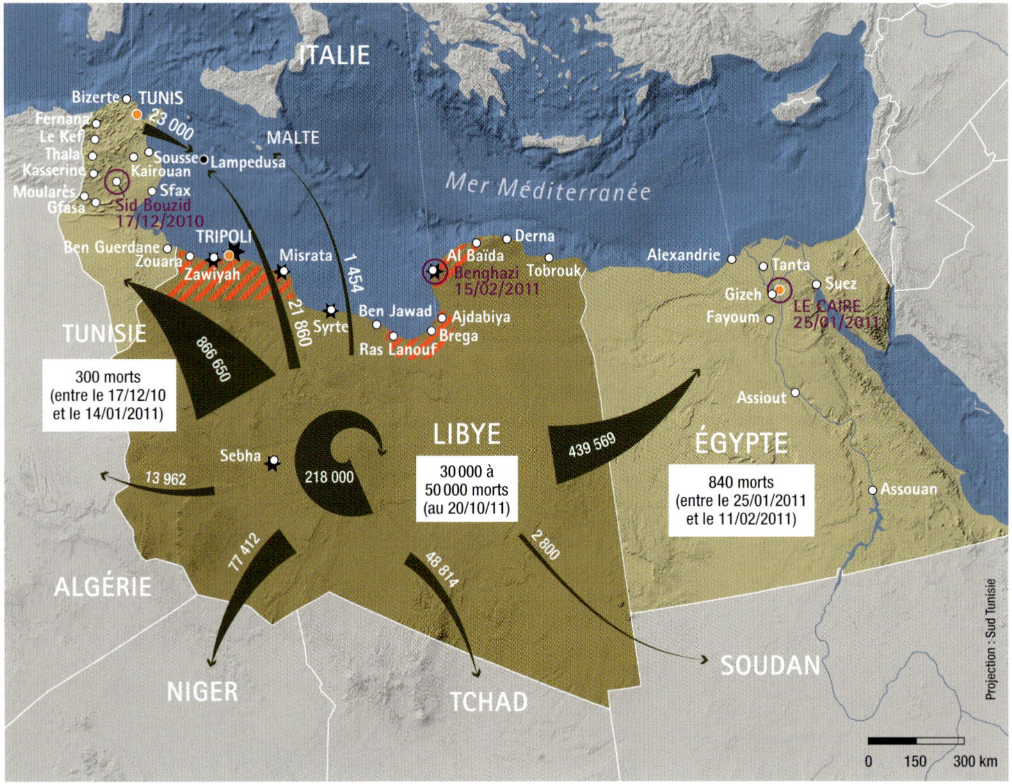

SOULÈVEMENT POPULAIRE AYANT CONDUIT AU DÉPART DU POUVOIR EN PLACE, en 2011

GUERRE CIVILE AYANT ENTRAÎNÉ UNE INTERVENTION MILITAIRE EXTERNE

LIEU DE DÉCLENCHEMENT DU MOUVEMENT DE CONTESTATION, DATE

PRINCIPALES MANIFESTATIONS ET SOULÈVEMENTS

CAPITALE

PRINCIPAUX BOMBARDEMENTS DE LA COALITION INTERNATIONALE (opération « aube de l'Odyssée »)

PRINCIPALES ZONES DE VIOLENCE ET D'AFFRONTEMENTS ENTRE LES FORCES GOUVERNEMENTALES LIBYENNES ET LES FORCES REBELLES

PRINCIPAUX MOUVEMENTS DE POPULATION (nombre de personnes ayant fui le pays, jusqu'en août 2011)

840 VICTIMES OFFICIELLES ESTIMÉES (d'après les Nations unies, les organisations de droits de l'homme ou les gouvernements de transition)

Partie de Tunisie en décembre 2010, la contestation sociale s'est transformée en révoltes politiques dans de nombreux pays du monde arabe, au point que certains les comparent déjà aux révolutions de 1848 ou de 1989 en Europe. Alors que les situations se révèlent différentes d'un pays à l'autre, quelles sont les raisons qui expliquent un tel embrasement de la région ?

LE PRINTEMPS DES PEUPLES ARABES

DE LA RÉVOLTE POPULAIRE À LA GUERRE

On a fait de l'immolation d'un jeune tunisien, le 17 décembre 2010, l'acte inaugural de la révolte tunisienne et du printemps arabe. Le 25 janvier 2011, l'Égypte devient le deuxième pays touché par ces mobilisations, tandis que le déclenchement véritable de la contestation en Libye est intervenu le 15 février 2011, à Benghazi, deuxième ville du pays. La Tunisie et l'Égypte ont su éviter le déchaînement de la violence – et ce, en partie, grâce à l'attitude de l'armée qui a rapidement lâché le pouvoir en place. Dans ces deux pays, les révoltes populaires ont conduit au départ des présidents Ben Ali (le 14 janvier) et Moubarak (le 11 février). En revanche, en Libye, la répression des mobilisations de Benghazi a très vite conduit à des affrontements armés entre l'armée gouvernementale et les « insurgés ». La guerre civile a pris une tournure internationale lorsque le Conseil de sécurité des Nations unies a adopté le 17 mars 2011 la résolution 1973, autorisant une intervention militaire au nom du principe de la « responsabilité de protéger ». Une coalition militaire emmenée par la France et le Royaume-Uni a lancé ses premiers raids aériens à partir du 19 mars, avant que les opérations ne passent sous le commandement militaire de l'OTAN. Cinq mois plus tard, le régime libyen de Mouammar Kadhafi tombait à son tour. En Syrie, en revanche, la répression se poursuivait en 2012.

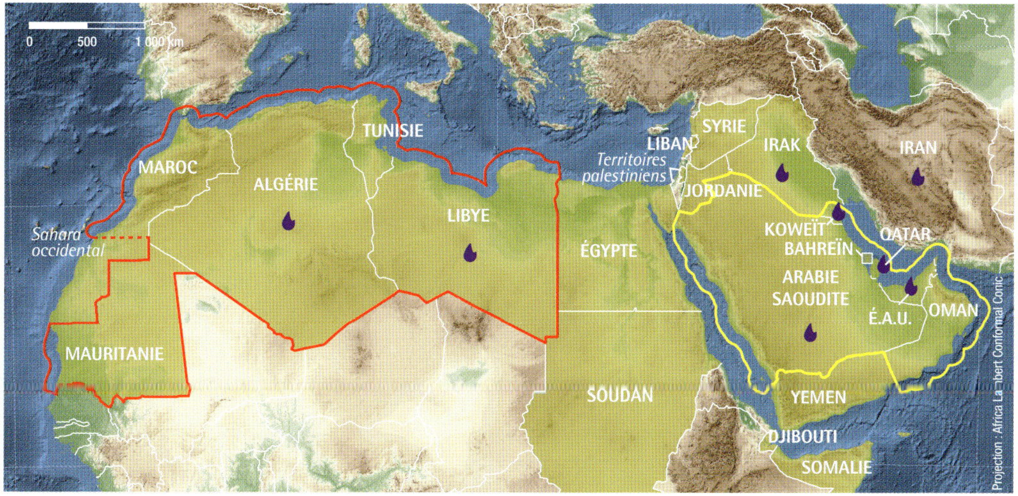

PAYS MEMBRES DE LA LIGUE DES ÉTATS ARABES*

PAYS MEMBRE DE L'UNION DU MAGHREB ARABE (UMA)

PAYS MEMBRE DU CONSEIL DE COOPÉRATION DU GOLFE

PAYS MEMBRE DE L'ORGANISATION DES PAYS EXPORTATEURS DE PÉTROLE (OPEP)

*Hors du cadre, l'archipel des Comores est membre de la Ligue des États arabes

Définir le monde arabe n'est pas chose aisée. Un premier élément de réponse peut prendre la forme d'une définition politique et institutionnelle. Sont considérés comme arabes les États qui se définissent eux-mêmes comme tels et qui composent la Ligue des États arabes. Créée en 1945 par l'Égypte, l'Irak, le Liban, l'Arabie saoudite, la Syrie, la Jordanie et le Yémen du Nord, cette organisation régionale rassemble aujourd'hui 22 membres, dont les Territoires palestiniens. Cette organisation visait à affirmer l'unité des peuples arabes tant sur le plan économique que politique. Or cette unité politique a été sapée à plusieurs reprises : par l'opposition entre les États socialistes proches de l'URSS (Libye, Syrie) et les États proches des États-Unis (Arabie saoudite, Émirats arabes unis) lors de la guerre froide ; par l'exclusion de l'Égypte pendant dix ans, après sa reconnaissance de l'État d'Israël au moment de la signature des accords de Camp David en 1978 ; ou encore par l'invasion du Koweït par l'Irak en 1990.

▲ UN ESPACE HÉTÉROGÈNE

D'un point de vue géographique, le monde arabe se divise en plusieurs ensembles : le grand Maghreb (qui signifie en arabe le « couchant », l'« occident »), en opposition au Machrek (le « levant »), et enfin la péninsule arabique. Cet espace s'étire d'est en ouest sur plus de 8 000 km, avec de nombreuses analogies climatiques entraînant une grande aridité des sols. L'inégale répartition des ressources en hydrocarbures en fait un ensemble réunissant des États aux structures économiques différentes, oscillant entre des économies de rente (Libye, Arabie saoudite) et des pays ayant mis l'accent, par exemple, sur le tourisme (Tunisie). Enfin, tous ces États appartiennent, conjointement ou non, à une multitude d'organisations régionales, dessinant au final un ensemble moins homogène qu'il n'y paraît.

L'introuvable unité du monde arabe

Si cette union politique est artificielle, l'unité géographique d'un espace allant de la Mauritanie, à l'ouest, à l'Irak, à l'est, demeure elle aussi incertaine. Plusieurs États membres de la Ligue arabe se trouvent à la périphérie de cette zone. C'est le cas du Soudan, dont la partie méridionale appartient à l'Afrique subsaharienne, de Djibouti et de la Somalie situés sur la corne de l'Afrique, ou encore des Comores dans l'océan Indien. En l'absence d'unité politique ou géographique, l'unité du monde arabe, si elle existe, se trouverait-elle dans l'usage de la langue arabe ? Si l'on prend les États dont l'arabe est langue officielle, ce critère linguistique imposerait alors d'ajouter le Tchad, l'Érythrée et Israël comme composantes du monde arabe. De plus, au sein de ces États vivent des peuples qui ne se définissent pas comme arabes – c'est le cas des Berbères au Maghreb ou des Kurdes en Irak ou en Syrie. En outre, l'arabe qui est parlé à Rabat n'est pas le même que celui du Caire, lui-même différent de celui parlé à Aden. Face à ces langues vernaculaires (dialectales), l'arabe classique pourrait faire figure de socle commun à tous ces États en tant que langue véhiculaire. Associé à la religion musulmane et à la culture de

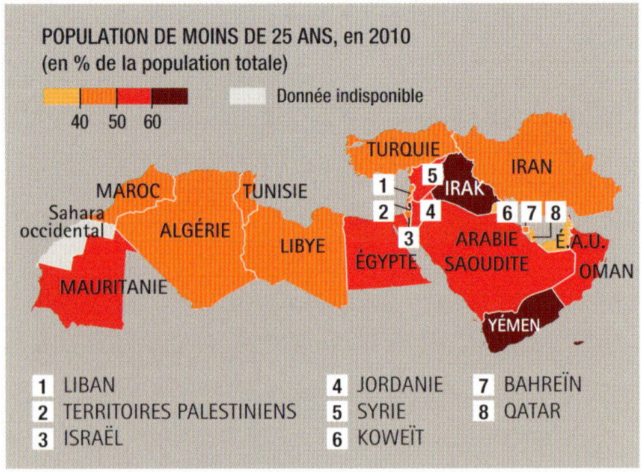

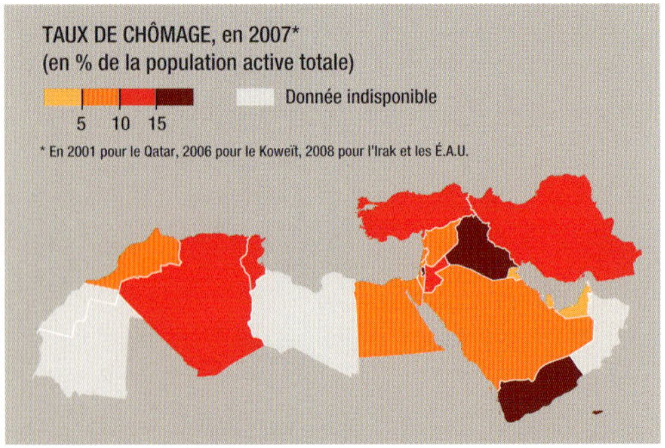

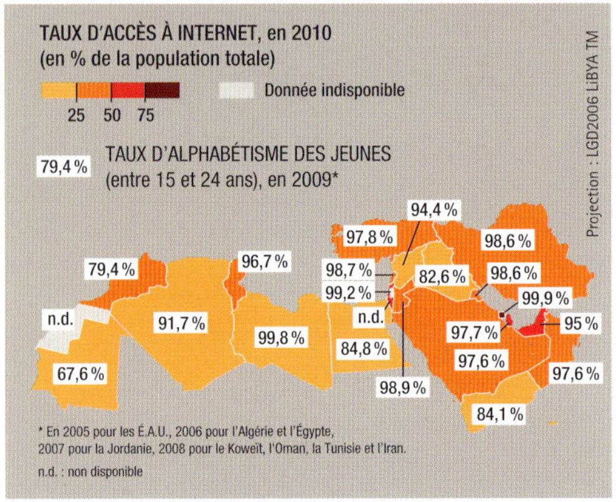

l'écrit à travers le Coran, utilisé dans les secteurs culturel, scientifique et administratif, l'arabe classique est désormais maîtrisé par un nombre croissant de personnes.

Quant à la religion, dernier critère mobilisable pour tenter de cerner l'unité du monde arabe, peut-elle être considérée comme le véritable facteur structurant du monde arabe ? Le lien entre islam et monde arabe est étroit – c'est dans le centre de la péninsule arabique que la religion a été révélée au prophète Mahomet au VIIe siècle de notre ère. Néanmoins, non seulement les États membres de la Ligue arabe ne réunissent qu'environ 20 % de la totalité des musulmans dans le monde, mais ces États comptent également des populations chrétiennes. De plus, le monde musulman est lui-même pluriel, divisé en deux courants (sunnisme et chiisme) à l'intérieur desquels s'expriment de nombreuses écoles.

Jeunesse, éducation, chômage, le cocktail révolutionnaire ?

Au regard des facteurs politique, géographique, linguistique et religieux, l'unité du monde arabe se révèle des plus aléatoire. Pourtant, contre toute attente, les soulèvements populaires qui ont bouleversé le bassin méditerranéen et la péninsule arabique au cours de l'année 2011 ont conféré à cet espace un semblant d'unité. Elle s'est exprimée dans la révolte et dans la remise en cause d'un ordre politique établi. Certes, le mot de révolution n'est pas adapté à toutes les situations : la Tunisie, l'Égypte et, avec des résultats différents, le Maroc et la Jordanie ont connu des trajectoires divergentes de celles de la Libye, de la Syrie, du Yémen ou du Bahreïn, où les contestations réprimées par les autorités se sont souvent transformées en guerres civiles, les chefs d'États ayant préféré tirer sur les manifestants plutôt que de quitter le pouvoir. Néanmoins, plusieurs éléments communs à ces pays ont rendu possible une explosion sociale et politique de cette ampleur. Parmi eux, le fonctionnement des régimes politiques occupe une place importante. S'ils ne sont pas tous identiques, on retrouve pourtant des pratiques communes : absence de multipartisme réel, verrouillage de l'opposition lorsqu'elle existe, contrôle de l'économie par des clans restreints proches du pouvoir ou encore maintien au pouvoir des dirigeants durant de longues années – ainsi, en Libye, Mouammar Kadhafi est arrivé au pouvoir en 1969, la famille Assad en 1970 en Syrie, Ali Abdallah Saleh en 1978 au Yémen, Hosni Moubarak en 1981 en Égypte et Zine el-Abidine Ben Ali en 1987 en Tunisie. Outre le népotisme et la pratique du clientélisme, tous ces chefs d'État, pour rester au pouvoir, se sont appuyés sur des organes de sécurité omniprésents et sur l'absence de respect des droits et des libertés individuels. Par leur caractère répressif, ces régimes ont ainsi fait régner un climat de peur dans leur pays durant de nombreuses années, annihilant toute velléité de révolte.

Les situations démographiques de ces États ont pour point commun la jeunesse. En Tunisie, 42,5 % de la population a moins de 25 ans, 51 % en Égypte, 57 % en Syrie, 66 % pour le Yémen. Par ailleurs, le taux d'alphabétisation des jeunes âgés de 15 à 24 ans est de 79 % pour le Maroc (le plus faible des pays de la région), et fluctue entre 80 % et 98 % pour le Yémen, l'Égypte, l'Algérie, la Syrie, la Tunisie, l'Oman, l'Arabie saoudite et le Qatar. Il atteint près de 100 % pour la Jordanie, le Koweït, la Libye et le Bahreïn. À un niveau de scolarisation primaire et secondaire élevé s'ajoute également le nombre important de jeunes inscrits dans l'enseignement supérieur et diplômés. Cependant, l'absence de travail, caractérisé notamment par un taux de chômage relativement élevé, est à l'origine d'un profond malaise social et d'une très grande frustration des jeunes diplômés.

À côté de ces facteurs politiques, démographiques et sociaux, les outils de communication modernes ont favorisé la contestation populaire. C'est notamment le cas de la chaîne de télévision qatarie *Al-Jazeera*. Diffusée dans l'ensemble des pays arabes, dans un contexte où les médias

YÉMEN - SUPERFICIE : 527 968 KM² - POPULATION : 24 MILLIONS D'HABITANTS - PIB/HAB. EN PPA (2011) : 2 635 $
BUDGET ÉDUCATION (2008) : 5,2 % DU PIB - BUDGET MILITAIRE (2009) : 6,7 % DU PIB

◄ LE YÉMEN, L'ARABIE RÉVOLTÉE

L'Arabie heureuse, c'est le nom que les Grecs et les Romains donnaient à l'Arabie du Sud, territoire de l'actuel Yémen, qui accueillit entre les VIIIe et VIe siècles avant J.-C. le très prospère royaume de Saba. La configuration territoriale actuelle du pays date de 1990, au moment de la réunification du Yémen du Sud (protectorat britannique jusqu'en 1967) et du Yémen du Nord (marqué par l'influence de l'Empire ottoman). Depuis, le Yémen, l'un des pays les plus pauvres du monde, est demeuré un État fragile, pris entre les insurrections et les revendications séparatistes du Nord et du Sud et le rôle central des clans et des tribus dans la gestion des différentes régions du pays. À l'image des autres États arabes, le Yémen a connu d'importantes mobilisations, hostiles au président Saleh. Les premiers mouvements de contestation ont débuté le 27 janvier 2011, à Sanaa, capitale située à plus de 2 000 m d'altitude, avant de se poursuivre dans de nombreuses villes du pays (Taez, Aden) durant des mois et d'engendrer des affrontements entre partisans du gouvernement et opposants au régime. Il aura fallu attendre février 2012 pour voir le président Saleh quitter le pouvoir.

traditionnels étaient contrôlés et censurés, elle a couvert en continu les événements, servant de relais à l'ensemble des manifestations. Caisse de résonance de ces mouvements, Internet et les réseaux sociaux ont également aidé les citoyens à vaincre leur crainte et à briser leur isolement. Instrument de la mobilisation, plus que déclencheur, Internet aura permis de mettre en partage des attentes et des mots d'ordre, puis d'alimenter la chronique quotidienne des mouvements de contestation.

Plus que le monde virtuel de l'Internet, c'est cependant l'espace réel et territorialisé des lieux publics urbains qui aura accueilli et donné forme à une véritable communauté de citoyens aux origines sociales diverses. Dans les villes, certains lieux ont cristallisé les mécontentements des populations, à l'image de la place Tahrir, au Caire, ou à Sanaa, au Yémen. Ces places de la libération, comme on a pu les appeler, sont devenues de véritables symboles, incarnant une profonde volonté de changement et l'aspiration, pour les citoyens, à un avenir plus ouvert que celui qui s'offrait à eux. Néanmoins, et comme souvent dans ces périodes d'effervescence populaire, les transformations sociales et politiques attendues se produisent rarement aussi vite que souhaitées et prennent souvent des formes différentes de celles imaginées. Si cette séquence historique, qui aura vu naître un printemps en hiver, aura donné un semblant d'unité au monde arabe, l'après-révolution pourrait quant à elle se conjuguer au pluriel pour les différents États concernés.

VOIR AUSSI : LA MÉDITERRANÉE EN ÉBULLITION, p. 50 – INTERNET, UN RÉSEAU SOUS TENSION, p. 206

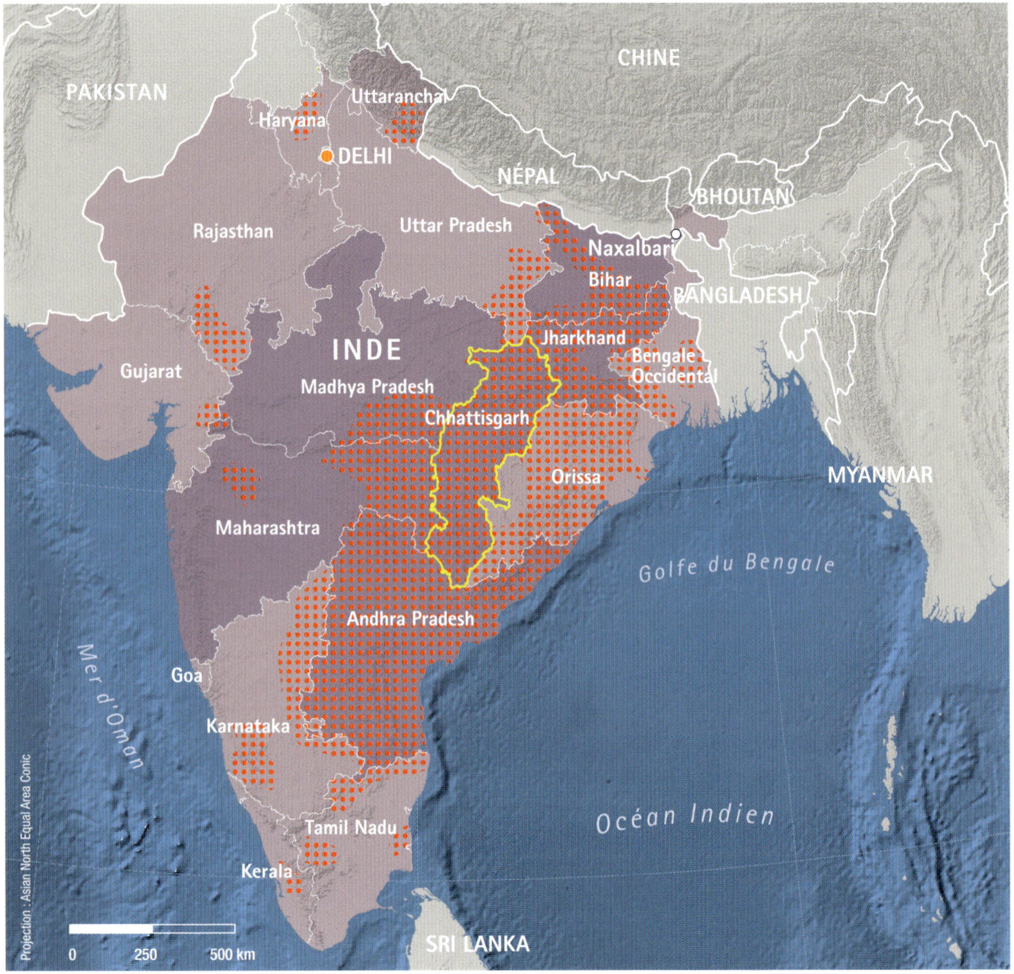

LA DISPERSION NAXALITE

○ VILLAGE D'ORIGINE DU MOUVEMENT NAXALITE
LE « CORRIDOR ROUGE » : RÉGION CONTRÔLÉE PAR LES NAXALITES
ÉTATS INDIENS TOUCHÉS PAR LA GUÉRILLA NAXALITE, au début des années 1990
ÉTATS TOUCHÉS PAR LA GUÉRILLA NAXALITE, en 2010

La guérilla maoïste connue sous le nom de « mouvement naxalite » est de plus en plus présente en Inde. Peu connue du grand public, l'insurrection représente, de l'aveu même des autorités indiennes, l'une des menaces les plus sérieuses pour la sécurité intérieure du pays.

LES NAXALITES, UNE GUÉRILLA INDIENNE

◄ LE CORRIDOR ROUGE

En Inde, le mouvement maoïste est présent sur une bande qui s'étend de la région du Bihar (à la frontière népalaise) jusqu'aux côtes méridionales de l'Inde, au Tamil Nadu et au Kerala, soit sur la moitié orientale du pays. C'est ce que l'on appelle le « corridor rouge », qui s'étend sur 90 000 km^2. Ce mouvement de guérilla se propage année après année et il est désormais devenu un mouvement révolutionnaire d'importance nationale. Selon les données fournies par le ministère indien de l'Intérieur, au début des années 1990, 15 districts au sein de quatre États étaient touchés par la guérilla : le Bihar, le Madhya Pradesh, le Maharashtra et l'Andhra Pradesh. En 2004, 156 districts étaient concernés, soit 10 fois plus ; en avril 2010, 195 districts dans 16 États étaient atteints. Le gouvernement indien estime que 35 % du territoire indien est sous le contrôle des naxalites, ce qui l'a conduit à qualifier ce mouvement de « terroriste ».

Le nom « naxalite » vient de Naxalbari, village indien du Bengale-Occidental, où le mouvement est né. Le mouvement naxalite a été fondé à la toute fin des années 1960 par un homme issu de l'aristocratie foncière du nord du Bengale, Charu Mazumdar, ancien membre du parti communiste indien. Il a favorisé la radicalisation d'un courant interne au Parti, puis développé une stratégie de conquête du pouvoir inspirée par les techniques révolutionnaires appliquées en Chine par Mao Zedong dans les années 1940. L'enjeu d'une telle stratégie consistait à développer une multitude d'insurrections paysannes censées aboutir à la création de « zones libérées ». Avec sa jungle et ses montagnes, la région de Naxalbari, dans le district de Darjeeling, est un terrain adapté aux mouvements de guérilla. La main-d'œuvre issue des communautés tribales (*adivasis*) d'origine agricole entretient une tradition de soulèvement depuis la période coloniale, les tribus étant moins insérées dans le système social hiérarchique que les castes de cultivateurs. Ce phénomène explique une capacité de révolte contre les grands propriétaires plus élevée que chez les autres populations paysannes. Dans ces campagnes reculées, Mazumdar s'est appuyé sur ces tribus exploitées et dépossédées de leur terre pour initier une révolution, pour conduire une tactique d'assassinats de grands propriétaires fonciers et de policiers et, enfin, pour prendre le contrôle de zones restreintes dispersées à travers le pays.

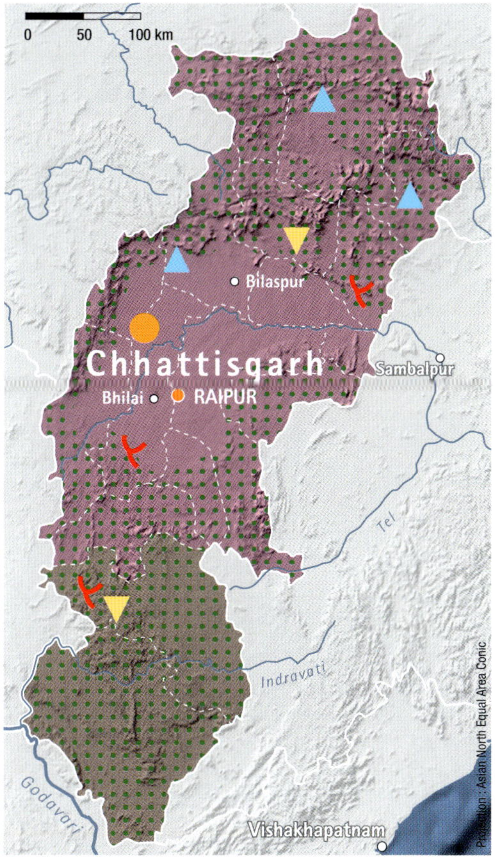

◄ CHHATTISGARH, AU CŒUR DU CORRIDOR ROUGE

Le mouvement naxalite a su établir une brèche dans des zones économiques vitales du pays, à l'image de celle de l'État du Chhattisgarh, tout à la fois situé au cœur du corridor rouge et assurant 30 % de la production nationale d'aluminium, 27 % de la production nationale d'acier, 16 % de la production de minerai de fer et 15 % de la production de ciment. Pour financer leurs actions, les naxalites taxent les entreprises installées dans leurs zones d'influence en prélevant un impôt révolutionnaire qui représente 15 à 20 % des bénéfices de ces entreprises. Certains grands groupes industriels préfèrent verser cet impôt plutôt que de courir le risque de subir des attaques. Au total, selon l'Observer Research Foundation, basée à New Delhi, en 2010, le budget annuel du parti maoïste serait de l'ordre de 44 millions d'euros.

L'extension du territoire de la lutte

La constante progression du mouvement naxalite s'explique par plusieurs facteurs : le premier est l'absence de développement dans les régions tribales de l'Inde. Dans les régions riches en ressources (minerais ou forêt) comme le Bihar, le Jharkand ou l'Orissa, l'absence de croissance économique a favorisé le développement du mouvement naxalite. En retour, la violence qui s'installe dans ces zones rend impossible l'exploitation des mines, les constructions de routes et d'écoles et maintient donc les populations dans un état de non-développement, les prédisposant ainsi à rejoindre la guérilla qui, par la même occasion, se renforce, s'étend et menace encore davantage l'économie indienne.

Le mouvement naxalite a constitué ce qu'il nomme la *Compact Revolutionary Zone* (CRZ), qui s'étend du Népal jusqu'à l'Andhra Pradesh, au sud du pays. La création d'une telle zone correspond à deux objectifs. Le premier consiste à faire la jonction avec les autres groupes maoïstes qui agissent en Asie du Sud, comme les partis communistes du Bhoutan ou du Népal – à titre d'exemple, l'est du Népal dispose de 735 km de frontière commune avec l'État indien du Bihar, des langues telles que le rajbhansi et le maithili sont parlées de part et d'autre de cette frontière, ce qui facilite les contacts et les liens. Le second objectif vise à faire coïncider les régions économiquement importantes pour le pays et les implantations du mouvement de guérilla.

L'APPROVISIONNEMENT EN ARMES DU MOUVEMENT NAXALITE ▶

La guérilla naxalite se constitue d'un groupe autonome mais qui profiterait de l'aide indirecte des services secrets pakistanais, le Inter-Services Intelligence (ISI), *via* des mouvements tiers, comme les maoïstes du Népal ou les Tigres de l'Eelam Tamoul du Sri Lanka qui lui auraient fait bénéficier de leur entraînement. Raids contre les postes de police, corruption et fabriques d'armes locales sont les principales sources d'approvisionnement en armes des naxalites. Avec des armes fabriquées au Pakistan, en Chine, en Russie, aux États-Unis, l'armement des naxalites est tout à la fois sophistiqué et dépareillé.

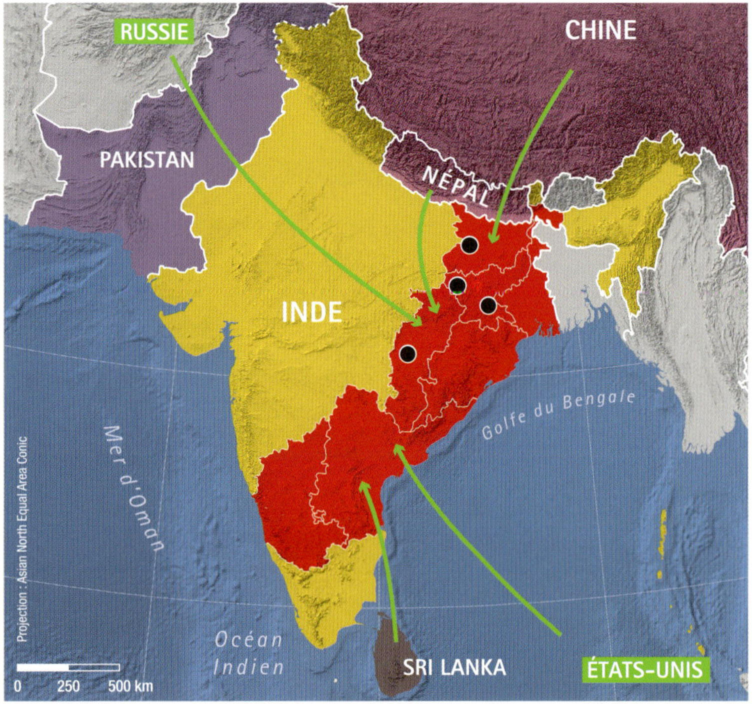

Entre économie et sécurité, l'enjeu des territoires

Le deuxième facteur qui explique l'extension continue du mouvement est lié à la création de Zones économiques spéciales. Ces ZES sont des espaces territoriaux où les entreprises n'ont pas à payer de droits de douane et jouissent d'avantages en termes d'infrastructures. Pour les autorités indiennes, l'objectif de ces zones franches est d'attirer les investisseurs indiens et étrangers. Plus de 400 ZES sont en projet dans le pays. Mais l'implantation de ces zones entraîne le déplacement de milliers de personnes vivant en milieu rural, le plus souvent des paysans sans terre, des artisans, des petits commerçants, issus de la caste des *dalits*, les intouchables, ou appartenant aux *adivasis*. On constate que la concentration des ZES dans les États du Jharkand, de l'Orissa et de l'Andhra Pradesh, coïncide avec la concentration et la fréquence des actions naxalites.

Il en est de même dans l'État du Chhattisgarh, où les groupes industriels Tata et Essar ont conclu un accord avec les autorités, ces dernières s'engageant à fournir des terrains pour l'installation de plusieurs mines et d'aciéries. De la sorte, avec la création de ces ZES, les impératifs économiques de l'Union indienne rejoignent les impératifs sécuritaires du pays. C'est ainsi qu'en 2009, pour tenter d'éradiquer ce qu'il nomme le « péril rouge », le ministère indien de l'Intérieur a lancé une vaste offensive militaire contre l'insurrection naxalite, l'opération Greenhunt, déclenchée dans les zones du centre et de l'est – vers le Maharastra, l'Orissa, le Bihar, le Jarkhand, le Chhattisgarh et surtout le Bengale-Occidental et sa capitale Kolkata (Calcutta). Cette opération a mobilisé la police locale, associée à 100 000 paramilitaires. Le but était d'occuper militairement ces territoires afin qu'une activité économique puisse s'y développer en toute sécurité. Dans la province de Chhattisgarh, la stratégie de l'armée indienne est de « nettoyer, tenir, construire », c'est-à-dire faire en sorte que ces zones soient libérées de la présence des guérillas. L'opération Greenhunt a entraîné l'évacuation de milliers de paysans appartenant à différentes tribus qui refusaient de céder leurs terres aux groupes industriels, alimentant ainsi les rancœurs, qui nourrissent à leur tour la rébellion maoïste. L'insurrection naxalite est jugée sérieuse par New Delhi, d'autant que le mouvement, qui ne jouit d'aucun soutien de la part de la Chine, nie toute légitimité aux autorités de New Delhi. Cette situation exprime également le paradoxe indien : celui d'une grande démocratie disposant d'une forte croissance économique et qui compte, en même temps, près de 70 % de personnes vivant avec moins de 2 dollars par jour. Une pauvreté dont se nourrit en partie le mouvement naxalite.

VOIR AUSSI : L'INDE, PUISSANCE PRAGMATIQUE, p. 38

DROGUE, GUERRE ET (INTER)DÉPENDANCE

Selon le rapport mondial 2011 sur les drogues, établi par l'Office des Nations unies contre la drogue et le crime (ONUDC), entre 150 millions et 270 millions de personnes âgées de 15 à 64 ans auraient consommé, en 2009, au moins une fois des substances illicites (cocaïne, héroïne, cannabis, drogues de synthèse, etc.) au cours des 12 mois précédents. Cette enquête révèle que le cannabis est de loin la drogue la plus consommée dans le monde (entre 125 et 200 millions de personnes en consommeraient).

La production d'herbe de cannabis (marijuana) se localise principalement dans les Amériques et en Afrique, tandis que la résine de cannabis (haschich) se concentre au Maroc et en Afghanistan. En 2010, sur les 195 700 hectares de pavot à opium cultivés (en légère augmentation par rapport à l'année précédente), près de 123 000 hectares se trouvaient en Afghanistan, tandis que la Birmanie enregistrait une augmentation des surfaces cultivées de l'ordre de 20 % par rapport à 2009. S'agissant de la cocaïne, en 2010, les surfaces consacrées à la culture du cocaïer ont diminué de 18 % par rapport à 2007. En hausse au Pérou et en Bolivie, la production de cocaïne a fortement baissé en Colombie. Avec 36 % de la consommation mondiale (157 tonnes), les États-Unis demeuraient en 2009 le principal marché de consommation de cocaïne au monde, devant l'Europe (123 tonnes). Sur le plan financier, le marché mondial de la cocaïne est passé de 165 milliards de dollars en 1995 à 85 milliards de dollars en 2009. Les drogues sont l'objet d'un vaste trafic international. Aux routes traditionnelles s'ajoutent désormais de nouveaux itinéraires, à l'image de l'Afrique de l'Ouest, et singulièrement du Mali, qui sont devenus des plaques-tournantes du trafic de cocaïne en provenance d'Amérique latine et à destination de l'Europe.

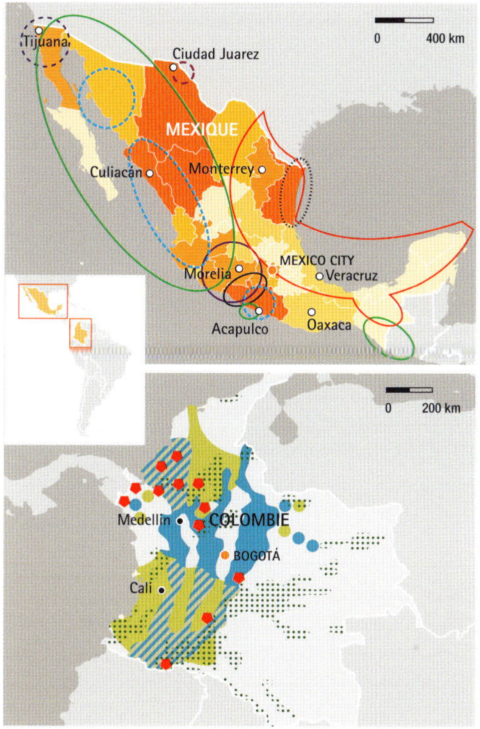

LE MEXIQUE ET LA GUERRE DES CARTELS : ZONES D'INFLUENCE DES DIFFÉRENTS CARTELS DE LA DROGUE, en 2011

- ORGANISATION ARELLANO FELIX
- CARTEL PACIFICO SUR
- LOS ZETAS
- FÉDÉRATION DE SINALOA
- ORGANISATION CARRILLO FUENTES
- CARTEL DU GOLFE
- LA FAMILIA
- CARTEL INDÉPENDANT D'ACAPULCO

ÉTATS FÉDÉRÉS MEXICAINS LES PLUS AFFECTÉS PAR LES VIOLENCES LIÉES AUX CARTELS, en 2010 (nombre de morts déclarés par le gouvernement)

100 300 500 700

DROGUE, VIOLENCE ET GUÉRILLA EN COLOMBIE

- ZONES D'INFLUENCE DES FORCES ARMÉES RÉVOLUTIONNAIRES DE COLOMBIE (FARC)
- ZONES D'INFLUENCE DE L'ARMÉE DE LIBÉRATION NATIONALE (ELN)
- ZONES DE CONCENTRATION DES FORCES PARAMILITAIRES D'EXTRÊME DROITE
- PRINCIPALES ZONES DE PRODUCTION DE COCA
- CENTRES DES DEUX PRINCIPAUX CARTELS DU NARCOTRAFIC

L'ONUDC estime qu'au cours des dix dernières années les saisies de drogue ont presque doublé. Du fait de l'intensification de la lutte contre les trafics de drogue, certains de ces produits, notamment la cocaïne, sont désormais davantage saisis dans les régions de production que dans les pays de consommation. C'est le cas au Mexique et en Colombie où, avec le soutien financier des États-Unis, les gouvernements livrent une véritable guerre contre les narcotrafiquants. En 2010, selon le gouvernement mexicain, le crime organisé aurait été responsable de plus de 15 000 morts, faisant du Mexique l'un des pays les plus violents au monde. En Colombie, premier producteur de cocaïne, la multitude d'acteurs de ces trafics de drogue (cartels, guérillas, paramilitaires) et les relations ambiguës qu'ils ont entretenues avec les gouvernements colombiens par le passé ont rendu la situation plus complexe qu'au Mexique. La lutte gouvernementale contre les cartels se double ainsi d'une lutte contre les groupes de guérilla, notamment contre les Forces armées révolutionnaires de Colombie (FARC), mouvement fondé dans les années 1960 qui s'est peu à peu transformé en organisation criminelle (racket, enlèvement, trafic de drogue), lui-même en concurrence avec les cartels de la drogue.

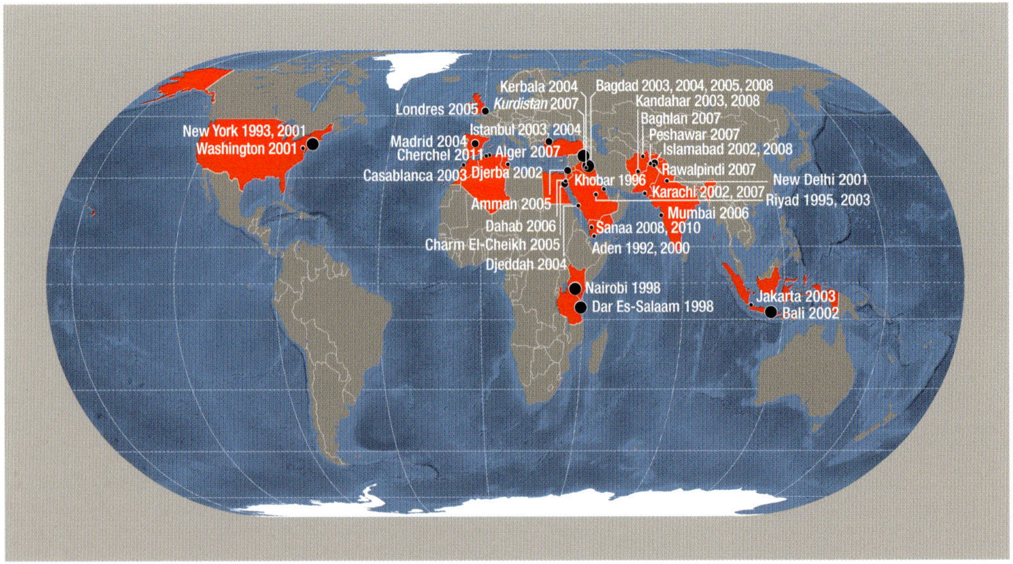

▲ LES ATTENTATS D'AL QAIDA DANS LE MONDE

C'est au début des années 1990 que se produisent les premiers attentats revendiqués par l'organisation terroriste Al Qaida. Vingt ans de violence terroriste auront conduit à voir les attentats se multiplier un peu partout dans le monde, à l'exception de certaines zones, comme l'Amérique latine. La géographie de ces attentats permet de mesurer que l'essentiel des cibles et des victimes se situe dans des régions de culture islamique.
Les objectifs initiaux de l'organisation, qui consistaient à lutter contre la présence occidentale dans des régions dites musulmanes et par la même occasion à déstabiliser les États musulmans concernés afin de former une région islamique unifiée, ont donc totalement échoué.

PRINCIPAUX ATTENTATS TERRORISTES REVENDIQUÉS PAR OU ATTRIBUÉS À AL QAIDA, depuis 1991

PAYS CONCERNÉ

LIEU ET DATE DE L'ATTENTAT, NOMBRE DE MORTS

- moins de 50
- 50-200
- plus de 200

Organisation déterritorialisée par excellence, Al Qaida a donné naissance à une multitude de groupes terroristes qui agissent sur une bande reliant le Pakistan au Sahel.
Malgré l'affaiblissement annoncé de l'organisation, certains groupes régionaux affiliés à Al Qaida continuent de prospérer dans des régions instables où activisme terroriste et criminalité organisée se confondent parfois.

LE SAHEL, NOUVELLE ZONE GRISE

C'est à la fin des années 1980 que l'organisation terroriste Al Qaida a vu le jour, dans les zones tribales du Pakistan. Profitant du sanctuaire afghan offert par l'arrivée au pouvoir des talibans en 1996, l'organisation est longtemps demeurée confinée aux zones tribales situées à cheval sur la frontière entre l'Afghanistan et le Pakistan. Malgré la multiplication des attentats dans la seconde moitié des années 1990, ce groupe est resté dans un relatif anonymat, connu des seules agences de renseignement et des spécialistes de la question terroriste. Ce n'est qu'à l'occasion des attentats du 11 septembre 2001, dirigés contre les États-Unis et les symboles de leur puissance, qu'Al Qaida fait irruption sur la scène politique et médiatique mondiale. À la genèse de l'organisation, le saoudien Oussama Ben Laden va très vite incarner un mouvement dont les caractéristiques principales consistaient pourtant à rejeter tout enracinement territorial, à multiplier les groupes autonomes à l'étranger et à ne répondre à aucune forme de hiérarchie, et ce malgré l'existence d'une figure tutélaire installée au Pakistan et en Afghanistan. Cible de l'intervention militaire des États-Unis et de l'OTAN, la « base » afghane d'Al Qaida a vu nombre de ses membres quitter la région et gagner la péninsule arabique tandis que, dans le Sahel, des zones échappant au contrôle étatique ont vu se former des organisations terroristes.

Le Sahel, un terreau propice

Située entre l'océan Atlantique et le lac Tchad, entre le Sahara et les fleuves Niger et Sénégal, le Sahel est désormais qualifié de « zone grise », c'est-à-dire de zone de non-droit, et placé sur l'agenda international au gré de la hausse de la contrebande, des trafics de drogue, d'armes et de migrants, de la résurgence des rébellions armées touarègues au Mali et au Niger, des enlèvements d'Occidentaux en Mauritanie et au Mali. Généralement revendiqués par des groupes islamistes, les attentats ont souvent été attribués à AQMI, la branche maghrébine d'Al Qaida. Cette dernière s'est formée en 2007, lorsque le Groupe salafiste pour la prédication et le combat (GSPC), basé en Algérie, a décidé d'internationaliser ses activités djihadistes et de se fondre dans la nébuleuse terroriste. L'insécurité qui règne au Sahel ne saurait être le fait de cette seule organisation. D'abord, selon les estimations les plus fiables, AQMI ne compterait vraisemblablement que 500 individus et la moitié d'entre eux seraient réunis autour de leur chef, Abdelmalek Droukdal, localisé dans le nord-est de l'Algérie. Ensuite, la région est en proie à des rivalités ethniques tenaces, à des différends étatiques parfois latents, à des rébellions internes plus ou moins larvées et à de la criminalité transnationale particulièrement bien organisée. Souvent, il existe d'ailleurs une imbrication opérationnelle ou financière entre rebelles, mafieux et terroristes. Les activistes défient la puissance publique dans ses prérogatives. De plus, la région est le lieu d'une lutte d'influence entre pays du Maghreb qui voient le Sahel comme une zone « molle ». Parmi eux, l'Algérie et la Libye considèrent la région comme leur *hinterland* naturel et rivalisent pour s'assurer l'exploitation des ressources de son sous-sol.

Les États sahéliens en première ligne

La Mauritanie, le Mali, le Niger, le Sénégal, le nord du Nigeria et, dans une certaine mesure, le Burkina Faso sont les pays les plus directement concernés par ces menaces. À l'exception du Nigeria, riche État pétrolier mais fortement clivé, ces nations appartiennent à la catégorie des « Pays les moins avancés » qui, selon une définition des Nations unies, n'ont pas les moyens de fournir les services de base à leur population, comme l'accès à la santé, à l'éducation et à la sécurité. Avec des superficies proches de 1 million de km² (trois fois la superficie de l'Allemagne), dont la moitié nord est formée de désert, ces États ne peuvent contrôler et administrer efficacement l'ensemble du territoire, créant ainsi des zones dans lesquelles trafiquants, rebelles et terroristes peuvent opérer. Délaissés par leur gouvernement, les habitants ont peu de raison de coopérer avec l'État central et n'hésitent pas à tirer profit des opportunités qui se présentent, fussent-elles criminelles.

Ces menaces ont suscité diverses réactions parmi les acteurs tiers, comme les pays membres de l'Union européenne

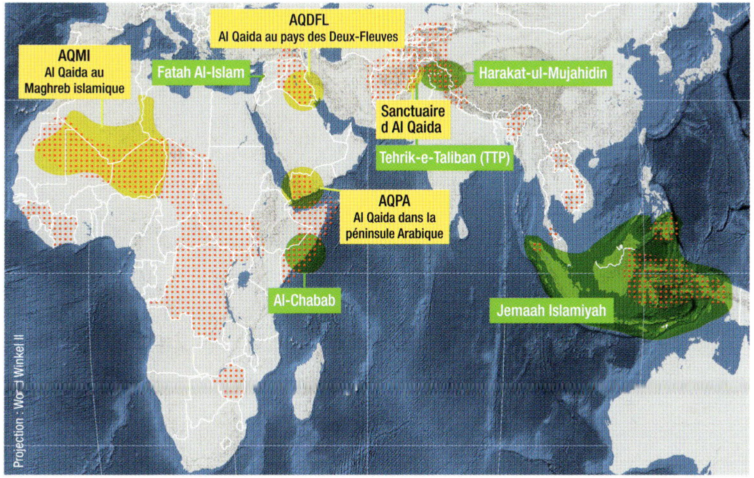

▲ DU SAHEL AU PAKISTAN, LES FRANCHISES D'AL QAIDA

Plus qu'une organisation centralisée, Al Qaida, qui peut se traduire par la « base », est une nébuleuse qui a vu des groupes se revendiquant d'elle se constituer dans différentes régions du monde. Outre le Sahel, où se développe l'organisation AQMI, la péninsule arabique, notamment le Yémen, est devenue une base arrière pour les activistes terroristes chassés d'Afghanistan en raison de l'intervention militaire menée en représailles aux attentats du 11 septembre 2001. Ces dernières années, l'organisation s'est trouvée affaiblie par la mort de son fondateur, Oussama Ben Laden, en mai 2011, qui n'a pas préparé sa « succession », et par les tensions entre les parties afghano-pakistanaises et arabes de l'organisation.

et les États-Unis. Les pays sahéliens ont en effet sollicité l'aide de leurs partenaires occidentaux, et tout particulièrement celle de la France, ancienne puissance coloniale de la région et avec laquelle certains de ces États ont signé des accords bilatéraux de défense. Une approche euro-sahélienne a été développée par la France, associant l'Espagne et l'Allemagne, mais elle ne saurait être confondue avec une approche coordonnée de l'Union européenne. Dans cette région formant la périphérie immédiate de l'Europe, les activités illégales qui s'y développent (trafics, terrorisme, migrations) ont pourtant un impact direct sur la sécurité de l'Union européenne et sur ses États membres. De même, les États-Unis ont mis sur pied le *Trans-Sahara Counter Terrorism Partnership* (TSCTP) avec les États de la région. Cependant, des États comme l'Algérie et la Libye n'hésitent pas à faire savoir qu'ils considèrent les partenaires occidentaux comme illégitimes. Face à ces tensions entre États, il est donc difficile de coordonner les réponses à cette insécurité régionale, d'autant que l'ordre des priorités n'est pas le même selon que l'on se trouve à Bruxelles ou à Bamako. Si les Occidentaux se focalisent sur la menace terroriste, la priorité locale se concentre avant tout sur l'économie, d'autant plus que les attentats ont fait perdre les recettes issues du tourisme et porté un coup au développement économique et humain de la région.

En surestimant le rôle d'AQMI dans la région, les Nations unies, la Banque mondiale et l'Agence française de développement offrent à l'organisation une surface médiatique qu'elle n'aurait jamais pu occuper par ailleurs. Les menaces que fait peser l'organisation terroriste ne semblent pas suffisamment graves pour susciter la constitution d'un front uni des États pour les contrer. Il ne s'agit ni de conflits inter-étatiques, ni de guerres civiles, et ces États ne sont pas des *failed states*. Ils font face à des insurrections à caractère politico-mafieux, et les menaces à la stabilité des pays sont parfois internes, comme les tentatives de coup d'État en Mauritanie et au Mali, ou de coup de force constitutionnel au Niger. En 2012, Al Qaida et sa « filiale » maghrébine AQMI traversent toutefois une profonde crise de légitimité et sont rejetées de toutes parts pour s'être attaquées essentiellement à des musulmans et avoir provoqué des massacres de civils.

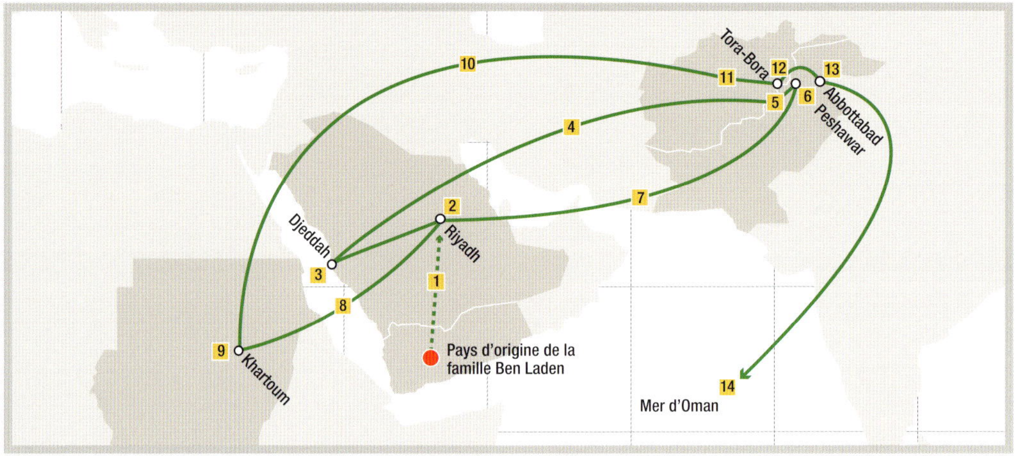

PRINCIPALES ÉTAPES DE LA VIE D'OUSSAMA BEN LADEN

1 YÉMEN – ARABIE SAOUDITE
Migration de Mohamed Ben Laden, père d'Oussama Ben Laden

2 RIYADH (ARABIE SAOUDITE)
1957, Naissance d'Oussama Ben Laden

3 DJEDDAH (ARABIE SAOUDITE)
Années 1970, études supérieures en génie civil

4 ARABIE SAOUDITE - AFGHANISTAN/PAKISTAN
1979, prise de contact de la CIA par le biais des services de renseignement saoudiens et départ pour l'Afghanistan et le Pakistan pour organiser le combat djihadiste contre l'invasion soviétique

5 FRONTIÈRE AFGHANO-PAKISTANAISE
Années 1980, gestion, avec fonds propres et financements saoudiens, des camps d'accueil et d'entraînement des djihadistes venant du monde entier

6 PESHAWAR (PAKISTAN)
1984, création, avec le palestinien Abdullah Azzam, membre des Frères musulmans, du « Bureau de services pour les moudjahidin arabes »

7 1988, manifeste de création de la « base solide » (Al Qaida Al Salbah) pour la libération de l'Afghanistan
8 1989, retrait soviétique d'Afghanistan et retour en Arabie saoudite
9 1991-1992, rupture avec la famille royale saoudienne et départ pour Khartoum

SOUDAN
1993, organisation présumée d'un attentat contre les soldats américains au Yémen et contre le World Trade Center à New York
10 1994, déchéance de la nationalité saoudienne pour « désobéissance au roi »
11 1996, expulsion du Soudan et départ vers l'Afghanistan

AFGHANISTAN
1996, déclaration de djihad contre « les Américains occupant la terre des deux Lieux Saints »
1998, rencontre avec Ayman Al Zawahiri, dirigeant égyptien du djihad islamique, création du « front islamique international contre les juifs et les croisés » et organisation du double attentat contre les ambassades américaines en Tanzanie et au Kenya
2000, organisation de l'attentat contre le destroyer américain USS Cole, à Aden (Yémen)

TORA-BORA (AFGHANISTAN)
12 2001, organisation des attentats du 11 septembre aux États-Unis

ABBOTTABAD (PAKISTAN)
13 2001, fuite face à l'avancée de l'armée américaine
2011, mort dans sa résidence, au cours d'une opération commando de l'armée américaine

MER D'OMAN, LIEU INDÉTERMINÉ
14 2011, sépulture en mer, depuis le porte-avion américain Carl-Vinson

Depuis une dizaine d'années, la question du nucléaire militaire s'est souvent réduite aux tensions avec la Corée du Nord et l'Iran. Au-delà de la menace que ces États proliférants représentent pour la sécurité internationale, c'est l'ensemble de l'ordre nucléaire mondial qui se trouve aujourd'hui en débat, à commencer par la question du désarmement nucléaire.

LA PROLIFÉRATION NUCLÉAIRE, LE FAIBLE ET LE FORT

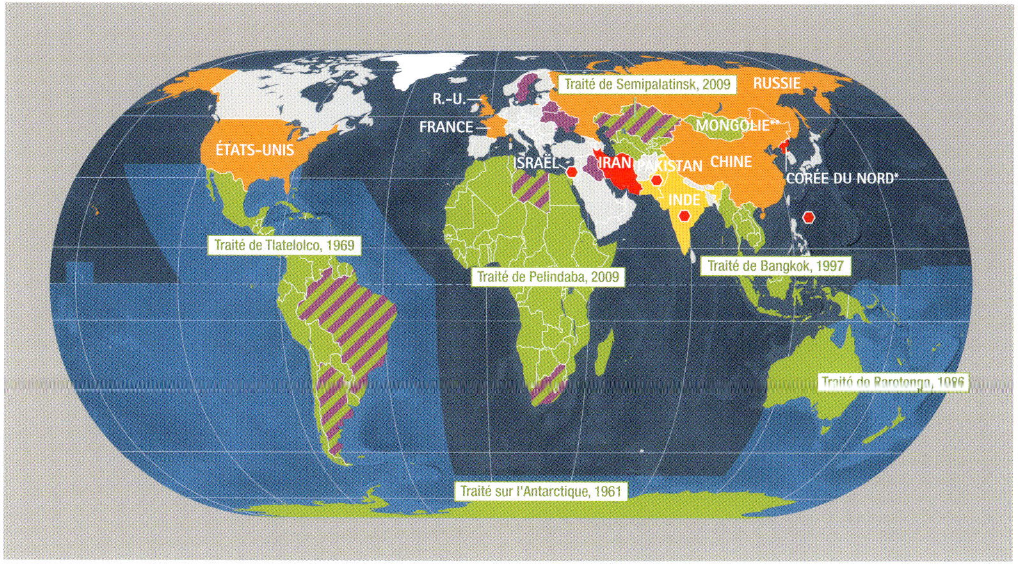

▲ LE DEUXIÈME ÂGE NUCLÉAIRE

Plusieurs catégories d'États doivent être distinguées. Huit États sur 192 États membres de l'ONU disposent de l'arme nucléaire. Parmi eux, il existe 5 puissances nucléaires dites officielles (États-Unis, Russie, Royaume-Uni, France et Chine), ces États ayant réalisé des essais nucléaires avant le 1er janvier 1967, et 3 États dits du « seuil » (Inde, Pakistan, Israël), ces États n'étant pas en infraction avec le TNP puisqu'ils ont toujours refusé de le signer. On trouve ensuite les États proliférants (Corée du Nord et Iran), à la fois signataires du TNP et en infraction avec le traité puisque candidats à l'acquisition de ce type d'armes. Alors que 189 États ont signé le TNP, le régime nucléaire mondial qu'il instaure repose sur une inégalité stratégique entre les 5 États autorisés à détenir l'arme nucléaire et le reste du monde, pour qui l'arme atomique est proscrite. Malgré la dissémination d'armes nucléaires sur la surface du globe, il existe 6 zones dénucléarisées dans le monde, issues de la signature de traités régionaux prévoyant la non-fabrication, le non-transit et le non-stockage d'armes nucléaires.

LA PLANÈTE NUCLÉAIRE

- PUISSANCES NUCLÉAIRES OFFICIELLES
- ÉTATS DITS « DU SEUIL »
- ÉTATS PROLIFÉRANTS
- ÉTATS NON-SIGNATAIRES DU TNP
- ÉTATS AYANT RENONCÉ À LEUR PROGRAMME NUCLÉAIRE MILITAIRE
- ZONES EXEMPTES D'ARMES NUCLÉAIRES (ZEAN)
- NOM ET DATE D'ENTRÉE EN VIGUEUR DU TRAITÉ INSTITUANT UNE ZEAN

* Signataire en 1985, la Corée du Nord s'est retirée du TNP en 2003.
** La Mongolie s'est unilatéralement déclarée zone exempte d'armes nucléaires en 1992. Le statut a été reconnu en 2000.

L'ordre nucléaire mondial se fonde sur le Traité sur la non-prolifération des armes nucléaires (TNP). Signé en 1968, il est entré en vigueur en mars 1970 et repose sur trois piliers : la non-prolifération, le désarmement et l'accès aux usages civils de l'énergie nucléaire. Dans le domaine de la non-prolifération, le TNP avait pour objectif de limiter la prolifération nucléaire horizontale, c'est-à-dire empêcher l'accès de nouveaux pays à l'arme nucléaire, mais aussi la prolifération verticale, c'est-à-dire freiner l'accroissement et le perfectionnement des arsenaux des États déjà dotés de la bombe. Depuis la fin de la guerre froide, les stocks d'armements nucléaires ont été considérablement réduits. Dans le même temps, le phénomène de prolifération nucléaire s'est révélé des plus inquiétants, suscitant la crainte de voir le régime nucléaire mondial ainsi

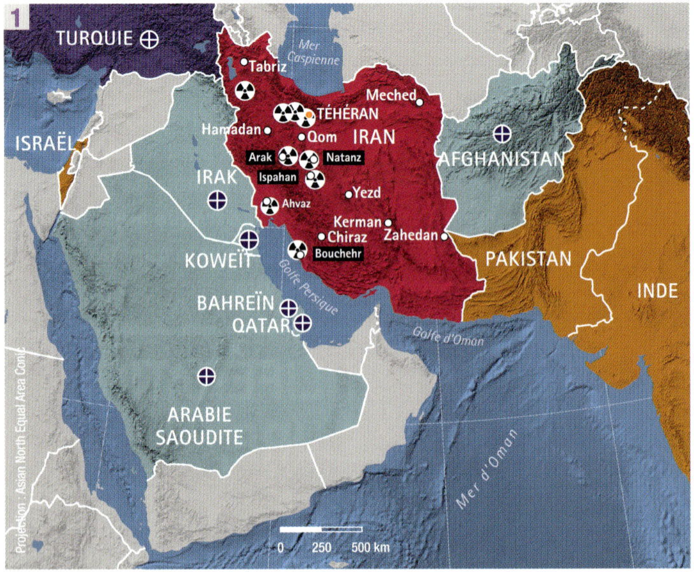

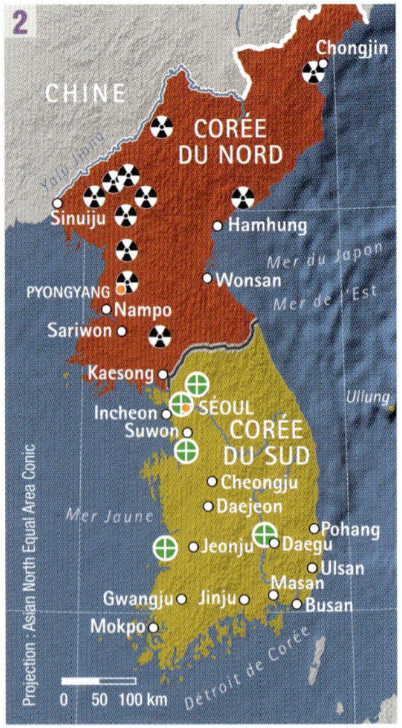

1 - IRAN

PAYS DOTÉS DE L'ARME NUCLÉAIRE

INSTALLATIONS NUCLÉAIRES IRANIENNES

PAYS MEMBRE DE L'OTAN

PRÉSENCE DE L'ARMÉE AMÉRICAINE

2 - CORÉE DU NORD

INSTALLATIONS NUCLÉAIRES NORD-CORÉENNES, en 2003

BASES MILITAIRES AMÉRICAINES EN CORÉE DU SUD

◀ IRAN ET CORÉE DU NORD, LES ÉTATS PROLIFÉRANTS

La Corée du Nord a ratifié le TNP en 1985, avant d'en sortir en 2003 après les découvertes de l'AIEA sur l'état du programme nucléaire du pays. Le pays a réalisé un premier essai souterrain en 2006, puis un deuxième en 2009. Quant à l'Iran, le pays s'est lancé dans un programme nucléaire civil dans les années 1960, à l'époque du Shah. Le programme a été interrompu après la révolution de 1979, puis repris à la suite de l'agression de l'Irak contre l'Iran en 1980. En août 2002, des opposants au régime révélaient que Téhéran était en train de construire une usine d'enrichissement d'uranium par centrifugation à Natanz. Contrairement à la Corée du Nord, l'Iran a réaffirmé son attachement au traité, revendiquant un usage civil du nucléaire. Le pays a ainsi autorisé les inspections de l'AIEA qui a alors découvert des activités clandestines non déclarées. Au début de l'année 2009, Téhéran a annoncé posséder 5 412 centrifugeuses pour l'enrichissement de l'uranium, de quoi produire une quantité d'uranium suffisante pour fabriquer une arme. Cette prolifération fait craindre une dissémination de l'arme atomique. L'inquiétude de voir la bombe tomber entre les mains d'organisations criminelles a été renforcée par les propos du docteur Kahn, « père » de la bombe nucléaire pakistanaise, qui a reconnu en 2004 avoir alimenté un réseau d'exportation de technologies nucléaires.

que le concept de dissuasion remis en cause. Durant de nombreuses années, la prolifération nucléaire a été freinée par le coût de fabrication élevé et la complexité technologique de ce type d'armement, mais aussi par les traités internationaux de limitation des armes nucléaires et par le rôle de l'Agence internationale pour l'énergie atomique (AIEA).

L'état du TNP

Le TNP, qui a été renouvelé en 1995 pour une durée illimitée, donne lieu tous les cinq ans à une «conférence de révision» qui réunit l'ensemble des États parties au traité. Alors qu'en 2005, la conférence de révision s'était soldée par un échec faute d'accord entre les puissances nucléaires et les autres États, la conférence qui s'est tenue du 3 au 28 mai 2010 à New York a débouché sur un relatif succès, les États parties obtenant un accord final réaffirmant l'importance du TNP et prévoyant des plans d'action dans les trois domaines couverts par le traité. Parmi les éléments de l'accord, les 189 États parties, dont l'Iran et la Syrie, ont convenu de la tenue en 2012 d'une conférence internationale sur l'établissement d'un Moyen-Orient sans armes nucléaires. Un tel accord, crucial pour l'avenir de la région, va avoir pour conséquence de placer l'arsenal stratégique d'Israël au cœur du débat. En effet, Israël est le seul État de la région à ne pas être signataire du TNP et à disposer de l'arme atomique – sans toutefois le reconnaître officiellement afin de maintenir l'ambiguïté vis-à-vis de ses ennemis potentiels.
Depuis sa signature, le traité a peu ou prou rempli sa fonction puisque quarante ans après son entrée en vigueur, outre les cinq puissances nucléaires officiellement reconnues

par le traité, seuls trois États (Inde, Pakistan, Israël) et deux potentiels (Corée du Nord et Iran) ont développé un arsenal nucléaire à des fins militaires. En revanche, de nombreux autres États ont choisi de renoncer à acquérir ou à développer l'arme nucléaire.

Les arsenaux nucléaires dans le monde

On ne dispose que de peu de données précises sur l'état des arsenaux des huit États officiellement détenteurs de l'arme nucléaire. Les pays maintiennent en effet une certaine opacité sur les volumes d'armes en leur possession – une absence de transparence sur laquelle repose la stratégie de la dissuasion en maintenant l'adversaire dans l'incapacité d'évaluer le risque qu'il encourt à déclencher une attaque. Selon le centre de recherche suédois SIPRI, à Stockholm, et la Federation of American Scientists, les huit États détenteurs de l'arme nucléaire auraient au total quelques 23 300 armes nucléaires (têtes nucléaires en réserve, actives, inactives ou en cours de démantèlement). Parmi elles, 8 392 têtes seraient opérationnelles et 2 000 seraient conservées en état d'alerte avancée par les États-Unis et par la Russie. À titre de comparaison, au cœur de la guerre froide, les arsenaux avaient atteint jusqu'à 70 500 armes pour les seules puissances officielles.

Depuis le premier essai nucléaire américain en 1945, on estime à 2 060 les essais nucléaires ayant été réalisés par les puissances nucléaires, officielles ou non, en surface, souterrains ou en zones sous-marines. La signature du Traité d'interdiction complète des essais nucléaires (TICE) en 1996 en laissait augurer la fin, confortant ainsi le régime de non-prolifération. Cependant, il n'était toujours pas entré en vigueur en 2011, faute d'avoir été ratifié par le nombre d'États requis. Le président Obama s'est engagé à faire ratifier le traité par le Congrès, une initiative qui donnerait du crédit à son discours de Prague d'avril 2009, dans lequel il appelait à un monde sans armes nucléaires.

LE COMMERCE DES ARMES NE CONNAÎT PAS LA CRISE

Parmi les fonctions régaliennes dévolues aux États, la défense nationale reste, avec la justice, l'une des moins contestées. En hausse de 49 % sur la décennie 2000-2009, les dépenses militaires ont atteint 1 559 milliards de dollars pour la seule année 2010, soit près de 2,6 % du PIB mondial. Rapporté à la population mondiale, cela représente une dépense moyenne de 223 dollars par habitant. Plus qu'à l'entretien des millions de soldats mobilisés, les budgets militaires servent surtout à l'achat de nouveau matériel, et tout particulièrement d'armes.

Les 100 premières firmes productrices d'armes au monde affichent en 2010 un chiffre d'affaires de 401 milliards de dollars, soit 38 % d'un marché total estimé à 1 055 milliards de dollars. Parmi elles, 44 sont installées aux États-Unis et 24 dans l'Union européenne, le haut du tableau étant presque exclusivement occupé par des groupes américains, comme Boeing et Lockheed Martin. Malgré un léger ralentissement, le secteur de l'armement a été relativement épargné par la crise de 2008, son activité ayant continué de croître même au plus fort de la tourmente.

Avec un volume d'affaires de 65 milliards de dollars sur la décennie 2000, les États-Unis confortent leur rang de premier exportateur mondial, juste devant la Russie. En retrait, la France (4e) et le Royaume-Uni (5e) exportent pour des montants respectifs quatre et six fois inférieurs, quand la Chine (7e) peine à atteindre la barre des 5 milliards. Les cinq membres permanents du Conseil de sécurité des Nations unies comptent ainsi pour 72 % des exportations, les États-Unis et la Russie pesant à eux seuls 56 %. Avec une facture à l'import dépassant 24 milliards de dollars sur la décennie 2000, la Chine s'impose comme la première destination des transferts internationaux d'armement devant l'Inde et la Corée du Sud. Malgré l'émergence de nouveaux acteurs, le commerce des armes reste un secteur très concentré : les 15 premiers exportateurs mondiaux réalisent 95 % des livraisons d'armes et les 15 principaux importateurs comptabilisent 61 % des achats.

Confrontées à l'opacité d'une grande partie des contrats, les Nations unies tentent depuis peu d'élaborer des normes internationales sur l'exportation, l'importation et le transport des armes. En discussion à New York, ce futur Traité sur le commerce des armes (TCA) devrait voir le jour en juillet 2012. Pour l'heure, les négociations achoppent à la fois sur les catégories d'armes et de munitions concernées, et sur le traitement de la corruption et du blanchiment qui entourent les transactions. Avec ou sans traité, les efforts de réglementation se limiteront au commerce légal et n'auront que peu d'impact sur les marchés noir et gris. Les armes de petit calibre de seconde main continueront donc de circuler d'une région à l'autre, d'un conflit à l'autre et d'échapper à tout contrôle.

ZONES ÉCONOMIQUES EXCLUSIVES ZONES CONTESTÉES

EXTENSION DU PLATEAU CONTINENTAL REVENDIQUÉE AUPRÈS DE LA COMMISSION DES LIMITES DU PLATEAU CONTINENTAL DES NATIONS UNIES REVENDIQUÉE PAR :

1 AUSTRALIE (validée en 2008) 2 NOUVELLE-ZÉLANDE (validée en 2008) 3 FRANCE 4 FIDJI 5 ÎLES COOK 6 MICRONÉSIE 7 ÎLES SALOMON 8 PAPOUASIE-NOUVELLE-GUINÉE 9 PALAU

L'accès aux ressources de la mer et de son sous-sol suscite de nombreuses convoitises. Alimentées par le flou qui entoure les délimitations de certains territoires sous-marins, notamment du plateau continental, les mers font encore l'objet de revendications de souveraineté, générant de nouvelles tensions entre États.

DES DRAPEAUX SOUS LA MER

◄ LES REVENDICATIONS D'EXTENSION DU PLATEAU CONTINENTAL

Les États ayant signé la convention de Montego Bay avant 1999 avaient 10 ans, jusqu'à mai 2009, pour exprimer des revendications en faveur d'une extension de leur plateau continental. Au début de l'année 2007, une dizaine d'États avaient déposé un dossier de revendication auprès de la commission des Limites du plateau continental des Nations unies (Brésil, Irlande, Norvège, Mexique). En Océanie, grands et petits États ont fait valoir leur droit. C'est ce que figure la carte, qui utilise une représentation cartographique *down under* apparue dans les années 1970 en Australie et en Nouvelle-Zélande, où le Sud est orienté vers le haut de la carte, replaçant l'espace océanique au centre du monde. L'Australie, la Nouvelle-Zélande, la France (avec la Polynésie), la Micronésie, les îles Salomon ou la Papouasie-Nouvelle Guinée ont également déposé des requêtes auprès de la commission des Limites. Les enjeux de ces revendications portent principalement sur la pêche et les éventuelles ressources *offshore*.

Les premiers jalons d'un droit international de la mer ont été posés en 1958, à l'occasion de la première conférence des Nations unies sur le droit de la mer tenue à Genève. Au cours de ce sommet, quatre conventions ont été adoptées, qui portaient tour à tour sur la mer territoriale, la haute mer, le plateau continental et la pêche. Entrées en vigueur dans les années 1960, elles ont fait l'objet d'une révision lors de la troisième conférence des Nations unies sur le droit de la mer, débutée en 1973 à New York. Les négociations ont été longues et la convention relative au droit de la mer ne sera signée que neuf ans plus tard, le 10 décembre 1982, à Montego Bay, en Jamaïque. Elle n'entre en vigueur que douze ans plus tard, le 16 novembre 1994. En 2011, 162 États ont signé la convention dite de Montego Bay, dont l'objet est de fixer un cadre juridique pour l'usage des espaces marins et des ressources de la mer.

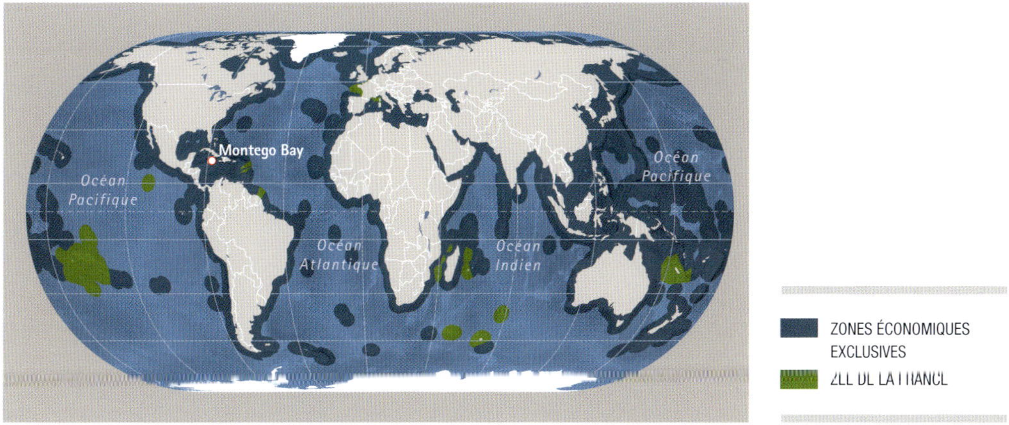

Des zones maritimes au régime juridique différent

La convention définit les différentes zones maritimes qui bordent les États côtiers et le régime juridique applicable dans ces zones. Les zones les plus proches de la côte relèvent de la souveraineté des États et sont soumises au droit national en vigueur. C'est le cas des eaux intérieures, constituées des eaux en circulation sur les terres émergées (cours d'eau, baies, ports, etc.), et de la mer territoriale, cette dernière s'étendant sur 12 milles marins à partir de la ligne de base – ligne qui sépare ces deux espaces maritimes et sert de référence pour le calcul de la largeur des zones. Les espaces maritimes plus éloignés, comme les Zones économiques exclusives (ZEE) et le plateau continental, sont régis par le droit international.
La délimitation des ZEE, qui s'étendent sur 200 milles marins, ainsi que les droits et les devoirs qui incombent aux États parties sont définis dans la partie V de la convention de Montego Bay. À l'intérieur de leur ZEE, les États côtiers peuvent ainsi exploiter l'ensemble des ressources – poissons, gaz, pétrole, minéraux, nodules – qui se trouvent sur l'eau, dans l'eau, sur les fonds marins et sous les fonds marins. Des droits et des devoirs prévus par la convention, il semblerait néanmoins que les États côtiers ont davantage retenu les termes « explorer et exploiter » que les termes « gérer et conserver ». Dans les ZEE, la liberté de navigation est garantie pour les navires étrangers, y compris les navires de guerre. Enfin, le plateau continental correspond au prolongement sous-marin du territoire terrestre et s'étend jusqu'à 200 milles marins, voire 150 milles plus loin si le plateau continental naturel se prolonge.

Des frontières maritimes contestées

Le caractère imprécis des frontières maritimes suscite de nombreuses tensions entre États, à l'image des revendications en mer de Chine méridionale, où six États de la région (Malaisie, Brunei, Philippines, Vietnam, Taiwan et Chine) se disputent les 180 îlots formant les Îles Spratly. La présence (non prouvée) d'hydrocarbures en serait la cause. Chaque État tente de justifier sa souveraineté sur ces territoires en arguant que certaines de ces îles prolongent sa ZEE (Malaisie, Brunei, Philippines) ou qu'elles lui appartiennent dans leur totalité pour des raisons historiques (Vietnam, Chine, Taiwan). La question de la souveraineté sur ces îles Spratly a donné lieu à un affrontement militaire entre Pékin et Hanoï en 1988. Depuis, le problème n'est toujours pas réglé.
Les frontières sous-marines suscitent également des tensions. En effet, tout État côtier qui parvient à prouver que les territoires sous-marins concernés font partie de son plateau continental pourra exercer sa souveraineté sur les ressources qui s'y trouvent. Les revendications doivent être déposées auprès de la commission des Limites du plateau continental des Nations unies. C'est ce qu'a fait la Russie en 2001, estimant que, dans l'océan Glacial arctique, la « dorsale Lomonossov » prolonge son plateau continental bien au-delà des 200 milles marins. Or, après le refus de la commission des Nations unies d'accepter la validité du dossier, la revendication russe s'est exprimée par un geste spectaculaire mais sans valeur juridique. En août 2007, les Russes ont planté un drapeau en titane par 4000 mètres de fond dans l'océan Glacial arctique.

VOIR AUSSI : LA RUSSIE EN QUÊTE D'INFLUENCE, p. 28 – LE NOUVEL AVENIR DES MONDES POLAIRES, p. 202

2 _ LA SÉCURITÉ HUMAINE

Les violences politiques, qu'elles soient le fait de guerres entre États, de guerres civiles ou de régimes dictatoriaux, ne sont pas les seules violences auxquelles les individus sont soumis. Bien souvent, les violences politiques prospèrent sur les violences sociales (pauvreté, malnutrition, insécurité hydrique), quand elles ne contribuent pas à les renforcer en créant les conditions de l'insécurité alimentaire et de la famine, en entravant les processus d'émancipation des individus (comme l'alphabétisation) ou en augmentant les violences faites aux femmes. Au tournant du XXIe siècle, lorsque l'ONU a lancé ses Objectifs du millénaire pour le développement (OMD), l'organisation s'est proposée de lutter contre ces violences sociales et d'améliorer les conditions de vie d'un nombre toujours plus important de personnes à l'horizon 2015, dans les domaines de l'alimentation, de la santé ou de l'éducation. Cet ambitieux programme est alors entré en résonance directe avec le concept de sécurité humaine, qui a vu le jour à cette période, reposant sur la nécessité de donner aux individus des moyens économiques, sociaux et politiques concrets de vivre mieux et plus libres.

LE FARDEAU DE LA PAUVRETÉ

L'INSÉCURITÉ SOCIALE MONDIALE 132

EN ATTENDANT LA SANTÉ POUR TOUS 136

ÉDUQUER POUR ÉMANCIPER

L'ANALPHABÉTISME, FLÉAU DU XXIe SIÈCLE 138

LA LONGUE MARCHE DES DROITS DES FEMMES 141

LA TRAITE DES FEMMES DANS LE MONDE : UN TRAFIC ORGANISÉ 143

JUGER ET PUNIR

L'ABOLITION UNIVERSELLE DE LA PEINE DE MORT 144

JUSTICE PÉNALE INTERNATIONALE : PROMESSES ET LENTEURS 147

LA LUTTE CONTRE L'IMPUNITÉ DES DIRIGEANTS POLITIQUES : LE CAS OMAR EL-BÉCHIR AU SOUDAN 149

L'inégale répartition des ressources économiques, agricoles et hydriques mondiales continue de maintenir dans le dénuement et la misère de nombreuses personnes. Sur fond d'accroissement démographique et de crise économique mondiale, et malgré les progrès réalisés, certains des Objectifs du millénaire pour le développement risquent de ne pas être atteints d'ici à 2015.

L'INSÉCURITÉ SOCIALE MONDIALE

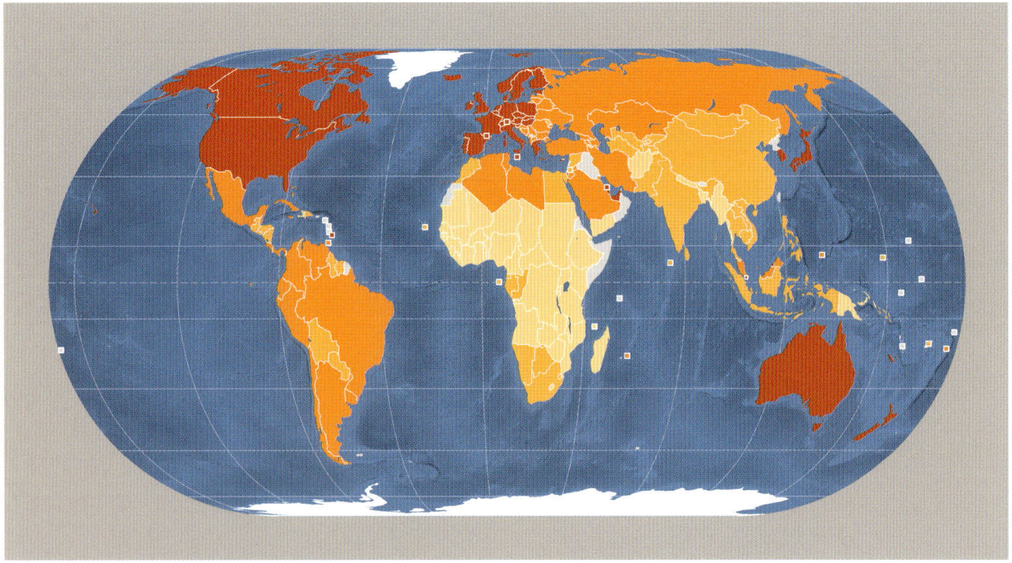

INDICE DE DÉVELOPPEMENT HUMAIN (IDH), en 2010

- TRÈS ÉLEVÉ
- ÉLEVÉ
- MOYEN
- FAIBLE
- DONNÉE NON DISPONIBLE

▲ ÉVALUER LE DÉVELOPPEMENT

En 1990, à l'occasion de la publication de son premier rapport sur le développement humain, le Programme des Nations unies pour le développement (PNUD) mettait en place un nouvel instrument d'évaluation. Le Produit intérieur brut (PIB), mesurant la production de richesses d'un État et son taux de croissance économique, n'étant plus suffisant pour appréhender le niveau de développement et le degré de pauvreté des sociétés, l'économiste pakistanais Mahbub Ul Haq avec la collaboration de l'économiste indien, Amartya Sen, ainsi que d'autres chercheurs, ont conçu l'indice de développement humain (IDH). En plus du niveau de vie (revenu national brut par habitant), cet indice se compose de deux autres paramètres : la santé (espérance de vie à la naissance) et l'éducation (durée moyenne de scolarisation des adultes âgés de 25 ans et plus et durée attendue de scolarisation pour les enfants d'âge scolaire). Variant de 0 à 1, l'indice mesure les réalisations d'un pays dans ces trois domaines clés du développement et permet de montrer pourquoi des États au revenu par habitant identique ne jouissent pas du même niveau de développement humain

Estimée à 250 millions de personnes il y a 2000 ans, la population mondiale a cru à un rythme relativement faible durant des siècles, oscillant entre des périodes d'augmentation liées à des séquences de prospérité économique et des périodes de diminution dues aux épidémies, aux famines ou aux guerres. En 1800, on comptait environ 1 milliard d'habitants sur la planète. La structure démographique générale d'alors se caractérisait par un indice de fécondité extrêmement élevé – entre 5 et 7 enfants en moyenne par femme –, auquel répondait un taux de mortalité tout aussi fort, ne laissant souvent aux familles que 2 ou 3 enfants en âge de devenir adulte. La transition démographique qui a lieu au tournant du XVIIIe et du XIXe siècles en Europe va se caractériser par une transformation des équilibres démographiques connus jusque-là.

PRÉVALENCE DE LA SOUS-ALIMENTATION DANS LES PAYS DITS EN DÉVELOPPEMENT, SELON LE CLASSEMENT DES NATIONS UNIES (en % de la population totale), en 2010

5 15 25 35

DONNÉE NON DISPONIBLE

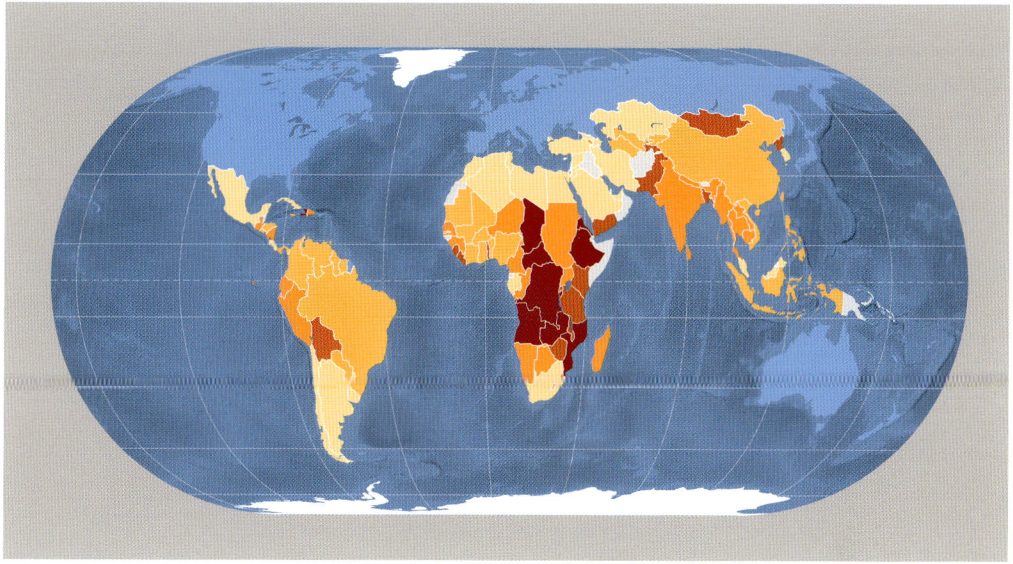

Portrait démographique de la planète

Entre la fin du XVIIIe et le début du XXe siècle, les effets du processus de transition démographique européen et nord-américain sont immédiats. De l'ordre de 0,35 % en 1800, le taux de croissance annuel de la population mondiale grimpe à environ 0,7 % en 1900, avant de connaître une augmentation fulgurante en atteignant 1 % autour de 1925, 1,8 % en 1950 et 2,02 % en 1965, son sommet. Depuis, le taux de croissance annuel de la population mondiale a diminué pour s'établir en 2010 à environ 1,1 %. La population mondiale a donc doublé en un peu plus d'un siècle pour atteindre, en 1927, 2 milliards d'hommes, puis 3 milliards en 1960, 4 milliards en 1974, 5 milliards en 1987, 6 milliards en 1999 et 7 milliards en 2012. Cette croissance devrait se poursuivre au XXIe siècle, mais à un rythme moins élevé. En 2050, elle devrait être de l'ordre de 0,3 % et la population mondiale se stabiliser autour de 9,3 milliards de personnes.

Actuellement engagés dans leur transition démographique, les pays du Sud vont représenter la part la plus importante de la croissance de la population mondiale au XXIe siècle, avant d'adopter des comportements proches de ceux rencontrés dans les pays « industrialisés » – qui ont déjà achevé leur transition démographique. Les pays les plus peuplés de la planète, la Chine et l'Inde, comptaient respectivement, en 2010, 1,3 milliard et 1,2 milliard d'habitants. Viennent ensuite les États-Unis (310 millions), l'Indonésie (239 millions), le Brésil (194 millions), le Pakistan (173 millions), le Bangladesh (148 millions), la Russie (143 millions), le Nigeria (158 millions) et le Japon (126 millions). Comme par le passé, l'Asie demeure le continent le plus peuplé du monde avec 4,1 milliards d'habitants, soit près de deux habitants sur trois dans le monde. L'Afrique, qui comprend 1 habitant sur 8 en 2011, devrait voir sa population doubler d'ici à 2050 (de 1 milliard à 2,1 milliards de personnes) et représenter 1 habitant de la planète sur 5 selon les projections onusiennes. Les Amériques et l'Europe devraient voir leur part dans la population mondiale diminuer. La fracture Nord-Sud constitue sans doute la plus marquante des évolutions démographiques actuelles. C'est une scission que l'on retrouve également sur le plan économique et social.

▲ DÉFINIR LA FAIM

La FAO parle de sous-alimentation « lorsque l'apport calorique est inférieur aux Besoins énergétiques alimentaires minimaux (BEAM). Les besoins énergétiques alimentaires minimaux correspondent à l'énergie nécessaire pour avoir une activité physique légère et maintenir un poids minimal acceptable, selon la taille. Ils varient d'un pays et d'une année à l'autre et sont fonction du sexe et de l'âge de la population ». Pour l'organisation, on parle d'insécurité alimentaire quand les personnes n'ont pas, à tout moment, « un accès physique, social et économique à une nourriture suffisante, saine et nutritive leur permettant de satisfaire leurs besoins énergétiques et leurs préférences alimentaires pour mener une vie saine et active ». Les pays en développement accueillent 98 % des personnes sous-alimentées. Dans ces pays, proportionnellement à la population, la sous-alimentation n'a cessé de diminuer depuis la fin des années 1960, passant de 33 % à 20 % en 1990, puis à 16 % en 2010 – après avoir connu une légère augmentation en 2008. Pour atteindre l'OMD, cette proportion devrait passer à 10 % de la population des pays en développement en 2015.

DES FAMINES À RÉPÉTITION DANS LA CORNE DE L'AFRIQUE ▶

Région à risque, la corne de l'Afrique connaît des famines à répétition depuis une quarantaine d'années. À l'été 2011, ce sont près de 12 millions de personnes qui ont été touchées par la famine, notamment en Somalie. Une multitude de facteurs sont à l'origine de cette crise. Outre la sécheresse et les effets du réchauffement climatique, cette situation, aggravée par des violences armées et l'absence de structures étatiques viables, trouve également sa source dans la spéculation sur le marché des matières premières et la volatilité des prix qui rendent les produits agricoles et alimentaires inaccessibles aux populations. De plus, la multiplication des ventes de terres agricoles à des pays étrangers ces dernières années servent avant tout une agriculture d'exportation, au détriment d'une agriculture vivrière.

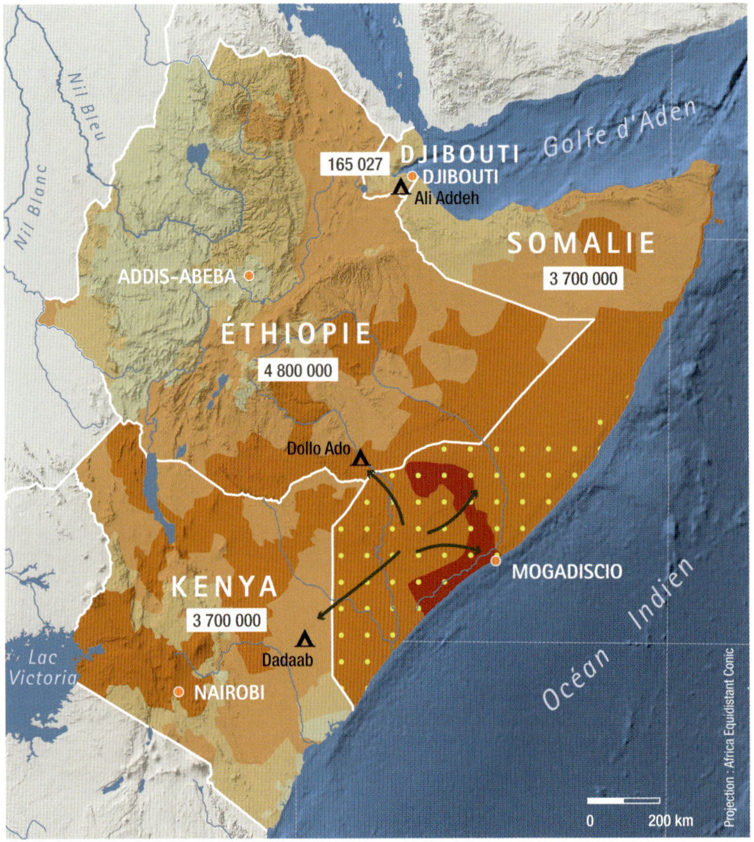

LA CORNE DE L'AFRIQUE : SITUATION DE LA SÉCURITÉ ALIMENTAIRE SELON LES CATÉGORIES ÉTABLIES PAR LES NATIONS UNIES (JUIN-JUILLET 2011)

- RISQUE NUL OU MINIME
- STRESS
- CRISE
- ÉMERGENCE
- CATASTROPHE – FAMINE
- ZONE CONTRÔLÉE PAR LES MILICES AL-CHABAB, ACCÈS HUMANITAIRE DIFFICILE
- PRINCIPAUX DÉPLACEMENTS DE POPULATION
- PRINCIPAUX CAMPS DE RÉFUGIÉS
- 165 027 NOMBRE ESTIMÉ DE PERSONNES NÉCESSITANT UNE ASSISTANCE

Vivre avec 1,25 dollar par jour

Le seuil d'extrême pauvreté est fixé à 1,25 dollar par jour et le seuil de pauvreté à 2 dollars par jour. En 2010, selon la Banque mondiale, près de 1,2 milliard de personnes vivaient sous le seuil d'extrême pauvreté. En raison des effets de la crise économique de 2008 et de la flambée des prix des denrées alimentaires, près de 44 millions de personnes dans les pays à faible revenu auraient basculé au second semestre 2010 dans cet état d'extrême pauvreté. Malgré cette dégradation récente, le premier des Objectifs du millénaire pour le développement (OMD) établi en 2000 par l'ONU, à savoir réduire de moitié entre 1990 et 2015 le nombre de personnes vivant en situation d'extrême pauvreté, devrait être atteint. En 1990, le nombre de personnes vivant sous ce seuil s'élevait à 1,8 milliards, quant à ceux vivant sous le seuil de pauvreté, ils étaient 2,7 milliards. En 2015, l'extrême pauvreté devrait encore concerner 882 millions de personnes et la pauvreté 2 milliards de personnes dans le monde.

Selon la Banque mondiale, cette baisse de l'extrême pauvreté s'est accélérée depuis le début du XXIe siècle, sous l'effet notamment des évolutions du continent asiatique, où la pauvreté a diminué de 50 % depuis 1990. Alors qu'en Chine ce sont près de 500 millions de personnes qui sont sorties de l'extrême pauvreté depuis 1990, une logique similaire peut s'observer au Vietnam, au Laos ou au Cambodge. En Afrique subsaharienne, la tendance à la réduction de la pauvreté est également enclenchée, même si elle se fait à un rythme moins rapide. Enfin, en Afrique du Nord et au Moyen-Orient, si l'extrême pauvreté y est peu élevée – de l'ordre de 3,6 % de la population en moyenne –, en revanche, le seuil de pauvreté de moins de 2 dollars par jour est davantage représentatif des réalités économiques et sociales de la région. On constate alors, au regard de ce seuil, que le taux de pauvreté moyen de la région s'élevait encore à 16,3 % de la population en 2005. D'une manière générale, si le développement économique des pays émergents contribue largement à la baisse de la pauvreté dans le monde, il n'en demeure pas moins qu'un nombre considérable de personnes reste tributaire des aléas économiques mondiaux et de leurs conséquences sociales.

Un milliard de personnes sous-alimentées

Depuis 1800, et contrairement aux thèses malthusiennes, l'accroissement des ressources agricoles a permis de répondre à la croissance de la population mondiale. Dans la deuxième moitié du XXe siècle, le taux de croissance de la production agricole a constamment été supérieur à celui de la population mondiale, répondant, au moins en théorie, aux besoins alimentaires humains. La forte productivité agricole du dernier demi-siècle tient à plusieurs facteurs : augmentation des surfaces de terres cultivées, mécanisation et motorisation de l'agriculture, utilisation massive d'intrants.
Cependant, malgré des ressources agricoles et alimentaires suffisantes pour nourrir l'ensemble de la population mondiale, leur inégale répartition, leur mauvaise distribution liée à un système économique défavorisant les cultures vivrières, les jeux spéculatifs sur les prix des céréales, la pauvreté des populations dans les pays en développement et l'effet des crises économiques récentes rendent l'accès aux produits agricoles difficile et maintiennent des millions de personnes dans un état de sous-alimentation. Le nombre de personne sous-alimentées est passé d'environ 878 millions de personnes en 1969 (26 % de la population mondiale) à 843 millions en 1990 (16 % de la population mondiale), puis 788 millions en 1995, niveau le plus bas atteint depuis la Seconde Guerre mondiale. Depuis, ce chiffre n'a cessé d'augmenter, jusqu'à franchir la barre du milliard de personnes en 2009, en raison de l'augmentation du prix des matières premières agricoles en 2006 et de l'impact de la crise économique mondiale de 2008. En 2010, le nombre de personnes souffrant de la faim a de nouveau diminué pour se fixer à 925 millions de personnes selon les estimations de la FAO (13,5 % de la population mondiale). La baisse de la sous-alimentation enregistrée en 2010 tient à une diminution du nombre de personnes sous-alimentées en Asie, où la sous-alimentation affecte encore 578 millions d'individus, et en Afrique subsaharienne, où 239 millions de personnes souffrent de la faim (30 % de la population de la région). Cette légère baisse, la première en quinze ans, rend malgré tout incertaine la perspective de tenir les engagements de cet OMD, qui prévoient de réduire de moitié le nombre et la proportion de personnes souffrant de la faim dans le monde entre 1990 et 2015.

RESSOURCES EN EAU RENOUVELABLES PAR HABITANT (m³/hab./an), en 2008

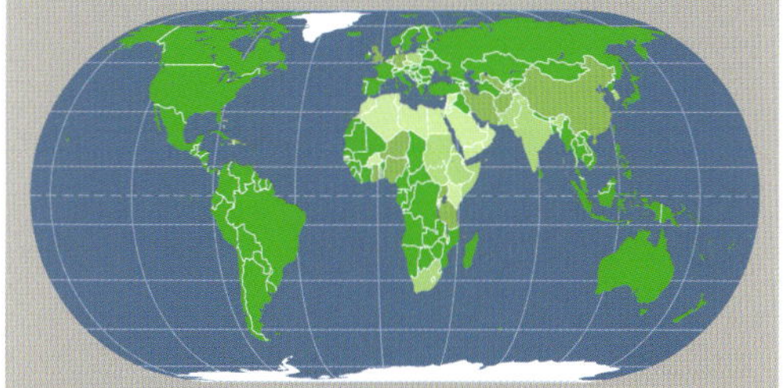

PART DE LA POPULATION AYANT ACCÈS À UN POINT D'EAU POTABLE AMÉLIORÉ (en %), en 2008

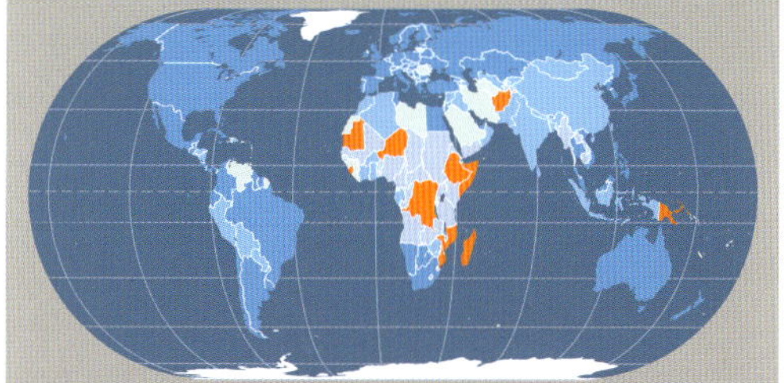

PART DE LA POPULATION UTILISANT DES INSTALLATIONS D'ASSAINISSEMENT AMÉLIORÉES (en %), en 2008

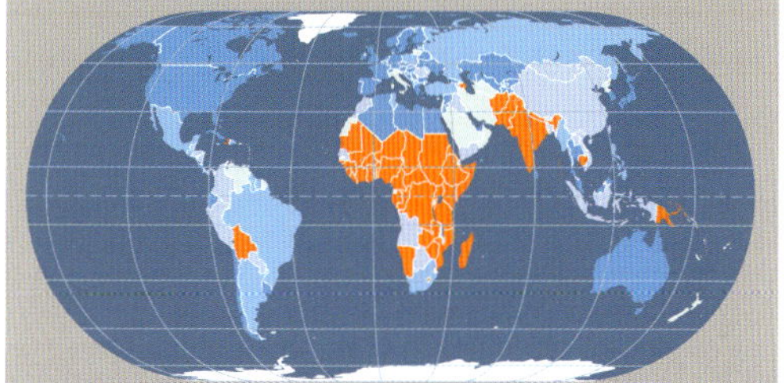

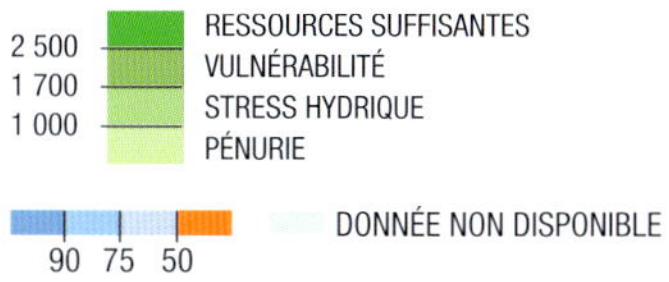

◄ ACCÉDER À L'EAU, UN LUXE INÉGALEMENT PARTAGÉ

L'indice de Falkenmark mesure les disponibilités moyennes en eau par habitant au cours d'une année. Il s'obtient en divisant les ressources en eau renouvelable totale d'un État par sa population. Il distingue différentes situations hydriques nationales (carte 1). Au niveau mondial, les disponibilités moyennes en eau s'élevaient, en 2008, à 6 500 m³/hab./an. Elles étaient de 16 800 m³/hab./an en 1950 et devraient s'élever, en 2025, à 4 800 m³/hab./an, suivant en cela l'évolution de la population mondiale et des besoins de l'agriculture (qui capte 60 % des ressources). En théorie, il existe donc assez de ressources au niveau mondial pour satisfaire aujourd'hui les demandes humaines. Néanmoins, l'inégale répartition des ressources en eau (une dizaine d'États, dont l'Islande, le Brésil, le Canada, la Norvège, concentre 60 % des réserves hydriques) et leur accès inégal conduit de nombreuses régions à ne pas disposer des ressources nécessaires à leur développement et à leur bien-être. En effet, disposer de ressources en quantité importante est une condition nécessaire pour répondre aux demandes en eau, mais non suffisante si l'on ne dispose pas des capacités de mobilisation pour la redistribuer sous une forme qualitativement améliorée.

VOIR AUSSI : L'AFRIQUE EN MOUVEMENT, p. 46

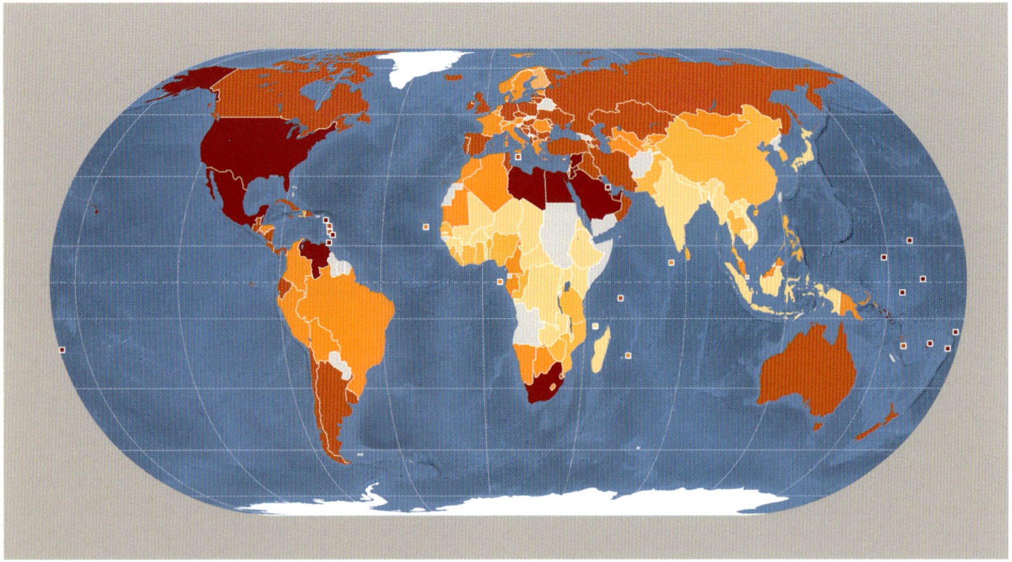

PROPORTION D'ADULTES OBÈSES (en % de la population adulte totale), en 2008

▲ DU NORD AU SUD, LA TRAJECTOIRE DES MALADIES NON TRANSMISSIBLES

L'OMS définit le surpoids et l'obésité « comme une accumulation anormale ou excessive de graisse corporelle qui peut nuire à la santé ». L'obésité concernait près de 500 millions de personnes en 2008. Jusqu'à présent, cette maladie touchait surtout les pays à haut revenu. Toutefois, dans les pays émergents et en développement, l'augmentation du niveau de vie, l'adoption par les nouvelles classes moyennes de régimes alimentaires plus riches et de modes de vie urbains ont conduit à l'accroissement de cette maladie.
De même, on constate dans ces pays l'augmentation des cas de maladies non transmissibles comme le cancer, les maladies cardio-vasculaires, le diabète. Le nombre de diabétiques dans le monde est passé de 30 millions de personnes en 1985 à 250 millions en 2010, et il pourrait atteindre 360 millions en 2025. Sur le continent africain, l'OMS estime que le nombre de diabétiques pourrait passer de 10 millions en 2005 à 20 millions en 2025. En l'absence de politiques de santé publique et de prévention, les pays concernés risquent d'être dans l'incapacité de faire face à ces maladies.

La santé a été placée au cœur des Objectifs du millénaire pour le développement par l'ONU. Pas moins de trois objectifs portent directement sur les questions sanitaires. Toutefois, malgré les progrès de la médecine, qui ont permis d'améliorer les conditions de vie de nombreuses personnes, l'accès à la santé demeure encore largement inégalitaire à l'échelle mondiale.

EN ATTENDANT LA SANTÉ POUR TOUS

La création de l'Organisation mondiale de la santé (OMS), en 1948, visait à rendre la santé accessible au plus grand nombre. En 1978, à Alma-Ata (Kazakhstan), au cours de la conférence internationale sur les soins de santé primaires, l'organisation lançait une initiative visant à garantir la « santé pour tous » à l'horizon 2000. Ambitieux et légitime, ce programme a pâti de l'absence de développement économique dans de nombreux pays du Sud, où les ressources sont limitées et la santé publique un domaine non prioritaire. En 2008, à l'échelle mondiale, les dépenses de santé représentaient 8,5 % du PIB mondial. Sur ce total, les pays de l'OCDE, qui forment environ 20 % de la population mondiale, représentaient à eux seuls presque 90 % des dépenses consacrées à la santé dans le monde. Cette inégalité des moyens se traduit par un accès inégal des populations à la médecine et a des répercussions immédiates sur leur santé. Ainsi, alors que la moyenne mondiale de l'espérance de vie à la naissance était de 68 ans en 2009, elle était de

- CAPITALE
- CHEF-LIEU DE DÉPARTEMENT

INTENSITÉ ESTIMÉE DU TREMBLEMENT DE TERRE DU 12/01/2010

10 – EXTRÊME · 9 · 8 · 7 – TRÈS FORTE

CONCENTRATION DE SITES DE DÉPLACÉS INTERNES

DÉPLOIEMENT DE LA MISSION DES NATIONS UNIES À HAÏTI (MINUSTAH)

DÉPARTEMENT CONCERNÉ PAR L'ÉPIDÉMIE DE CHOLÉRA

AU 20/10/2010 · AU 6/11/2010

DEPUIS LE 20/11/2010

NOUVEAUX CAS DE CHOLÉRA ENREGISTRÉS, en juin 2011

HAÏTI, L'URGENCE DU DÉVELOPPEMENT

Comme si un séisme de magnitude 7 causant la mort de 200 000 personnes en janvier 2010 n'y suffisait pas, Haïti a connu une épidémie de choléra quelques mois plus tard. L'insalubrité et l'absence d'infrastructures sanitaires ont constitué un terreau fertile à la propagation de la bactérie, introduite sur le territoire haïtien par des casques bleus népalais de la mission d'aide de l'ONU. Frappé par des catastrophes naturelles à répétition dont les effets sont amplifiés par un état de pauvreté chronique (145e sur 169 dans le classement IDH 2010), le pays, peuplé de 10 millions d'habitants, dont 56 % ont moins de 25 ans, s'emploie à gérer l'urgence avec l'aide de la communauté internationale, sans réussir à poser les bases de son développement. En 2009, le pays consacrait 6,1 % de son PIB à ses dépenses de santé, l'espérance de vie à la naissance y était de 62 ans et le taux de mortalité des enfants de moins de 5 ans de 87 pour 1000 (moyenne mondiale 60 pour 1000). Le contraste avec son voisin insulaire de la République dominicaine est marquant : avec une population de taille identique et sur un territoire une fois et demi plus grand, elle disposait, en 2009, d'un PIB par personne (en PPA) sept fois plus élevé, d'une espérance de vie supérieure de 9 ans, d'un taux de mortalité des enfants de moins de cinq ans presque trois fois plus bas, et cela avec des dépenses de santé légèrement inférieures (5,7 % du PIB).

76 ans sur le continent américain et de 54 ans en Afrique. On retrouve les effets de cette inégalité d'accès aux systèmes de santé sur la mortalité infantile et la maternité. Pour l'OMD 4, l'objectif entre 1990 et 2015 est de réduire de deux tiers le taux de mortalité des enfants de moins de 5 ans. Si la tendance générale est à la baisse, les écarts demeurent malgré tout abyssaux entre le continent africain, par exemple, où la moyenne régionale du taux de mortalité des moins de 5 ans était de 127 décès pour 1000 enfants en 2009, et l'Europe, où ce taux était de 13 pour 1000. Ce sont ainsi près de 8 millions d'enfants de moins de 5 ans qui meurent chaque année de diarrhée, de rougeole, de paludisme ou d'autres maladies pour lesquelles des traitements existent. Le constat et la géographie des inégalités sont identiques pour l'OMD 5 qui vise à réduire de trois quarts le taux de mortalité maternelle d'ici à 2015 et « à rendre l'accès à la médecine procréative universel d'ici à 2025 ».

Dans un autre registre, les premières victimes des maladies infectieuses (paludisme, choléra, tuberculose, VIH-sida, etc.) se trouvent avant tout dans les pays en développement. Malgré les progrès enregistrés ces dernières années dans le traitement de ces pathologies, la pauvreté et l'absence d'accès aux médicaments et aux soins maintiennent cependant ces populations dans un état de vulnérabilité. Pour ne prendre que quelques exemples, selon l'OMS, en 2009, le paludisme a provoqué la mort d'environ 781 000 personnes dans le monde et le nombre de malades affectés par le VIH-sida a augmenté de 2,6 millions, touchant au total quelque 33 millions de personnes. À l'instar du paludisme ou de la tuberculose, 68 % des personnes touchées par le VIH-sida se trouvent en Afrique subsaharienne.

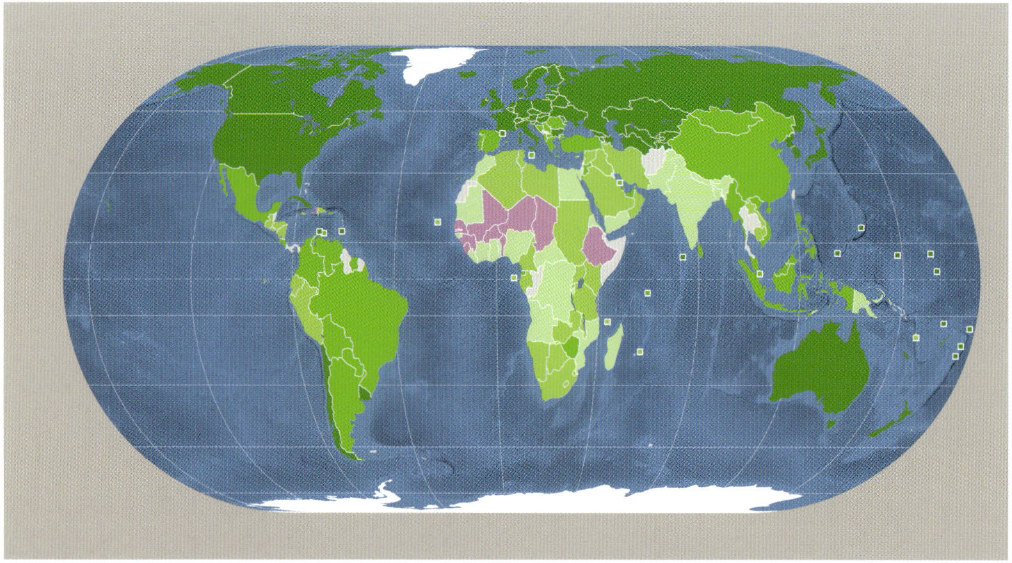

La Déclaration universelle de 1948 reconnaît l'éducation comme un droit de l'homme. Elle se révèle tout à la fois un outil d'enrichissement, d'épanouissement, d'investissement sur l'avenir, un instrument indispensable au développement humain et, plus largement, au développement des États. Pourtant, en 2012, de nombreux obstacles rendent l'accès à ce droit inégal et incertain pour bien des populations à travers le monde.

L'ANALPHABÉTISME, FLÉAU DU XXIe SIÈCLE

▲ LIRE, ÉCRIRE, COMPRENDRE

L'Unesco définit comme alphabète toute personne qui « peut lire et écrire, en le comprenant, un énoncé simple et bref se rapportant à sa vie quotidienne », compétences fondamentales auxquelles la Banque mondiale ajoute celle du calcul. Ce socle de base est loin d'être maîtrisé par l'ensemble de la population du monde, comme en témoigne le nombre d'adultes analphabètes recensés en 2009 : près de 800 millions, soit une personne sur cinq dans le monde. Si la plupart des adultes analphabètes vivent dans des grands pays en développement ou émergents, très peuplés, le taux d'alphabétisation (c'est-à-dire le nombre d'adultes sachant lire et écrire sur la totalité de la population adulte) reflète la géographie mondiale des inégalités économiques, les pays aux revenus les plus bas en Afrique ou en Asie affichant les taux les moins élevés.

TAUX D'ALPHABÉTISME DE LA POPULATION ADULTE
(en % de la population adulte totale),
valeur la plus récente, entre 2005 et 2009

50 70 90 98*

Donnée non disponible

* Pour certains pays développés d'Amérique du Nord, d'Europe, d'Asie orientale et d'Océanie, les Nations unies attribuent un taux d'alphabétisme de 99 % lors du calcul de l'Indice de développement humain.

Reproduisant la géographie des inégalités économiques et de la pauvreté, l'analphabétisme reste très présent au XXIe siècle dans de nombreuses régions du monde. Pour résoudre ce problème international, nourri par la pauvreté qu'il contribue en même temps à entretenir, les Nations unies ont lancé au tournant du millénaire une série d'initiatives en faveur de l'éducation. Après le cadre d'action pour « l'éducation pour tous », lancé par l'Unesco à Dakar en 2000, la déclaration du millénaire a inscrit l'éducation au cœur de deux des Objectifs du millénaire pour le développement (OMD) à atteindre en 2015 : assurer l'éducation primaire pour tous (OMD 2) et promouvoir l'égalité des sexes et l'autonomisation des femmes (OMD 3).

PAYS EN DÉVELOPPEMENT DONT LES DÉPENSES MILITAIRES SONT PLUS IMPORTANTES QUE CELLES CONSACRÉES À L'ENSEIGNEMENT PRIMAIRE, en 2009

DÉPENSES MILITAIRES (en % du PNB)

DÉPENSES EN ÉDUCATION PRIMAIRE (en % du PNB)

L'INSTITUTEUR ET LE SOLDAT ▶

Dans de nombreux pays en développement affichant des retards importants en matière de scolarisation et d'alphabétisme, les dépenses militaires sont plus importantes que celles consacrées à l'éducation, notamment à l'éducation primaire. Au Pakistan, en conflit avec l'Inde depuis plus de soixante ans autour de la question du Cachemire, les dépenses militaires sont sept fois plus importantes que celles consacrées à l'éducation primaire. Or, un tiers des enfants en âge d'être scolarisés dans le primaire ne le sont pas (plus de la moitié sont des filles). Par ailleurs, on estime qu'en 2015 un quart des jeunes de 15 à 24 ans seront analphabètes.

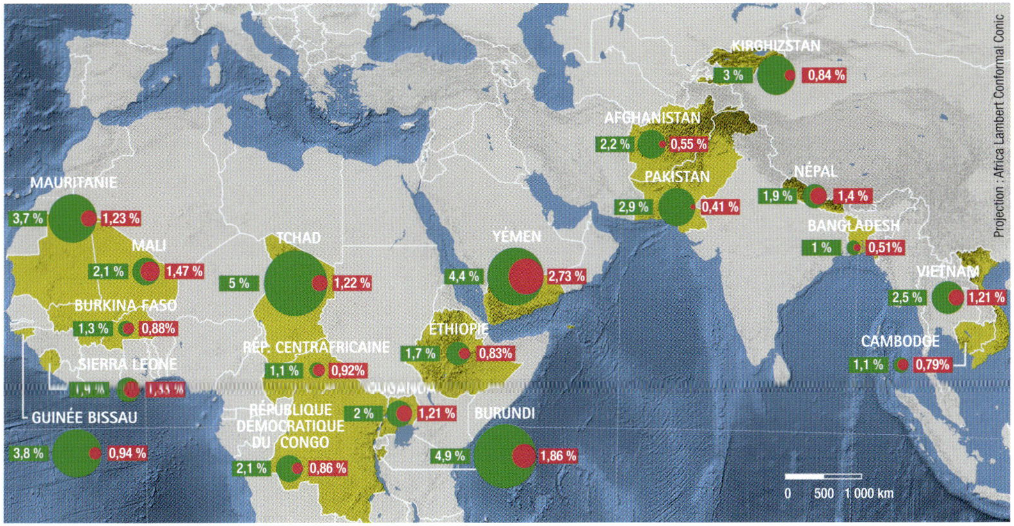

Un bilan mitigé

À l'approche de l'échéance de 2015, il apparaît que des progrès incontestables ont été accomplis, notamment dans la scolarisation au niveau primaire, classes dans lesquelles les enfants de 4 à 13 ans, selon les pays, font l'apprentissage des notions fondamentales de l'éducation, comme la lecture, l'écriture et le calcul. Selon les statistiques de l'Unesco, le nombre d'enfants non scolarisés au niveau primaire a baissé dans le monde, passant de 106 millions d'enfants en 1999 à 67 millions en 2009 (soit un enfant sur dix qui ne va pas à l'école). Cette évolution positive cache pourtant de nombreuses disparités régionales. On constate non seulement que la moitié des enfants non scolarisés dans le monde se trouve concentrée dans une quinzaine de pays en développement, mais également que les régions du monde qui ont enregistré les progrès les plus importants sont celles où le niveau de scolarisation initial était le plus bas. Ces progrès sont partiellement liés au lancement d'initiatives spécifiques, comme la réduction des frais de scolarités ou la distribution de repas à l'école. Par contre, en Asie du Sud et de l'Ouest, on est passé d'une moyenne de 21 % d'enfants non scolarisés dans le primaire en 1999, à 9 % en 2009. La progression est similaire pour les États arabes – de 23 % d'enfants non scolarisés en 1999 à 14 % en 2009 – et pour l'Afrique subsaharienne – de 41 % en 1999 à 23 % en 2009. Malgré ces progrès, l'accès à l'école pour la totalité des enfants reste inatteignable pour un grand nombre de pays. Selon l'Unesco, si les tendances actuelles se poursuivent, le nombre d'enfants non scolarisés, loin de diminuer, pourrait même s'accroître d'ici à 2015. Cette estimation prend en compte la progression démographique mais aussi le fait qu'une partie des enfants scolarisés est prématurément soustraite des bancs de l'école, bien avant d'avoir pu acquérir les bases de l'alphabétisation. En Afrique subsaharienne, environ 10 millions d'enfants abandonnent chaque année l'école.

Pauvreté, insécurité et discriminations

Les raisons et les obstacles qui entravent l'accès des enfants à l'école sont multiples. Le premier obstacle est la pauvreté, dont les effets agissent tant au niveau national, en limitant les chances des populations les plus pauvres, que mondial, en creusant l'écart entre pays développés et en développement. Chez ces derniers, de nombreux enfants sont détournés du chemin de l'école parce qu'ils doivent pourvoir aux besoins de leur famille et travailler. D'après l'UNICEF, près de 160 millions d'enfants âgés de 5 à 14 ans travaillent : cela équivaut à un enfant sur six dans le monde, un enfant sur trois en moyenne en Afrique subsaharienne, voire un enfant

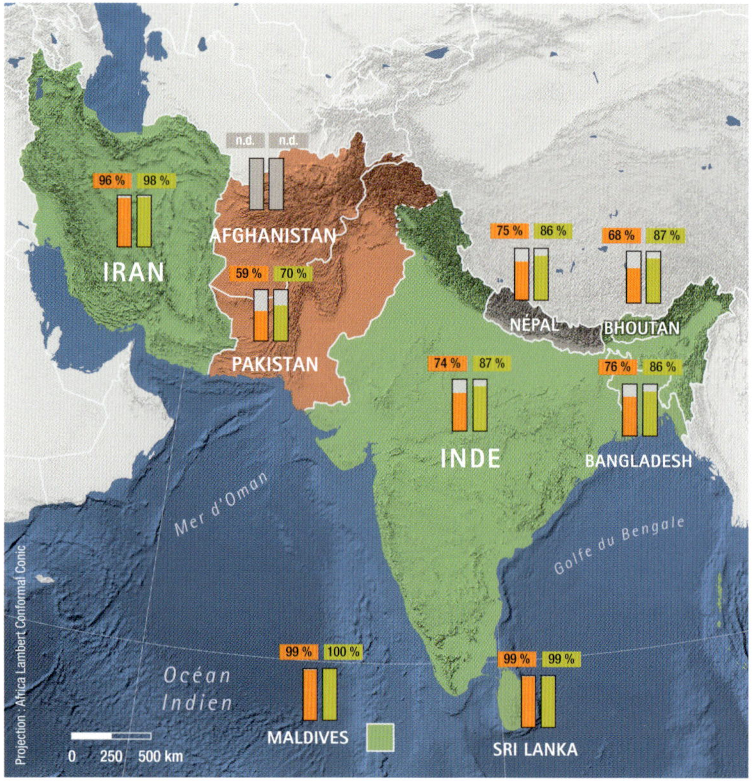

PARITÉ ENTRE LES SEXES DANS L'ENSEIGNEMENT PRIMAIRE

- ATTEINTE EN 2008
- NON ATTEINTE
- DONNÉE NON DISPONIBLE

TAUX D'ALPHABÉTISME DES JEUNES FILLES, 15-24 ANS (en %)

2005-2008 PROJECTIONS 2015

n.d. : Donnée non disponible

L'ALPHABÉTISATION DES FILLES EN ASIE : LE RATTRAPAGE

Délaissée dans de nombreux pays, l'éducation des filles est la clé de voûte du dispositif onusien des Objectifs du millénaire. L'Asie du Sud et de l'Ouest est la région où, depuis la fin des années 1990, les progrès les plus importants ont été accomplis, à la fois dans l'augmentation de la scolarisation des filles, mais aussi dans la parité entre filles et garçons, et ce grâce aux performances indienne et iranienne. Pourtant, le chemin à parcourir reste long. En Afghanistan, on a certes enregistré une hausse considérable de la part des filles scolarisées dans l'enseignement primaire (de 7 % en 1999 à 38 % en 2009), néanmoins les écoles pour filles sont constamment sous la menace de fermeture ou de violence de la part des talibans.

sur deux dans certains pays. L'impact de la crise économique mondiale, qui a placé, d'après la Banque mondiale, 64 millions de personnes supplémentaires dans des conditions d'extrême pauvreté, aura également des répercussions en matière d'éducation. En 2009, certains pays à bas revenu ont ainsi fait le choix de baisser les budgets nationaux consacrés à l'éducation, dans des contextes déjà difficiles en termes d'infrastructures scolaires, de matériel ou encore d'enseignants qualifiés.

L'insécurité et les conflits sont la deuxième barrière qui empêche l'accès à l'éducation et à l'alphabétisation pour tous. En évaluant la situation d'une trentaine de pays ayant connu un ou plusieurs conflits armés entre 1998 et 2008, l'Unesco a ainsi pu mesurer que si ces pays regroupent 18 % des enfants en âge d'aller à l'école primaire dans le monde, ils représentent en revanche 42 % des enfants non scolarisés. Dans les pays touchés par un conflit, on estime qu'un enfant sur cinq est déscolarisé, soit le double de la moyenne mondiale. Les retards d'apprentissage sont encore plus marqués chez les enfants déplacés par les combats, difficilement scolarisés dans des camps de réfugiés. De plus, écoliers, enseignants et salles de classe sont parfois des cibles pour les belligérants. Si la reconstruction du système scolaire et éducatif est essentielle pour la reconstruction d'un pays, elle vient toujours après des besoins plus urgents. C'est pourtant là que se joue l'avenir des nouvelles générations, un avenir qui peut être tourné vers une culture de paix plutôt que vers l'intolérance.

Dernier obstacle à l'éducation pour tous, les inégalités liées au genre. Deux tiers des adultes analphabètes dans le monde sont des femmes et plus de la moitié des enfants non scolarisés sont des filles, auxquelles on interdit l'accès à l'école pour des raisons liées à la pauvreté ou au poids des représentations patriarcales. Conformément à l'Objectif du millénaire pour l'autonomisation des femmes, des progrès ont été accomplis dans l'accès à l'école, notamment dans les régions où la situation des jeunes filles est la plus difficile. L'objectif de la parité à l'école primaire a déjà été atteint au niveau mondial, même si d'importants efforts doivent encore être consentis en Asie du Sud, en Afrique et dans certains pays arabes.

VOIR AUSSI : LE PRINTEMPS DES PEUPLES ARABES, p. 114 – LE SAVOIR, UN ENJEU DE PUISSANCE, p. 212

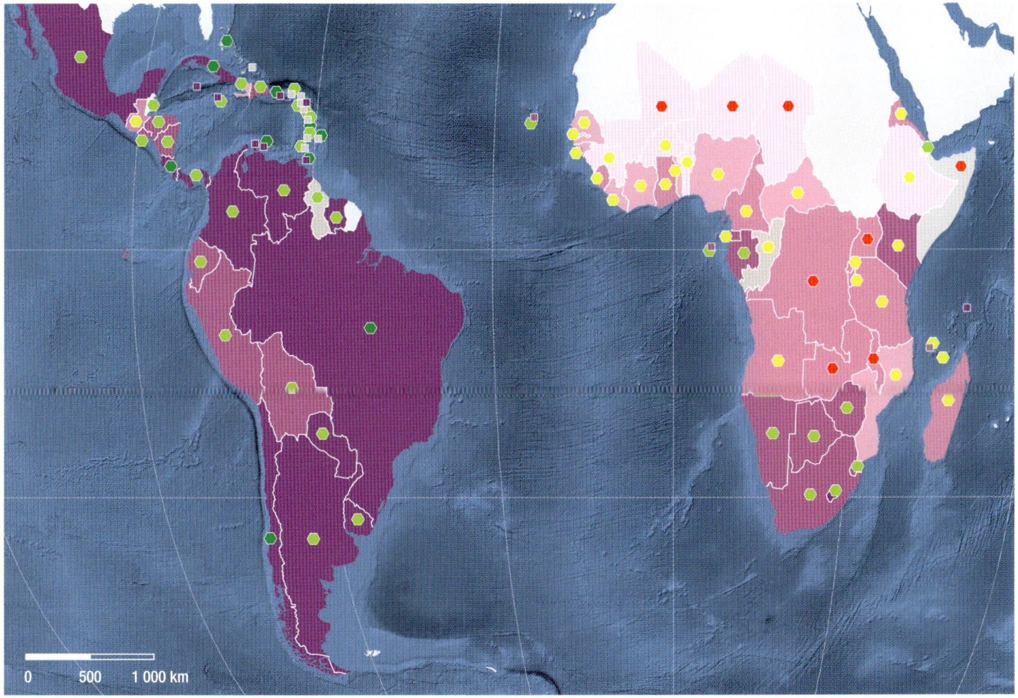

▲ DÉMOGRAPHIE ET ÉDUCATION

Les études démographiques attirent l'attention sur le lien existant entre l'émancipation des femmes et la maîtrise de la fécondité. Cette dernière est en effet l'une des étapes fondamentales pour parvenir à l'émancipation, en permettant aux femmes de sortir de la représentation classique de mère et d'épouse pour accéder à d'autres champs économiques et sociaux. À son tour, la maîtrise de la fécondité est corrélée à l'éducation – celle des femmes mais aussi celle des hommes. Pour les femmes, la poursuite des études retarde l'âge du mariage et facilite l'accès aux moyens de contraception grâce à une meilleure information ; elle permet de gagner en autonomie économique et sociale, tout en contribuant à modifier les modes de vie et à se défaire peu à peu des traditions les plus oppressantes.

TAUX D'ALPHABÉTISME DES FEMMES ADULTES (en % de la population féminine totale), valeur la plus récente, entre 2005 et 2009

30 50 70 90

Donnée non disponible

INDICE DE FÉCONDITÉ (nombre moyen d'enfants par femme), valeur la plus récente, entre 2005 et 2010

- moins de 2
- 2-4
- 4-6
- plus de 6

Malgré les progrès accomplis au cours du XXe siècle (vote, accès au travail, maîtrise de la fécondité), qui ont permis aux femmes de disposer de davantage de droits et de place au sein des sociétés, d'étonnantes disparités et des injustices majeures perdurent dans le monde au début du XXIe siècle.

LA LONGUE MARCHE DES DROITS DES FEMMES

Porteuses de « l'autre moitié du ciel » comme le déclarait Mao Zedong, les femmes devraient disposer des mêmes droits que les hommes. Ce n'est pourtant qu'après la Seconde Guerre mondiale qu'elles ont obtenu la reconnaissance des droits civils et politiques dans de nombreux États du monde. S'éloignant de l'espace domestique auquel elles étaient reléguées, elles ont peu à peu conquis une place plus importante dans l'espace public. Le XXe siècle a ainsi vu la majorité des femmes accéder largement à la maîtrise de leur fécondité (droit à la contraception et à l'interruption volontaire de grossesse), à l'éducation et à un marché du travail salarié qui, auparavant, ne leur était ouvert que de façon temporaire et conjoncturelle en temps de guerre. Symbole du combat pour l'égalité depuis les revendications des suffragettes anglaises au début du XXe siècle, le droit de vote s'est depuis largement ouvert aux femmes. En 1945, lors de la signature de la Charte des

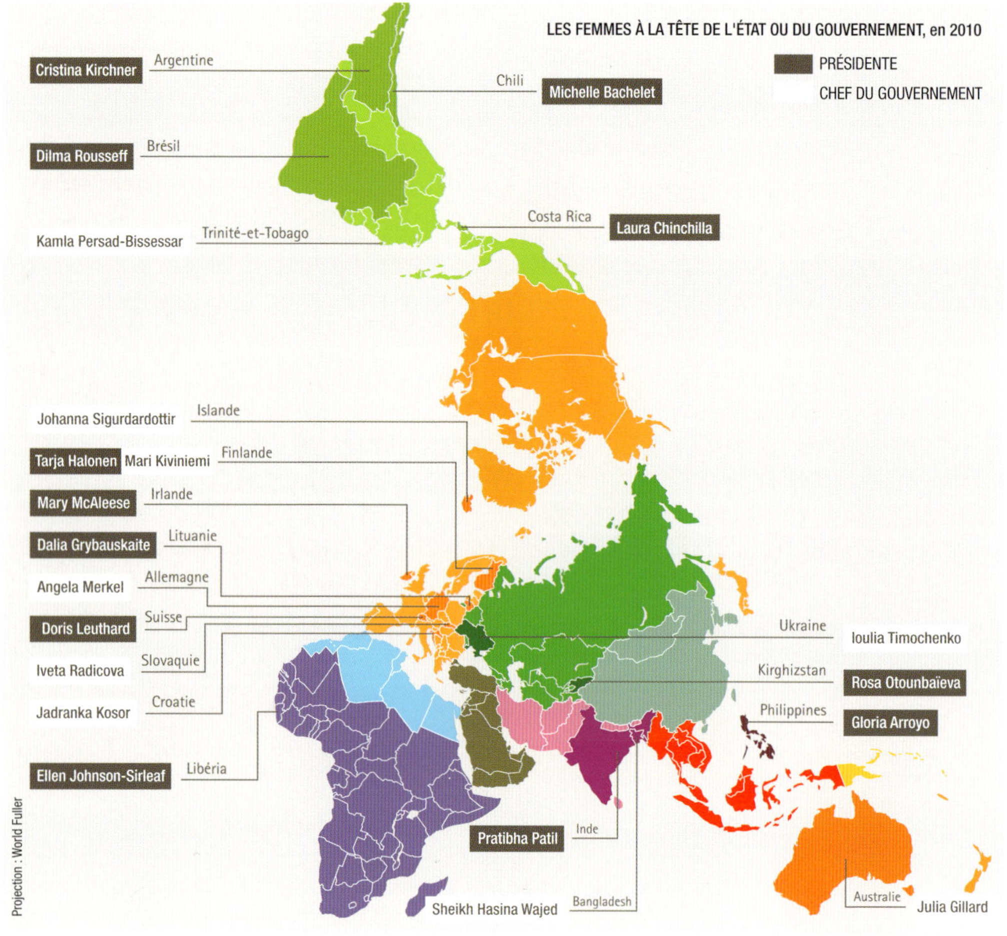

PROPORTION DE SIÈGES OCCUPÉS PAR DES FEMMES DANS LES PARLEMENTS NATIONAUX (moyennes régionales en %), en 2010

OCÉANIE : 2,50 % — AFRIQUE DU NORD : 9 % — ASIE DE L'OUEST : 9 % — COMMUNAUTÉ DES ÉTATS INDÉPENDANTS (CEI) : 15 %
ASIE DU SUD : 18 % — AFRIQUE SUBSAHARIENNE : 18 % — ASIE DU SUD-EST : 19 % — ASIE DE L'EST : 19,50 %
AMÉRIQUE LATINE ET CARAÏBES : 23 % — RÉGIONS DÉVELOPPÉES : 24 %

Nations unies, qui prévoit l'égalité entre les sexes, moins d'une cinquantaine de pays reconnaissait aux femmes le droit de vote. La France elle-même n'a reconnu ce droit qu'en 1944. En 2012, l'ensemble des États de l'ONU applique ce droit. En Arabie saoudite, ce droit sera effectif aux élections municipales en 2015.

Des discriminations persistantes

La place des femmes reste limitée du fait du poids des traditions patriarcales, des fondamentalismes religieux d'où qu'ils viennent, ainsi que de stéréotypes tenaces. L'accès à l'éducation est toujours restreint, comme l'illustre clairement la surreprésentation du genre féminin dans les statistiques relatives à l'analphabétisme. Les femmes sont également maintenues à l'écart lorsqu'il s'agit de la santé. Faute de matériel médical adapté et de personnel qualifié, plus de 350 000 femmes meurent chaque année dans les pays en développement en raison de complications liées à la grossesse ou à l'accouchement.

Il existe un type de violence faite aux femmes qui tient uniquement à leur genre. Dans plusieurs pays d'Asie, la préférence pour les garçons est à l'origine d'infanticides et d'avortements sélectifs ayant d'ailleurs conduit à un « déficit » de plus de 100 millions de femmes – une pratique dénoncée par l'économiste indien Amartya Sen et annonciatrice de graves déséquilibres démographiques. L'organe des Nations unies pour l'égalité des femmes (ONU-Femmes) dénonce par ailleurs la persistance de pratiques « traditionnelles » telles que les mutilations génitales qui concerneraient plus de 130 millions de femmes et de jeunes filles, les crimes d'honneurs (violences, pouvant conduire à la mort, censées sanctionner un comportement perçu par la famille ou la communauté à laquelle appartient la victime comme déshonorant) qui font 5 000 victimes chaque année dans le monde selon le Fonds des Nations unies pour la population, ou encore les mariages forcés et précoces qui entravent les chances des jeunes filles d'accéder à l'éducation. En période de conflit, les femmes font l'objet de viols, stratégie de guerre mise en œuvre notamment en ex-Yougoslavie ou, aujourd'hui, en République démocratique du Congo.

Au niveau économique, dans les pays émergents et en développement, les femmes occupent des positions professionnelles souvent précaires, non qualifiées ou peu qualifiées. On évoque un phénomène de « féminisation de la pauvreté » : selon l'Organisation internationale du travail, sur les 1,4 milliard de travailleurs pauvres dans le monde, 840 millions (60 %) sont des femmes, ces dernières étant particulièrement touchées par l'accroissement du chômage en temps de crise économique.

Peu de femmes aux commandes

Les sociétés des pays développés ont été les premières à porter la cause de l'émancipation et de l'égalité des femmes. Mais des écarts considérables persistent toujours entre hommes et femmes sur le marché du travail. Au sein des pays de l'OCDE, les charges domestiques pèsent bien moins lourdement sur les hommes que sur les femmes, confrontées tout à la fois aux cultures masculines dominantes et à l'insuffisance de politiques publiques leur donnant les moyens de concilier vie familiale et carrière professionnelle. Lorsque l'on considère le seul espace européen, on estime que les femmes gagnent en moyenne 15 % de moins que les hommes. De même, alors que 60 % des diplômés des universités européennes sont des femmes, elles n'occupent que 30 % des positions dirigeantes au sein des entreprises.

Cette sous-représentation se retrouve au niveau politique. À la fin de l'année 2010, seuls 17 pays sur les 194 membres de l'ONU comptaient une femme au poste de chef de l'État ou du gouvernement. En moyenne, un quart des sièges dans les parlements nationaux des pays développés sont occupés par une femme.

AUSSI : EN ATTENDANT LA SANTÉ POUR TOUS, p. 136 - L'ANALPHABÉTISME, FLÉAU DU XXIe SIÈCLE, p. 138

LA TRAITE DES FEMMES DANS LE MONDE : UN TRAFIC ORGANISÉ

D'après l'Office des Nations unies contre la drogue et le crime (UNODC) et l'Organisation internationale du travail (OIT), en 2009, la traite d'êtres humains concerne environ 2,4 millions de personnes dans le monde, dont huit victimes sur dix sont des femmes et des jeunes filles. Parmi les diverses formes que peut prendre ce trafic (travail forcé, mariage forcé, esclavage domestique ou trafic d'organes), l'exploitation sexuelle est la plus répandue : selon l'UNODC, elle concernerait 79 % du total des victimes de la traite. La prostitution reste pourtant un phénomène constamment sous-évalué en raison de l'opacité qui entoure les activités criminels et de la réticence de nombreuses femmes à dénoncer les réseaux qui les exploitent. D'après Amnesty International, 1 à 2 millions de femmes seraient victimes de traite à but d'exploitation sexuelle dans le monde aujourd'hui. Au cours des vingt dernières années, des mutations géopolitiques ont ouvert de nouveaux horizons au trafic d'êtres humains. Ainsi, l'ouverture des frontières de l'ancien bloc communiste, la liberté de circulation croissante au sein de l'espace européen, les conflits dans les Balkans et la paupérisation de certaines catégories de population dans les pays en développement ou anciennement communistes ont rendu le terrain propice au développement de réseaux criminels et accru le nombre de personnes vulnérables et souhaitant migrer. L'Europe est l'une des destinations privilégiées du trafic d'êtres humains, en particulier des femmes, le flux annuel étant estimé par l'UNODC à 70 000 femmes et filles.

PRINCIPALES ROUTES DU TRAFIC D'ÊTRES HUMAINS

LA TRAITE À BUT D'EXPLOITATION SEXUELLE EN EUROPE, 2005-2011

ÉTATS OÙ L'ON RECENSE DE NOMBREUSES FEMMES VICTIMES DE LA TRAITE

PRINCIPAUX PAYS D'ORIGINE DES FEMMES VICTIMES DE LA TRAITE EN EUROPE

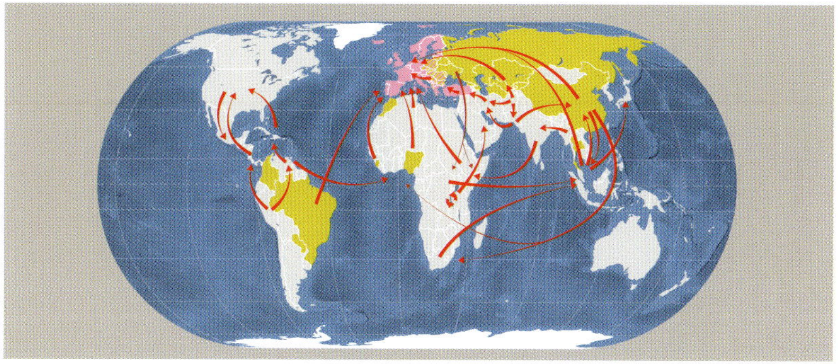

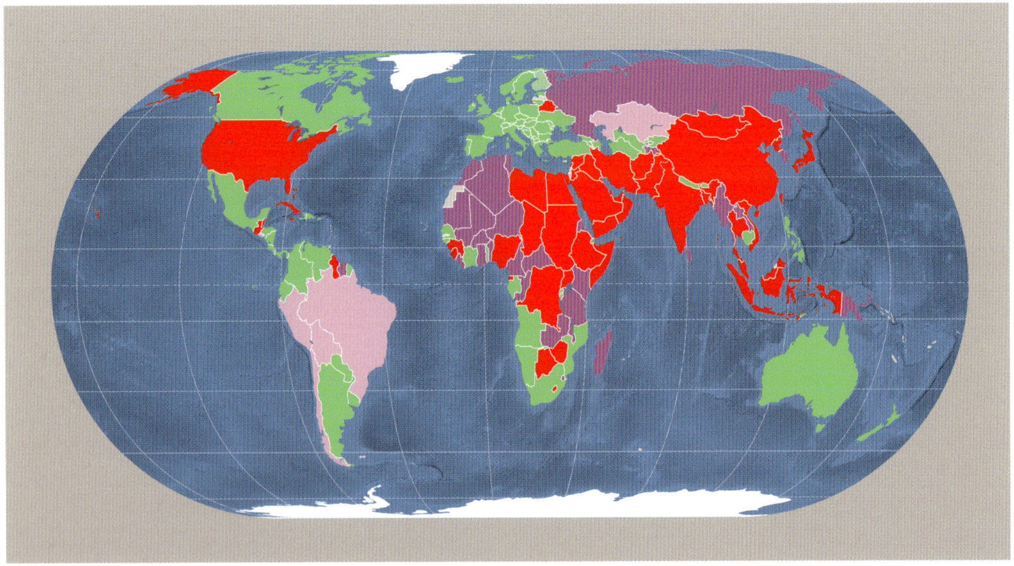

PAYS MAINTENANT LA PEINE DE MORT POUR DES CRIMES DE DROIT COMMUN, début 2011

PAYS AYANT ABOLI LA PEINE DE MORT

- POUR TOUS LES CRIMES
- POUR LES CRIMES DE DROIT COMMUN
- EN PRATIQUE

▲ L'ABOLITION DE LA PEINE DE MORT DANS LE MONDE

En 1900, 5 pays avaient aboli la peine de mort ; en 1945, ils étaient 14. Au début de l'année 2011, on compte 139 États abolitionnistes (de droit ou de fait) et 58 États où l'on pratique la peine capitale. Au milieu de l'année 2011, l'abolition était en cours d'examen en Tunisie, en Corée du Sud, au Liban, au Mali et en Mongolie.
Les pays abolitionnistes de fait sont ceux qui maintiennent juridiquement la peine de mort mais qui n'ont pratiqué aucune exécution depuis au moins 10 ans, ou bien ceux où la peine capitale est abolie pour les crimes de droit commun mais maintenue pour des crimes exceptionnels, par exemple en temps de guerre. Les principales régions abolitionnistes sont l'Europe (où seule la Biélorussie ne l'a pas abolie), l'Asie centrale, l'Océanie et plus de la moitié des Amériques, à l'exception des Caraïbes anglophones. Enfin, 36 des 53 États membres de l'Union africaine sont abolitionnistes de droit ou de fait.

Où en est aujourd'hui l'abolition de la peine de mort dans le monde ? Ce thème, toujours complexe à aborder, touche au fonctionnement de nos sociétés, à l'équilibre qu'il convient de trouver entre liberté individuelle et sécurité de la collectivité.

L'ABOLITION UNIVERSELLE DE LA PEINE DE MORT

Au regard du Pacte international relatif aux droits civils et politiques (ONU, 1966), la peine de mort peut se définir comme une condamnation prononcée en vertu « d'un jugement définitif rendu par un tribunal compétent » conformément aux règles d'un procès équitable et visant à ôter la vie d'une personne jugée coupable d'une infraction passible de cette peine. Dans l'histoire des sociétés européennes, la peine de mort a pu apparaître comme une régulation des principes de vengeance et de justice personnelle qui ont été appliqués pendant des siècles. Après la Seconde Guerre mondiale et les peines de mort prononcées par les tribunaux militaires de Nuremberg et de Tokyo, la pratique de la peine de mort a connu un infléchissement. Elle s'est traduite, au niveau du droit international, par l'inscription du « droit à la vie, à la liberté et à la sûreté de sa personne » pour tout individu dans la Déclaration universelle des droits de l'homme de 1948 et, concrètement, par la progression de l'abolition de la peine de mort en Europe.

ÉTAT DE LA PEINE DE MORT AUX ÉTATS-UNIS, en 2011

ÉTATS FÉDÉRÉS ABOLITIONNISTES
(Nom et date de l'abolition de la peine de mort)

ÉTATS FÉDÉRÉS NON ABOLITIONNISTES

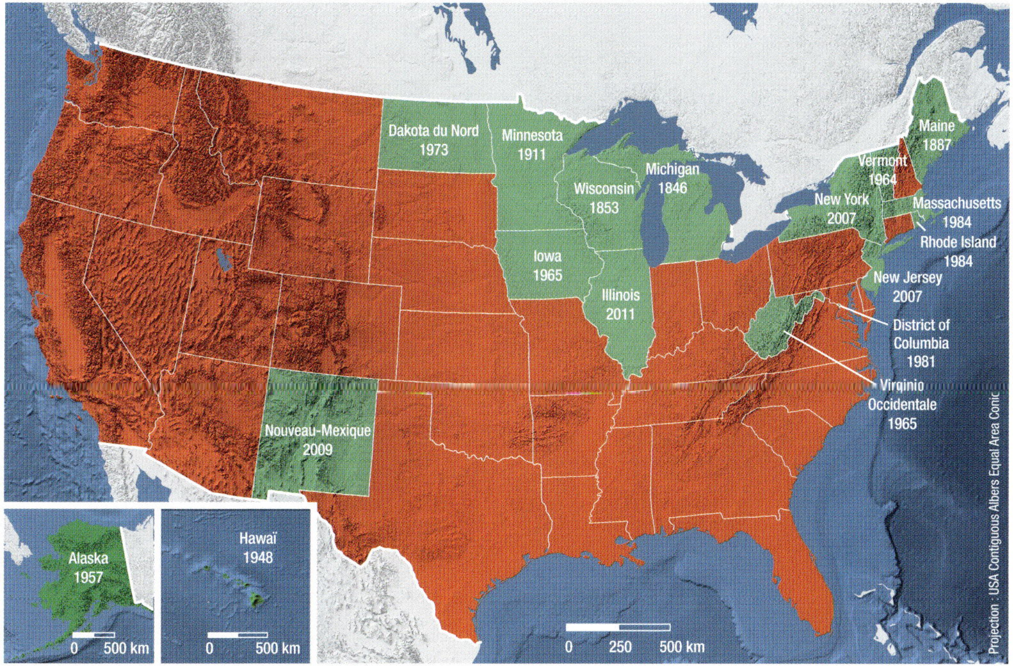

LA PEINE DE MORT AUX ÉTATS-UNIS ▶

Aux États-Unis, l'augmentation des exécutions aux XIXe et XXe siècles culmine dans les années 1930 avec la période de la Prohibition. Le nombre d'exécutions baisse à partir des années 1940 (fin de la Prohibition et période de guerre) jusqu'au moratoire national de 1967. La Cour suprême des États-Unis invalide alors la peine de mort dans tout le pays, en raison de l'absence de certaines garanties procédurales dans certains États fédérés. Le moratoire prend fin en 1976, lorsque la Cour valide les législations réformées, ce qui entraîne une reprise des exécutions au début des années 1980, du fait à la fois de la politique fédérale du président Reagan et de la pression des fondamentalistes religieux, qui se réfèrent à l'Ancien Testament pour justifier la peine de mort. En 1999, le pays atteint un pic du nombre d'exécutions, dû à une hausse importante des crimes violents. Depuis, le nombre d'exécutions est en baisse et le nombre d'États fédérés abolitionnistes en hausse. Par ailleurs, la concentration des exécutions dans le sud du pays ainsi que la présence d'un taux d'homicide élevé remettent en cause la dimension dissuasive de la peine de mort.

Si Saint-Marin (en 1865) et l'Islande (en 1928) sont les premiers États européens à devenir « abolitionnistes en toutes circonstances », à partir des années 1960, les pays d'Europe occidentale vont suivre ce mouvement d'abolition totale, porté notamment par le Conseil de l'Europe qui adopte en 1983 un traité abolissant la peine de mort en temps de paix. À l'exception de la Russie, les 46 autres États membres l'ont ratifié. Dans les anciens pays satellites de l'Union soviétique, la peine de mort a été bannie dès la sortie du système communiste, tout État souhaitant rejoindre l'Union européenne devant en outre abolir la peine capitale. On retrouve également ce cas de figure avec la Turquie, candidate à l'adhésion à l'UE, qui a aboli la peine de mort en 2004. Enfin, l'action des Nations unies a également porté ses fruits. Le « deuxième protocole au Pacte des droits civils et politiques », entré en vigueur en 1991, vise expressément à abolir la peine de mort à une échelle mondiale, les 72 États l'ayant ratifié s'engageant à ne jamais la réintroduire. En 2008, 93 % des exécutions se concentraient dans 6 pays : la Chine, l'Iran, l'Arabie saoudite, le Pakistan, Singapour et les États-Unis.

Par-delà les régimes politiques

La Chine aurait exécuté 1 718 personnes en 2008. D'autres estimations suggèrent entre 6 000 et 8 000 exécutions annuelles, les chiffres étant secrets d'État. Ce pays a mis en place un « service d'exécutions mobiles » par injection létale. En février 2011, 13 crimes passibles de la peine de mort ont été retirés du code pénal – notamment les crimes économiques comme la corruption –, ce qui porte à 55 les infractions passibles de cette peine. Certains territoires chinois n'appliquent plus la peine de mort : Hongkong depuis 1993 et Macao depuis 1997 sans que Pékin ne leur demande de la rétablir après leur rétrocession à la Chine.

Toujours en Asie, le Japon est une démocratie qui applique aussi la peine capitale. La sévérité des tribunaux japonais s'est accrue au cours des quinze dernières années, conduisant à la condamnation à mort de 44 personnes en

2006, total jamais atteint depuis 26 ans. En 2009, une centaine de personnes étaient dans les couloirs de la mort, dont un détenu de 85 ans. Alors que 81 % de l'opinion publique japonaise demeure favorable à la peine de mort, une politique du secret continue d'entourer les condamnés. En effet, le public japonais ne reçoit aucune information préalable à l'exécution, ce qui permet d'éviter les manifestations, les articles et les débats à la Diète (le parlement japonais). Les dates d'exécution sont décidées par le ministre de la Justice et il ne se passe environ qu'une heure entre l'annonce au condamné et son exécution.

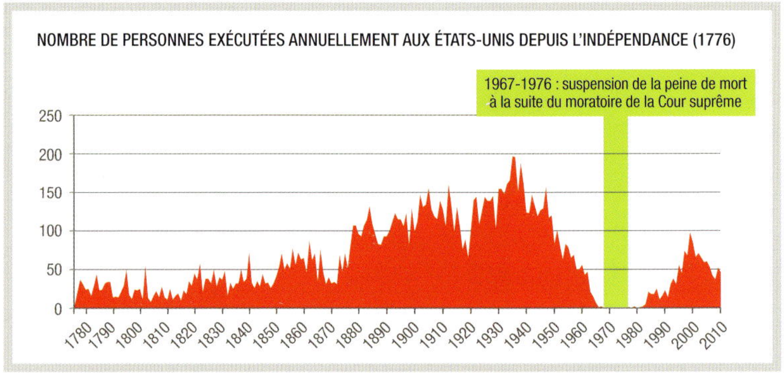

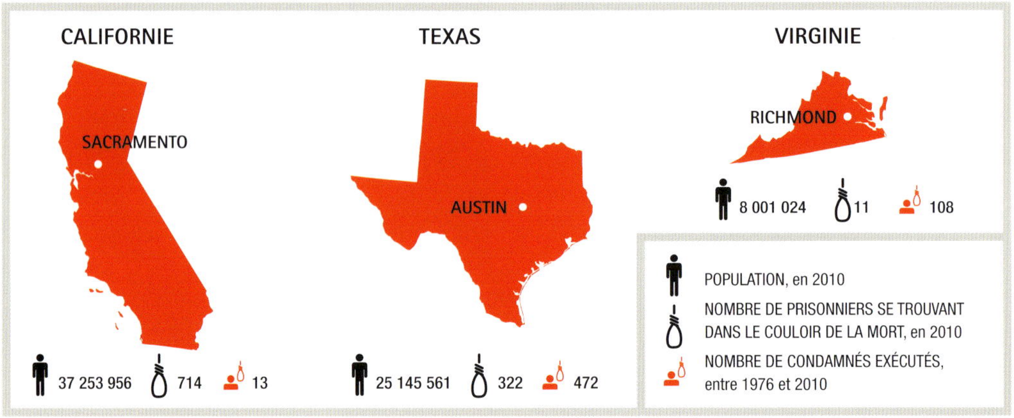

Le cas des États-Unis

Les États-Unis sont, avec le Japon, l'un des derniers grands États démocratiques à avoir conservé la peine de mort dans son arsenal judiciaire. Ce maintien semble anachronique mais les facteurs explicatifs doivent comme toujours être recherchés dans l'histoire. Aux États-Unis, pays qui n'a que deux cent quarante ans, la culture de la « frontière », du pionnier solitaire, de l'arme qui fait justice est venue se greffer sur une tradition anglaise qui permettait aux gouverneurs représentant l'autorité du Royaume-Uni d'ordonner les exécutions.

Aujourd'hui, 34 États fédérés sur 50 ont maintenu la peine capitale dans leur dispositif pénal. En 2010, aux États-Unis, 110 condamnations à mort ont été prononcées (chiffre le plus bas depuis 1976) et 46 personnes ont été exécutées. En 2005, la Cour suprême des États-Unis a interdit la peine capitale à l'encontre des handicapés mentaux et des mineurs ayant entre 16 et 18 ans au moment des faits. En outre, les erreurs judiciaires n'étant pas à exclure, en 2008, 4 personnes ont été libérées grâce aux tests ADN réalisés, après plus de dix ans dans les couloirs de la mort. Parmi les États pratiquant la peine de mort aux États-Unis, le Texas est celui qui exécute le plus de condamnés. De 1976 à 2010, 472 personnes ont été exécutées ; 322 prisonniers se trouvaient dans le couloir de la mort en 2010 et 17 exécutions (37 % de la totalité des exécutions des États-Unis) ont eu lieu cette même année. Parmi ces condamnés, on compte une large part d'Afro-Américains et d'Hispaniques.

Les progrès sont majeurs et les contradictions flagrantes : plus de deux tiers des États du monde ne pratiquent plus la peine de mort, mais plus de la moitié de la population mondiale vit dans des pays qui ne l'ont pas abolie. Cette tendance à l'abolition est peu suivie par les opinions publiques : c'est le cas au Japon et aux États-Unis et c'était également le cas en France en 1981, ce qui n'a pas empêché le président de la République nouvellement élu, François Mitterrand, et son garde des Sceaux, Robert Badinter, de décider d'abolir la peine capitale.

VOIR AUSSI : LES ÉTATS-UNIS, PUISSANCE MALGRÉ TOUT, p. 20 – LE JAPON, PUISSANCE ENTRAVÉE, p. 32 – LA CHINE, PUISSANCE DÉCOMPLEXÉE, p. 34

La mise en place d'une justice pénale internationale permanente est venue bousculer le principe de souveraineté des États. En jugeant des hommes et non des États, la Cour pénale internationale (CPI) s'attaque désormais à l'impunité d'individus responsables de violations du droit international humanitaire.

JUSTICE PÉNALE INTERNATIONALE : PROMESSES ET LENTEURS

Depuis la fin de la Seconde Guerre mondiale, de nombreuses juridictions internationales ont vu le jour. Leur caractéristique principale consistait à juger des contentieux entre États, à l'image de la Cour internationale de justice, fondée en 1946, ou du Tribunal international pour le droit de la mer, initié par la convention de Montego Bay de 1982 et entré en fonction en 1996. Toutefois, c'est la création de juridictions pénales internationales, à la fin du XXe siècle, qui aura suscité le plus d'espoir et rencontré le plus de difficultés en abordant des questions hautement politiques.

Les premières tentatives de création de juridictions pénales ayant vocation à juger des personnes accusées de crimes graves interviennent après la Première Guerre mondiale. En 1919, le traité de Versailles prévoyait la mise en accusation de

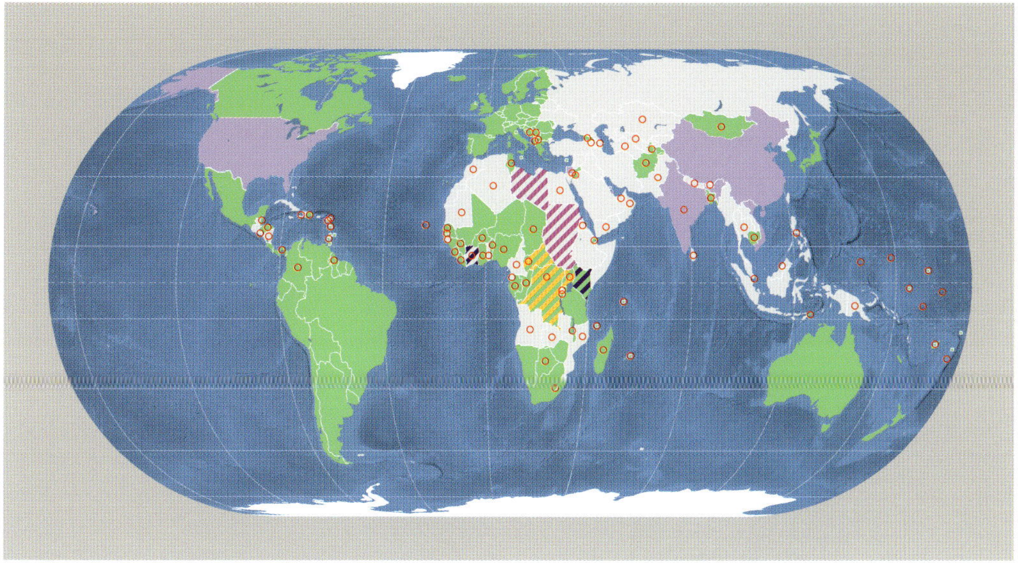

LA COUR PÉNALE INTERNATIONALE (CPI)

- ÉTATS PARTIES AU STATUT DE ROME INSTITUANT UNE COUR PÉNALE INTERNATIONALE, en juillet 2011
- ÉTATS AYANT VOTÉ CONTRE L'ADOPTION DU STATUT DE ROME, en 1998
- ÉTATS AYANT CONCLU ET RATIFIÉ DES ACCORDS BILATÉRAUX D'IMMUNITÉ AVEC LES ÉTATS-UNIS

LES ENQUÊTES DE LA CPI

- ÉTATS AYANT SOLLICITÉ LA COMPÉTENCE DE LA CPI POUR JUGER DE CRIMES COMMIS SUR LEUR SOL
- ÉTATS OÙ DES SITUATIONS ONT CONDUIT À LA SAISINE DE LA CPI PAR LE CONSEIL DE SÉCURITÉ DES NATIONS UNIES
- ÉTATS DANS LESQUELS UNE ENQUÊTE A ÉTÉ OUVERTE À L'INITIATIVE DU PROCUREUR DE LA CPI

▲ LE STATUT DE ROME CONTESTÉ

La convention créant la Cour pénale internationale a été signée le 17 juillet 1998, à Rome, par 120 États. Alors que 21 États se sont abstenus, principalement des États arabes, sept États ont voté contre (Bahreïn, Chine, États-Unis, Inde, Israël, Vietnam et Qatar). En 2011, alors que 117 États avaient ratifié le statut de Rome, six enquêtes avaient été ouvertes. Avant l'entrée en fonction de la Cour, le 1er juillet 2002, les États-Unis se sont attachés à signer des accords bilatéraux d'immunité avec de nombreux pays, signataires ou non de la convention, afin de garantir que les ressortissants américains (diplomates, militaires, civils) ne seraient pas transférés devant la Cour. Très présents militairement dans le monde, les États-Unis craignaient notamment de voir leurs soldats jugés devant la CPI pour des actes commis en opération. Les pressions exercées sur les États réfractaires se sont parfois soldées par un retrait de l'aide américaine.

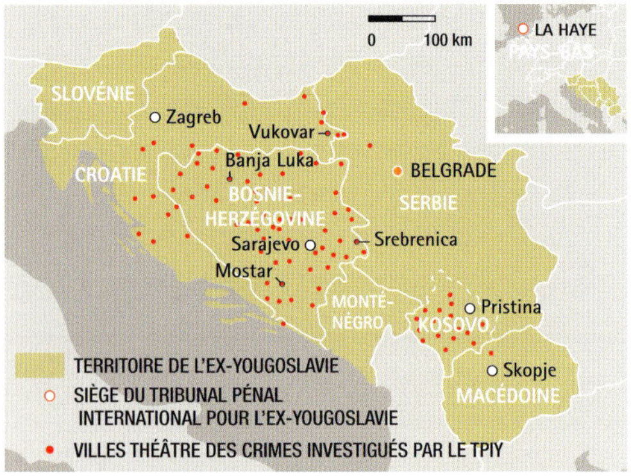

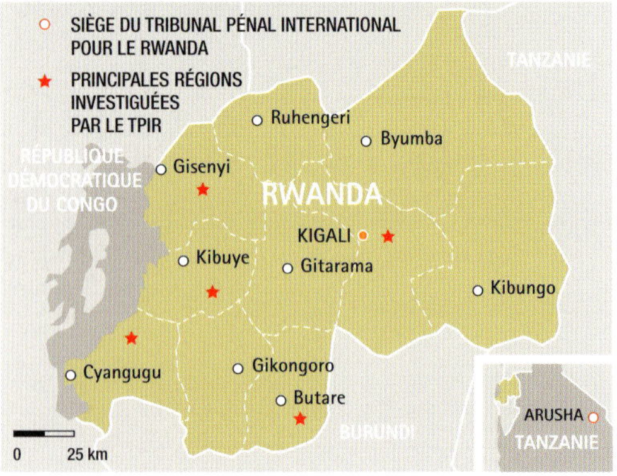

◀ DE LA HAYE À ARUSHA, DES TRIBUNAUX PÉNAUX *AD HOC*

La création du Tribunal pénal international pour l'ex-Yougoslavie (TPIY) par l'ONU, en 1993, avait pour objectif de juger les personnes responsables d'atteinte au droit international humanitaire sur le territoire de l'ex-Yougoslavie à partir du 1er janvier 1991. La mise en place du TPIY sera suivie immédiatement par la création du Tribunal pénal international pour le Rwanda (TPIR), en 1994, qui avait vocation à poursuivre les responsables d'actes de génocide et de violences graves commis sur le territoire du Rwanda ou par des citoyens rwandais sur le territoire des États voisins en 1994. Malgré les difficultés fonctionnelles (notamment le manque de moyens financiers) et les blocages politiques rencontrés, à la date de 2010, ces deux institutions *ad hoc* avaient jugé plus d'une centaine de personnes s'agissant du TPIY et une cinquantaine d'affaires concernant le TPIR. À côté de ces juridictions temporaires, des tribunaux spéciaux à caractère international ont également vu le jour. Ces juridictions mixtes, où institutions nationales et internationales collaborent, ont été créées à la demande des États eux-mêmes en Sierra Leone ou au Cambodge pour juger des atteintes au droit international humanitaire commises lors des conflits récents.

l'empereur allemand Guillaume II, tandis qu'en 1920, le traité de Sèvres entendait poursuivre les responsables turcs du génocide arménien. À la même époque, un comité de juristes mandaté par la Société des Nations, organisation internationale nouvellement créée, adoptait une résolution restée sans suite proposant la création d'un organe juridictionnel compétent pour juger « les crimes contre l'ordre public international et le droit des gens universel ». En 1937, deux conventions internationales restées elles aussi lettre morte prévoyaient l'établissement d'une cour pénale internationale. Il faudra attendre la fin de la Seconde Guerre mondiale pour voir se créer deux juridictions internationales compétentes pour juger les responsables de crimes passés : le tribunal militaire international de Nuremberg, créé en 1945, compétent pour juger les criminels nazis, et le tribunal international pour l'Extrême-Orient (tribunal de Tokyo) en 1946. De nombreuses conventions internationales ont depuis été adoptées, visant à protéger les individus : convention pour la prévention et la répression du crime de génocide en 1948, quatre conventions de Genève sur le droit international humanitaire en 1949, convention sur l'imprescriptibilité des crimes de guerre et des crimes contre l'humanité en 1968, etc. Enfin, il faudra attendre la fin des années 1980 pour que l'Assemblée générale des Nations unies charge la commission du droit international de l'ONU d'une réflexion sur la mise en place d'une juridiction pénale internationale. Promues par les Nations unies, soutenues par de nombreuses organisations non gouvernementales et portées par plusieurs États tels que le Canada, l'Argentine ou encore les États européens, des juridictions pénales internationales ont vu le jour dans les années 1990, d'abord sous la forme de tribunaux pénaux temporaires pour l'ex-Yougoslavie et le Rwanda, puis sous la forme d'une cour permanente en 1998.

Juger les crimes portant atteinte à la communauté internationale

La CPI est entrée en fonction le 1er juillet 2002 et n'est compétente que pour juger des personnes soupçonnées de crimes de génocide, de crimes contre l'humanité, de crimes de guerre et de crimes d'agression ayant été commis depuis cette date. Il existe trois procédures de saisine de la CPI : un État membre peut demander au procureur (Luis Moreno-Ocampo de 2003 à 2012, puis Fatou Bensouda depuis juin 2012) de se saisir d'une situation dans laquelle des crimes relevant de la compétence de la Cour pourraient avoir été commis ; le procureur peut ouvrir une enquête de sa propre initiative ; enfin, le Conseil de sécurité des Nations unies peut décider de déférer au procureur une situation où des crimes pourraient avoir été commis – ce qui n'est pas le moindre des paradoxes lorsque l'on sait que trois des cinq membres permanents (Chine, États-Unis et Russie) ne sont pas signataires du statut de Rome. Ce dernier établit en outre une complémentarité entre la CPI et les juridictions nationales pour juger des violations du droit international humanitaire.

Malgré les réticences des États, attachés à défendre leur souveraineté, malgré les critiques émises contre la Cour, encore considérée comme un instrument sous l'égide des Occidentaux, et malgré des résultats mitigés – en 2012, un seul jugement avait été rendu –, la CPI a eu le mérite de remettre en cause le principe d'impunité dont jouissaient certains responsables.

VOIR AUSSI : L'AFRIQUE EN MOUVEMENT, p. 46 – LES BAROMÈTRES DES CONFLITS, p. 100 – LE PRINTEMPS DES PEUPLES ARABES, p. 114

LA LUTTE CONTRE L'IMPUNITÉ DES DIRIGEANTS POLITIQUES : LE CAS OMAR EL-BÉCHIR AU SOUDAN

— — — Au Soudan, pays d'une superficie de 2,5 millions de km² en 2010 (avant la scission du Sud-Soudan en juillet 2011) et peuplé de près de 43 millions d'habitants, la région du Darfour, grande comme la France et composée de trois États fédéraux (Darfour Nord, Darfour Sud et Darfour Ouest), a connu de 2003 à 2010 (date de la signature d'un accord de paix entre les belligérants à Doha) une guerre civile d'une grande violence. Ce conflit a opposé le pouvoir central soudanais et les milices locales janjawids à des mouvements rebelles armés réclamant davantage d'autonomie et un partage plus équitable des ressources. Dans une région en partie désertique, où éleveurs et agriculteurs, nomades et sédentaires se disputent régulièrement les terres et les ressources en eau, le pétrole récemment découvert a également été l'une des causes du conflit. Selon l'ONU, la guerre civile au Darfour aurait fait près de 300 000 morts et 2,7 millions de déplacés. Ce conflit a donné lieu à des massacres et des crimes de grande envergure qui ont conduit le Conseil de sécurité de l'ONU à saisir la CPI autour de la situation dans la région.

Après avoir lancé des mandats d'arrêt contre certains dignitaires du régime, le 4 mars 2009, la Chambre préliminaire I de la CPI a délivré un mandat d'arrêt contre le président en exercice du Soudan, Omar el-Béchir, pour des crimes contre l'humanité qu'il aurait commis au Darfour au cours des cinq années précédentes. Cette décision a provoqué une petite révolution dans le domaine de la justice internationale. En effet, c'est la première fois qu'un président en exercice s'est vu mis en cause de la sorte, mettant à mal le principe d'immunité dont se prévalaient jusque-là les chefs d'État et autres hauts fonctionnaires. Le mandat d'arrêt émis contre le président soudanais a été contesté par les autorités soudanaises qui n'entendaient pas reconnaître de légitimité ni même de légalité à une action en justice menée en vertu d'un traité auquel le Soudan n'est pas partie. De même, les 53 États membres de l'Union africaine ainsi que nombre de pays arabes se sont opposés à un tel mandat. La pression judiciaire contre le dignitaire soudanais s'est renforcée à l'été 2010, lorsqu'un second mandat d'arrêt a été délivré contre lui par la CPI pour crime de génocide dans la région du Darfour à l'encontre des groupes ethniques des Four, des Masalit et des Zaghawa. S'il n'a pas encore été ni arrêté ni déféré devant la cour de La Haye, cette situation a néanmoins créé un précédent qui s'est d'ailleurs répété le 26 février 2011 contre le dirigeant libyen Mouammar Kadhafi, accusé de crime contre l'humanité. — — —

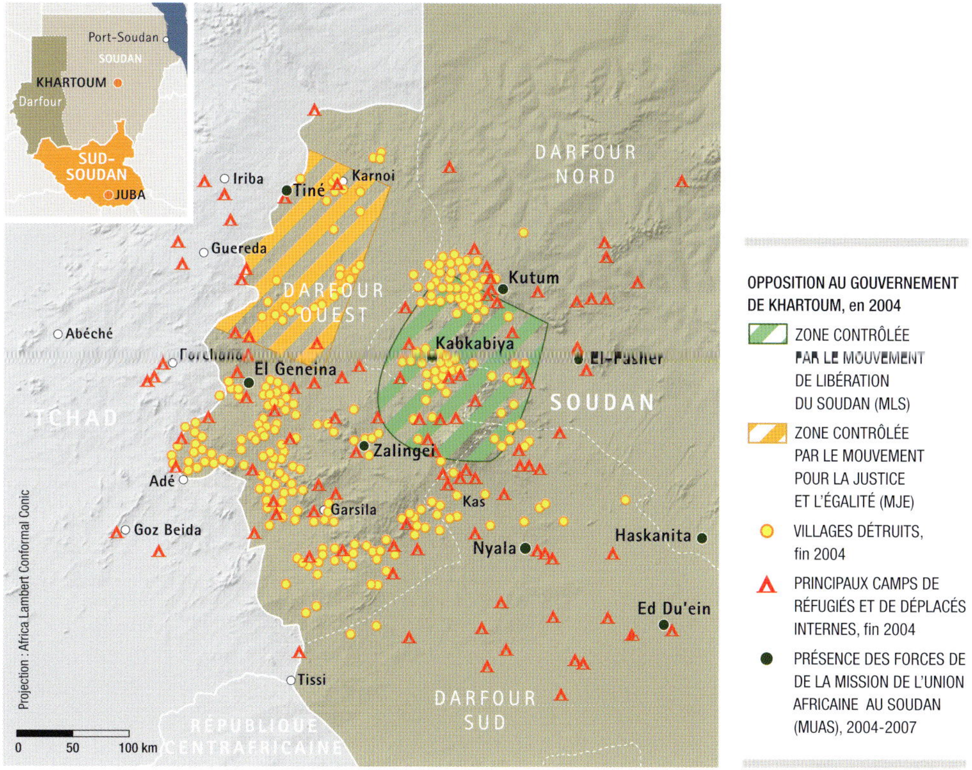

LE PASSAGE DES FRONTIÈRES

PARTIE 3

LE PASSAGE DES FRONTIÈRES

L'apparition de l'État moderne en Europe à partir des XVe et XVIe siècles, puis la signature des traités de Westphalie en 1648 ont donné naissance à un modèle d'organisation politique qui s'est répandu au fil des siècles à l'ensemble de la planète. Le système politique international qui se met alors en place se compose d'États souverains, que l'on définit traditionnellement à partir de trois critères : une population, un territoire et une puissance publique en charge de l'administrer. Lignes fictives aux fonctions diverses, les frontières des États délimitent l'espace sur lequel les gouvernements exercent leur pouvoir et leur autorité souveraine. Outre la distinction entre ordre public interne et ordre externe, où se déploient les relations internationales, la fonction sécuritaire des frontières a longtemps été prédominante. En effet, non seulement les frontières permettent de séparer les États souverains et leurs populations, jouant en cela un rôle de marqueur identitaire, mais surtout elles font l'objet d'une surveillance policière et militaire censée garantir la sécurité intérieure et extérieure des pays. Pourtant, malgré ces contrôles, les frontières n'ont jamais pu se réduire, en pratique, à une barrière totalement hermétique. Qu'il s'agisse des personnes ou des marchandises, les frontières ont en permanence constitué à la fois un lieu de séparation et un lieu d'échange.

À cet égard, la traversée des frontières a pris une dimension radicalement différente à l'époque contemporaine. Sous l'effet notamment de la révolution dans les transports, avec l'arrivée du chemin de fer et du bateau à vapeur, le XIXe siècle a constitué une période d'intenses migrations et de multiplication des échanges commerciaux, donnant ainsi naissance, au tournant du siècle, à ce que d'aucuns ont appelé la première mondialisation. Toutefois, l'impact des transformations de cette époque sur le rôle des frontières des États est sans commune mesure avec celui produit par les révolutions dans les transports et les télécommunications qu'a connu la deuxième moitié du XXe siècle. Depuis les années 1970, en effet, l'époque est à la multiplication des flux transnationaux : migratoires et commerciaux dans un premier temps, ils sont rapidement devenus, dans un second temps, financiers, culturels et de données, dessinant un monde d'interdépendances.

En ce début de XXIe siècle, la mondialisation économique, financière et culturelle, alimentée par des mutations technologiques permanentes, met ainsi à mal le rôle traditionnel de séparation des frontières politiques. Sans disparaître, celles-ci voient certaines de leurs fonctions, et parfois certaines de leurs formes, se modifier. Il est en effet des flux que les États ne peuvent plus totalement maîtriser, même s'ils sont équipés des technologies de contrôle les plus sophistiquées. La tendance est donc, non sans difficultés ni réticences parfois, à la mobilité des personnes, à la mise en relation des cultures et à la diffusion mondiale, ou presque, de l'information et des savoirs. Les distances entre États et entre continents ne constituant plus des obstacles physiques aussi infranchissables que par le passé et les moyens de communication abolissant désormais certaines frontières, la géographie de ces flux remet en cause certaines réalités territoriales et les identités qui y sont attachées. Pays du Nord-pays du Sud, monde rural-monde urbain, monde réel-monde virtuel, les frontières entre ces catégories et ces espaces sont quelque peu bousculées, inaugurant par la même occasion de nouveaux territoires géopolitiques.

1 _ UN MONDE MOBILE

Économiques, sociales, militaires, sanitaires, environnementales, les raisons qui poussent les personnes à quitter leur pays d'origine sont nombreuses. Migrant légal ou illégal, réfugié, demandeur d'asile, ces mobilités humaines, indépendamment de la forme qu'elles prennent et des statuts juridiques auxquels elles donnent lieu, dessinent un monde en mouvement, où les frontières se distendent et perdent une partie de leur fonction. Dans le même temps, les identités se font plus mouvantes. En effet, au gré des mobilités humaines, les communautés d'appartenance évoluent, provoquant tout à la fois échanges et inquiétudes. Ces dernières années, la réponse aux troubles suscités par ces mouvements de population a souvent pris la forme de murs, censés protéger et sécuriser les populations des États. Or le monde mobile est déjà là, produisant des effets tout à la fois positifs et négatifs.

LES MIGRATIONS OU LES CHEMINS DE L'EXIL 154

VIVRE EN DIASPORA 159

LES RÉFUGIÉS AU XXIe SIÈCLE 160

LES RÉFUGIÉS CLIMATIQUES DE TUVALU 163

LES MURS NE SONT PAS ÉTERNELS 164

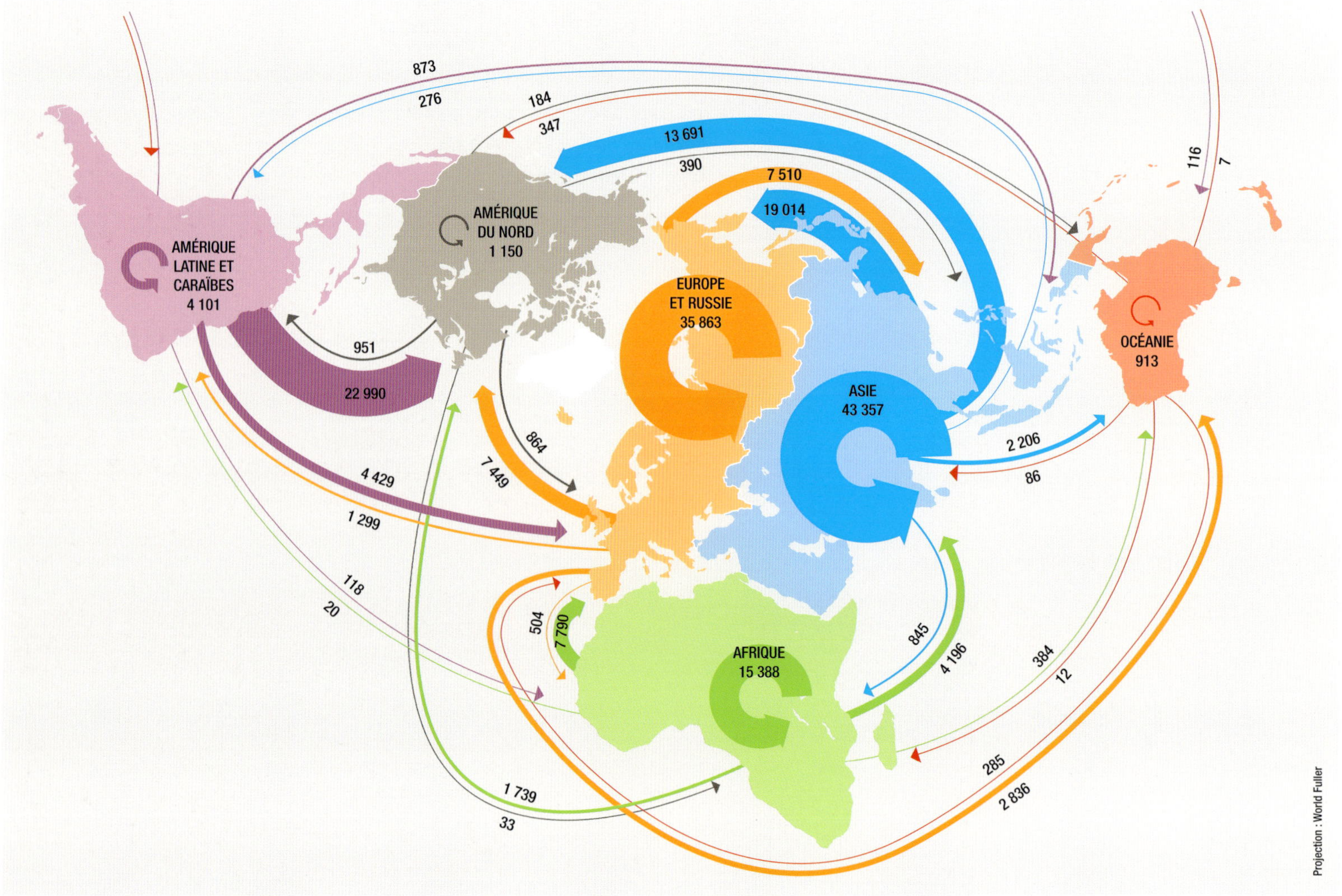

RÉPARTITION DES MIGRANTS INTERNATIONAUX, en 2010 (en milliers de personnes) — MIGRATIONS INTERRÉGIONALES — MIGRATIONS INTRARÉGIONALES

Phénomène d'ampleur mondiale, les migrations révèlent tout à la fois un monde socialement fracturé et inégalitaire et, en même temps, riche de potentialités. Instrumentalisés par certains discours politiques dans les pays du Nord, les migrants, d'où qu'ils viennent, contraints ou volontaires, ont bien souvent fait le pari d'une vie meilleure, ailleurs.

LES MIGRATIONS OU LES CHEMINS DE L'EXIL

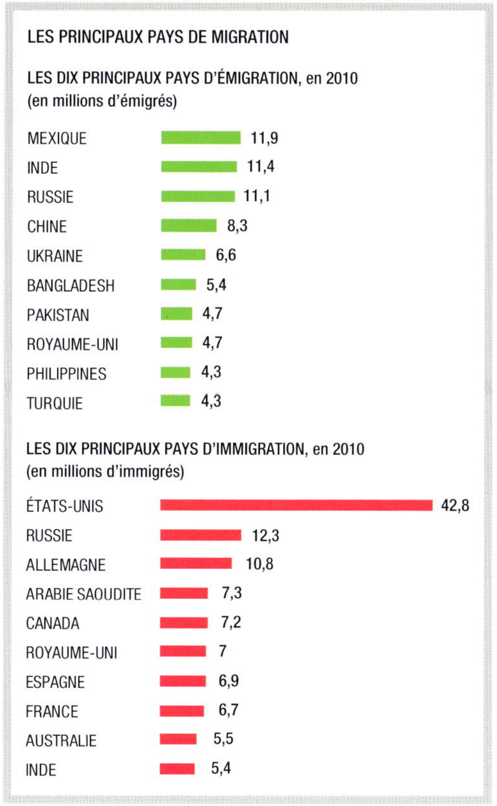

Selon la définition qu'en donne l'Organisation internationale pour les migrations, un migrant international est une personne qui «déplace sa résidence habituelle d'un pays à un autre, pour une durée plus ou moins longue, et pour des raisons qui ne sont pas liées aux loisirs, aux vacances, aux affaires, au pèlerinage, à la santé». Aujourd'hui, toutes les régions du monde sont concernées par ce phénomène de migration, confortant ainsi l'idée d'une véritable mondialisation des flux migratoires. Pour autant, ce phénomène ne peut être considéré comme nouveau, les mobilités humaines ayant toujours existé, contraintes ou volontaires, avec plus ou moins d'intensité. Entre le XVIe et le XIXe siècles, la traite des Noirs, organisée par les sociétés arabes et européennes, a conduit au déplacement forcé de 11 millions de personnes, du continent africain vers les Amériques. Ensuite, du début du XIXe siècle au début du XXe siècle, ce sont plus de 50 millions de personnes qui ont quitté l'Europe pour les États-Unis, le Canada, l'Argentine ou le Brésil, auxquels s'ajoutent les migrations à destination des anciennes possessions coloniales, en Afrique et en Océanie. Sous l'effet combiné des famines, de la pauvreté et de la modernisation des moyens de transport (chemin de fer et bateaux à vapeur), facilitant les déplacements, le XIXe siècle apparaît comme le grand siècle des mobilités d'Européens partis tenter leur chance outre-Atlantique.
Les migrations anglaises, irlandaises, italiennes ou allemandes font de l'Europe d'alors une terre d'émigration et répondent à des motivations finalement peu éloignées de celles qui déterminent les choix des migrants du XXIe siècle.

Les mobiles de la mobilité

Le mobile de départ le plus fréquent est lié à la peur et à l'insécurité physique : fuir la guerre, les persécutions, les massacres ou les tortures. Les exemples ne manquent pas : des Afghans en partance vers l'Iran et le Pakistan voisins, des Soudanais du Darfour gagnant le Tchad afin de fuir les massacres, des Irakiens fuyant la guerre pour trouver protection en Syrie, plus récemment des Libyens fuyant vers la Tunisie ou des Syriens fuyant la répression pour gagner la Turquie.
Un autre facteur important de migration est lié à l'insécurité économique et sociale des personnes concernées, du fait de la pauvreté ou de la précarité dans laquelle elles se trouvent tenues. Dans le monde, près de 40 % des personnes vivent avec 5 % du revenu mondial. Le parcours de ces migrants commence d'abord dans leur propre pays. Ils partent vers les grandes villes et les zones économiquement les plus dynamiques de leur État, dans un premier temps, puis vers les pays voisins, comme les migrants du Zimbabwe ou du Lesotho vers l'Afrique du Sud, les Bangladeshis vers l'Inde, les Colombiens vers le Venezuela. D'autres, moins nombreux, souvent plus jeunes, tentent leur chance plus loin encore, légalement ou clandestinement.

La fuite des cerveaux

Compte tenu du coût humain et financier engendré par la migration, ce sont généralement des personnes jeunes qui partent, mieux dotées en ressources et qui portent souvent les efforts de toute une communauté. Parmi eux, les

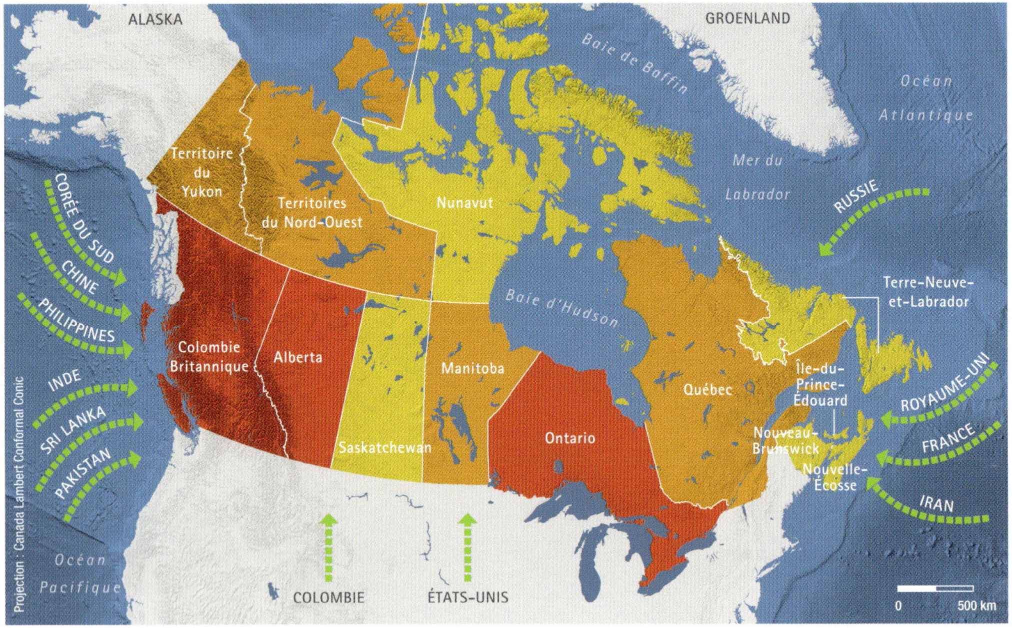

PART DES IMMIGRÉS DANS LA POPULATION DES PROVINCES DU CANADA, en 2006 (en % de la population totale)

6% 15%

PRINCIPAUX PAYS D'ORIGINE DE L'IMMIGRATION RÉCENTE AU CANADA, en 2006

◀ LE CANADA, TERRE D'ACCUEIL

Avec 6 millions de personnes recensées en 2006, les « immigrants », comme on les nomme, représentent environ 20 % de la population canadienne. La diversité de leurs origines souligne deux caractéristiques propres au Canada. En premier lieu, la situation géographique rend difficile toute entrée clandestine sur le sol canadien. Le Canada peut donc « sélectionner » ses immigrés. La seconde caractéristique est d'ordre linguistique. Les immigrés se répartissent souvent en fonction de leur origine et épousent la division linguistique du pays : par exemple, les Haïtiens vont plutôt au Québec francophone et les Britanniques plutôt dans l'Ontario anglophone. Enfin, le pays est rendu attrayant grâce aux multiples programmes d'aide visant à favoriser l'intégration des migrants.

plus diplômés et les plus qualifiés entendent tirer profit de leur parcours universitaire en se rendant à l'étranger. On constate alors, comme en Somalie ou en Papouasie, que plus de 30 % des médecins ont quitté leur pays, ou encore que 60 % des médecins angolais se sont expatriés vers des pays de l'Organisation de coopération et de développement économiques (OCDE).
Cette fuite de cerveaux (le *brain drain*) se retrouve aussi bien dans les pays en développement que dans les pays riches d'Europe, mais elle interpelle davantage lorsqu'elle concerne des pays particulièrement pauvres où les besoins de personnel qualifié sont importants. Informaticiens indiens en Allemagne ou allemands en Californie, infirmières philippines au Royaume-Uni ou anglaises aux États-Unis, ingénieurs algériens en France ou français dans les États du Golfe, les mouvements migratoires dessinent une carte du monde complexe.
La situation est en effet bien moins simpliste que ne le laisse croire l'instrumentalisation des discours sur les migrations qui présente ce phénomène comme se produisant uniquement dans le sens Sud-Nord, autrement dit des pays en développement vers les pays industrialisés et riches.
En diffusant dans le monde entier des images de pays riches, démocratiques, libres, où les biens de consommation sont accessibles à tous, la mondialisation des moyens de communication a fabriqué un fantasme d'*eldorado* occidental. L'analyse des mouvements et de la répartition des populations migrantes dans le monde corrige les idées reçues.

Voisins et étrangers

Alors qu'ils étaient 75 millions en 1965, 120 millions en 1990, 150 millions en 2000, le nombre de personnes vivant hors du pays de leur naissance s'élevait à 216 millions de personnes en 2010, soit 3,2 % de la population mondiale. Parmi ces migrants internationaux, près de la moitié (48 %) sont des femmes. Les migrants internationaux (personnes vivant, à un moment donné, dans un pays différent de leur pays de résidence habituel, indépendamment du moment où elles l'ont quitté) sont à différencier des flux annuels migratoires, flux correspondants aux migrants ayant franchi la frontière d'un autre pays au cours de l'année. Les principaux pays de destination des migrants en 2010 sont les États-Unis (43 millions de personnes), la Russie (12 millions), l'Allemagne (10 millions), l'Arabie saoudite (7 millions) ou encore le Canada (7 millions). Dans l'autre sens, les principaux pays d'émigration sont le Mexique (12 millions de personnes), l'Inde (plus de 11 millions), la Russie (11 millions), la Chine (8 millions) et l'Ukraine (moins de 7 millions). En ce qui concerne la France, avec 6,7 millions d'immigrés vivant sur son sol, elle fait partie des dix principaux pays d'accueil des migrants internationaux, tandis que 1,7 million de ressortissants français vivent dans un pays étranger. Au-delà de ce catalogue de pays d'accueil ou de départ, le phénomène migratoire se précise davantage lorsque l'on change l'échelle d'analyse. On constate alors que la majorité des personnes vivant hors de leur pays d'origine en 2010 a rejoint des pays immédiatement voisins. Les mouvements de migration se font ainsi principalement au sein d'un même espace régional, les déplacements d'un continent à l'autre ne représentant qu'une part mineure.

Ainsi, si ces phénomènes de mobilités humaines se produisent sur l'ensemble de la planète, les migrations révèlent, en pratique, une régionalisation des mouvements de personnes : la plupart des migrants qui gagnent l'Amérique du Nord ne sont plus, comme au XIXe siècle, européens mais latino-américains ; les migrants se rendant en Afrique du Sud proviennent d'Afrique subsaharienne ; et le schéma peut se répéter pour l'Asie, l'Océanie ou encore l'Europe.

Par ailleurs, la géographie des migrants internationaux permet d'observer que les migrations se font principalement dans la direction Sud-Sud, et non des pays du Sud vers les pays de l'OCDE. Près de 43 % des migrants issus des pays en développement résident ainsi dans un autre pays en développement, tandis que 42 % d'entre eux ont rejoint un pays membre de l'OCDE. Dans le même temps, 83 % des migrants des pays membres de l'OCDE résident dans un autre pays de l'OCDE. Dans cette géographie des lieux de migration, de nombreuses idées reçues gagneraient donc à être déconstruites, à l'image de la représentation qui fait de l'Afrique subsaharienne un territoire d'où partent de nombreux émigrés à destination des pays européens. À l'échelle du continent, seuls 2,5 % de la population d'Afrique subsaharienne vivent hors du continent en 2010. À l'échelle de la planète, les migrants d'Afrique subsaharienne constituent à peine plus de 9 % du nombre total de migrants enregistré en 2010. En Europe, les politiques migratoires restrictives et la stigmatisation constante dont font l'objet ces migrants mériteraient d'être revues, notamment au regard des enjeux que constituera, à l'avenir, l'immigration sur un continent européen vieillissant.

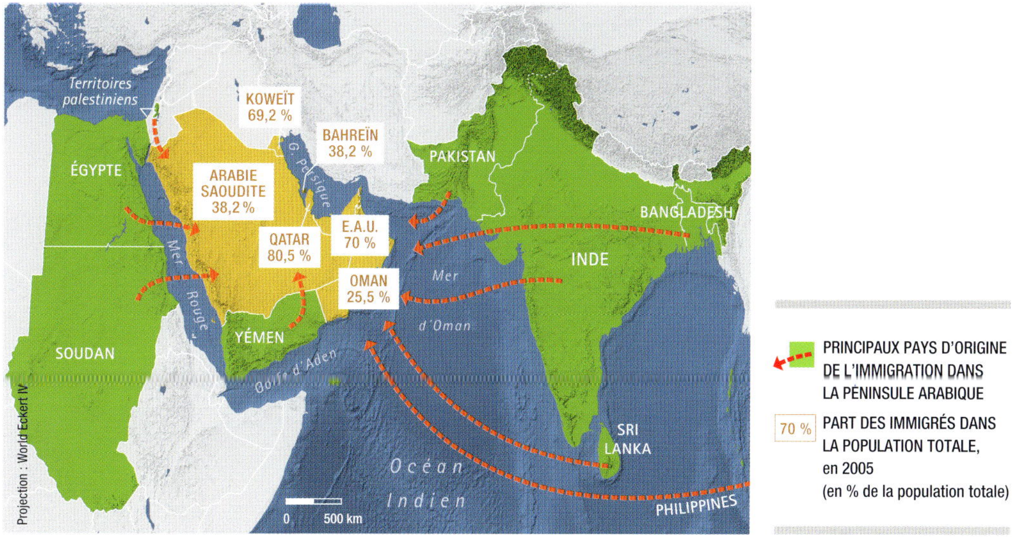

▲ ÊTRE IMMIGRÉ DANS LE GOLFE PERSIQUE

Pour compenser leur faiblesse démographique, les États du golfe Persique ont besoin de main-d'œuvre dans les services et l'industrie pétrolière. Venant surtout du sous-continent indien, des Philippines, d'Égypte et du Soudan, ces migrants économiques représentent aujourd'hui environ 69,2 % de la population totale du Koweït, 70 % aux Émirats arabes unis ou encore 80 % au Qatar. Pour accéder au marché du travail de la région, les migrants doivent s'adresser à des recruteurs et trouver un Kafil, c'est-à-dire un « sponsor » local, qui leur fournit contrat de travail et titre de séjour contre une somme d'argent forfaitaire. Leur statut sur place est précaire, dépourvu de toute protection sociale et dépendant de ce Kafil.

Les migrants, une aubaine

Les enjeux en Europe sont désormais bien connus. Face au vieillissement de la population et à la diminution du ratio entre personnes actives et inactives, la nécessité de financer le régime de retraites requerra une augmentation de la population active. L'immigration, sans être l'unique solution, est une voie possible pour pallier la diminution du nombre des actifs. Dans des secteurs professionnels non délocalisables (bâtiment, aide à la personne, restauration),

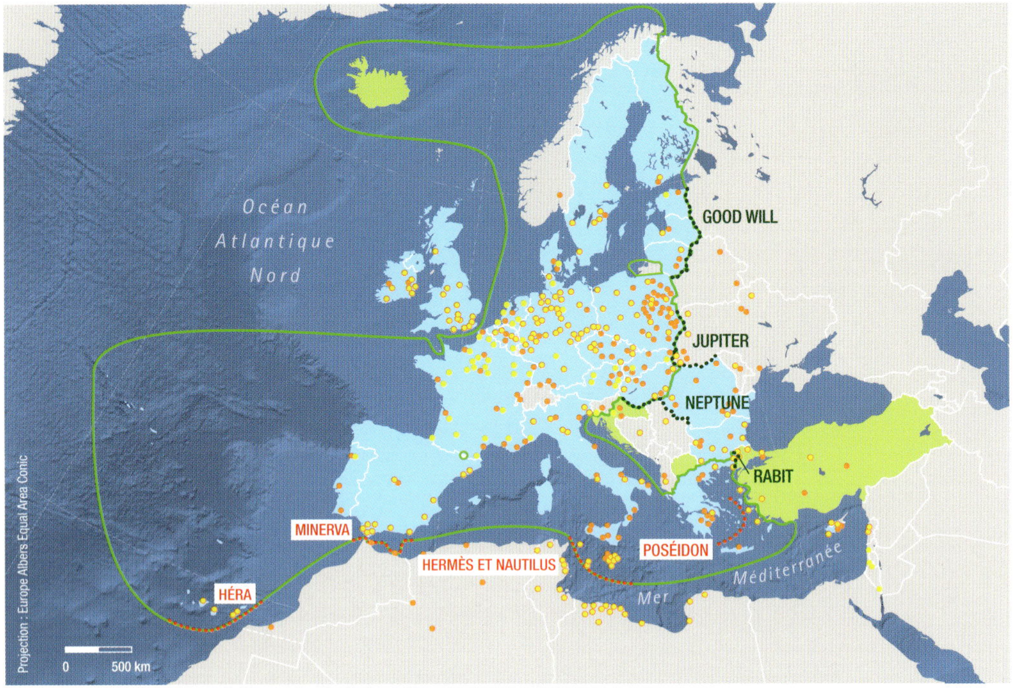

UNION EUROPÉENNE
PAYS CANDIDATS OFFICIELS À L'ADHÉSION À L'UNION EUROPÉENNE
ESPACE SCHENGEN

PRINCIPALES INTERVENTIONS DE L'AGENCE EUROPÉENNE FRONTEX,
de 2008 à 2011

OPÉRATIONS TERRESTRES
OPÉRATIONS MARITIMES

GOOD WILL NOM DE L'OPÉRATION

CENTRES DE RÉTENTION POUR ÉTRANGERS

- EN ATTENTE D'ADMISSION
- EN ATTENTE D'EXPULSION
- EN ATTENTE D'ADMISSION OU D'EXPULSION

◄ REJOINDRE L'EUROPE : LA LONGUE MARCHE

La création de l'espace Schengen a symboliquement supprimé les frontières intérieures de l'UE. Les frontières extérieures, en revanche, sont de plus en plus étanches. Mise en place en 2005, l'agence Frontex est chargée de la coordination des opérations au niveau de la sécurité des frontières, y compris l'interception en mer, sur terre et dans les aéroports des migrants se rendant en Europe de manière irrégulière. Pour le petit nombre de migrants irréguliers qui parvient à rejoindre l'Europe, l'histoire se poursuit alors dans la clandestinité à Paris, Berlin ou Londres, où souvent ils effectuent des travaux difficiles, peu qualifiés, mal payés. Quant à ceux qui sont appréhendés, leur admission en tant que demandeur d'asile ou leur expulsion se jouent dans l'un des très nombreux centres de rétention d'étrangers éparpillés sur le territoire des États membres ou dans ceux qui se multiplient dans des pays tiers, voisins de l'espace Schengen.

le manque de main-d'œuvre annoncé obligera à modifier les politiques migratoires restrictives à l'œuvre depuis quelques années au sein de l'UE et, surtout, à modifier le regard porté sur le migrant qui, par de nombreux aspects, incarne aujourd'hui la figure de l'indésirable.

Les migrants jouent également un rôle économique vis-à-vis de leur propre pays, du fait des transferts de fonds vers leur région d'origine. Pour les pays en développement, ces transferts de fonds équivalaient, en 2010, à plus de 440 millions de dollars alors qu'ils ne s'élevaient qu'à environ 100 millions de dollars en 1995. Cet argent destiné aux familles restées sur place représente un véritable enjeu pour les populations concernées car il sert à assurer un mieux vivre social, notamment par un meilleur accès à l'éducation, à la nourriture et aux soins. C'est également un enjeu pour l'économie du pays concerné. En 2009, la part des fonds issus des émigrés représentait 35 % du PIB du Tadjikistan, 25 % du PIB du Lesotho, 22 % du PIB du Liban ou encore 19 % du PIB du Honduras. De la sorte, si les pays du Nord, en Europe particulièrement, abordent les migrations sous le seul prisme sécuritaire et développent des politiques migratoires de plus en plus restrictives, de leur côté, certains pays du Sud n'entendent pas renoncer à voir leurs ressortissants émigrer, ne serait-ce que pour des raisons économiques.

Objet d'une instrumentalisation tous azimuts, les migrations sont, aujourd'hui, une source de tensions potentielles ou avérées entre pays d'origine et pays d'accueil. Or la coopération est à terme inéluctable afin de développer une stratégie « gagnant-gagnant-gagnant », où les migrants eux-mêmes ne seraient plus seulement des individus gênants, tantôt victimes, tantôt coupables, mais acteurs à part entière de la mondialisation.

VOIR AUSSI : LES RELIGIONS DU MONDE, p. 170 - LE SAVOIR, UN ENJEU DE PUISSANCE, p. 212.

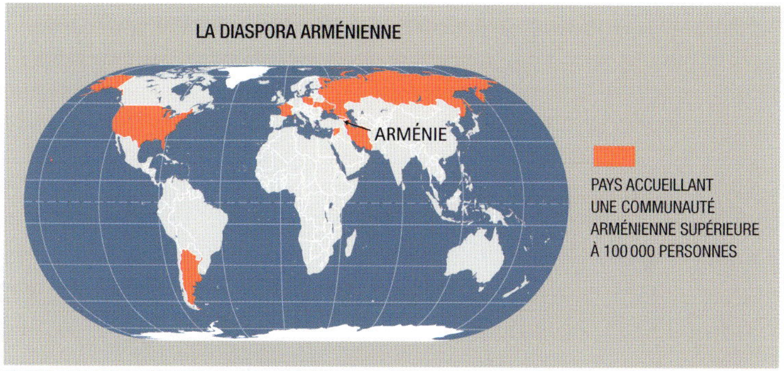

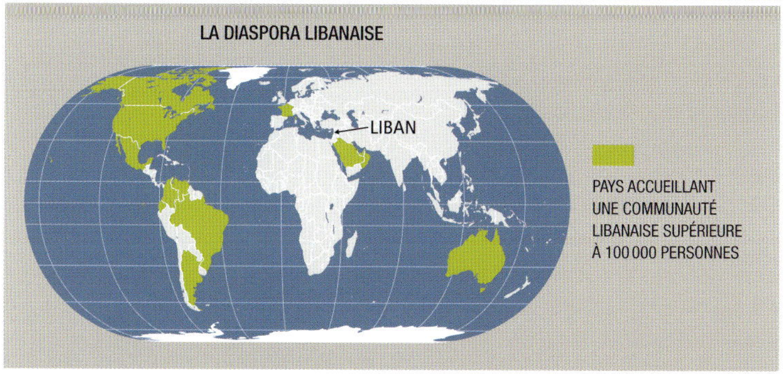

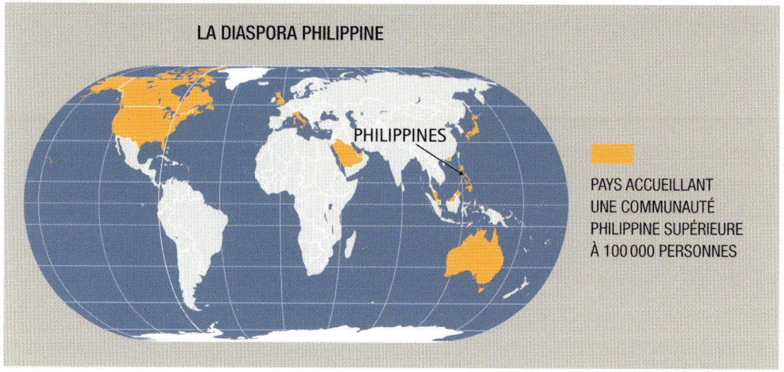

VIVRE EN DIASPORA

Parmi les multiples facettes que prend la mobilité des personnes, les diasporas occupent une place singulière. Si elles sont le produit du phénomène migratoire, tout groupe de migrants ne prend pas pour autant la forme d'une diaspora. Ce qui s'apparente à une « dispersion de population » (origine étymologique du terme) implique la reproduction hors de son lieu d'origine de communautés d'appartenance et de liens de solidarité. En ce sens, la question des diasporas est à la fois une question migratoire et une question identitaire. Si les populations appartenant à des diasporas s'intègrent au pays d'accueil, elles maintiennent en revanche un lien identitaire très fort avec la communauté, voire le pays d'origine. C'est la raison pour laquelle on a pu parler, au sujet des membres de ces diasporas, de personnes appartenant à des « nations en exil ».

Les diasporas sont soit le produit de l'histoire et liées à des mouvements de population continus au fil des siècles, soit, plus proche de nous, elles sont dues aux transformations du monde contemporain. Ces groupes de personnes issues d'un même pays, d'une même tradition religieuse, culturelle ou linguistique, sont géographiquement localisés, fortement intégrés, tissent des réseaux communautaires actifs, sont économiquement organisés et contribuent à stimuler les mobilités des personnes au sein de leur communauté. Les diasporas sont nombreuses : certaines ont des implantations mondiales (diasporas libanaise, chinoise, indienne), tandis que d'autres se constituent à un échelon plus régional, à l'image de la diaspora philippine, présente à la fois dans les pays du golfe Persique et dans la région de l'Asie du Sud-Est, ou encore la diaspora marocaine, très implantée en Europe. Les migrants appartenant à une diaspora vont pouvoir bénéficier dans le pays d'accueil des aides et des réseaux que leur procureront les membres déjà présents, facilitant ainsi leur intégration sociale et professionnelle.

Aux personnes déplacées par les violences politiques ou militaires, par la misère ou les catastrophes, s'ajoutent désormais des migrants dont le nombre va augmenter dans les années à venir du fait des changements climatiques. Ils viennent déjà de Tuvalu, de Polynésie, de Nouvelle-Calédonie, bientôt des Maldives ou des Bahamas, et formeront peut-être eux aussi, à terme, des diasporas, héritières de culture dont le territoire d'origine aura été submergé par les océans au XXIe siècle.

Soixante ans après son adoption, la convention de Genève relative au statut des réfugiés est-elle encore adaptée aux réalités du monde contemporain ? Alors que les causes qui ont justifié son adoption sont toujours d'actualité, de nouvelles formes d'exil forcé ont vu le jour, qu'il importe désormais de prendre également en compte.

LES RÉFUGIÉS AU XXIe SIÈCLE

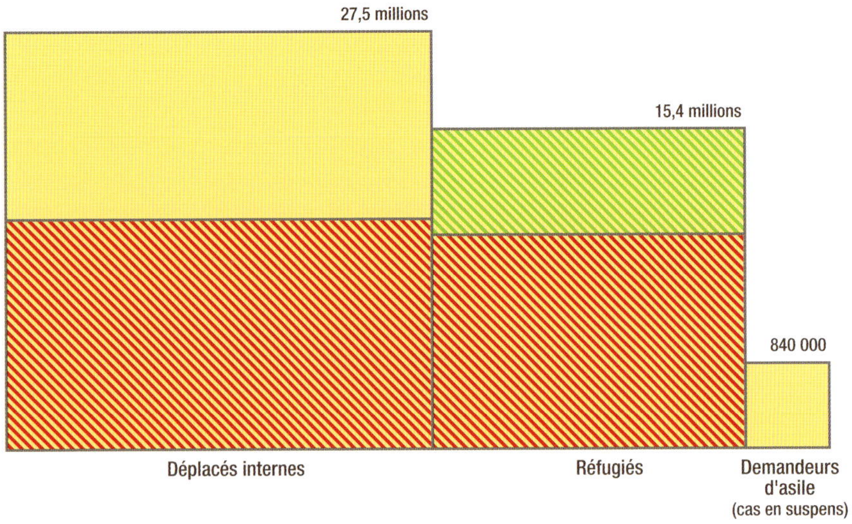

POPULATIONS DÉPLACÉES DANS LE MONDE, en 2010

TOTAL : 43,7 MILLIONS DE PERSONNES

DÉPLACÉS INTERNES ET RÉFUGIÉS RELEVANT DU MANDAT DU HCR : 25,2 MILLIONS

RÉFUGIÉS RELEVANT DU MANDAT DE L'UNRWA (RÉFUGIÉS PALESTINIENS AU PROCHE-ORIENT) : 4,8 MILLIONS

▲ RÉFUGIÉ, DÉPLACÉ INTERNE, LE VOCABULAIRE DE L'EXIL

À la fin de l'année 2010, le Haut-commissariat des Nations unies pour les réfugiés (HCR), instance internationale chargée de la protection des réfugiés, fait état de près de 44 millions de personnes déracinées dans le monde. Parmi elles, les statuts sont multiples. Soixante ans après sa création, l'agence onusienne assiste non seulement 10,5 millions de réfugiés au sens de la convention de Genève, mais aussi 14,7 millions de déplacés internes sur les 27,5 millions qu'elle a recensés dans le monde. À ces chiffres s'ajoutent également les réfugiés relevant du mandat de l'Office de secours et de travaux des Nations unies pour les réfugiés de Palestine dans le Proche-Orient, l'UNRWA, ainsi que les demandeurs d'asile dont le statut de réfugié n'a pas encore été fixé.

L'asile est une pratique ancrée dans l'histoire humaine : les premières traces se trouveraient dans le traité de Kadesh, conclu au XIIe siècle avant J.-C., après la bataille du même nom ayant opposé l'Égypte de Ramsès II à l'Empire hittite. Le terme asile viendrait du grec *asulon*, qui renvoie à l'inviolabilité attribuée par les Grecs à ceux qui se réfugiaient dans certains lieux sacrés. Pourtant, ce n'est qu'au XXe siècle après J.-C. que ce droit bénéficie d'une reconnaissance internationale.

Après l'expérience du Passeport Nansen, document international de voyage octroyé entre les deux guerres mondiales par la Société des nations aux réfugiés et apatrides européens, est adoptée en 1951 à Genève la convention relative au statut des réfugiés. Celle-ci stipule à l'article 1 qu'un « réfugié est une personne qui se trouve hors du pays dont elle a la nationalité ou dans lequel elle avait sa résidence habituelle, qui craint avec raison d'être persécutée du fait de sa race, de sa religion, de sa nationalité, de son appartenance

TERRE D'EXIL ▶

En matière de réfugiés, sans nier l'importance des demandes que les pays riches reçoivent, les statistiques du HCR permettent de réfuter l'idée reçue selon laquelle le réfugié est un fardeau reposant sur les épaules des pays industrialisés. L'exil, lorsqu'il se fait au-delà des frontières, reste avant tout une affaire de voisinage proche. Moins d'un réfugié sur cinq vit en dehors de sa région d'origine. Ce sont donc quatre réfugiés sur cinq qui sont accueillis par des pays en développement. Ainsi, parmi les principaux pays recevant les réfugiés, le Pakistan et l'Iran accueillent avant tout des ressortissants Afghans, tandis que la Syrie est la principale destination des Irakiens.

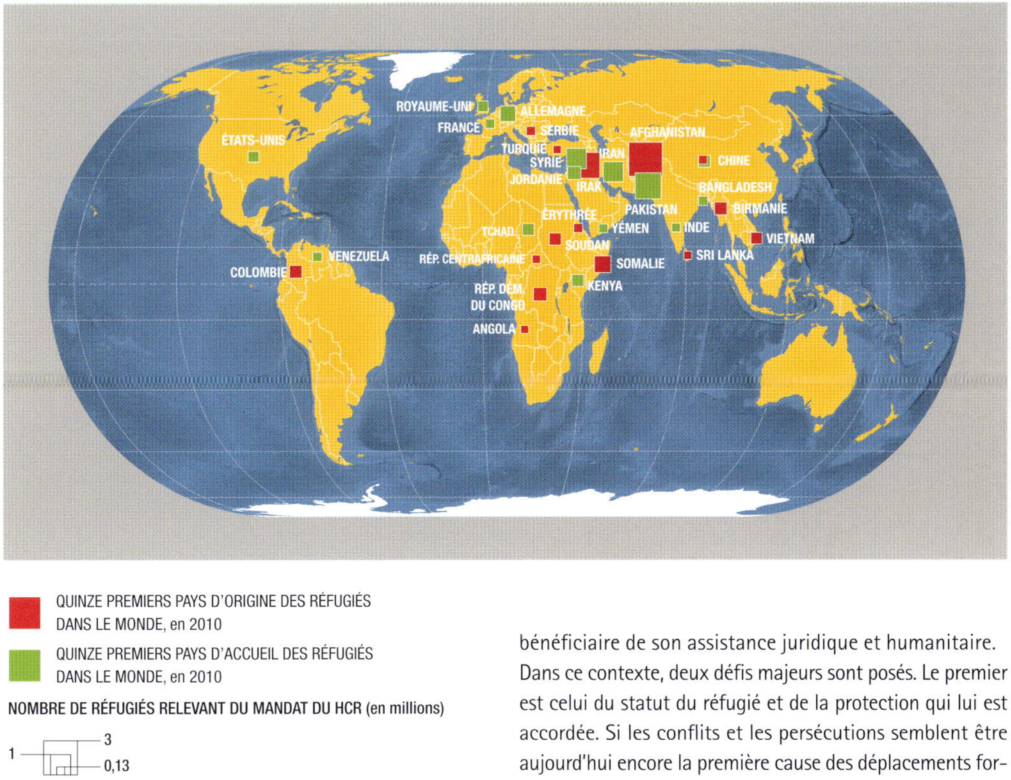

à un certain groupe social ou de ses opinions politiques, et qui ne peut ou ne veut se réclamer de la protection de ce pays ou y retourner en raison de ladite crainte». C'est la définition également retenue par le Haut-commissariat des Nations unies pour les réfugiés (HCR), créé la même année et ayant pour mission d'aider les réfugiés au niveau juridique et humanitaire. Dans le contexte de la guerre froide, l'asile politique est facilement octroyé aux dissidents fuyant les régimes communistes. Après la chute du mur de Berlin, la situation change. Face à la multiplication des sources de violence non étatique, à la déliquescence de nombreux États et à la recrudescence des conflits internes, la notion de persécution devient floue et le réfugié change de profil.

Les réfugiés d'aujourd'hui

En ce début de XXIe siècle, les réfugiés politiques ne constituent plus la principale catégorie de «personnes déracinées», selon l'expression du HCR. À la fin de l'année 2010, avant donc que puissent être comptabilisés les flux engendrés par les soulèvements dans de nombreux pays arabes, l'agence onusienne recensait 15,4 millions de personnes ayant franchi une frontière pour fuir la guerre et les persécutions. La grande majorité d'entre elles relève de son mandat originaire, les autres étant assistées par l'Office de secours et de travaux des Nations unies pour les réfugiés de Palestine dans le Proche-Orient (UNRWA). Le HCR fait également état de 27,5 millions de déplacés internes dans leur propre pays. Évolution notable du mandat de l'agence, la catégorie de «déplacé interne» bénéficie désormais de son assistance, devenant même, en 2005, la première bénéficiaire de son assistance juridique et humanitaire. Dans ce contexte, deux défis majeurs sont posés. Le premier est celui du statut du réfugié et de la protection qui lui est accordée. Si les conflits et les persécutions semblent être aujourd'hui encore la première cause des déplacements forcés en Afghanistan, en Irak, en Somalie ou encore en République démocratique du Congo, l'évolution des demandes d'asile pose de nouvelles questions de statut et de définition. En provenance de pays pauvres, ces demandes d'asile sont déposées très majoritairement dans les pays riches. En 2010, près de 800000 dossiers à l'étude avaient été déposés en Afrique du Sud, aux États-Unis, en France, en Allemagne, en Suède. Les États européens, notamment, qui ont assisté à une forte augmentation des demandes d'asile et de regroupement familial au moment où ils fermaient leurs frontières à la migration économique, répondent à une

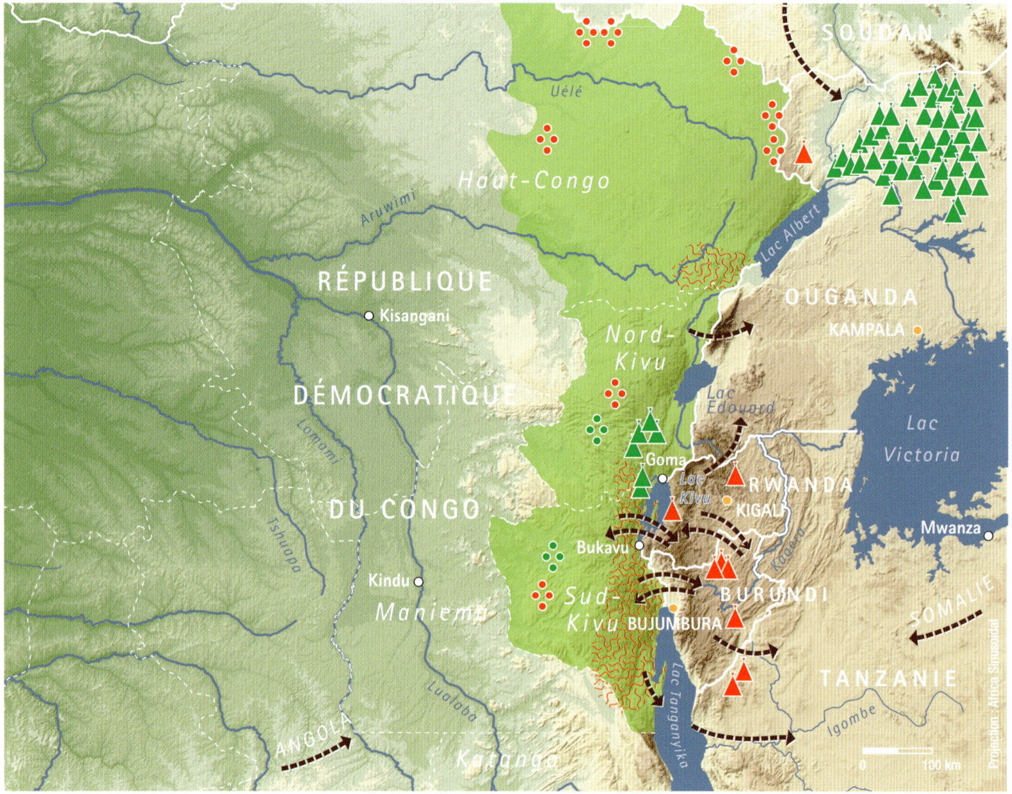

RÉGION CONCERNÉE PAR UN IMPORTANT DÉPLACEMENT DE POPULATION

PRINCIPAUX FLUX DE RÉFUGIÉS

CAPITALE ○ VILLES PRINCIPALES

LIMITE DE PROVINCE

CAMPS DE RÉFUGIÉS — CAMPS DE DÉPLACÉS INTERNES

RÉFUGIÉS DISPERSÉS — DÉPLACÉS INTERNES DISPERSÉS

RÉGION CONCERNÉE PAR UNE CONCENTRATION IMPORTANTE DE RÉFUGIÉS

◀ L'AFRIQUE DES GRANDS LACS, CERCLE VICIEUX DES DÉPLACEMENTS FORCÉS

Presque vingt ans après le génocide rwandais de 1994, et malgré l'accord de paix conclu en 2008 pour régler la situation au Kivu, l'Afrique des Grands Lacs reste l'épicentre d'une crise régionale où déplacements forcés de populations et conflits s'entretiennent mutuellement, le déferlement de réfugiés fragilisant des équilibres démographiques et ethniques déjà précaires.
De plus, l'usage systématique de la violence dans le but de forcer les populations à se déplacer constitue une tactique de guerre employée par les forces en présence – gouvernementales ou non – afin de se déstabiliser mutuellement et de chercher à tirer un profit exclusif des richesses minières de la région.

crainte d'invasion par une restriction et une interprétation sécuritaire des procédures et du droit d'asile. Une grande partie des demandes est ainsi déboutée car assimilée à une migration économique déguisée. Dans un contexte où les motivations politiques sont étroitement mêlées aux considérations économiques et où la contrainte pèse parfois aussi lourd que le choix consenti, la frontière entre migrant et réfugié paraît brouillée.

Les réfugiés de demain

Le deuxième défi posé est environnemental. Si le phénomène de dégradations environnementales à l'origine de déplacements de populations n'est pas nouveau, il trouve un écho dans la problématique des « réfugiés climatiques » fuyant leur région ou pays d'origine à cause d'événements météorologiques extrêmes ou de la hausse du niveau de la mer. Si le changement climatique amorcé n'est pas maîtrisé, ce sont 150 millions de personnes qui pourraient être concernées à l'avenir par ce bouleversement.
Face à l'ampleur annoncée du problème et à la diversité des scénarios possibles, les questions sont nombreuses : quels seront le statut et les droits de ces populations, qui seront à la fois des migrants volontaires anticipant la catastrophe mais aussi des déplacés internes, des réfugiés, voire des apatrides en cas de submersion complète de leur pays d'origine ? Par quels États pourront-ils être accueillis ? En attendant d'être au pied du mur, le HCR étend progressivement son assistance humanitaire aux personnes déplacées par des catastrophes naturelles. En 2010, 2 millions de personnes ont ainsi bénéficié de son intervention à ce titre.

VOIR AUSSI : LE MONDE AU CHEVET DU CLIMAT, p. 92 - LA LUTTE CONTRE L'IMPUNITÉ DES DIRIGEANTS POLITIQUES, p. 149

LES RÉFUGIÉS CLIMATIQUES DE TUVALU

Petit État insulaire, cumulant plusieurs fragilités, Tuvalu est un État en sursis. Densément peuplé, faiblement doté en ressources, l'archipel connaît d'ores et déjà les problèmes imputés au changement climatique : érosion des côtes, blanchiment des coraux, salinisation des nappes phréatiques et intensification des tempêtes et des inondations. Le point le plus haut de l'archipel par rapport au niveau de la mer culminant à 3 m, le jour où les prévisions du GIEC se vérifieront, Tuvalu pourrait être le premier État à disparaître sous la mer.

Quel sera donc le destin des 12 000 Tuvaluans vivant sur les neuf principales îles de l'archipel lorsqu'ils auront perdu leur État ? Répondant déjà au nom de « réfugiés climatiques », certains envisagent de s'installer en Nouvelle-Zélande, où résident déjà quelque 3 000 Tuvaluans, tandis qu'une majorité d'entre eux entend demeurer sur place et appelle à la responsabilité de la communauté internationale pour une réduction drastique des émissions de gaz à effet de serre et la mise en place de politiques d'adaptation. Réfugiés climatiques, migrants volontaires, apatrides, la question de leur statut se pose déjà et ne manquera pas de susciter les débats.

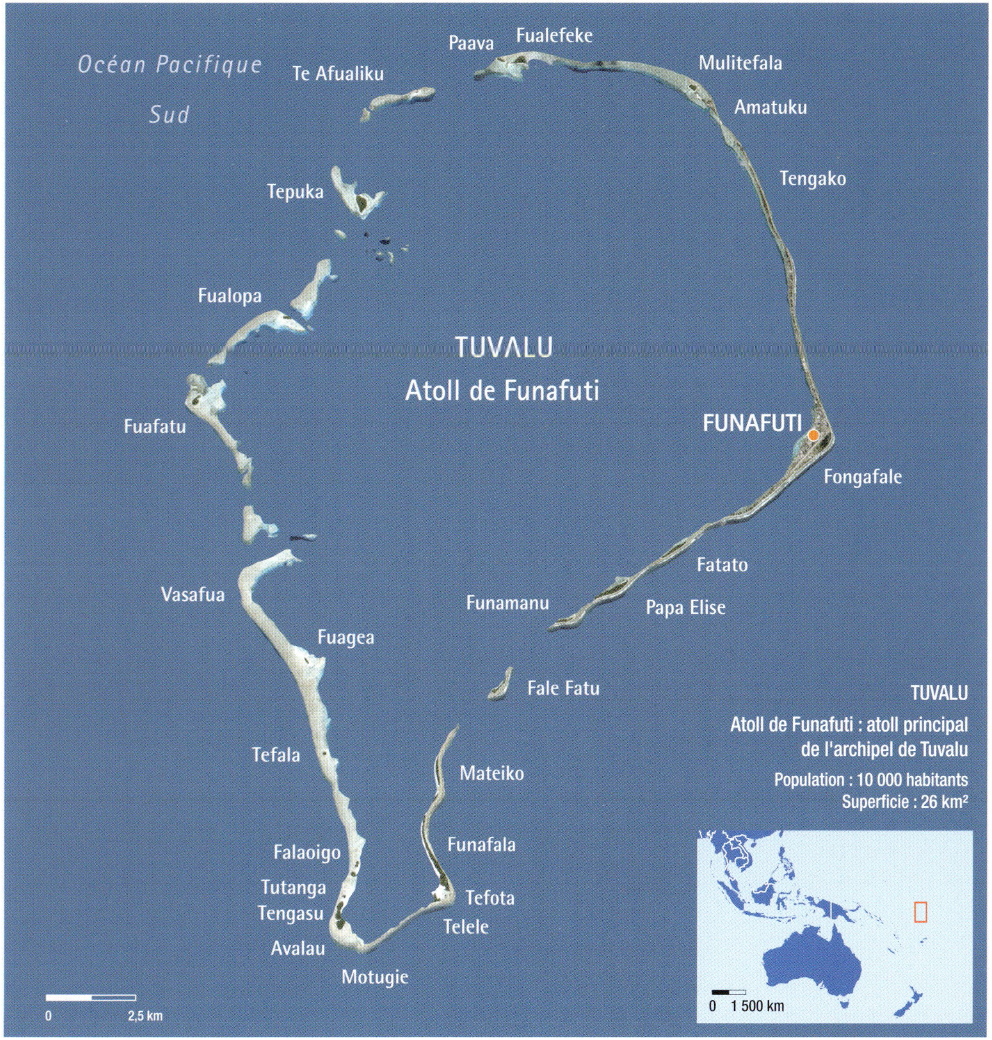

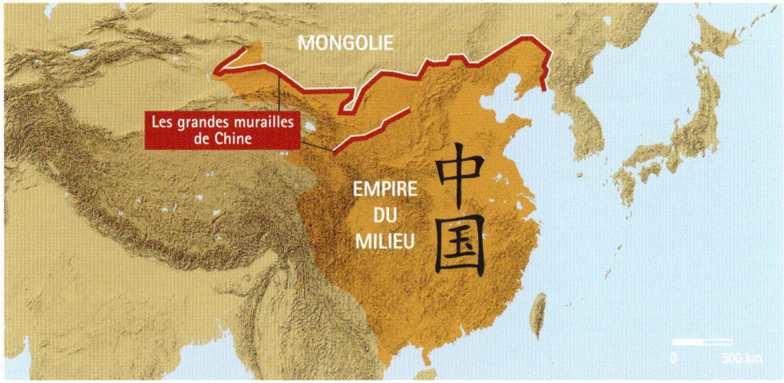

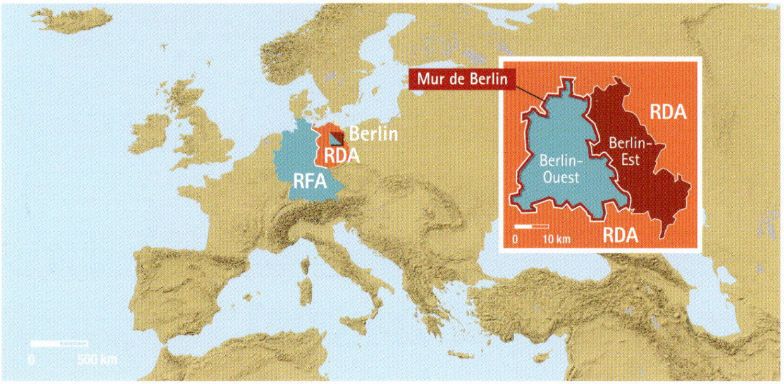

Quel point commun existe-t-il entre Bagdad, la Cisjordanie, le Cachemire, le Botswana et la ville de Padoue ? On y érige des barrières de séparation entre les populations. Provisoires ou permanents, efficaces ou inopérants, électriques ou en béton, les murs ont fait leur retour comme instrument géopolitique.

LES MURS NE SONT PAS ÉTERNELS

◀ LES MURS DU PASSÉ

Le plus ancien des murs défensifs a été dressé en Chine, entre le Ve et IIIe siècles avant J.-C. La muraille de Chine, ou plutôt les murailles de Chine, s'étirait sur plus de 5 000 km et devait tenter de protéger l'empire du Milieu de la menace mongole.
Quelques siècles plus tard, au IIe siècle, Rome avait également dressé ce qu'on appelait le *limes*, qui marquait une limite entre monde civilisé et monde barbare, en suivant les fleuves ou en prenant la forme de murs, comme les murs d'Hadrien ou d'Antonin qui sont toujours visibles aujourd'hui dans le nord de la Grande-Bretagne. Ces barrières devaient contenir les barbares écossais – les Pictes ou les Scots – qui menaçaient l'Empire romain. Plus proche de nous, enfin, le mur de Berlin a symbolisé la division idéologique du continent européen après la Seconde Guerre mondiale.

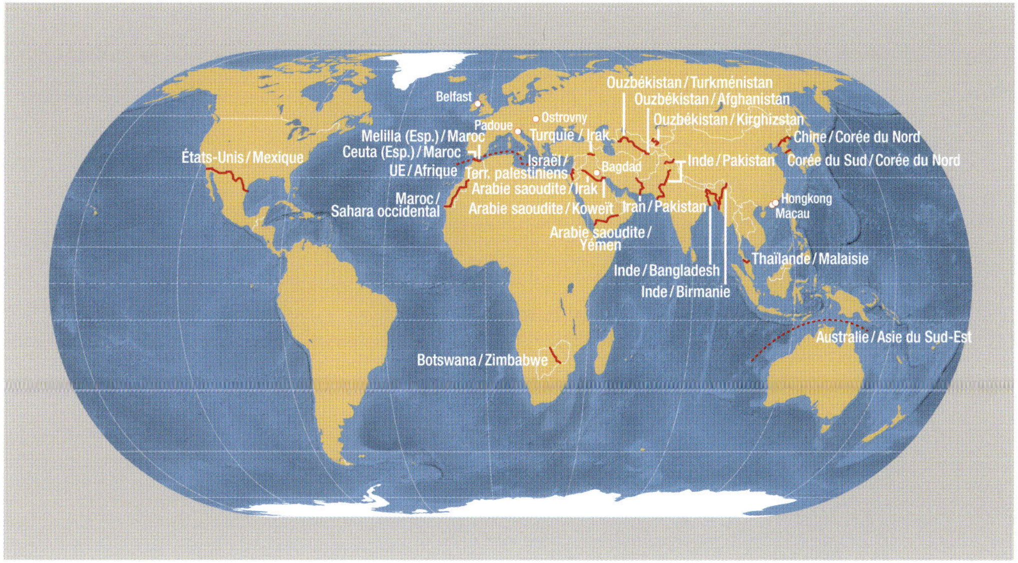

LES MURS DU MONDE

- MURS EXISTANTS OU EN CONSTRUCTION
- FRONTIÈRES MARITIMES FERMÉES
- MUR OU BARRIÈRE À L'INTÉRIEUR D'UNE VILLE

Ne sont représentées que les frontières des pays concernés.

Le 13 août 1961 au matin, les habitants de Berlin-Ouest découvrent leur ville entourée d'une clôture inexistante la veille. Au cours de la nuit, les autorités de la République démocratique allemande (RDA) ont fait poser des dizaines de kilomètres de fil barbelé autour de cette partie de la ville afin de lutter contre la fuite des Allemands de l'Est vers l'Ouest, en République fédérale d'Allemagne (RFA). Très rapidement, les barbelés laissent la place au béton, le mur de Berlin est né. Vingt-sept ans plus tard, le 9 novembre 1989, quand le mur est détruit, c'est l'ordre géopolitique de la guerre froide qui s'effondre avec lui, laissant augurer la chute d'autres murs et d'autres barrières issus de cette période, à l'image du mur-frontière militarisé entre la Corée du Nord et la Corée du Sud établi en 1953.

Depuis 1989, pourtant, on a pu constater que les murs ont eu tendance à se multiplier : mur entre les États-Unis et le Mexique depuis 1994, barrière érigée par l'armée marocaine pour contrôler le Sahara occidental, mur entre Israël et les Territoires palestiniens depuis 2002, barrière électrifiée au Cachemire depuis 2002-2003, barrière entre l'Inde et le Bangladesh, entre l'Arabie saoudite et le Yémen… Tout en répondant à des contextes et des enjeux spécifiques, et étant souvent le produit de contingences historiques, ces murs ont néanmoins quelques traits communs.

Séparer et exclure

Durant de nombreux siècles, les murs dont il est ici question ont eu une fonction militaire défensive : ils étaient censés protéger un territoire d'un ennemi extérieur armé. Avec les transformations des techniques de la guerre observées à partir du milieu du XXe siècle et la définition de nouvelles menaces depuis les années 1990 (terrorisme, criminalité organisée, prolifération nucléaire, etc.), cette fonction a peu à peu cédé le pas à une fonction sécuritaire. Le mur a désormais vocation à isoler les populations, à être une barrière physique entre des communautés. Il est un obstacle matériel supplémentaire posé sur le chemin qui mène d'un territoire à un autre, d'une société à une autre, d'une population à une autre. Le mur, la barrière, la clôture, peu importe son nom, s'inscrit donc dans une logique de sécurisation des territoires et trouve sa justification – et non sa légitimation – dans la volonté de protéger des personnes ou de rendre impossible l'accès à d'autres groupes sociaux. Dans les dispositifs contemporains entérinant la construction de murs, ceux-ci trouvent de plus en plus leur raison d'être comme outil de gestion des flux migratoires (Inde-Bangladesh, États-Unis-Mexique) ou comme moyen, pense-t-on, de prévenir les

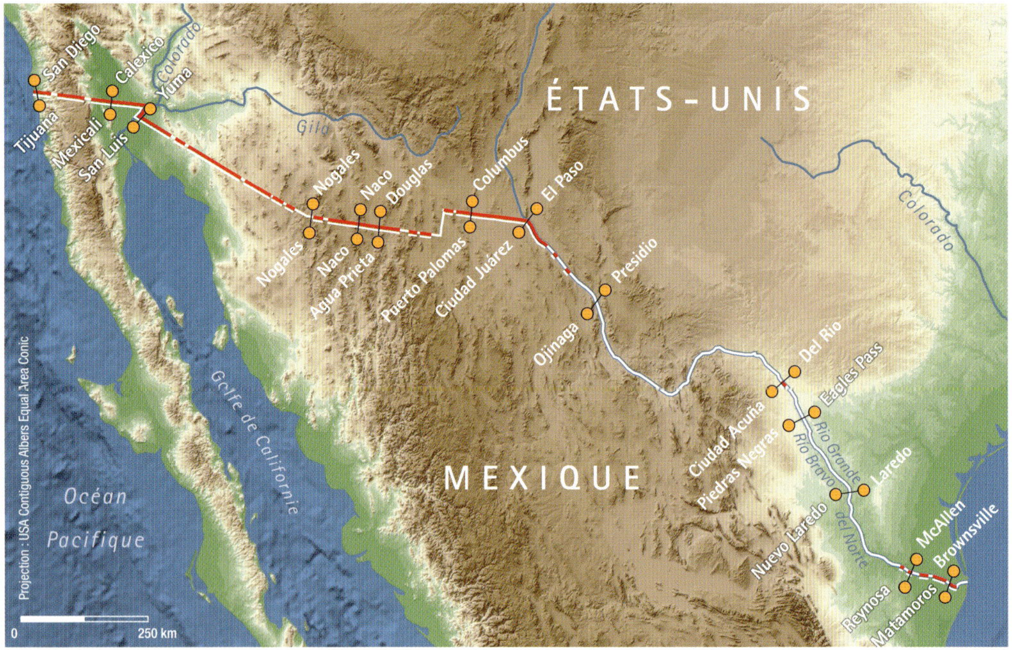

▲ CONTRE LES MIGRATIONS CLANDESTINES, LE MUR ENTRE LES ÉTATS-UNIS ET LE MEXIQUE

Construction initiée à partir de 1994, la barrière séparant les États-Unis du Mexique s'étend sur près de 1 200 km. Elle se compose principalement de grillages et de barbelés, tandis qu'un important dispositif policier se déploie, du côté états-unien notamment, afin de garder le mur. Suivant la frontière entre les deux pays, la création du mur a été à l'initiative des États-Unis qui entendaient ainsi contrôler les flux de personnes et les trafics.

TRACÉ DU MUR SÉPARANT LES ÉTATS-UNIS ET LE MEXIQUE, fin 2009

PRINCIPALES VILLES JUMELÉES SUR LA FRONTIÈRE ÉTATS-UNIS/MEXIQUE

violences, à l'image de la barrière de sécurité construite entre Israël et la Cisjordanie.

Avant de prendre leur forme matérielle et de se constituer en béton ou en barbelés, les murs s'érigent avant tout dans les têtes, notamment comme le produit d'analyse ou de fantasme selon lesquels la sécurité et la protection ne peuvent être assurées que par un cloisonnement strict. Or, historiquement, ces murs ont souvent montré leur limite. Non seulement ils sont un appel à l'inventivité de ceux qui entendent les franchir malgré tout mais ils sont aussi, et surtout, une séparation et une exclusion, plus qu'une protection, amplifiant bien souvent les causes qui ont conduit à leur construction. À défaut d'apporter des solutions aux problèmes qui ont justifié leur érection, les murs viennent figer une situation sociale, politique ou militaire, et le ressentiment qui va avec.

Des murs singuliers

Au sein de l'Union européenne (UE), les murs ont pour origine des enjeux migratoires. Alors qu'au début de l'année 2011 la Grèce évoquait la possibilité de bâtir un mur à la frontière nord-est, face à la Turquie, il faut savoir que de telles clôtures existent déjà autour des enclaves espagnoles de Ceuta et Melilla. Pour limiter l'immigration clandestine, l'UE y a ainsi fait construire des barrières métalliques de 3 m de haut, surélevées de 3 m en 2005, après que plusieurs centaines de migrants africains ont tenté de les franchir à nouveau.

Dans un autre registre, l'archétype du mur censé assurer la sécurité physique des citoyens est celui érigé entre Israéliens et Palestiniens. À la suite d'une vague d'attentats, la Knesset (le parlement israélien) vote en juin 2002 un budget pour faire construire une barrière le long de la ligne verte. Pour le gouvernement israélien, ce mur vise à empêcher l'infiltration de terroristes ; il est censé être temporaire, sécuritaire et ne préjuge donc en rien du tracé des frontières du futur État palestinien. Pour les Palestiniens, en revanche, ce mur est politique ; il exprime matériellement la volonté d'annexer une partie des Territoires palestiniens en Cisjordanie. C'est bien ce que prouve, selon eux, le tracé du mur qui, pour faire passer certaines colonies juives à l'ouest de la ligne verte, pénètre à l'intérieur des terres, avalant des villages palestiniens. Après avoir pris acte de l'avis consultatif de la Cour internationale de justice, la

TRACÉ DE LA BARRIÈRE SÉPARANT LE BOTSWANA ET LE ZIMBABWE

CAPITALE

VILLES PRINCIPALES

CONTRE LA FIÈVRE, LE MUR ENTRE LE BOTSWANA ET LE ZIMBABWE

En 2003, prétextant la lutte contre la propagation de l'épidémie de fièvre aphteuse affectant le bétail, le Botswana a édifié une clôture électrifiée le long de la frontière avec le Zimbabwe, limitant ainsi le passage du bétail d'un pays à l'autre. L'argument avancé par les autorités botswanaises n'a pas convaincu, la lutte contre l'immigration clandestine apparaissant plus plausible.

barrière de sécurité a été déclarée illégale par la résolution 10/15 des Nations unies, en juillet 2004. À ce jour, le mur existe toujours.

Des murs dans la ville

Les murs servent donc à séparer des États, des communautés, des groupes nationaux en conflit ou encore à se « protéger » des migrants. Mais on retrouve aussi cette logique de séparation à l'échelle urbaine. C'est le cas à Bagdad où, dans un contexte de guerre et de violence, l'armée américaine a construit des segments de murs afin de limiter les tensions entre communautés. Dans le quartier d'Adhamiya, majoritairement chiite, l'armée américaine, dans le cadre du plan de sécurisation de la capitale irakienne, a entrepris en avril 2007 la construction d'un mur de 5 km de longueur et de 3,5 m de hauteur autour d'une enclave sunnite. Ce mur doit empêcher les chiites de commettre des attentats suicides dans les quartiers sunnites et permettre aux Américains de contrôler les poches qui servent de bases aux activistes sunnites. D'autres murs existent déjà dans la ville, comme celui qui entoure la zone verte ultra-protégée à Bagdad, où se trouvent l'ambassade américaine et une grande partie des ministères irakiens. Mais tant du côté du gouvernement que des partis politiques ou des mouvements islamiques, de nombreux Irakiens estiment que ces murs renforcent le sectarisme car ils inscrivent dans le sol, et maintenant dans les cartes, l'éclatement communautaire de l'Irak. Dans un autre registre, on a vu se multiplier ces dernières années les enclaves résidentielles sécurisées. Dans des villes comme Rio, Los Angeles, Lagos ou Manille, ces clôtures visent à séparer les classes sociales aisées des populations les plus pauvres.

Contrairement à ce que l'on croyait naïvement après la chute du mur de Berlin, les murs n'ont pas disparu. Néanmoins, comme l'attestent les exemples historiques, les murs ne sont pas éternels. Construits, ils peuvent être déconstruits, au niveau national, au niveau urbain et surtout au niveau des mentalités.

VOIR AUSSI : ISRAËL-PALESTINE, LE CONFLIT SANS FIN, p. 104

2 _ UN MONDE MÉTIS

L'histoire ne manque pas d'exemples dans lesquels les hommes, les œuvres ou les faits culturels se sont déployés au-delà du territoire qui les aura vus naître. Que l'on songe simplement à l'histoire des trois religions du Livre, à la République des Lettres européenne à l'époque de la Renaissance ou aux voyages de Mozart au XVIIIe siècle – de Salzbourg à Vienne, Mannheim, Berlin, Milan, Bologne, Paris, Londres, La Haye, Strasbourg, etc. –, pour se rendre compte que les phénomènes de circulation culturelle, pour élitistes qu'ils aient pu être, n'ont pas attendu le XXIe siècle pour voir le jour. Néanmoins, les révolutions technologiques de la fin du XXe siècle en matière de transport et de communication ont bouleversé les possibilités d'accès à la culture et aux autres civilisations pour un nombre toujours plus important de personnes. Non sans difficultés et sans réticences parfois, les frontières étatiques traditionnelles ne résistent pas à ces innovations et aux circulations culturelles qu'elles engendrent. Sans remettre en cause les particularités nationales ou locales, ces mouvements dessinent un monde métissé, où les identités culturelles évoluent sous l'effet des rencontres désormais rendues possibles.

DES CULTURES EN MOUVEMENT

LES RELIGIONS DU MONDE 170

LA CULTURE, ENTRE UNIFORMISATION ET DIVERSITÉ 174

ARTE, L'EXPÉRIENCE INÉDITE 178

LES FRONTIÈRES DU GOÛT 180

DU SINGULIER À L'UNIVERSEL

UN PATRIMOINE MONDIAL UNIVERSEL ? 184

LE SPORT, UN JEU DE PUISSANCES 188

LA LANGUE FRANÇAISE EN PARTAGE 192

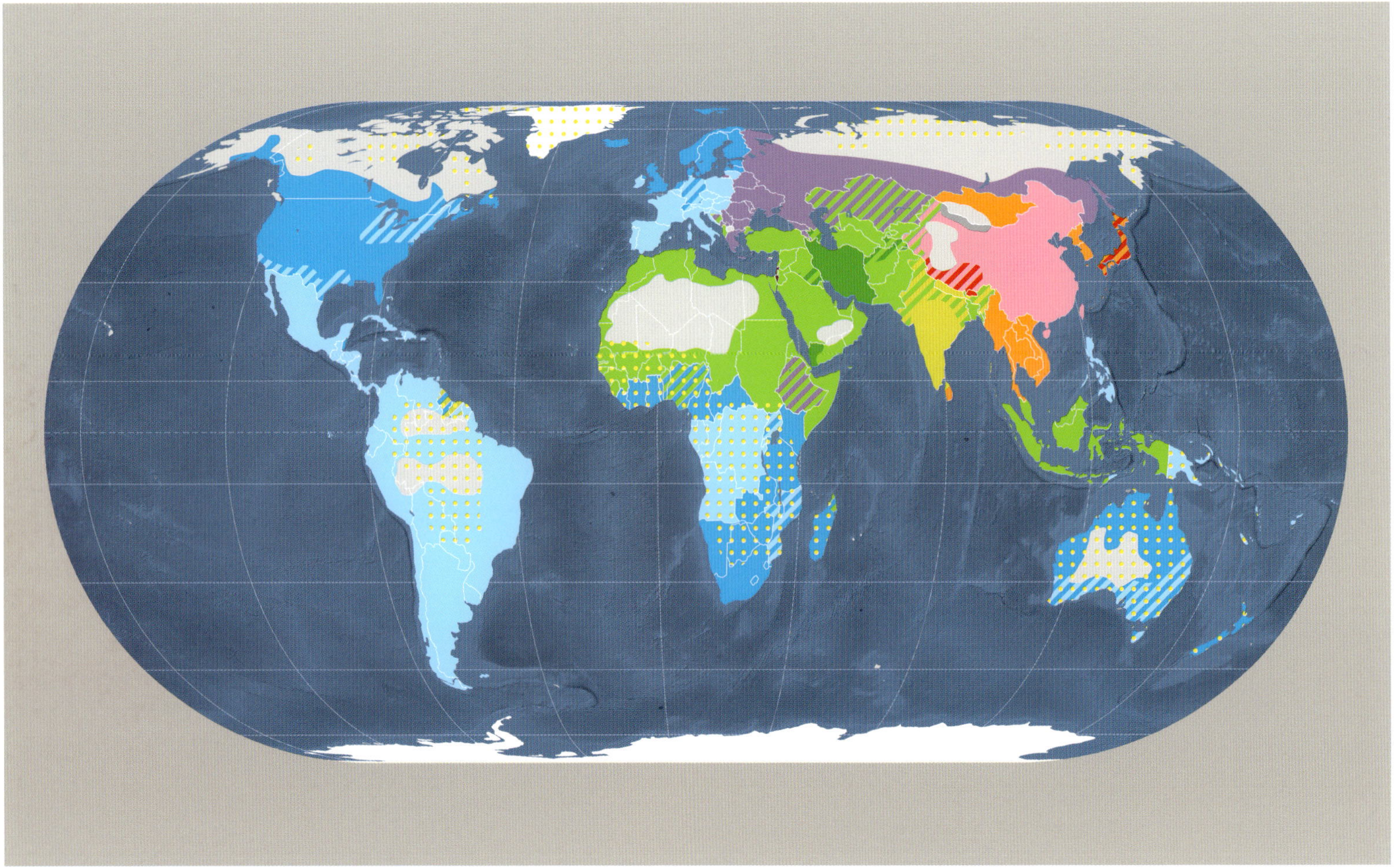

AIRES D'INFLUENCE DES GRANDES RELIGIONS
CHRISTIANISME :
CATHOLIQUE
PROTESTANT
ORTHODOXE
ISLAM :
SUNNITE
CHIITE
AUTRES :
HINDOUISME
BOUDDHISME
CONFUCIANISME
TAOÏSME
JUDAÏSME
ANIMISME

Le risque est grand, lorsque l'on tente de cartographier les religions dans le monde, de figer sur des territoires des phénomènes qui, par bien des aspects, se jouent des frontières. Sous l'effet des circulations humaines, il y a bien longtemps que les religions ne se limitent plus, d'un point de vue géographique, aux régions qui les ont vues naître.

LES RELIGIONS DU MONDE

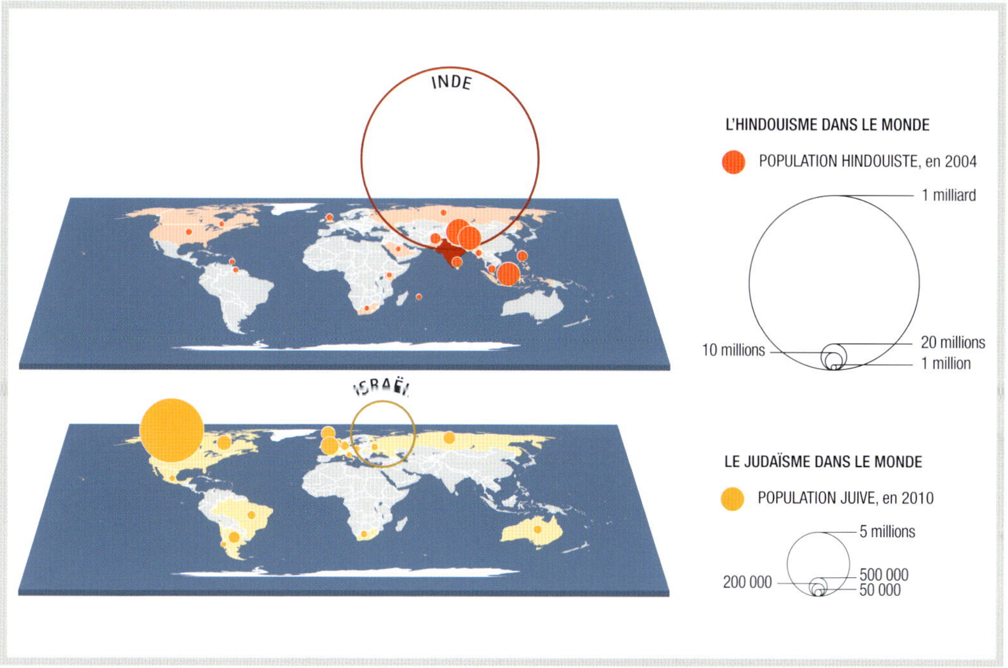

Effets de l'histoire coloniale, des migrations ou du prosélytisme de certaines religions (comme le christianisme ou l'islam), la géographie des religions a connu de nombreux changements au cours du XXe siècle, rendant d'autant plus difficile une cartographie précise de ces phénomènes. Cette spatialisation est également rendue instable et aléatoire par le caractère individuel de la foi et du rapport aux pratiques religieuses qui est impossible à cartographier. Bouddhistes en Europe, hindous en Amérique du Nord, pentecôtistes en Afrique subsaharienne, musulmans d'Asie ou d'ailleurs : les mobilités des personnes et les mouvements culturels construisent un monde de rencontre religieuse.

Ainsi, la répartition géographique des populations pratiquant ou se réclamant de l'une des grandes religions fait apparaître des territoires plus hétérogènes et pluriels qu'il n'y paraît.

Les trois religions les plus pratiquées

Avec plus de 2 milliards de croyants, la religion chrétienne est celle qui compte le plus de croyants dans le monde. Née à Bethléem, au Moyen-Orient, il y a 2000 ans, cette religion a peu à peu gagné la Méditerranée, puis l'Europe, d'où elle s'étendra partout dans le monde. Cette Europe, aujourd'hui de plus en plus sécularisée, rassemble à peine un peu plus de 25 % des chrétiens de la planète : en 2010, on compte 280 millions de catholiques, 100 millions de protestants et 150 millions d'orthodoxes (localisés principalement en Russie). La grande majorité des chrétiens vivent désormais dans les Amériques, avec 530 millions recensés en Amérique

▲ LES DIASPORAS RELIGIEUSES

La dispersion des communautés religieuses varie d'une communauté à l'autre. Certaines ne se sont que très peu étendues de par le monde, maintenant surtout leur présence dans la région qui les a vues se constituer. C'est le cas de l'hindouisme, même si, sous l'effet de mouvements migratoires aux XIXe et XXe siècles, des populations hindoues se sont installées en Afrique de l'Est, sur l'île Maurice – où ils forment aujourd'hui près de la moitié de la population –, dans les Caraïbes, en Malaisie, en Birmanie ou encore, récemment, dans les pays du golfe Persique.

On trouve enfin une diaspora d'hindous très diplômés, partis vivre au Royaume-Uni, l'ancienne métropole coloniale, au Canada ou aux États-Unis.

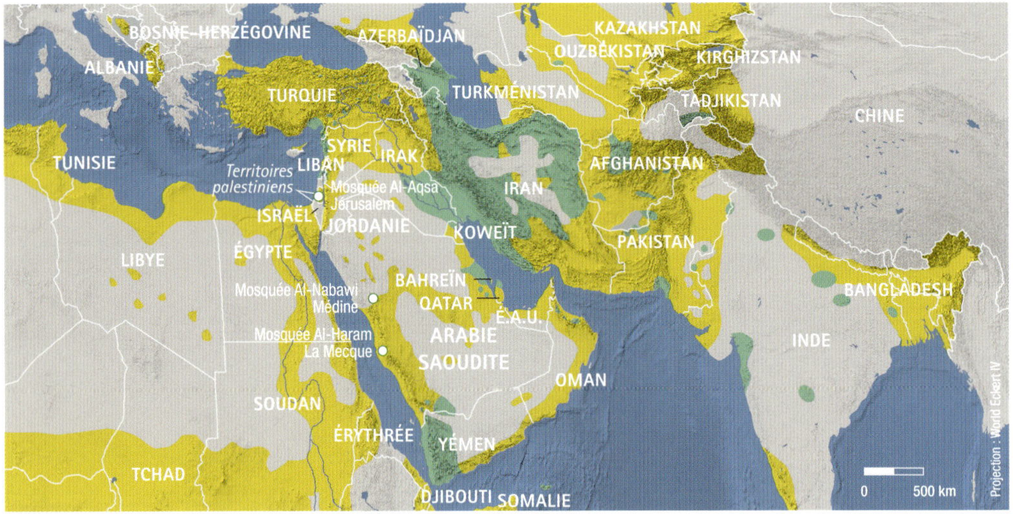

COURANTS DE L'ISLAM — SUNNISME — CHIISME

○ LIEUX SAINTS COMMUNS À L'ENSEMBLE DES COURANTS DE L'ISLAM

◄ L'ISLAM PLURIEL

Moins de trente ans après la mort de Mahomet en 632, une querelle de succession oppose les partisans du calife Ali à ceux du gouverneur de Damas et futur calife Muawiya. Plus politique que religieuse, cette confrontation posera les bases d'une division de la communauté musulmane en deux grandes branches : le sunnisme et le chiisme. Pour les tenants de la tradition prophétique (*sunna*), le calife doit être choisi en fonction de ses qualités morales et politiques, tandis que pour les partisans d'Ali (*shi'a*), seul un descendant du prophète peut diriger la communauté musulmane (*umma*). Depuis, cette scission ne s'est jamais tue et, aujourd'hui encore, chaque courant considère l'autre comme une « secte égarée ».
Ces deux grands courants se divisent à leur tour en de nombreuses écoles. Au sein de la branche sunnite, qui représente plus de 85 % des musulmans dans le monde, on compte quatre écoles juridiques : les sunnites malékites localisés principalement en Afrique de l'Ouest, les sunnites chafiites en Afrique de l'Est, les hanbalites en Arabie saoudite et les hanafites dans le nord du Moyen-Orient et en Asie centrale. Surtout présentes en Iran et en Irak, les communautés chiites se retrouvent également en Azerbaïdjan, au Bahreïn, au Liban, au Yémen et en Afghanistan, dans la communauté des Hazaras. La branche chiite se divise également en de nombreuses sensibilités, parmi lesquelles les chiites duodécimains, religion officielle de l'Iran depuis 1979.

du Sud, principalement catholiques, et 275 millions en Amérique du Nord, majoritairement protestants. C'est en particulier sur le continent américain que le mouvement évangélique pentecôtiste connaît, depuis une trentaine d'années, une croissance spectaculaire.

Les chrétiens sont de plus en plus nombreux en Asie. Ils sont majoritaires aux Philippines, ancienne terre de conquête espagnole puis américaine. Présents en Chine, les chrétiens s'y font volontairement discrets face au pouvoir central. L'Académie chinoise des sciences sociales évalue leur nombre à 23 millions, alors que l'organisation non gouvernementale China Aid Association en compte 130 millions. Le continent africain est aussi le continent où la foi chrétienne progresse le plus, en proportion de la population, avec 10 % de baptisés supplémentaires entre 1999 et 2002.

Lorsque l'on se penche sur l'évolution du catholicisme, on constate qu'en 1950, la France, l'Allemagne et l'Italie étaient les trois premiers pays catholiques au monde. En 2000, un demi-siècle plus tard, le Brésil, le Mexique et les Philippines les ont remplacées. Depuis cinquante ans, on assiste donc à un net déplacement du centre de gravité de l'Église catholique du Nord vers le Sud. Pour autant, lorsqu'il a fallu trouver un successeur à Jean-Paul II, mort en 2005, ces évolutions n'ont pas conduit à l'élection d'un pape originaire de ces régions. C'est un Allemand qui a été choisi par ses pairs, les cardinaux européens conservant une place majeure dans l'institution.

Contrairement à d'autres régions du monde, au Moyen-Orient, on assiste à une baisse du nombre de chrétiens. Les coptes sont menacés en Égypte tandis que les violences en Irak poussent au départ de nombreux Irakiens chrétiens.

S'agissant de la géographie des musulmans dans le monde, celle-ci s'est lentement déplacée de son bassin d'origine moyen-orientale et méditerranéenne pour prendre pied en Asie. Sous l'effet du prosélytisme musulman dans un premier temps, puis de la croissance démographique, l'islam est devenu une religion asiatique, au sens où la majorité des musulmans ne vivent pas au Moyen-Orient ni en Afrique du Nord, mais en Asie. Ainsi, la majorité des musulmans ne sont pas issus de pays arabes, mais de Turquie, d'Iran (peuplé de Perses), du Pakistan, de l'Inde, du Bangladesh ou de l'Indonésie, premier pays musulman au monde avec 203 millions de croyants. Conséquence notamment de la proximité géographique et de l'histoire coloniale, l'Union européenne, qui compte près de 500 millions d'habitants, comprend une population de confession musulmane estimée à 16 millions de personnes, soit 3 % de la population.

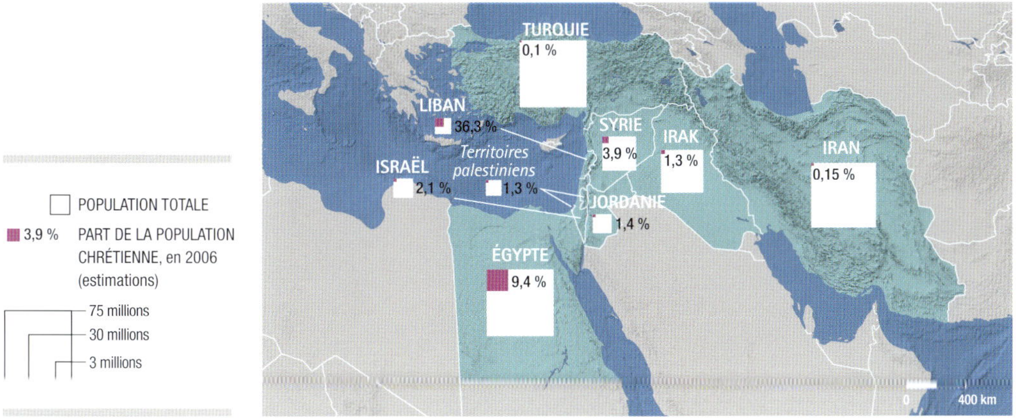

L'EXODE DES CHRÉTIENS D'ORIENT

On compte actuellement plus d'une dizaine de millions de chrétiens en Orient, éclatés en diverses communautés (copte, maronite, assyrienne, chaldéenne ou malabare). Majoritaires dans le monde, avec plus de 2 milliards de croyants, les chrétiens sont minoritaires dans leurs territoires d'« origine », au Proche-Orient, où leur nombre ne cesse de se réduire. Déjà ancien, l'exode des chrétiens d'Orient s'est accéléré au XXe siècle sous l'effet des nationalismes naissants et se poursuit en ce début de XXIe siècle en raison des violences communautaires dont les chrétiens, eux aussi, sont la cible.

Aux États-Unis, on compte 3,5 millions de musulmans, soit 1 % de la population.

L'hindouisme est la troisième religion la plus pratiquée au monde, après le christianisme et l'islam. Les hindous sont aujourd'hui environ 1 milliard, soit un sixième de l'humanité. Au contraire du christianisme et de l'islam, dont le prosélytisme leur a fait quitter leur berceau initial, l'hindouisme est demeuré au sein du sous-continent indien, son foyer d'origine. Il est largement majoritaire en Inde, où il représente 83 % de la population, et au Népal, où il était religion d'État jusqu'en 2006. Hors de ces deux grands foyers, la présence d'hindous se retrouve au Sri Lanka, au Bangladesh et au Pakistan, où l'on comptait plus de 2 millions d'hindous lors du dernier recensement. Religion non prosélyte, c'est la démographie qui est aujourd'hui le véritable moteur de la croissance de l'hindouisme dans le monde.

Des religions aux localisations mouvantes

Ancienne extension de l'hindouisme, le bouddhisme est né dans la plaine indo-gangétique, d'où il a pratiquement disparu. Il compte environ 450 millions d'adeptes dans le monde, présents avant tout en Asie. On distingue trois variantes dans le bouddhisme. Le bouddhisme Mahayana s'est diffusé vers l'Asie du Nord : aujourd'hui, il est présent au Vietnam, au Japon et dans la péninsule coréenne. Le bouddhisme Theravada se retrouve au Sri Lanka, en Birmanie, au Cambodge, au Laos, à Singapour et en Thaïlande où il est religion d'État. Enfin, le bouddhisme Varayana, ou bouddhisme tantrique, se localise principalement au Bhoutan et au Tibet. Depuis une vingtaine d'années, on assiste à un renouveau du bouddhisme en Mongolie et en Corée du Sud ainsi qu'à un début d'implantation en Europe et en Amérique du Nord.

Parmi les trois grandes religions monothéistes, le judaïsme est la religion la plus ancienne et compte environ 14 millions de croyants dans le monde. Ce chiffre est approximatif et il est difficile de savoir s'il fait référence à une religion ou à un peuple. Depuis 1948, une partie de la communauté juive s'est géographiquement rassemblée au sein de l'État d'Israël nouvellement créé. Ainsi, aujourd'hui, sur une population de 6 millions d'habitants, Israël compte 5 millions de personnes de confession juive. Portée par une diaspora millénaire, la communauté est également présente dans de nombreux pays du monde, notamment aux États-Unis, où l'on compte plus de 5 millions de juifs. Après Tel-Aviv, New York est la deuxième métropole abritant la plus grande communauté juive. Extrêmement dispersé, le judaïsme est une petite religion en nombre, non prosélyte, contrairement aux deux autres religions du Livre.

Enfin, très répandues géographiquement, les religions animistes sont aussi anciennes que la présence de l'homme sur la Terre. Fondées sur les croyances traditionnelles, les mythes et un lien très fort avec la nature, l'animisme est aujourd'hui présent en Amazonie, chez les Indiens d'Amérique du Nord, en Afrique subsaharienne, dans le bush australien où vivent les Aborigènes, en Papouasie-Nouvelle-Guinée et en Irian Jaya, dans la zone indienne et inuit du Canada, au Groenland et, enfin, en Sibérie orientale. Ces localisations sont toutefois approximatives, tant l'animisme a pu subir les influences d'autres religions, plus officielles et plus prosélytes.

VOIR AUSSI : LES MIGRATIONS OU LES CHEMINS DE L'EXIL, p. 154.

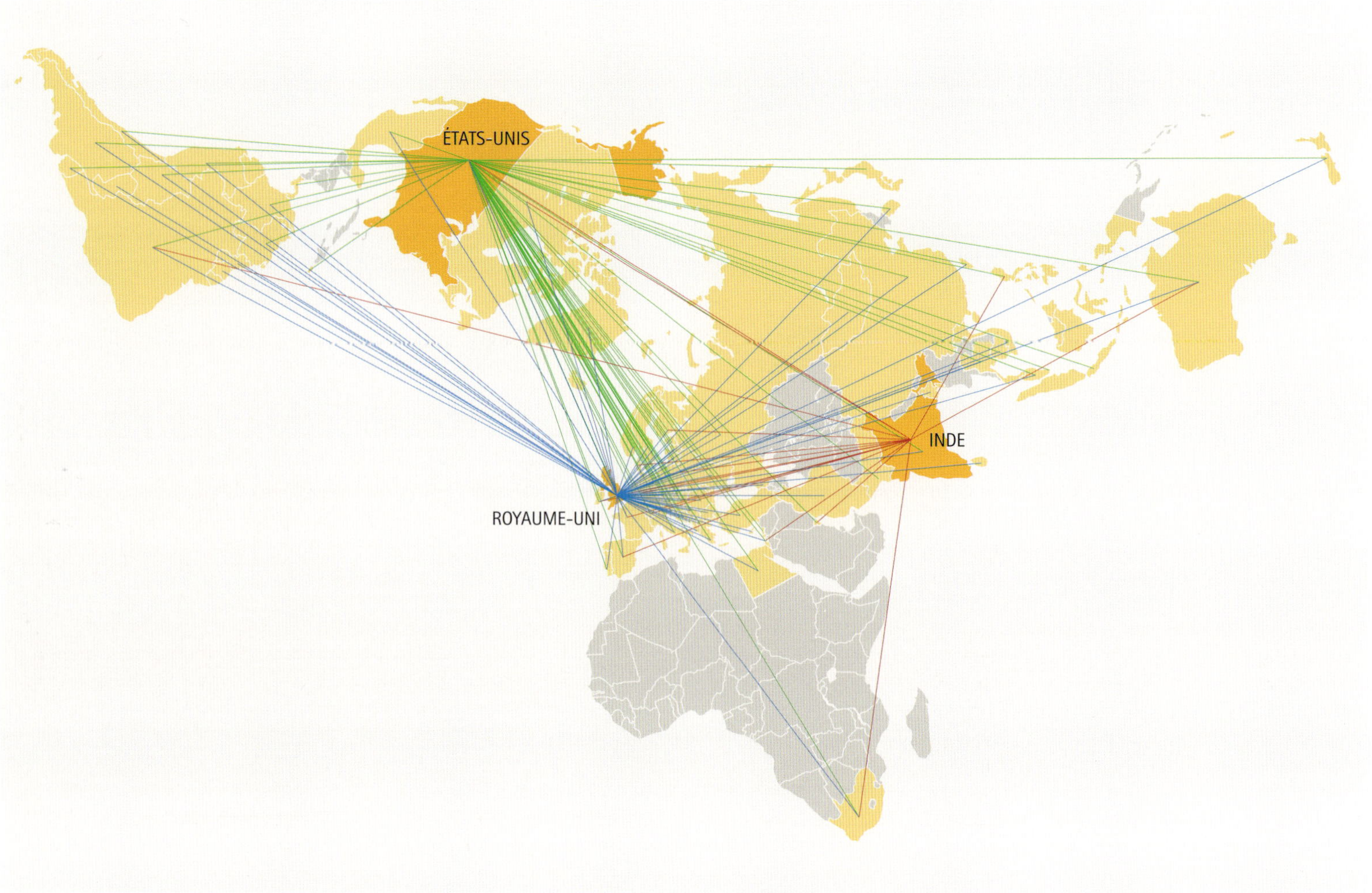

LA CIRCULATION MONDIALE DES PRODUITS CULTURELS PAYS D'ORIGINE DES PRODUITS CONCERNÉS PAYS RÉCEPTEURS

DISTRIBUTION DU FILM *TITANIC* (1997) DISTRIBUTION DU FILM *DEVDAS* (2002) DIFFUSION ET TRADUCTION DU PREMIER TOME D'*HARRY POTTER* (1998)

Longtemps la mondialisation a fait craindre une uniformisation culturelle du monde tendant vers une américanisation. Pourtant, en favorisant les circulations culturelles, la mondialisation a également conduit à une réappropriation des codes culturels occidentaux par le reste du monde et à une réaffirmation, pour le meilleur ou pour le pire, des cultures nationales ou locales.

LA CULTURE, ENTRE UNIFORMISATION ET DIVERSITÉ

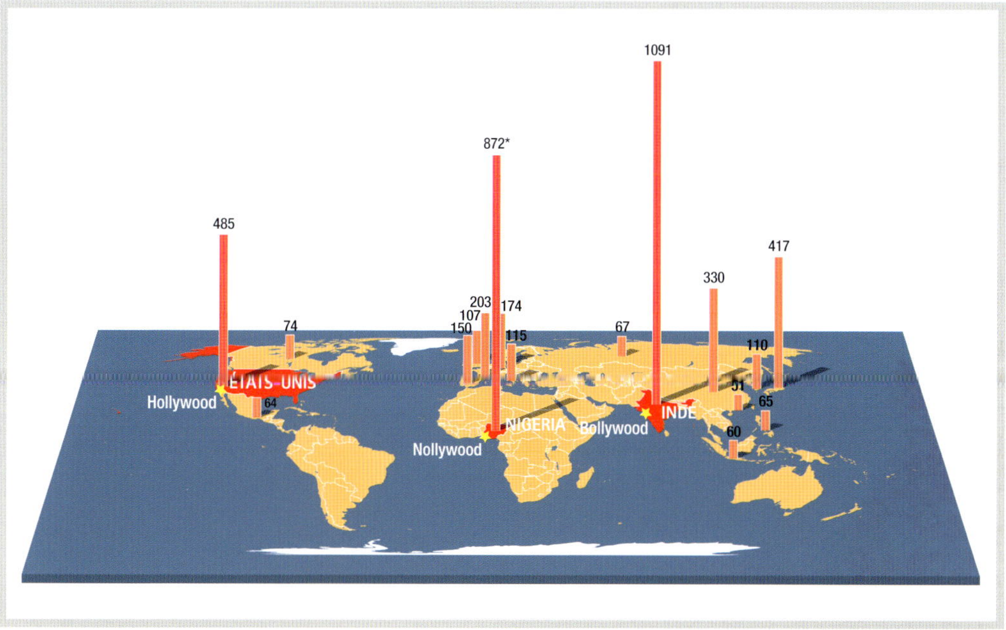

LES PÔLES DE PRODUCTION DE FILMS DANS LE MONDE

PRINCIPALES INDUSTRIES DU CINÉMA

NOMBRE DE FILMS PRODUITS PAR PAYS, en 2006
(seuls les pays ayant produit plus de 50 films en 2006 sont indiqués)
*Nombre de films tournés en vidéo digitale au Nigeria, en 2005

Films, séries télévisées, musique, livres, de plus en plus de produits culturels quittent le territoire national où ils ont été conçus pour être consommés aux quatre coins du monde. Les grandes expositions d'art se mondialisent en circulant de ville en ville, la démocratisation du tourisme rend accessibles d'autres cultures et Internet permet des échanges immédiats de produits culturels d'un bout à l'autre de la planète. Associée aux mutations du secteur des transports et à une baisse des coûts, la révolution technologique en cours depuis les années 1980 a bouleversé les moyens de communication à l'échelle mondiale et donc les possibilités d'échanges et de diffusion des produits et des pratiques culturels. Radio, télévision, câble, satellite, Internet permettent désormais de se jouer des frontières et de proposer aux populations du monde qui disposent de ces instruments de communication des produits toujours plus divers. Malgré la concentration de l'industrie culturelle dans quelques régions du monde (Amérique du Nord, Europe de l'Ouest, Asie orientale), on assiste à une diversification de l'offre et de la diffusion de produits culturels qui contribue, ainsi, à construire un monde hybride où productions culturelles nationales, voire locales, cohabitent avec des produits

▲ PRODUCTION CINÉMATOGRAPHIQUE MONDIALE OU LE TRIANGLE *BONOHO*

Si Hollywood demeure le pôle de production cinématographique le plus emblématique au monde, l'Inde, avec Bollywood, est pour sa part le premier producteur de films au monde, suivie par les productions *made in* Nollywood, au Nigeria. En effet, pour pallier l'absence de salles de cinéma et s'éviter des financements coûteux, les productions nigérianes sont directement accessibles en vidéo. Ces CD et DVD diffusent un cinéma de genre dans une grande partie de l'Afrique subsaharienne, en Amérique du Nord et dans les Caraïbes. À côté de ces grands pôles de production, des pays comme la France, l'Argentine ou la Corée du Sud continuent de produire et de défendre une certaine conception du cinéma…

ABOU DHABI, LABORATOIRE DE LA MONDIALISATION CULTURELLE ▶

Fort des ressources financières que lui octroient ses hydrocarbures, l'émirat d'Abou Dhabi s'est lancé dans une politique culturelle visant à faire venir le monde culturel sur son territoire. Ainsi, sur l'île de Saadiyat, « l'île du bonheur » en français, plusieurs musées doivent voir le jour. En 2011 s'ouvre le musée Guggenheim d'Art moderne, créé par Frank Gehry, l'architecte du musée Guggenheim de Bilbao. En 2012, c'est le Louvre Abou Dhabi, conçu par l'architecte Jean Nouvel, qui accueillera d'abord des œuvres extraites de l'ensemble des musées français et qui seront peu à peu remplacées par des acquisitions propres. Parmi les autres projets, on compte un musée conçu par l'architecte japonais Tadao Ando consacré à la mer et un centre des Arts vivants conçu par l'architecte d'origine irakienne Zaha Hadid.

1 MUSÉE GUGGENHEIM
2 MUSÉE DU LOUVRE ABOU DHABI
3 UNIVERSITÉ PARIS-SORBONNE ABOU DHABI
4 VILLAGE DU PATRIMOINE

du monde entier. Durant des années, les États-Unis ont fait office de modèle culturel pour le reste du monde, exerçant tout à la fois un pouvoir d'attraction, de séduction et de répulsion comme rarement une puissance politique en avait exercé dans l'histoire. Dans le même temps où ce modèle culturel se diffusait, il suscitait l'admiration des uns et déclenchait les critiques des autres, au point de faire parfois l'objet d'un rejet radical.

Se divertir à l'américaine

Jouissant d'un véritable savoir-faire, l'industrie culturelle américaine a su construire un modèle à portée mondiale. En 2009, le film américain *Avatar* a été diffusé dans près de 18 000 salles de cinéma à travers le monde, réalisant les deux tiers de ses recettes à l'étranger. Les exemples de ce type ne manquent pas, que l'on songe, par exemple, au *best-seller* de Dan Brown, le *Da Vinci code*, traduit dans une quarantaine de langues et vendu à plus de 40 millions d'exemplaires dans le monde trois ans seulement après sa parution en 2003. Ces produits culturels, appelés à être consommés dans le monde entier, sont élaborés dans le cadre d'un modèle économique et marketing formaté pour toucher le plus grand nombre et rapporter le plus de *royalties* possible.

Les moyens mis en œuvre assurent aux produits américains une diffusion sans égal dans de nombreux secteurs de l'industrie culturelle. Si l'on s'en tient au cinéma, en 2008, au sein de l'Union européenne, les films français ont représenté 12 % du total des entrées, les films italiens et allemands, respectivement 3,5 % des entrées. De leur côté, les productions américaines totalisaient plus de 63 % des entrées en salle.

Cette hégémonie culturelle américaine a longtemps bénéficié des avantages technologiques, commerciaux, voire de l'imaginaire collectif, dont disposent les États-Unis pour promouvoir leur modèle. Néanmoins, ce qui vaut pour les États-Unis en termes de circulation culturelle vaut aujourd'hui pour d'autres régions de la planète. Que l'on pense aux produits culturels européens ou aux mangas japonais, aux films chinois, coréens ou indiens, aux musiques et danses latino-américaines, les échanges culturels qui se réalisaient jusque dans ces dernières années sur un mode principalement Nord-Nord ou Nord-Sud commencent à modifier leur trajectoire et leur sens. Les productions culturelles des pays du Sud se multiplient, trouvant un public local mais, également, de plus en plus international.

De la standardisation à la réappropriation des codes culturels américains

Sans prendre en considération la qualité des produits de divertissement américains, leur diffusion planétaire a cependant moins conduit à une uniformisation par l'américanisation qu'à une standardisation culturelle qui s'est manifestée à deux niveaux : proposer au reste du monde des produits identiques et faire adopter le modèle économique et marketing nord-américain par de nombreux pays du monde, notamment les pays émergents, comme la Chine, le Brésil ou encore l'Inde.

Ce dernier pays apparaît, en matière de cinéma notamment, comme l'exemple-type d'une réappropriation des codes culturels américains, métissés de références culturelles nationales. Les années 1950 et 1960 sont souvent considérées comme l'âge d'or du cinéma indien. Moins de dix ans après l'Indépendance, et alors que la partition du pays était encore dans tous les esprits, le cinéma indien se faisait fort de réfléchir à l'identité indienne et de rendre compte des réalités sociales du pays grâce, notamment, aux œuvres de cinéastes comme Raj Kapoor, Guru Dutt, Satyajit Ray et d'autres encore. Depuis lors, développement économique aidant, et sur fond de constitution d'une classe moyenne éduquée, les demandes du public ont évolué. L'évolution récente des productions de Bollywood – quartier de Bombay accueillant des studios de cinéma dont le nom sonne comme un hommage à Hollywood – apparaît comme une réponse à ces mutations de la société indienne. La légèreté des comédies produites est prompte à divertir un public éduqué, ayant accès aux canaux d'information et de communication internationaux, ainsi que les membres de la diaspora indienne. L'industrie de Bollywood dans sa forme actuelle, à laquelle ne se réduit pas le cinéma indien, peut apparaître par certains aspects comme un avatar du modèle hollywoodien. On y produit des films de divertissement à visée commerciale et mondiale dont certains ressorts narratifs sont inspirés des films américains.
L'américanisation culturelle du monde tant redoutée n'a pas eu lieu. Mais en influençant les modèles économiques et les productions d'autres pays, elle aura contribué à forger ce que d'aucuns ont appelé en anglais une culture *mainstream*, faite de produits culturels mondialisés plaisant à peu près à tout le monde. Si l'une des forces du modèle industriel états-unien en la matière a été d'exporter des programmes formatés et adaptés aux sociétés des pays concernés, en retour il a engendré des concurrences, voire des résistances, qui ont elles-mêmes favorisé la diversité du monde.

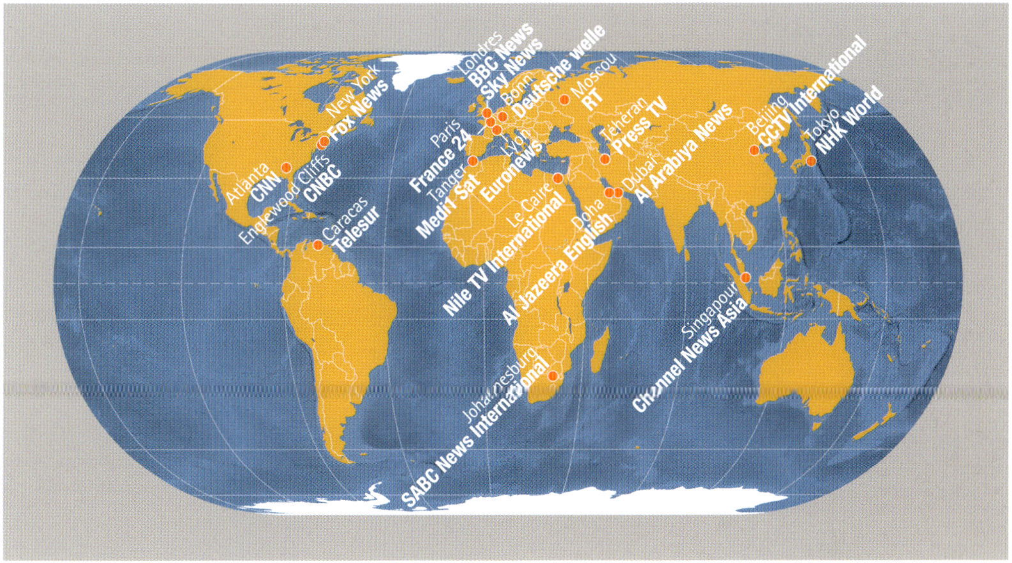

• SIÈGE DES PRINCIPALES CHAÎNES D'INFORMATION INTERNATIONALES

▲ L'INTERNATIONALISATION DES CHAÎNES D'INFORMATION

Même si elles continuent à être concentrées dans quelques pays d'Amérique du Nord ou d'Europe, les chaînes d'information internationales se multiplient à travers le monde. Certes, les principales agences de presse demeurent anglo-saxonnes (Reuters, Associated Press), néanmoins des chaînes d'information internationales issues des pays du Sud voient leur audience et leur influence croître, à l'image de la chaîne qatarie Al Jazeera.

Quand la mondialisation alimente la diversité du monde

Tandis que le processus de mondialisation était vécu comme une menace par certaines populations, on a vu réapparaître la référence aux identités nationales, voire régionales. La marchandisation mondiale d'une certaine forme de culture s'est accompagnée, en parallèle, de revendications en faveur de la diversité culturelle. C'est ce qu'ont entériné, à leur façon, l'exclusion des biens culturels du champ de l'OMC ou encore l'adoption par l'Unesco, le 20 octobre 2005, de la convention sur la protection et la promotion de la diversité des expressions culturelles.
Toutefois, ces multiples identités réaffirmées, invoquant parfois des origines fantasmées ou des traditions inventées, ne sont pas sans risques. Elles peuvent produire un repli communautaire et engendrer un protectionnisme identitaire entraînant un mouvement de fermeture à l'autre, à rebours du métissage culturel du monde qui s'opère sous nos yeux.

VOIR AUSSI : LES ÉTATS-UNIS, PUISSANCE MALGRÉ TOUT, p. 20 - INTERNET, UN RÉSEAU SOUS TENSION, p. 206.

ARTE, L'EXPÉRIENCE INÉDITE

Le 22 janvier 1963, sous l'autorité du général de Gaulle et du chancelier Adenauer, la France et la République fédérale d'Allemagne (RFA) signaient, à Paris, le traité de l'Élysée. Ce traité entendait mettre un terme à la « rivalité séculaire » entre les deux pays, en développant des coopérations entre États dans des domaines de souveraineté (affaires étrangères et défense), mais aussi entre les peuples et les sociétés dans les domaines de l'éducation et de la culture. Dans ces dispositifs de coopération, la jeunesse représentait l'un des publics cibles, *via* notamment la promotion de l'apprentissage des langues et des échanges éducatifs, scientifiques et culturels.

Depuis cette date, les démarches symboliques, volontaristes et bilatérales n'ont pas manqué : dans les domaines militaire (brigade franco-allemande en 1989), industrielle (création du groupe industriel d'aéronautique et de défense EADS en 2000 par la fusion d'entreprises française, allemande et espagnole) ou politique, avec la création d'un conseil des ministres franco-allemand en 2003, à l'occasion du 40e anniversaire du traité de l'Élysée. Dans le domaine de l'éducation, des lycées franco-allemands ont vu le jour, tandis qu'était créé, en juillet 1963, l'Office franco-allemand pour la jeunesse (OFAJ). Dans le domaine de la culture, de nombreuses initiatives ont été prises. La plus emblématique ou, à tout le moins, la plus ambitieuse demeure la création de la première chaîne de télévision binationale au monde, la chaîne culturelle européenne ARTE (Association relative à la télévision européenne).

L'EUROPE DE LA CULTURE POUR HORIZON

La création de la chaîne ARTE est née de la volonté politique du président français François Mitterrand et du chancelier allemand Helmut Kohl. Le traité signé le 2 octobre 1990 entre la République française et les onze *landers* formant la RFA pose les jalons de la chaîne à venir. Six mois plus tard, le 30 avril 1991, avec le traité fondateur du Groupement européen d'intérêt économique (GEIE), ARTE est créée, donnant naissance à la chaîne franco-allemande, qui commence à émettre sur son propre réseau à partir de 1992. Les objectifs des pères fondateurs de la chaîne sont doubles : le rapprochement culturel franco-allemand et la promotion de l'intégration culturelle européenne. ARTE a ainsi « pour objet de concevoir, réaliser et diffuser ou faire diffuser par satellite ou par tout autre moyen, des émissions de télévision ayant un caractère culturel et international au sens large, et propres à favoriser la compréhension et le rapprochement des peuples ».

ARTE se compose de trois entités : la centrale, ARTE-GEIE, basée à Strasbourg, et les pôles nationaux que sont ARTE-France, basée à Issy-les-Moulineaux, et ARTE-Deutschland, située à Baden-Baden. Ces deux entités proposent respectivement 40 % des programmes diffusés par la chaîne, tandis que la centrale fournit les 20 % restants. Ces programmes peuvent être produits par les deux pays mais également par des pays tiers. Ainsi, en 2009, 30 % des programmes diffusés étaient produits en France, 31 % en Allemagne, 18 % dans des pays européens et 21 % dans le reste du monde. En s'appuyant sur une politique de coproduction nationale et

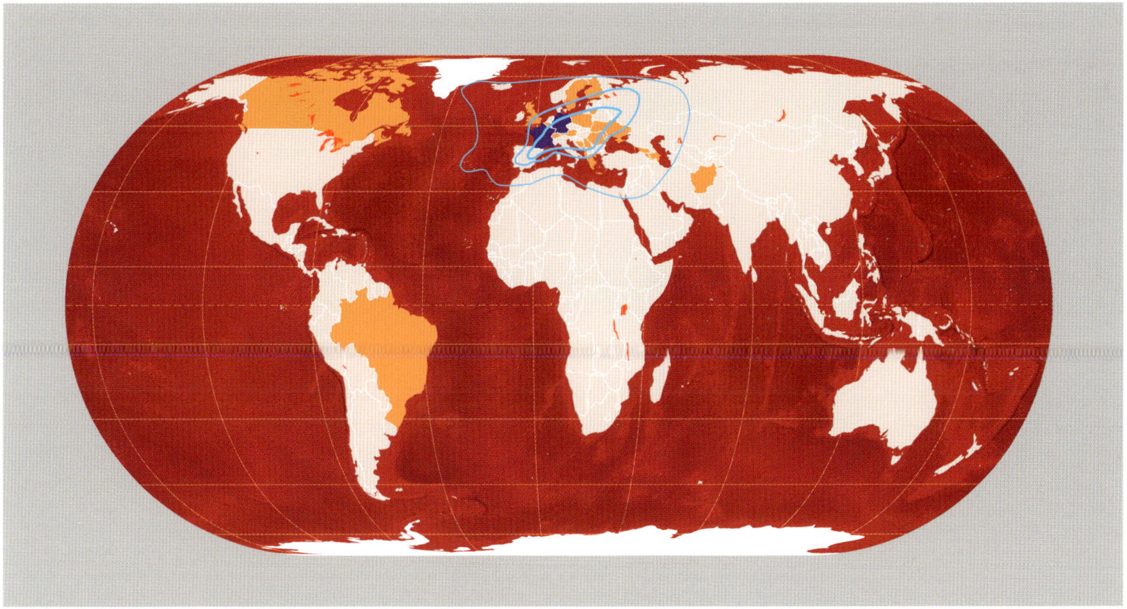

internationale, notamment dans le domaine du cinéma, ARTE entend ainsi rompre avec la surreprésentation des productions états-uniennes dans les programmes de télévision.

UN INSTRUMENT DE *SOFT POWER*?

Chaîne binationale, ARTE apparaît, à l'échelle du monde, comme une expérience singulière de coopération car ses objectifs culturels se doublent d'enjeux politiques. En proposant les programmes dans les deux langues, en diffusant au-delà du territoire des deux États et en développant des partenariats au-delà des États européens, les enjeux sont à la fois de participer à une meilleure connaissance et compréhension des partenaires européens et de promouvoir un certain modèle culturel européen. À son échelle, ARTE apparaît ainsi comme un instrument de *soft power* franco-allemand et européen. Ce concept de « puissance douce », que l'on doit au politologue états-unien Joseph Nye, renvoie aux capacités d'un acteur à influencer les modèles et la façon de penser et d'agir des acteurs tiers, grâce à l'usage d'outils d'attraction culturels ou idéologiques. L'*American way of life*, tel qu'il s'est imposé après la Seconde Guerre mondiale, apparaît comme l'un des exemples les plus aboutis des effets de la « puissance douce ». Sans faire preuve d'une volonté identique à celle qui a prévalu aux États-Unis, et sans disposer des moyens équivalents, le couple franco-allemand, et les Européens de manière générale, *via* des structures telles qu'ARTE, entendent au moins défendre une certaine conception de la culture et de sa diversité. Dans ce registre, les missions initiales d'ARTE ont-elles été remplies ? S'agissant de la création culturelle dans les secteurs du cinéma et de l'audiovisuel, assurément, ARTE apparaît comme un véritable laboratoire d'innovation. En revanche, les ambitions de développement européen n'ont pas toutes été atteintes, malgré les échanges et les partenariats qui se sont multipliés depuis vingt ans. La chaîne demeure en effet franco-allemande, et ce dans un climat politique beaucoup plus tendu entre les exécutifs des deux pays que dans les années passées et alors que l'apprentissage du français et de l'allemand de part et d'autre du Rhin ne cesse de diminuer. Ces difficultés à faire émerger une véritable culture européenne ne saurait pourtant altérer l'action menée par la chaîne depuis vingt ans. Au contraire, à l'heure où la construction européenne est à la recherche d'un nouveau souffle, œuvrer à la création de l'Europe de la culture est plus que jamais un défi à relever pour la chaîne franco-allemande.

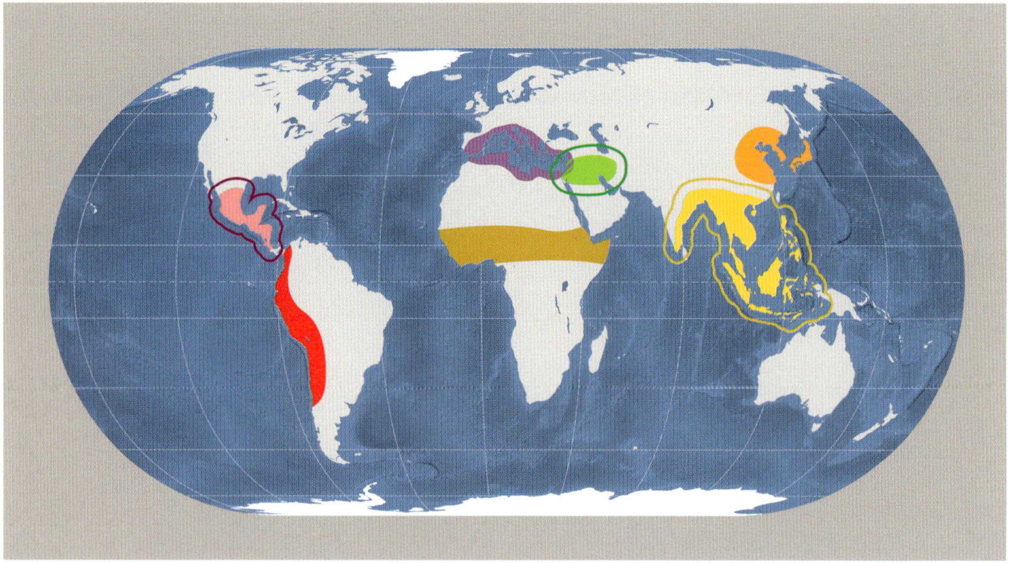

CIVILISATIONS ALIMENTAIRES : CIVILISATION DU MAÏS — CIVILISATION DU BLÉ — CIVILISATION DU RIZ

FOYERS DES PRINCIPAUX ALIMENTS VÉGÉTAUX (exemples d'aliments emblématiques)

- FOYER MÉDITERRANÉEN (OLIVE)
- FOYER PROCHE ET MOYEN-ORIENTAL (ORGE)
- FOYER D'AFRIQUE TROPICALE (CAFÉ ET PASTÈQUE)
- FOYER D'AMÉRIQUE CENTRALE (CACAO)
- FOYER ANDIN (TOMATE ET POMME DE TERRE)
- FOYER D'ASIE ORIENTALE (ORANGE)
- FOYER SUD-EST ASIATIQUE (BANANE)

▲ LES CIVILISATIONS ALIMENTAIRES

La caractéristique commune aux sept principaux foyers de richesse et de diversité végétales représentés est d'être localisés dans des zones de climats tempéré ou humide. La Chine du Nord est le foyer historique de céréales (blé sarrasin, millet), de légumineuses et de soja, de légumes (bambou, chou), de fruits (kiwi, orange), d'aromates et d'épices (ail, basilic, cannelle).
Du sud-est asiatique, sont originaires le riz asiatique, des légumineuses (haricot lungo), des oléagineux (coco, coton), des racines (taro, igname), des légumes (épinard, aubergine), des fruits (banane, mangue, orange) et des épices (cardamome, curcuma, poivre). Une partie de l'Afrique est le lieu d'origine de nombreuses céréales (millet, riz africain, sorgho), de légumes et oléagineux (dolique, igname, karité, sésame), du café et de la datte.
En Amérique centrale, on trouve maïs, quinoa, tomate, ananas, avocat ; en Amérique andine, des pommes de terre, du quinoa, des poires, des fraises. Du Proche-Orient au Caucase, on trouve des terres où ont poussé le blé, l'orge et le seigle, la fève, la châtaigne, la lentille, la carotte et la plupart des fruits consommés aujourd'hui en Europe, comme le raisin. Enfin, le pourtour méditerranéen est pourvu notamment d'oliviers, de légumes (artichaut, asperge, poireau) et de fruits (cerise, cassis, datte, pomme).

L'homme est un animal omnivore. Pourtant, la préparation des aliments et leur consommation sont avant tout des pratiques sociales. Nombre de variables historiques, géographiques, culturelles et politiques influencent les pratiques alimentaires de chacun, qui évoluent au gré de l'histoire et des échanges.

LES FRONTIÈRES DU GOÛT

Si elle apparaît aujourd'hui comme le produit confus de la mondialisation en cours, l'alimentation a connu, en réalité, plusieurs mondialisations. Historiquement, trois moments en particulier ont permis d'élargir les connaissances permettant aux hommes de s'alimenter, façonnant peu à peu la planète alimentaire dans laquelle nous vivons.

La première révolution alimentaire

Sept régions du monde concentrent la plus grande richesse d'espèces végétales et sont les lieux d'origine des céréales, fruits et légumes que nous consommons aujourd'hui. Au cours de la préhistoire, c'est dans ces régions qu'a eu lieu la domestication des céréales, qui marque la naissance de l'agriculture et le passage à la période néolithique et qui constitue la première étape de la mondialisation alimentaire. Loin d'être seulement une pratique nourricière, l'agriculture traduit une évolution politique du monde. Ainsi, au fil du temps, l'accroissement démographique et la recherche de terres plus productives ont entraîné l'occupation des vallées fluviales et leur aménagement afin de pouvoir disposer des ressources hydriques. Seul un pouvoir fort et centralisé pouvait accomplir de tels travaux, d'où la naissance des cités-États, puis des grands empires en Mésopotamie et en Égypte, liés au blé, et l'essor des sociétés hydro-rizicoles en Asie, notamment dans la vallée de l'Indus ou en Indochine.

Aux marges géographiques de ces modèles alimentaires agricoles, dans les étendues septentrionales et désertiques, comme par exemple en Asie centrale, se développe un contre-modèle pastoral. Là où l'agriculture est difficile, l'alimentation s'enrichit en gras animal, viandes et laitages. Le tournant y est aussi bien alimentaire que politique : la domestication du cheval et du chameau permet, d'une part, une forme d'élevage extensif sur de grandes superficies, et donc une production plus importante, et, d'autre part, la naissance de sociétés dotées d'une cavalerie forte favorisant la constitution de vastes empires (Mèdes, Perses, Huns, Timourides).

Dans ce contexte, les pratiques alimentaires jouent un rôle de marqueur identitaire et culturel, voire politique. Face aux barbares nomades, qui se nourrissent de viande et de beurre, la consommation du blé et la transformation des fruits de la vigne et de l'olivier sont pour les Grecs les signes incontestables de leur supériorité. Ce même discours se retrouve, plus tard et à l'autre bout du continent eurasiatique, dans la Chine des Han confrontée à la pression des cavaliers nomades mongols.

Peu à peu, cependant, les frontières alimentaires se brouillent. Au gré des conquêtes et de la sédentarisation progressive, les deux modèles finissent par fusionner, tandis que la multiplication des échanges commerciaux conduit au métissage des saveurs et des pratiques culinaires.

La deuxième révolution alimentaire

À la fin du XVe siècle, les mobilités humaines sont à l'origine de la deuxième grande étape de la mondialisation alimentaire. Les royaumes européens sont en concurrence pour l'accès aux richesses de l'Asie car les épices sont très prisées sur les tables des monarques et de l'aristocratie. Comme les routes commerciales traditionnelles passent par l'Orient musulman, il devient alors essentiel pour les monarques chrétiens de trouver un autre chemin. Au cours de cette quête, les navires espagnols découvrent un nouveau monde et initient une nouvelle révolution.

Pensant parvenir aux Indes en faisant route vers l'ouest, Christophe Colomb se trompe, redécouvre les Amériques et ouvre la voie à d'autres échanges alimentaires. Venus du Nouveau Monde, certaines plantes et animaux jusqu'alors inconnus vont s'imposer avec plus ou moins d'évidence dans l'alimentation européenne de base. C'est par exemple le cas de la tomate, originaire des Andes et déjà connue des Incas et des Aztèques. Rapportée en Europe au XVIe siècle, elle est d'abord utilisée comme plante d'ornement, avant de devenir un siècle plus tard l'un des symboles alimentaires du pourtour méditerranéen, puis de retraverser l'Atlantique avec les migrations européennes. De même, la pomme de terre s'impose assez vite en Europe du Nord, mais elle nécessitera près de deux siècles avant d'être acceptée sur les tables françaises car elle était considérée jusque-là comme malsaine et réservée au bétail.

Ayant choisi quant à lui la route de l'est, Vasco de Gama offre au Portugal un accès direct aux épices asiatiques, comme le poivre ou la muscade. Les compagnies hollandaise et britannique, principales puissances navales de l'époque, imposeront ensuite leur monopole sur les épices jusqu'à ce que le botaniste français Pierre Poivre – *nomen omen* – parvienne, au XVIIe siècle, à y mettre un terme en transplantant de nombreuses épices dans les possessions de l'empire français, de l'île Maurice à la Guyane.

L'extension de la domination coloniale va mettre les Européens au contact de nouveaux goûts et de nouveaux produits et façonner un système agricole et commercial destiné à approvisionner les tables de Paris, Londres et Berlin. Le petit déjeuner occidental est emblématique de cette mondialisation : on y trouve le sucre, asiatique car originaire de la Nouvelle-Guinée, le thé, dont la naissance se situe en Chine, le café, issu du continent africain et plus précisément d'Éthiopie, et le cacao, provenant d'Amérique centrale où il était consommé amer par les Aztèques. Sortis de leur foyer d'origine, ces produits font l'objet d'une diffusion planétaire et d'une culture de plantation.

La troisième révolution alimentaire

La troisième mondialisation alimentaire se situe au XIXe siècle, sous les effets conjoints de la croissance démographique, de l'industrialisation et de l'urbanisation. Cela stimule une demande accrue en biens alimentaires qui doivent être produits à proximité des grandes villes et être transformés afin de limiter les temps de préparation en cuisine. C'est la naissance du modèle agro-industriel, renforcé par l'amélioration des techniques de conservation, telle la surgélation, et l'essor des réseaux de transport (navires et avions). Le résultat pour les consommateurs des pays industrialisés, à l'image de la France, est celui d'une mondialisation totale de l'offre alimentaire, transcendant à la fois l'espace et le temps, la géographie et le cycle des saisons.

Les « dessous de l'assiette »

Nous sommes bien aujourd'hui au stade de cette troisième mondialisation alimentaire. Mais sommes-nous au début de son terme ? Le modèle mondialisé actuel n'est pas, en effet, sans poser un certain nombre de questions, susciter quelques inquiétudes, voire des rejets de la part de nombreux consommateurs. La première interrogation est

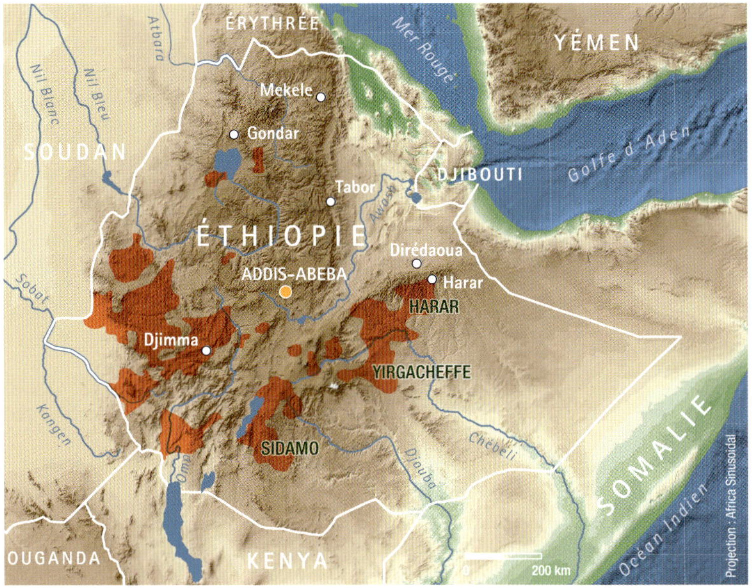

RÉGION PRODUCTRICE DE CAFÉ

ÉTHIOPIE CONTRE STARBUCKS, LA BATAILLE DU CAFÉ

L'Éthiopie est le foyer d'origine du café ; 6e producteur mondial, cette ressource fait vivre 15 millions de paysans et est destinée à l'exportation à hauteur de 60 %. En 2005, le gouvernement éthiopien a voulu déposer les noms de trois crus de café : Harar, Yirgacheffe et Sidamo. L'enjeu est que ces noms deviennent des marques propriété de l'État éthiopien et que les redevances puissent générer plus de revenus nationaux.
En 2006, l'Union européenne, le Japon et le Canada ont reconnu les trois marques éthiopiennes, tandis que le Bureau américain des marques et brevets a rejeté la demande pour les crus les plus vendus, à savoir Sidamo et Harar. Ce refus est dû à l'Association américaine des producteurs de café, derrière laquelle se trouve l'influente compagnie américaine Starbucks, leader mondial de la vente à emporter de café. Un compromis a été trouvé en 2007. L'Éthiopie s'est vu reconnaître la propriété des noms des trois cafés et Starbucks a obtenu de ne pas verser de *royalties* au gouvernement d'Addis-Abeba.

économique et liée à l'émergence de l'industrie agro-alimentaire. Pour répondre à la demande de plats-cuisinés-prêts-à-consommer issue des classes moyennes urbaines, dont le nombre ne cesse de croître, cette industrie a recours à d'importantes quantités de matières premières qu'elle s'attache à transformer. De la sorte, elle a un impact fort sur les pratiques agricoles traditionnelles. Le choix des cultures est ainsi dicté par la demande du marché, les cultures de base, peu rentables, étant délaissées pour privilégier des denrées exportables et soumises aux aléas du marché mondial. Ainsi, les écarts se creusent entre les sociétés de l'abondance alimentaire et celles de la pénurie.
La deuxième forme d'inquiétude est environnementale et a trait au concept de *food miles* qui prend en compte les distances parcourues par la nourriture avant de finir dans les assiettes des consommateurs. Exprimées en kilomètres, en coûts de transports ou en émissions de CO_2, elles ont largement augmenté avec la mondialisation. Pour un pot de yaourt aux fraises vendu dans la ville de Stuttgart, une chercheuse allemande a retracé la distance parcourue par ce produit sur le territoire allemand : en cumulant toutes les opérations de fabrication, transformation, emballage et distribution, elle a comptabilisé au total 9 115 km. En réaction, plusieurs initiatives citoyennes se mettent en place afin d'éduquer les citoyens à manger des produits de saison et à renouer avec les goûts et les productions locales. En France, les Associations pour le maintien de l'agriculture paysanne (AMAP) entendent établir un lien direct entre producteurs et consommateurs, tout comme le fait le mouvement des *locavores*, dont le pari est de consommer des produits issus de territoires situés dans un rayon de 160 km. Dans un registre proche, dicté aussi par des raisons d'ordre sanitaire, il convient de mentionner le retour, en Europe notamment, à des pratiques agricoles et d'élevages biologiques, dépourvues de pesticides et d'engrais chimiques. Un « retour à la nature » qui se conçoit en opposition à la production intensive et aux nouvelles frontières ouvertes par les Organismes génétiquement modifiés (OGM).

Sommes-nous ce que nous mangeons ?

La dernière question posée par la mondialisation alimentaire est d'ordre culturel. De fait, s'alimenter n'a rien d'anodin, l'histoire montre que l'acte de se nourrir est lié à l'identité. Dans le domaine alimentaire aussi, mondialisation rimeraitelle avec standardisation ? Grandes villes et grandes régions touristiques paraissent aujourd'hui comme les temples d'une alimentation standardisée, impersonnelle, nourries de ce que le géographe Gilles Fumey appelle les *best-sellers* de la nourriture mondialisée : le hamburger nord-américain originaire d'Allemagne, le kebab issu de l'aire turco-ottomane, la pizza et le cappuccino italiens et enfin le sushi japonais. « Déracinés » par la diffusion planétaire des chaînes de restauration rapide, ils ont perdu de leur saveur originelle pour imiter les goûts locaux afin de conquérir de nouveaux marchés. Cependant, les villes mondiales sont aussi un lieu de brassage culinaire et gastronomique sans égal, où la présence des communautés immigrées et des diasporas permet de trouver les saveurs du monde entier.

Aujourd'hui encore, les frontières alimentaires sont trompeuses et connaissent une redéfinition permanente. Celles qui persistent nettement sont souvent déterminées par des prescriptions culturelles ou religieuses. Parmi les exemples : la population chinoise ne consomme que très peu de lait de vache et de produits laitiers, tandis que la viande de chien est considérée comme un met de choix ; l'islam et le judaïsme interdisent la consommation de viande de porc, tout comme la viande de bœuf est proscrite aux hindous.

Pourtant, au regard des pays riches, l'alimentation semble de plus en plus déconnectée de la géographie et de la culture. On essaie de répondre à cela par l'inscription au patrimoine immatériel de l'Unesco de plusieurs traditions alimentaires (cuisine traditionnelle mexicaine, repas gastronomique français, art du pain d'épices en Croatie du Nord et diète méditerranéenne) ou encore par la labellisation de produits liés à une zone géographique bien déterminée et à des savoir-faire traditionnels. Cette pratique européenne des labels – labels IGP et AOP – séduit de plus en plus de pays, y compris les pays émergents, comme la Chine et l'Inde, soucieux eux aussi d'éviter que leur tradition gastronomique ne soit banalisée par la mondialisation.

VOIR AUSSI : L'INSÉCURITÉ SOCIALE MONDIALE, p. 132

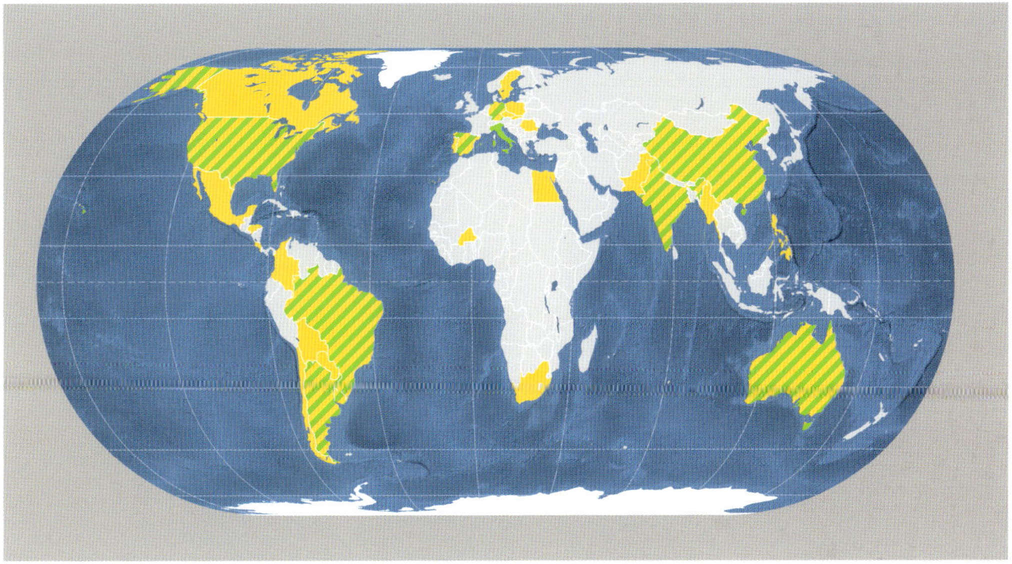

▲ OGM CONTRE AGRICULTURE BIO

Entre 1950 et 2000, l'intensification de l'agriculture liée à l'utilisation des engrais a permis de multiplier par 2,6 la production agricole mondiale. Mais cette agriculture intensive, qui a réduit les crises alimentaires, a engendré une pollution des sols et des nappes phréatiques. Aujourd'hui, c'est l'usage de l'agriculture génétiquement modifiée qui fait débat. En 2010, les cultures OGM sont pratiquées dans 29 pays et couvrent à peu près 10 % des terres arables de la planète. À l'échelle mondiale, les surfaces OGM cultivées ont progressé de 10 % en 2010, l'Australie et le Burkina Faso (ce dernier pour la culture du coton) ayant le plus contribué à cette augmentation.

Paradoxalement, l'Australie est l'un des premiers producteurs d'agriculture biologique au monde, avec plus de 12 millions d'hectares. À l'échelle mondiale, l'agriculture bio reste marginale avec moins de 1 % des terres cultivées. En France, la culture biologique ne représente que 2,5 % de la surface agricole utile et se trouve donc très loin des objectifs de 6 % en 2012 décidés au Grenelle de l'environnement.

PAYS PRODUCTEURS DE CULTURES OGM, en 2010

DIX PREMIERS PAYS PRODUCTEURS D'AGRICULTURE BIOLOGIQUE, en 2009

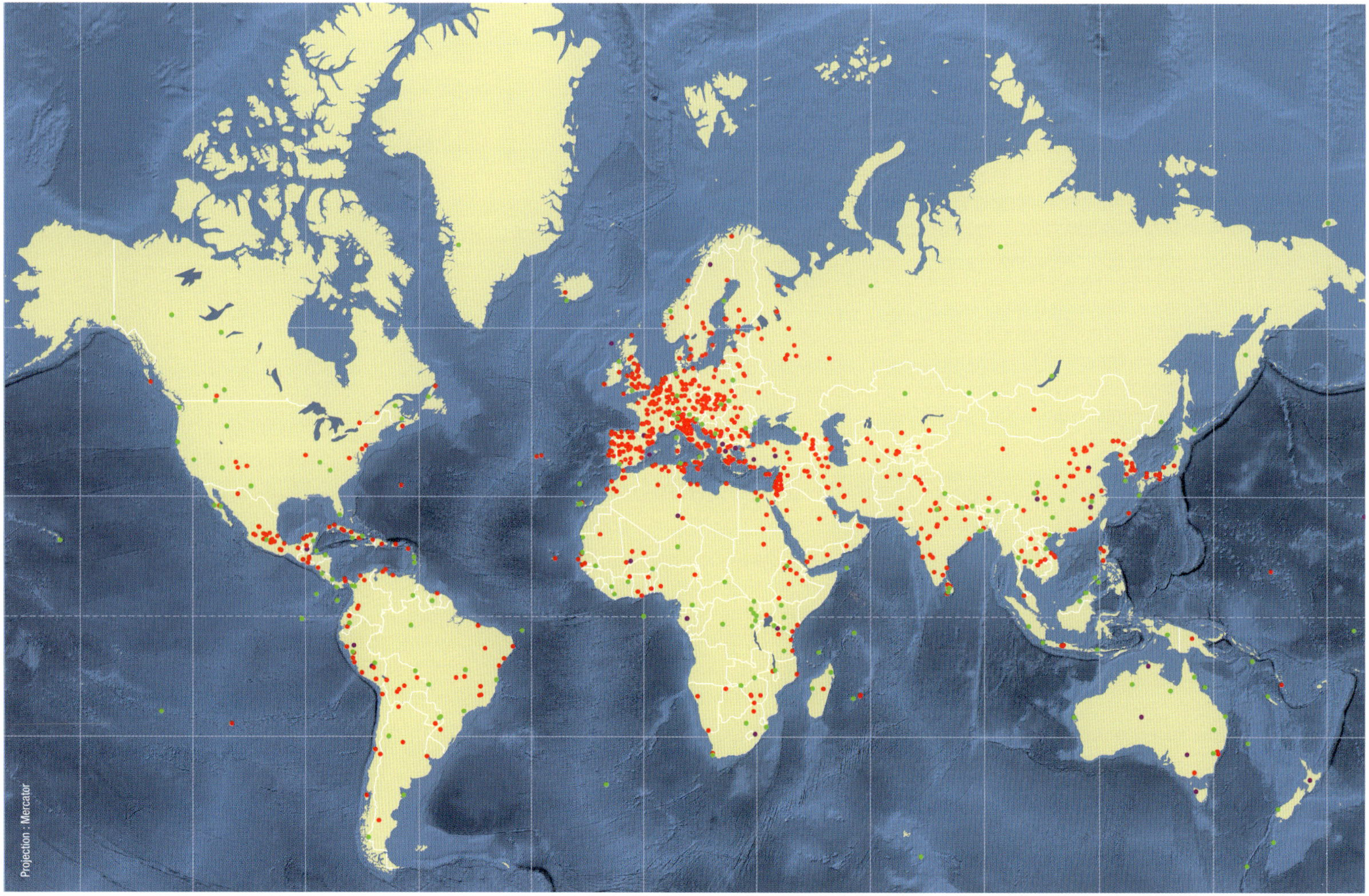

LA LISTE DU PATRIMOINE MONDIAL DE L'UNESCO, en juin 2011 (Total : 936)

PAYS AYANT RATIFIÉ LA CONVENTION DU PATRIMOINE MONDIAL • BIENS CULTURELS (725) • BIENS NATURELS (183) • BIENS MIXTES (28)

Depuis bientôt quarante ans, l'Unesco protège les créations humaines « à caractère exceptionnel », célébrant ainsi le génie humain. Pourtant, la géographie des sites à préserver révèle une conception du patrimoine mondial largement inspirée par les canons européens.

UN PATRIMOINE MONDIAL UNIVERSEL ?

L'idée de classer des lieux ou des sites dont la valeur est exceptionnelle n'est pas nouvelle. Cette célébration des réalisations humaines les plus spectaculaires avait déjà été mise à l'honneur par les Anciens au moment où ils établissaient la liste des Sept Merveilles du monde. Héritière de cette tradition, l'Organisation des Nations unies pour l'éducation, la science et la culture (Unesco) va reprendre cette idée et formaliser juridiquement les dispositifs de protection de certains sites. Le projet de construction du barrage d'Assouan, sur la partie égyptienne du Nil, à la fin des années 1950, va accélérer le processus de création d'une instance mondiale de préservation de ces sites. En effet, la création d'un lac artificiel (le lac Nasser) en amont du futur barrage allait avoir pour conséquence d'inonder une vallée voisine où avaient été construits, sous Ramsès II, au IVe siècle avant J.-C., les temples nubiens d'Abou Simbel et de Philae. Face à cette menace, et à la demande des gouvernements égyptiens et soudanais, l'Unesco a lancé en 1959 une campagne internationale pour sauver ces sites. Cette opération a permis de démonter, déplacer et réassembler les temples sur les hauteurs, avant que le lac artificiel ne se forme. À la même époque, au milieu des années 1960, les États-Unis lançaient une campagne visant à promouvoir la protection mondiale des parcs naturels. C'est donc dans ce contexte que les États membres de l'Unesco ont adopté, en 1972, la convention relative à la protection du patrimoine culturel et naturel mondial. Un comité du patrimoine mondial a ainsi vu le jour en 1976, chargé d'établir chaque année la liste des sites devant rejoindre le « patrimoine mondial ».

▲ LES SEPT MERVEILLES DU MONDE

La liste des Sept Merveilles du monde, dont la paternité reste incertaine (Hérodote, Antipater de Sidon ou Callimaque de Cyrène), énumère les grandes œuvres architecturales et artistiques de l'Antiquité. En ignorant les civilisations de l'Indus ou, plus à l'est, la civilisation chinoise, cette liste indique ainsi les limites du monde connu à l'époque de la Grèce antique, qui se réduisait, en l'espèce, à la Grèce, l'Asie mineure, l'Égypte et la Mésopotamie.

Les chemins du patrimoine mondial

Pour l'Unesco, les sites du patrimoine mondial correspondent à des biens ayant une « valeur universelle exceptionnelle ». Pour pouvoir accéder au statut de patrimoine mondial, les sites concernés doivent répondre à des critères

▲ LES ÉTATS-UNIS, LEADER DE LA PROTECTION DES PARCS NATURELS

En 1872, Yellowstone devient le premier parc naturel au monde à être créé. Un siècle plus tard, les États-Unis vont être à l'origine d'un mouvement visant à protéger les espaces naturels, considérés comme appartenant au patrimoine historique au même titre que les monuments ou les œuvres architecturales. On compte aujourd'hui 58 parcs naturels protégés aux États-Unis.

LE PATRIMOINE NATUREL DES ÉTATS-UNIS
- PARC NATIONAL
- PARC CLASSÉ DANS LE PATRIMOINE MONDIAL DE L'UNESCO

stricts. Seuls les États parties à la convention peuvent présenter des sites présents sur leur territoire, et ainsi demander à ce qu'ils soient inscrits sur la liste du patrimoine mondial. En souscrivant à la convention, les États s'engagent alors à assurer la bonne conservation des sites se trouvant sur leur territoire et à protéger leur patrimoine national.

Les sites proposés doivent répondre à au moins l'un des dix critères définis par la convention : entre autres, le site doit représenter un chef-d'œuvre du génie créateur humain, tel le Taj Mahal ou l'opéra de Sydney ; apporter un témoignage sur une civilisation vivante ou disparue, comme la cité punique de Kerkuane ; être un exemple d'une période significative de l'histoire humaine, comme le centre historique de Lima ; représenter des espaces d'une beauté naturelle exceptionnelle, à l'instar du parc national du Kilimandjaro, etc. Les États ne peuvent pas présenter plus de deux sites par an. Lors de la dernière réunion du comité du patrimoine mondial, en juin 2011, 25 nouveaux sites ont fait l'objet d'une inscription au patrimoine mondial, 21 au titre des sites culturels (la cathédrale de Léon au Nicaragua, les Causses et les Cévennes en France, par exemple), 3 pour les sites naturels (comme les îles d'Ogasawara au Japon) et 1 au titre des sites mixtes (la zone protégée du Wadi Rum en Jordanie). Appartenir à cette liste est un label prestigieux qui, tout à la fois, attire les touristes, sensibilise les populations locales à la préservation et permet d'obtenir des financements.

Le patrimoine mondial, entre esthétique et politique

Représentés sur une carte du monde, les sites placés sur la liste du patrimoine mondial font apparaître une autre réalité que les seuls critères esthétiques ou juridiques. En 2011, sur les 187 États parties à la convention relative au patrimoine mondial, 167 ont remis une liste indicative inventoriant des biens qu'ils pourraient proposer au patrimoine mondial et 153 États ont des biens inscrits au patrimoine mondial. Quant aux autres États, s'il est possible qu'ils ne disposent pas de site célébrant le génie humain, il est surtout probable qu'ils ne possèdent pas les moyens matériels et humains nécessaires à l'identification, à la recension et à la promotion des œuvres qui pourraient figurer sur la liste du patrimoine mondial. Ainsi, la trentaine de pays ne disposant pas de sites inscrits au patrimoine mondial de l'Unesco sont principalement des pays en développement, à l'image de l'Angola, de l'Érythrée, du Tchad ou encore de la Birmanie (dont le site de Pagan ne figure pas au patrimoine mondial), ou encore des petits pays aux ressources limitées, comme Antigua-et-Barbuda ou le Bhoutan.
Pris individuellement, chaque site renvoie à l'universalisme auquel aspire la convention de l'Unesco. Considérés dans leur totalité, les biens inscrits au patrimoine mondial font apparaître l'influence et la prépondérance des Européens

MENACE SUR LE PATRIMOINE MONDIAL ▶

En 2011, 35 sites sont considérés comme patrimoine en péril. Ces sites sont menacés de disparition à cause d'une dégradation accélérée, de projets de grands travaux publics ou privés, de conflits, de catastrophes naturelles, etc. Sont en péril, par exemple, la totalité des sites d'Afghanistan, entrés au patrimoine mondial après la destruction des bouddhas de Bamiyan par les talibans, en 2001, ou encore la vieille ville de Jérusalem, sur la liste des sites en péril depuis 1982. Parmi les sites actuellement en péril, la majorité se trouve dans des pays du Sud. À cela s'ajoute à présent la menace que le changement climatique fait peser sur le patrimoine et qui pourrait toucher Venise ou les parcs nationaux au Népal ou au Pérou. Certains sites peuvent être retirés de la liste lorsque les États manquent à leurs obligations de protection, à l'image de la vallée de l'Elbe, où un pont à quatre voies a été construit, et du sanctuaire des Oryx arabes, en Oman, à la suite de la découverte de gisements de pétrole à cet endroit.

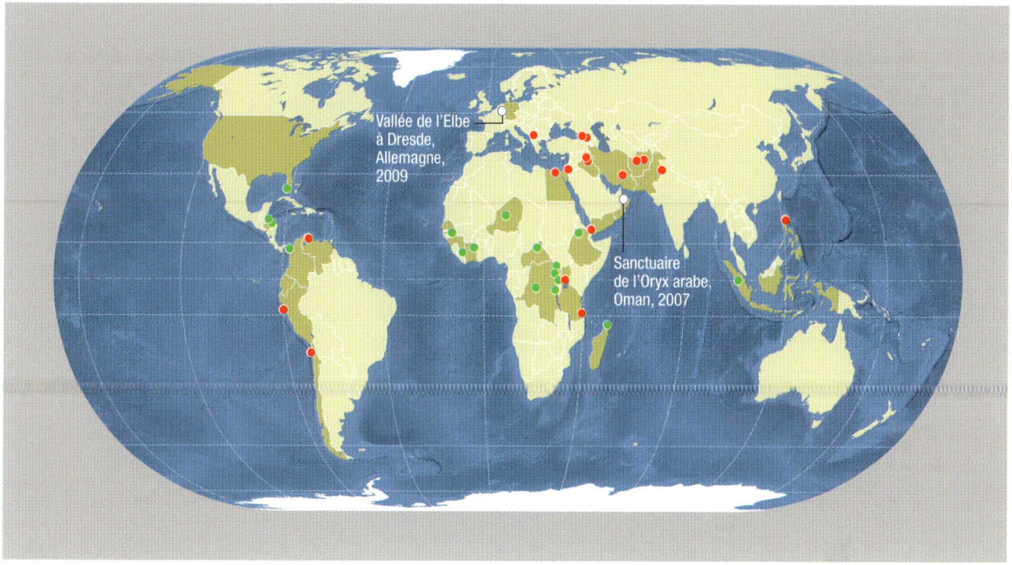

LE PATRIMOINE EN PÉRIL, en 2011

- BIENS CULTURELS EN PÉRIL
- BIENS NATURELS EN PÉRIL
- BIENS RETIRÉS DE LA LISTE DU PATRIMOINE MONDIAL (nom, pays, date du retrait)

dans les choix effectués. Quantitativement, l'Europe et l'Amérique du Nord concentrent 48 % des sites inscrits (soit 452 sites), l'Afrique 8 % (82 sites), les États arabes 7 % (70 sites). L'Europe accueille le plus grand nombre de sites inscrits au patrimoine : l'Italie avec 47 sites, l'Espagne avec 46 sites, la France avec 37 sites et l'Allemagne avec 36 sites font partie, avec la Chine (41 sites), des cinq pays disposant du plus grand nombre de biens appartenant au patrimoine mondial de l'Unesco. Cette surreprésentation européenne s'explique notamment par la préférence accordée à des canons esthétiques favorisant le « monumentalisme », genre dans lequel les Européens excellent.

La cartographie historique du patrimoine mondial confirme la prédominance des biens culturels sur les biens naturels. Ainsi, en 1978, les premiers sites inscrits font la part belle aux biens culturels (8) par rapport aux biens naturels (4). La liste va rapidement s'enrichir de nouveaux sites, puisque l'on passe à 312 sites en 1988, dont 229 biens culturels, 68 biens naturels et 15 biens mixtes. En 1998, la liste compte 581 sites inscrits au patrimoine mondial, dont 443 biens culturels et 115 biens naturels. En 2011, sur les 936 sites inscrits, 725 sont des biens culturels contre 183 biens naturels. Si, depuis le milieu des années 1990, l'Unesco entend rééquilibrer les deux catégories de sites comme leur localisation, leur répartition géographique actuelle révèle des disparités héritées de la domination et de la vision occidentale du monde. Sur les 725 biens culturels inscrits au patrimoine mondial, plus de la moitié sont localisés en Europe et en Amérique du Nord, tandis que l'Asie et le Pacifique en comptent 143 et l'Afrique 45. En revanche, sur les 183 biens naturels, l'Europe et l'Amérique du Nord en comptent moins d'un tiers, quand l'Asie et le Pacifique en accueillent 53 et l'Afrique 33. Cette répartition fait apparaître l'idée sous-jacente que les créations humaines seraient principalement le produit des Occidentaux, quand les peuples du Sud se contenteraient de valoriser un patrimoine essentiellement naturel...

Au regard de son évolution depuis 1972, le patrimoine mondial ne saurait être considéré comme une notion et une réalité figées. Il évolue, dans sa géographie et dans son contenu, au point de s'enrichir de nouvelles catégories à protéger (langues, connaissances, savoir-faire et pratiques traditionnelles menacés), comme le prévoit la convention pour la sauvegarde du patrimoine culturel immatériel adoptée le 17 octobre 2003.

Grandes messes médiatiques planétaires, argent, business, star system, dopage, nationalisme, mais aussi esprit olympique, fraternité, rencontre des peuples, ferveur populaire, le sport charrie avec lui toutes les contradictions du monde contemporain, ce qui en fait l'un des miroirs les plus fidèles des paradoxes de la mondialisation.

LE SPORT, UN JEU DE PUISSANCES

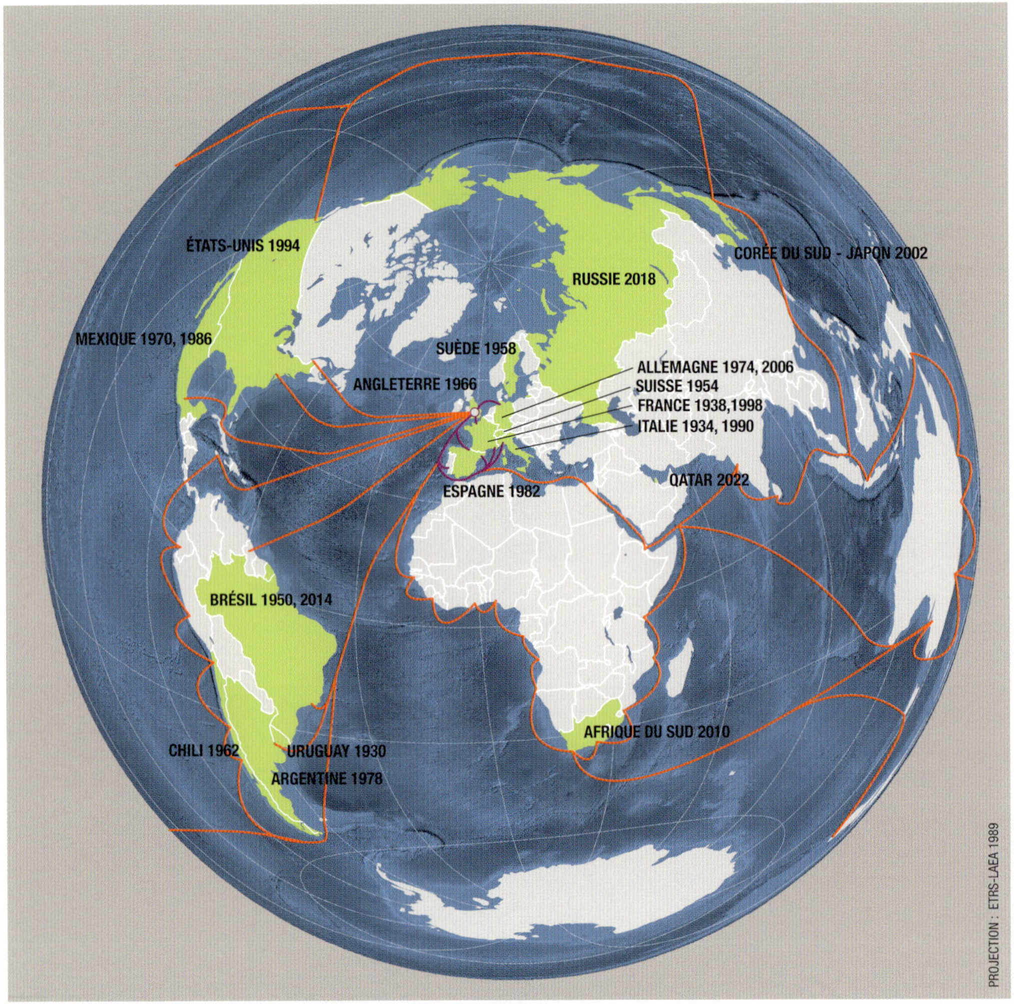

○ ANGLETERRE, PAYS DE NAISSANCE DU FOOTBALL
— PREMIÈRES ÉTAPES DE LA DIFFUSION DU FOOTBALL
— VOIES DE DIFFUSION MONDIALE DU FOOTBALL
■ PAYS ORGANISATEUR DE LA COUPE DU MONDE DE FOOTBALL (DATE)

◄ LA PLANÈTE FOOTBALL

La première fédération de football est créée en 1863, en Angleterre. Le football va d'abord s'étendre à l'Écosse, au Pays de Galles puis à l'Irlande, avant de commencer à gagner le continent européen puis l'Amérique latine. L'extension de la pratique du football va suivre l'évolution des moyens de transports de l'époque, les voies de commerce ainsi que la présence coloniale européenne. Le football est pratiqué initialement par les marins anglais ; ainsi les ports deviennent de véritables plateformes de propagation de la pratique sportive : Le Havre, Hambourg, Bilbao, Marseille, Gênes, etc., dans un premier temps, avant que la pratique ne se répande à l'intérieur des territoires avec le développement des chemins de fer. Dès la fin du XIXe siècle, la mondialisation du football est en marche.

Plus de deux milliards de personnes ont suivi la cérémonie d'ouverture des Jeux olympiques de Pékin, le 8 août 2008. En cumulé, c'est près de 70 % de la population mondiale qui auront vu et suivi ces XXIXe olympiades durant seize jours. Avec des investissements colossaux, les Jeux de Pékin auront ainsi été pour la Chine l'occasion d'afficher son savoir-faire dans l'organisation d'un grand événement sportif, d'attirer une foule de touristes et de faire la démonstration de sa puissance économique, politique et désormais sportive, le tout encadré et surveillé par un système de sécurité sans faille.

Malgré les singularités nationales ou régionales qui affectent la pratique de certains sports, la mondialisation géographique du sport est un phénomène du XXe siècle, issue à la fois de la colonisation (à l'image de l'implantation du cricket dans le sous-continent indien) et de la multiplication des moyens de communication et de transport qui ont rendu possibles les circulations culturelles et les appropriations de ces pratiques sociales.

Parmi les sports qui incarnent le mieux les évolutions et les dérives de la mondialisation actuelle, le football en est certainement le meilleur exemple. Il est en effet devenu, pour reprendre la formule de l'ethnologue Christian Bromberger, « la bagatelle la plus sérieuse du monde ». De sa financiarisation aux migrations qu'il draine avec lui, le football dessine un monde de flux et de mouvements transnationaux qui cohabitent avec l'ancrage territorial de ce phénomène et les dérives nationalistes qu'il engendre parfois. En effet, même mondialisé, le football continue à produire et attiser les passions nationales, nullement éteintes par le cadre codifié et prétendument civilisé de l'enceinte sportive.

La mondialisation du football

L'histoire du football moderne commence en Angleterre dans la deuxième moitié du XIXe siècle. Le développement rapide du « ballon au pied » se traduit par la création en France, en 1904, de la Fédération internationale de football (FIFA). La FIFA compte alors sept États – France, Belgique, Danemark, Pays-Bas, Espagne, Suède et Suisse – et repose sur le principe d'une fédération par pays. Concomitante de l'affirmation du principe des nationalités au XIXe siècle, la volonté d'appartenir à la FIFA va être utilisée comme une marque de reconnaissance nationale et donc être revendiquée par de nombreuses « nations ». C'est le cas de la Bohême, partie intégrante de l'Empire austro-hongrois, qui rejoint l'organisation en 1907, mais également des fédérations d'Angleterre, d'Écosse, du Pays de Galles et d'Irlande, qui font de même en 1908. L'augmentation rapide du nombre d'États membres de la FIFA traduit l'extension de la pratique dans le monde. Au début des années 1910, la FIFA compte une vingtaine de fédérations membres, on en compte 41 en 1930 au moment de l'organisation de la

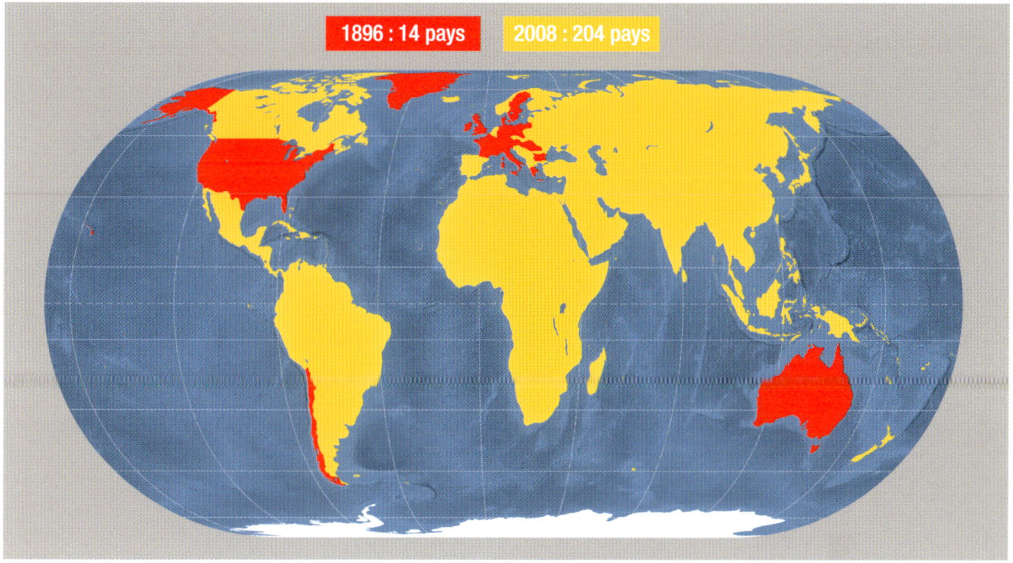

PAYS PARTICIPANT AUX JO DE 1896 À ATHÈNES

PAYS PARTICIPANT AUX JO DE 2008 À PÉKIN

Le découpage territorial repose sur l'état des frontières en 1896.

▲ LA MONDIALISATION DE L'OLYMPISME

Les Jeux olympiques modernes voient le jour en 1896, à l'initiative du baron Pierre de Coubertin. Il s'agissait de faire du sport le vecteur d'un monde pacifique et harmonieux. Tout au long du XXe siècle, le nombre d'États, d'athlètes et de sports représentés ne va faire qu'augmenter. Alors qu'elles avaient réuni 14 pays lors des premières olympiades modernes, les compétitions sportives auront accueilli 204 délégations en 2008 – dont certaines représentent des peuples sans États – et plus de 10 000 athlètes. Sans atteindre ses ambitions initiales, le mouvement olympique et la philosophie qu'il prône constituent néanmoins un socle commun à l'ensemble des États membres.

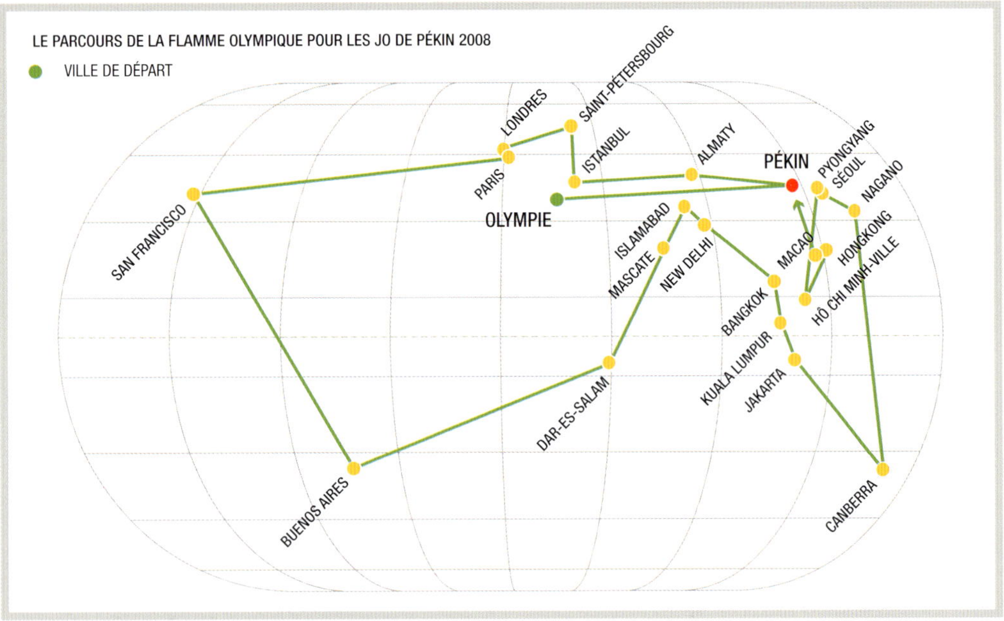

première coupe du monde de football en Uruguay. Treize équipes y participent, dont quatre européennes.

Après la Seconde Guerre mondiale, la pratique du football se répand, tandis que les décolonisations et les nouveaux moyens de communications et de médiatisation accélèrent sa mondialisation. À la fin du XXe siècle, 204 associations membres représentant des États ou des territoires sans États sont affiliées à la FIFA.

Mondialisation économique libérale oblige, le football est devenu un commerce lucratif, pour lequel de nouveaux marchés doivent être trouvés. C'est ce qu'indique la tenue de la coupe du monde de football 1994 aux États-Unis, ou celle de 2002 au Japon et en Corée du Sud, trois pays initialement sans véritable « culture footballistique ». La mondialisation totale du football au début du XXIe siècle signe également sa marchandisation.

Le football, un monde de flux

En tant que fait social total, le football voit sa pratique, son fonctionnement et son éthique modifiés par les réalités du monde dans lequel il évolue. Les dérives économique et financière du football vont se traduire par la prééminence des règles du marché sur l'aspect sportif. Les clubs de football deviennent de plus en plus riches. Dès 1983, le club anglais de Tottenham entre en bourse, d'autres suivront (Arsenal Holdings, Newcastle United, Brondby, Aarhus, la Juventus, l'AS Roma, Galatasaray, etc.). Les montants des transferts de joueurs deviennent mirobolants et les salaires indécents.

À côté des flux financiers brassés par le football, les flux transnationaux de personnes caractérisent également la réalité du football mondial aujourd'hui. En Europe, les conséquences de l'arrêt Bosman de 1995, qui supprime les quotas limitant le nombre de joueurs étrangers ressortissants de l'UE dans les équipes, conforte le principe de libre circulation des joueurs à l'intérieur de l'espace de l'Union européenne. Dès lors, la multiplication des transferts de joueurs conduit certaines équipes, à l'image des Anglais de Chelsea ou d'Arsenal, à aligner 11 joueurs de nationalités diverses, sans un seul Britannique. Au-delà du continent européen, c'est l'ensemble de la planète football qui se trouve touchée par ces phénomènes migratoires intercontinentaux. Dans ce registre, le continent africain apparaît comme une véritable mine pour les clubs les plus fortunés comme pour les moins bien dotés. Les clubs vont littéralement y faire leur marché de joueurs.

Phénomène transnational par excellence, le football n'en demeure pas moins un puissant facteur de mobilisation nationale. Malgré les dérives du football contemporain et l'entrée massive de l'argent dans les rouages de son économie, ce sport demeure ce qu'il a toujours été : populaire. Et c'est justement parce qu'il est demeuré un sport populaire que nombre d'acteurs politiques, pour le meilleur ou pour le pire, en ont fait un instrument à usage politique.

L'instrumentalisation politique du football

Au cours du XXe siècle, le football a parfois été utilisé à des fins de propagande ou comme caisse de résonance aux revendications nationales. Après l'organisation de la première coupe du monde, en Uruguay, en 1930, la compétition organisée en Italie en 1934 est l'occasion pour Benito Mussolini d'exalter la grandeur du régime fasciste. Dans un registre radicalement opposé, à la fin des années 1950,

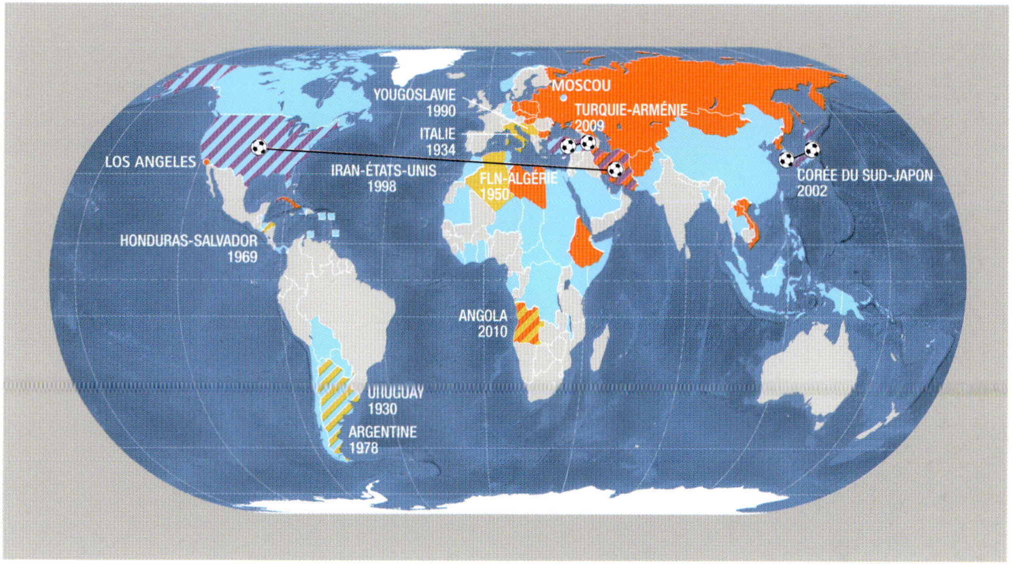

FOOTBALL ET POLITIQUE

- ÉVÉNEMENT FOOTBALLISTIQUE UTILISÉ À DES FINS POLITIQUES (DATE)
- ÉVÉNEMENT FOOTBALLISTIQUE UTILISÉ À DES FINS DIPLOMATIQUES (DATE)

JEUX OLYMPIQUES ET RELATIONS INTERNATIONALES

- VILLE ORGANISATRICE DES JO DE 1980 (MOSCOU)
- PAYS AYANT BOYCOTTÉ LES JO DE 1980
- VILLE ORGANISATRICE DES JO DE 1984 (LOS ANGELES)
- PAYS AYANT BOYCOTTÉ LES JO DE 1984

Le découpage territorial repose sur l'état des frontières en 1984.

l'équipe de football du Front de libération national algérien (FLNA) sillonnait le monde pour jouer des matchs amicaux et porter les revendications politiques pour l'indépendance de l'Algérie. En 1978, lors de la coupe du monde organisée en Argentine, le régime autoritaire du général Videla entendait faire de cette compétition un spectacle à la gloire du régime. Or, à la différence des campagnes de propagande des années 1930, les nouveaux moyens de communication ont permis aux nombreux journalistes présents dans le pays de rendre compte de la nature autoritaire du régime. En janvier 2010, en mitraillant le bus de l'équipe nationale du Togo, les séparatistes du Front de libération de l'enclave de Cabinda (FLEC), qui militent pour l'indépendance de ce territoire angolais, ont utilisé la coupe d'Afrique des nations en Angola pour médiatiser leur revendication et lui donner une répercussion mondiale.

Le terme de « guerre du football » a été utilisé une seule fois à l'occasion d'un conflit en 1969 entre le Honduras et le Salvador. À la suite des rencontres qualificatives pour la coupe du monde de 1970, qui se sont déroulées dans un climat hostile et tendu entre les deux pays, les forces militaires salvadoriennes attaquent le Honduras et déclenchent une guerre qui durera à peine plus de quatre jours mais qui fera près de 2 000 victimes. Sans être la cause du conflit, de simples rencontres sportives en ont été le déclencheur.

En d'autres occasions, le football peut être le révélateur de guerres à venir. L'un des exemples les plus caractéristiques a été l'éclatement de la Yougoslavie, au début des années 1990. En effet, bien avant le début des conflits, les rencontres sportives entre équipes croates et serbes, par exemple, laissaient présager une montée des nationalismes. Dans les travées du stade, les supporteurs des clubs ne défendaient plus uniquement leur équipe, c'était une nation entière qu'ils entendaient désormais soutenir. L'appartenance à une même équipe, de club ou nationale, ne pouvait plus contenir les sentiments nationalistes. En 1992, l'exclusion de la Yougoslavie du championnat d'Europe des nations vient signifier sa mise au ban des nations, ainsi que celles des partis nationalistes serbes et croates qui cherchent de fait à plonger le pays dans la guerre.

La diplomatie du football

Il serait vain de vouloir voir, dans le football, un moyen de régler des problèmes politiques dont la complexité dépasse de très loin les enjeux d'une simple rencontre sportive. Néanmoins, l'instrumentalisation du football peut parfois servir à renforcer un processus de réconciliation déjà en cours. La diplomatie du football relève surtout de la mise en scène politique, même si les effets de celle-ci ne doivent pas être négligés. En septembre 2008, la rencontre de football entre l'Arménie et la Turquie, à Erevan, a été l'occasion, symbolique, de conforter le rapprochement entre les deux États. On retrouve un scénario identique, à la portée plus incertaine cependant, lors de la coupe du monde de football 1998, avec la rencontre entre les États-Unis et l'Iran, ou encore, en 2002, à l'occasion de l'organisation conjointe de la compétition par la Corée du Sud et le Japon.

À l'heure du tout anglais, la défense de la diversité linguistique ferait-elle office de combat politique ? En la matière, la francophonie joue un rôle central. L'enjeu de la défense d'une langue singulière – comme le sont toutes les langues – se confond avec le respect pour la richesse et la diversité du monde.

LA LANGUE FRANÇAISE EN PARTAGE

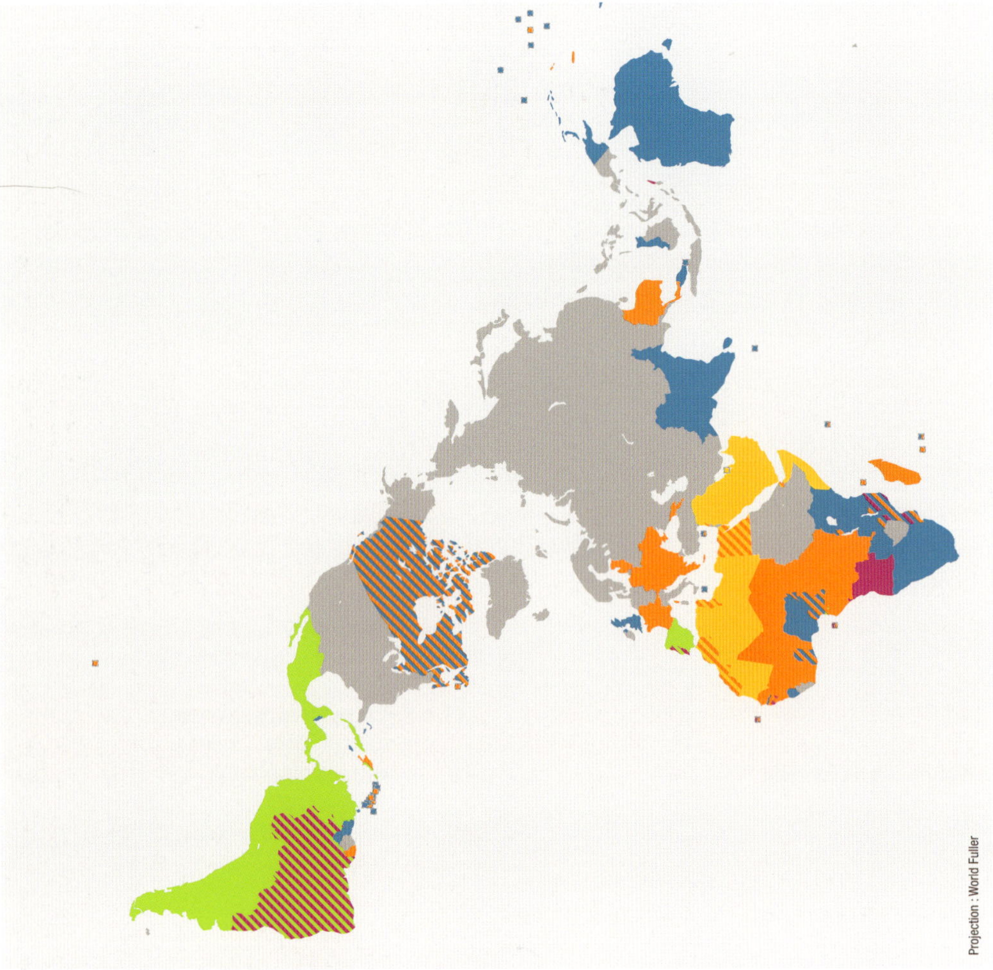

LES ORGANISATIONS INTERNATIONALES FONDÉES SUR LE PARTAGE D'UNE LANGUE

- COMMONWEALTH
- ORGANISATION DES ÉTATS IBÉRO-AMÉRICAINS
- LIGUE DES ÉTATS ARABES
- COMMUNAUTÉ DES PAYS DE LANGUE PORTUGAISE
- ORGANISATION INTERNATIONALE DE LA FRANCOPHONIE

LES ORGANISATIONS INTERNATIONALES FONDÉES SUR LE PARTAGE D'UNE LANGUE

Les organisations internationales fondées sur l'usage d'une langue commune partagent bien plus qu'un outil de communication. Derrière ces organisations se profilent également des enjeux à la fois économiques, politiques et potentiellement stratégiques. Le Commonwealth réunit les anciens États membres de l'Empire britannique et regroupe près de 2 milliards de personnes, dont une grande majorité a l'anglais pour langue maternelle ou pour langue d'usage. L'Organisation des États ibéro-américains (OEI) compte 24 membres hispanophones (auxquels s'ajoutent le Portugal et le Brésil) et environ 500 millions de locuteurs de langue espagnole. La Ligue des États arabes regroupe environ 350 millions de personnes, alors que la Communauté des pays de langue portugaise (CPLP) ainsi que l'Organisation internationale de la francophonie (OIF) réunissent chacune environ 200 millions de locuteurs.

Il existe approximativement 7 000 langues dans le monde. Alors qu'on estime que la moitié d'entre elles est amenée à disparaître au cours du XXIe siècle, seulement quelques-unes sont parlées par un nombre réellement important de locuteurs. Le français fait partie de la quinzaine de langues qui comptent plus de 100 millions de locuteurs, statut qu'elle partage notamment avec le mandarin, l'espagnol, l'anglais, l'hindi, l'arabe, le portugais, le russe ou encore le bengali. Parmi elles, certaines langues sont très ancrées dans un territoire national (à l'image du mandarin ou du bengali), alors que d'autres se sont diffusées à travers le monde au cours de l'histoire.

La langue française, un « butin de guerre »

Selon l'Organisation internationale de la francophonie (OIF), est francophone une « personne capable de faire face, en français, aux situations de communication courante ». En 2011, la population francophone dans le monde est estimée à 220 millions de personnes. Elle se répartit sur les cinq continents de telle sorte que la connaissance et la pratique de la langue française réunissent des personnes vivant dans des pays parmi les plus riches de la planète (France, Suisse, Belgique, Canada) et dans des États parmi les plus pauvres (Haïti, Mali).

Produit de l'histoire, cette large empreinte géographique épouse, à peu de choses près, les contours de l'ancien Empire colonial français. La colonisation n'a pourtant jamais fait du legs linguistique l'un de ses buts : c'est *a posteriori* que les populations auxquelles avait été imposée la langue française se sont approprié cet idiome et ont forgé le concept de francophonie tel qu'on le connaît aujourd'hui.

Alors que le terme francophonie apparaît pour la première fois à la fin du XIXe siècle, sous la plume du géographe Onésime Reclus, il faudra attendre le milieu du XXe siècle et les mouvements de décolonisation pour voir le mot s'imposer et se gonfler d'un sens politique jusque-là absent. On doit aux nombreuses figures littéraires qui ont alimenté et soutenu ces mouvements d'avoir donné à la francophonie un contenu à la hauteur de l'histoire dont elle est issue ; soit que l'on considère, comme Léopold Sédar Senghor, poète et premier président du Sénégal indépendant, la langue française comme « un merveilleux outil trouvé dans les décombres du régime colonial », soit que l'on utilise le français comme une

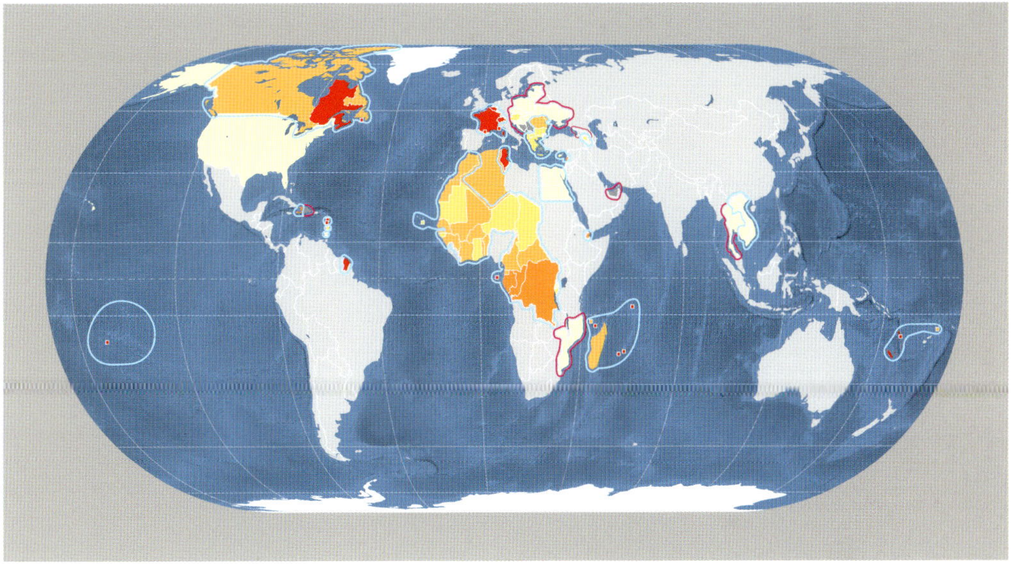

LES INSTITUTIONS DE LA FRANCOPHONIE

ÉTATS MEMBRES DE L'OIF

ÉTATS OBSERVATEURS

PART DE FRANCOPHONES DANS LA POPULATION DES ÉTATS DE L'OIF, DE L'ALGÉRIE ET DES ÉTATS-UNIS (en %)

5 15 35 60

DONNÉE NON DISPONIBLE

▲ LA FRANCOPHONIE INSTITUTIONNELLE

L'OIF regroupe 75 États (56 membres et 19 observateurs), répartis sur tous les continents et dont la population totale est de 890 millions d'habitants. Parmi elle, 220 millions de personnes sont définies de façon certaine comme francophones et seuls 32 pays ont le français comme langue officielle.
Les conditions de l'adhésion d'un pays à l'OIF sont assez vagues. Bien que l'OIF souligne l'importance du critère linguistique, seule est exigée « la démonstration détaillée d'une situation satisfaisante de l'usage du français ». L'OIF dispose de représentations diplomatiques auprès des Nations unies à New York et à Genève, auprès de l'Union africaine à Addis-Abeba et auprès de l'Union européenne à Bruxelles.

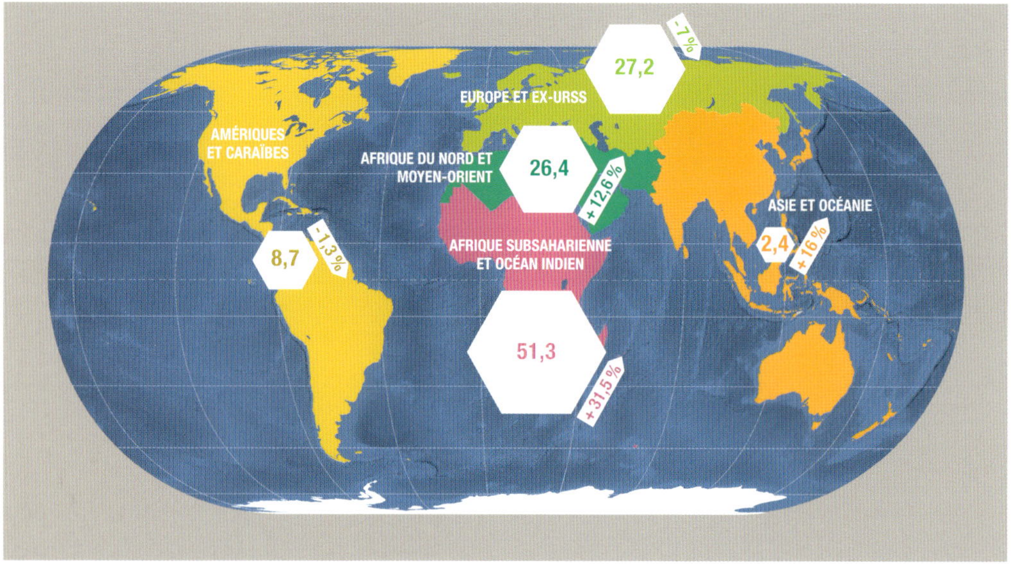

L'APPRENTISSAGE DU FRANÇAIS DANS LE MONDE

NOMBRE D'APPRENANTS DU ET EN FRANÇAIS, en 2010 (en millions)

VARIATION DU NOMBRE D'APPRENANTS, entre 2007 et 2010

Le découpage régional utilisé est celui de l'OIF.

◄ L'APPRENTISSAGE DU FRANÇAIS DANS LE MONDE

En 2010, 116 millions de personnes apprennent le français dans le monde, dont la moitié comme langue étrangère. L'enseignement du français est à la fois dispensé par les systèmes scolaires et universitaires des pays et par des réseaux étatiques ou non gouvernementaux, comme l'Alliance française. Une très grande part de ces apprenants (44 %) se trouve en Afrique subsaharienne et dans l'océan Indien, où la progression de leur nombre est la plus forte depuis 2007. Bien qu'elle soit la deuxième langue étrangère pratiquée après l'anglais dans l'Union européenne, l'apprentissage du français est en baisse en Europe.

arme, à l'image du poète algérien Kateb Yacine : « L'usage de la langue française ne signifie pas qu'on soit l'agent d'une puissance étrangère. Au contraire, notre usage du français peut devenir une arme », affirmait-il, en juillet 1988, dans un entretien accordé à la revue algérienne *Cultures*.

L'institutionnalisation de la francophonie

Après la décolonisation, alors que l'indépendance nationale commande de rompre avec l'ex-puissance coloniale, la langue française va demeurer un lien culturel entre les différentes communautés concernées. Par-delà les intérêts économiques et stratégiques qui vont continuer à pervertir les relations entre la France et l'ensemble des États nouvellement souverains, la langue française devient un terrain d'entente pour poursuivre une coopération plus apaisée. C'est à cette époque que naît toute une série d'organisations intergouvernementales de coopération culturelle ou universitaire, fondée sur les bases de la langue commune.

L'Organisation internationale de la francophonie est créée en 1970 sous l'impulsion de Senghor, des présidents tunisien et nigérien, Habib Bourguiba et Hamani Diori, ainsi que du prince Norodom Sihanouk du Cambodge. Les quatre « pères fondateurs de la francophonie institutionnelle » souhaitent que cette institution vienne fédérer la francophonie non seulement derrière le partage d'une langue et de sa promotion, mais aussi par des valeurs reconnues comme communes, à l'image de la défense du principe de diversité culturelle. L'OIF en sera le laboratoire et encouragera la coopération entre les États membres dans les domaines de l'éducation, de la culture puis, plus tard, pour la promotion d'un mode de développement plus durable. Elle se présente en outre comme une organisation garante du multilinguisme, à la fois par le respect de la situation de diglossie dans laquelle se trouve une grande partie des locuteurs francophones dans le monde et en opposition à la tendance à l'uniformisation linguistique mondiale, à l'œuvre à travers la généralisation de l'anglais comme langue des échanges internationaux.

Une langue, des langues

En s'élargissant à des membres qui, sans être francophones, affichent leur francophilie, comme certains pays d'Europe centrale et orientale, l'organisation de la francophonie a cessé d'être vécue comme une simple organisation linguistique. L'usage d'une langue commune, qu'il importe de

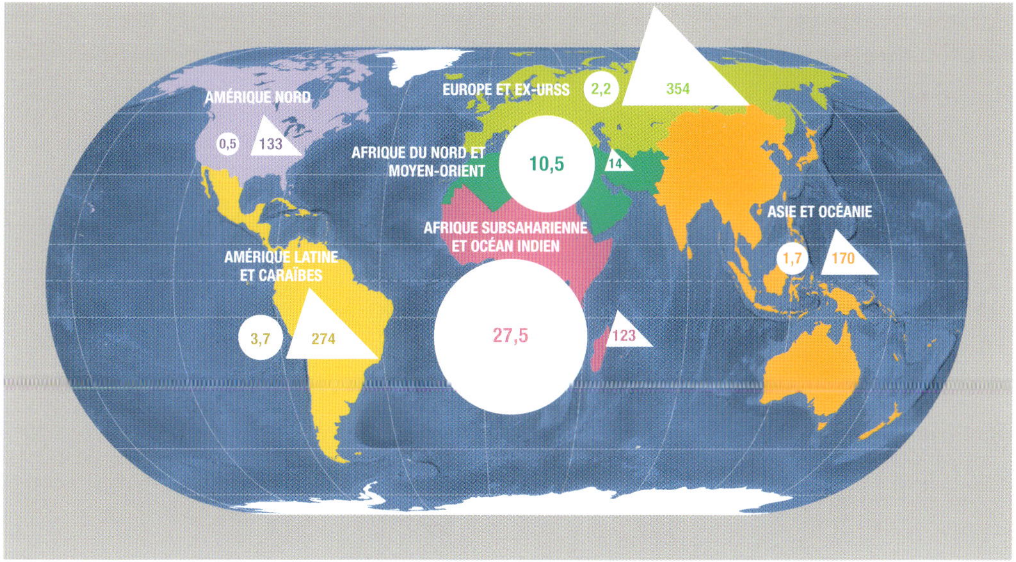

LES VECTEURS DE LA FRANCOPHONIE

○ AUDIENCE DE RFI, en 2007 (en millions d'auditeurs)

△ IMPLANTATION DE L'ALLIANCE FRANÇAISE, en 2011 (en nombre d'établissements)

LE RAYONNEMENT DE LA FRANCOPHONIE

L'OIF dispose de quatre « opérateurs de la francophonie » qui lui sont directement rattachés : l'Agence universitaire de la francophonie (AUF), l'Université Senghor – institution de troisième cycle basée à Alexandrie et chargée de former les cadres africains –, l'Association internationale des maires francophones (AIMF) et la chaîne de télévision TV5. Cette dernière est une chaîne internationale en langue française diffusée sur les cinq continents et regardée chaque semaine par 55 millions de téléspectateurs uniques.
La chaîne France 24, créée en 2006, ainsi que la station de radio RFI diffusent elles aussi dans le monde entier. Internet est également un vecteur important de la francophonie (le français est la troisième langue d'Internet, avec 5 % des pages du Web disponibles en français), même si la fracture numérique complique son développement.
Enfin, l'Alliance française, créée en 1883, est l'un des plus vieux cadres de promotion de la francophonie. Ses principes constitutifs valorisent la « mission universelle de la langue française », le « respect de la civilisation » et le « culte de l'amitié internationale ».

différencier d'une langue unique, est bien plus qu'un simple outil de communication. Et il en est du français comme de l'espagnol, du portugais, de l'anglais ou de n'importe quel idiome. Une langue dessine une vision du monde, elle propose une façon singulière de la dire, de la penser et donc de la représenter. Le partage d'une langue suggère la constitution d'une communauté par-delà les origines des populations qui la parlent. De la sorte, l'usage d'une langue peut être considéré comme une ouverture vers l'universel. Défendre une langue pour défendre les langues, en quelque sorte. Vouloir garder la diversité culturelle mondiale.
L'expansion de l'anglais, devenu *lingua franca* des institutions et de l'économie internationales, signe l'appauvrissement de la diversité linguistique au niveau mondial mais aussi celui de la langue anglaise elle-même, en donnant naissance à ce que l'on nomme le *globish*, expression désignant le *global english* parlé un peu partout dans le monde. Dans ce contexte, si la référence à la francophonie ressemble parfois à un combat d'arrière-garde, les défenseurs de la francophonie et, en premier lieu les États membres de l'OIF, ont été les plus fervents acteurs du principe de diversité culturelle au sein des instances internationales. La consécration de ce principe a été obtenue le 20 octobre 2005 lorsque que fut adoptée par l'Unesco la convention sur la protection et la promotion de la diversité des expressions culturelles. Les États-Unis ont fait partie des quelques rares États ayant refusé de signer cette convention. Loin de se réduire à la défense d'une seule langue, et sans se positionner en concurrence avec le modèle de globalisation anglophone, la francophonie prône le partage de la langue comme tremplin à l'échange culturel, à la coopération internationale et à la solidarité. Le combat pour la francophonie sonne, de la sorte, comme le combat pour la diversité du monde.

VOIR AUSSI : L'ANALPHABÉTISME, FLÉAU DU XXIᴱ SIÈCLE, p. 138 - LE SAVOIR, UN ENJEU DE PUISSANCE, p. 212.

3 _ LES NOUVEAUX ESPACES DE LA GÉOPOLITIQUE

Il y a bien longtemps que la géopolitique ne s'intéresse plus exclusivement aux relations entre États. Sous les effets conjugués des nouvelles technologies de l'information et de la communication, des mutations du système économique mondial, du poids des multinationales, de l'évolution des modes de vie, de l'augmentation constante de la demande mondiale en énergie ou encore des changements climatiques et environnementaux, le système classique des États s'est doublé d'un monde aux frontières imprécises et mobiles. Outre de nouveaux acteurs politiques, économiques ou sociaux, les mutations du monde contemporain ont engendré de nouveaux enjeux de société et fait émerger de nouveaux territoires géopolitiques, réels ou virtuels. De villes aussi riches que des États aux mondes polaires, du monde sous-marin au cyberespace, de l'accès à des ressources naturelles jusque-là inaccessibles aux ressources immatérielles liées au savoir et à l'enseignement, ces nouveaux territoires de la géopolitique font apparaître des rapports de force inédits et suscitent de nouvelles compétitions, tout en composant un monde où les citoyens tentent de se faire acteurs de leur propre avenir.

EN QUÊTE DE NOUVEAUX TERRITOIRES

LA VILLE, TERRITOIRE DE CONTRADICTIONS 198

LE NOUVEL AVENIR DES MONDES POLAIRES 202

LES NOUVELLES FRONTIÈRES DU RÉEL

INTERNET, UN RÉSEAU SOUS TENSION 206

LE SAVOIR, UN ENJEU DE PUISSANCE 212

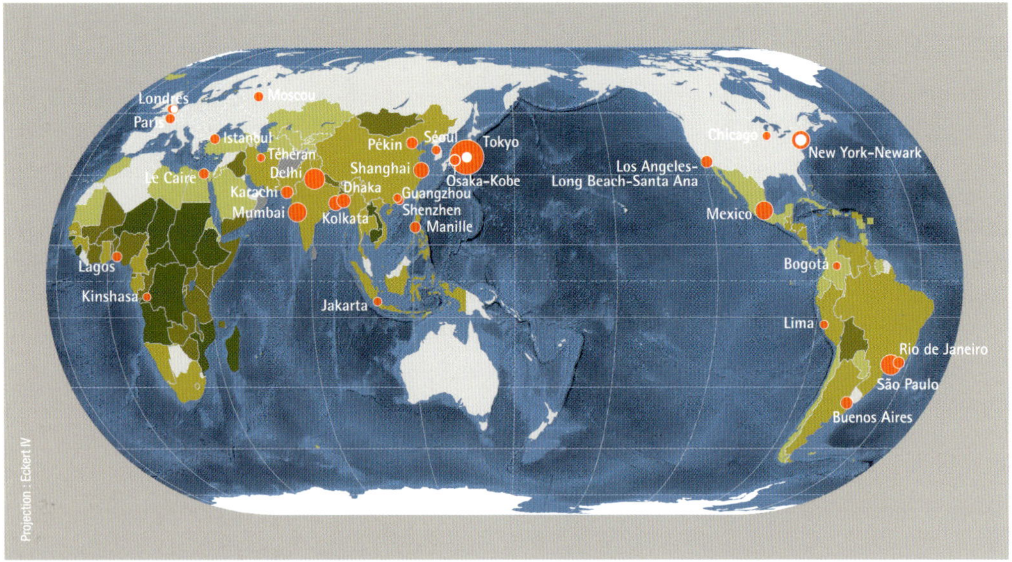

VILLES DE PLUS DE 8 MILLIONS D'HABITANTS, en 1950

VILLES DE PLUS DE 8 MILLIONS D'HABITANTS, en 2010

POPULATION (en millions)

36,6 — 20 — 10

PART DE LA POPULATION URBAINE VIVANT DANS DES BIDONVILLES, en 2005 (en %)

25 — 50 — 75

PAYS NON RECENSÉS PAR L'ONU-HABITAT

DONNÉE NON DISPONIBLE

▲ À L'ÈRE DES VILLES GÉANTES

L'urbanisation du monde s'accompagne de la multiplication des mégapoles. En 1950, on comptait trois villes de plus de 8 millions d'habitants ; en 2010, elles sont une trentaine. La majorité d'entre elles se situe désormais dans les pays en développement. Ces grandes villes ne comptent pourtant que pour 9,4 % de la population urbaine mondiale, tandis que près de 52 % de la population urbaine mondiale se masse dans les villes de moins de 500 000 habitants. Ce sont ces villes des pays en développement qui accueilleront la majorité des futurs citadins, certains d'entre eux venant alors gonfler les bidonvilles qui s'étendent aux abords des villes, du fait d'un mouvement d'urbanisation trop rapide. Dhaka, capitale du Bangladesh, devrait intégrer 6 millions d'habitants au cours des quinze prochaines années, là où New York a mis un demi-siècle pour en intégrer un nombre comparable.

Une personne sur deux dans le monde vit en milieu urbain. En ce début de XXIe siècle, les villes sont devenues des espaces complexes et duals : à la fois pauvres, violents, pollués et, dans le même temps, riches en potentialités de développement économique, d'innovation technologique et d'amélioration de la qualité de vie.

LA VILLE, TERRITOIRE DE CONTRADICTIONS

Depuis de nombreux siècles, la ville est un objet inépuisable de réflexion et de représentation. Elle stimule autant l'imaginaire des architectes et des urbanistes que celui des philosophes, des politiques et des artistes. Espace social de référence aujourd'hui, la ville n'a pourtant pas toujours été le lieu de vie et d'activité économique principal des populations. Le monde rural a longtemps constitué le seul horizon de vie des individus et la source de la richesse économique des sociétés. Au XIXe siècle, seulement 10 % de la population mondiale vit en milieu urbain. Il faudra attendre la révolution industrielle, à partir du milieu du XIXe siècle, pour voir les populations rurales européennes quitter la campagne pour rejoindre les villes. Depuis, le phénomène d'urbanisation n'a cessé de s'amplifier et de se mondialiser.

SHANGHAI, CAPITALE DU XXIe SIÈCLE ? ▶

Avec près de 20 millions d'habitants, Shanghai est la ville la plus peuplée de Chine, suivie par Pékin, Chongqing et Guangzhou. La ville se situe à l'embouchure du delta du Yangzi, fleuve long de 6 300 km qui traverse le pays d'ouest en est. Longtemps considérée comme une vitrine du colonialisme occidental, la ville a été délaissée par le régime communiste après la prise du pouvoir en 1949. Il faudra attendre l'arrivée de Deng Xiaoping à la tête du parti communiste chinois, en 1978, pour que les réformes économiques initiées dans le pays viennent rapidement transformer la ville. La construction de quartiers d'affaires, notamment dans le nouveau district de Pudong, en face du centre historique de la ville (Puxi), a accompagné le passage d'une ville à caractère industriel à une ville de finances et de services. Les aménagements portuaires, avec la construction du port *offshore* de Yangshan, ont fait de Shanghai le premier port au monde pour le commerce du vrac. En 2010, la ville a accueilli l'Exposition universelle qui avait pour thème « Meilleure ville, meilleure vie ».

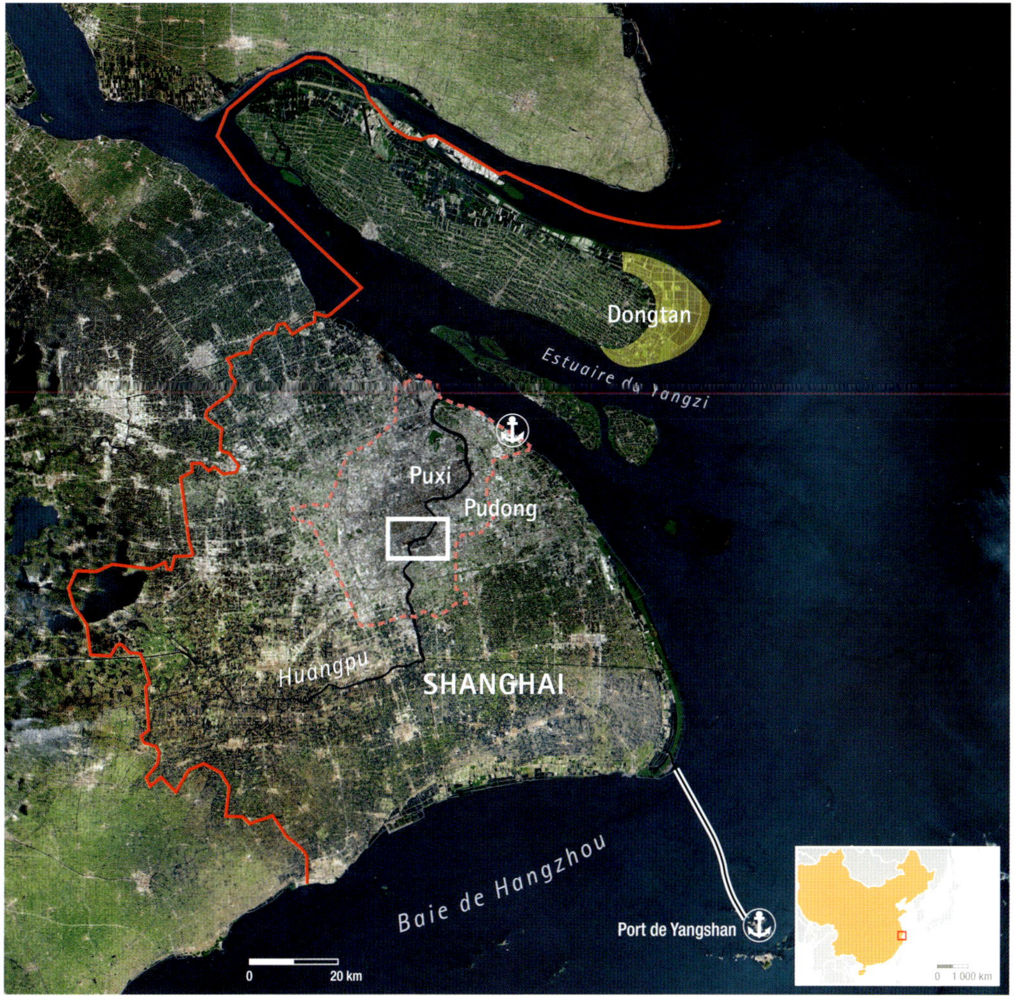

LIMITE DE LA MUNICIPALITÉ, en 1949 — LIMITE DE LA MUNICIPALITÉ, en 2011 — PORT
QUARTIER DE L'EXPOSITION UNIVERSELLE DE 2010 — PROJET DE VILLE ÉCOLOGIQUE (projet abandonné)

L'urbanisation mondiale, une révolution silencieuse

En 1950, on comptait 729 millions de personnes vivant en milieu urbain, soit 29 % de la population mondiale, pour une population rurale de 1,8 milliard de personnes. En 2007, pour la première fois dans l'histoire, le nombre de personnes vivant en milieu urbain a dépassé celui des personnes vivant en zone rurale. En 2010, c'est près de 50,5 % de la population mondiale qui vit en milieu urbain, soit 3,5 milliards de personnes sur une population mondiale de 6,9 milliards. En soixante ans, le nombre de citadins a ainsi été multiplié par cinq. Ces dernières années, la population des villes augmente en moyenne de 70 millions de personnes par an. Cette tendance devrait se poursuivre à l'avenir et concerner en 2030 près de 60 % de la population mondiale.

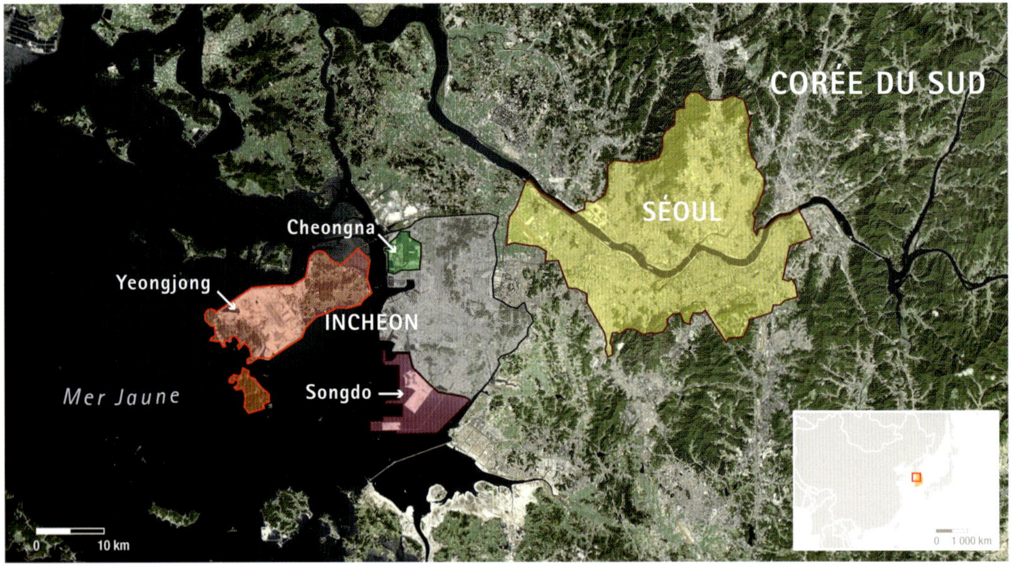

▲ **INCHEON, VILLE GLOBALE**

La « ville globale » voulue par les autorités sud-coréennes au début des années 2000 se construit actuellement sur des sites riverains de la mer Jaune et prend parfois la forme de polders. Le projet a pour ambition de connecter Séoul à la mer, en créant un continuum urbain entre la mer Jaune, Incheon et la capitale. Il s'agit de créer de multiples « hubs » financiers, de services, technologiques, d'enseignements, de logistiques maritimes et aériennes, à moins de trois heures d'avion d'une soixantaine de villes de plus de 1 million d'habitants en Asie du Nord. Trois nouveaux territoires sont en cours d'aménagement. Yeongjong (138 km^2), partiellement construit sur la mer, est le futur grand pôle logistique du pays. Songdo (53 km^2), cité des affaires et ville portuaire, sera un pôle universitaire et scientifique. Le district de Cheongna (18 km^2), enfin, s'articulera autour de trois pôles principaux : les affaires, les hautes technologies et les loisirs et divertissements. Cette ville est présentée comme un modèle d'urbanisme durable. La dernière phase de réalisation de ces aménagements débutera en 2014 et devrait s'achever vers 2020.

Lentement, l'urbanisation est en train de bouleverser le visage du monde, à la fois par les changements de modes de vie qu'elle engendre, les nouveaux problèmes qu'elle génère (demande énergétique croissante, transports, pollution, etc.) et les réponses qu'elle y apporte.

Alors que l'Europe et les Amériques sont déjà urbanisées à près de 70-80 %, la poursuite de l'urbanisation concernera principalement l'Asie et l'Afrique. Elle se réalisera à une échelle, à un rythme et dans des conditions de développement économique totalement différents de ceux que les pays occidentaux ont connus. Le risque est donc grand de voir un phénomène qui avait été jusque-là synonyme de modernité, de développement économique et d'amélioration du bien-être devenir la source de nouveaux maux pour les populations concernées (manque de logement et d'infrastructures sanitaires, non-traitement des déchets).

En 2010, avec des taux d'urbanisation respectifs de 42,5 % et de 40 %, l'Asie et l'Afrique demeurent donc majoritairement peuplées de ruraux. Néanmoins, du fait de leur poids démographique, ces deux continents abritent 2,1 milliards d'urbains, soit 60 % des urbains de la planète. Le continent africain compte 412 millions de citadins sur une population de 1 milliard de personnes. Quant à l'Asie, elle accueille à elle seule près de la moitié des urbains de la planète (49 %), soit 1,7 milliard de personnes. La Chine avec 607 millions de personnes vivant en ville, et l'Inde avec 366 millions des citadins, en réunissent un peu plus d'un quart.

Cette urbanisation produit, et produira dans les années qui viennent, des villes aux caractéristiques différentes, tant par leur taille que par l'intensité de leurs activités économiques. Ainsi, aux villes de moins de 500 000 habitants, les plus nombreuses, s'ajoutent les centres urbains les plus dynamiques qui concentrent toutes les contradictions de la ville moderne.

La ville globale, figure du monde moderne

Ces « villes-monde » occupent une place centrale dans le système économique et social mondial et sont devenues des acteurs à part entière de la politique internationale. Certaines d'entre elles connaissent une production de richesse supérieure à celle de certains États : le PIB annuel d'une ville comme Tokyo est le double du PIB d'un État comme le Brésil. Localisées principalement dans les pays du Nord (Londres, Tokyo, New York, Paris), les villes influentes de demain s'érigeront également dans les pays émergents ou en développement (Shanghai, Mumbai, São Paulo, etc.). Hauts lieux de production de richesses et d'innovation, ces villes participent à un réseau économique, communicationnel, financier, politique et culturel mondial qui en fait de véritables centres de pouvoir. Lieux d'accueil des sièges des multinationales et du développement des activités de services (finance, comptabilité, assurance, échanges de données, etc.), elles abritent également des grands pôles universitaires et scientifiques.

Poumon économique d'un pays, quand elles n'en sont pas également la capitale politique, ces villes globales fabriquent leurs propres contradictions, voire leur propre instabilité. En attirant une population toujours plus nombreuse, elles voient se constituer des zones de relégation sociale, favorisant les violences urbaines. Ainsi, on assiste de plus en plus à l'apparition de villes duales qui mêlent, sur un même continuum territorial, richesse et pauvreté, connexion au reste du monde et marginalisation. Cette dualité prend une autre ampleur dans les villes du Sud, où la partie de la ville la plus innovante et la plus riche côtoie son côté obscur : *le slum*.

Les bidonvilles, horizon urbain du XXIe siècle ?

Dans les pays du Sud, outre l'effet de la croissance démographique, l'urbanisation est le produit de l'exode de la population rurale à la recherche d'emploi et de conditions de vie meilleures. Alors que le processus d'urbanisation a longtemps été assimilé au développement économique, aujourd'hui, contrairement aux pays européens au XIXe siècle, l'économie des pays en développement ne permet pas d'absorber l'abondante main-d'œuvre qui s'accumule dans les villes. L'urbanisation actuelle semble alors transporter l'état de pauvreté des campagnes vers la ville. La traduction la plus visible de cette urbanisation sans développement économique est la constitution de vastes bidonvilles aux abords ou dans les villes.

Selon l'agence des Nations unies en charge de l'habitat, les bidonvilles sont « des zones d'habitat qui [présentent] au moins une des cinq caractéristiques suivantes : les habitations ne sont pas construites en matériaux durables susceptibles d'assurer une protection efficace ; la densité d'occupation est supérieure à trois personnes par pièce ; les occupants n'ont pas accès à une eau de qualité, en quantité suffisante et à un prix raisonnable ; l'assainissement n'est pas adéquat ; les occupants n'ont pas la sécurité de la tenure foncière ». Aujourd'hui, à l'échelle mondiale, un tiers des urbains vivent dans un bidonville, soit près de 1 milliard de personnes (plus d'un habitant sur six dans le monde). Sur le plan géographique, ces populations se concentrent en Afrique subsaharienne, avec 249 millions de personnes vivant dans des bidonvilles, et en Asie, qui compte près de 592 millions d'urbains vivant dans ces conditions.

Avec l'accroissement de la misère et de la violence, le manque d'infrastructures sanitaires, les pollutions et les maladies liées au non-traitement des eaux usées, ou encore les problèmes inhérents à des logements informels construits dans des zones à risques, les bidonvilles réunissent les problèmes majeurs auxquels les villes du Sud seront confrontées à l'avenir.

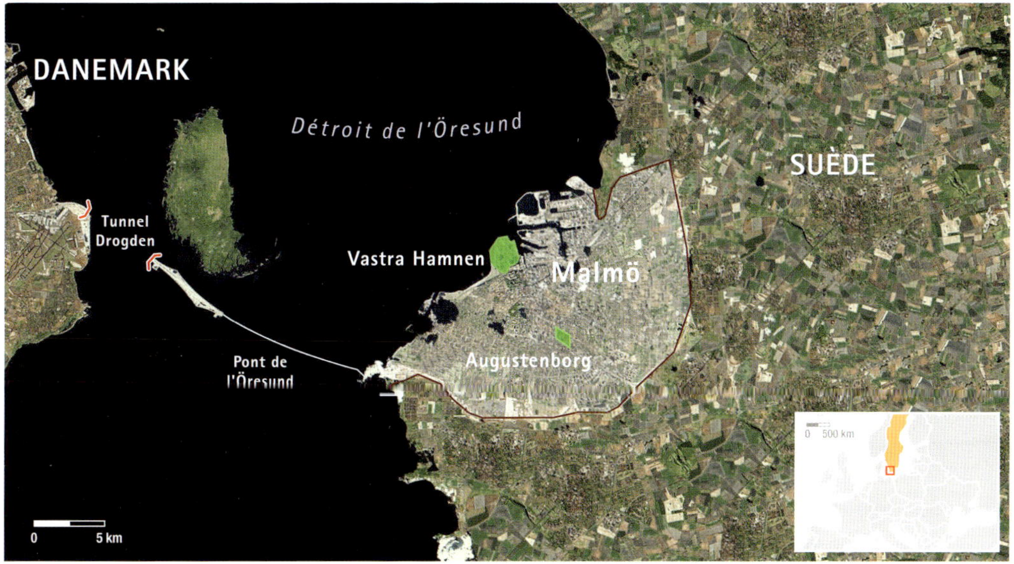

▲ MALMÖ, VILLE DURABLE

Selon l'organisation non gouvernementale WWF, une ville durable doit répondre à plusieurs critères : des émissions de CO_2 nulles, des transports collectifs et non polluants, l'utilisation de sources d'énergies renouvelables, un habitat construit de matériaux locaux et récupérateurs d'énergie, une alimentation locale, un recyclage total des déchets et des projets élaborés avec la participation des habitants, etc. Malmö fait figure de ville pionnière en la matière. En 2001, d'anciens chantiers de construction navale se sont transformés en zone d'habitat à faible dépense d'énergie.

Dans ce nouveau quartier urbain de Vastra Hamnen, l'alimentation des immeubles est assurée par une éolienne, à laquelle s'ajoute un toit photovoltaïque. De même, des immeubles dégradés d'un quartier populaire, à Augustenborg, ont été transformés en éco-quartier, entraînant la mise en place d'un tri sélectif des déchets, la construction d'un toit végétalisé et de panneaux solaires pour la production d'énergie ou encore une amélioration des transports. Aujourd'hui, de nombreux projets de villes durables voient le jour dans le monde, à l'image de Masdar (Abou Dhabi) lancé en 2008.

VOIR AUSSI : L'EMPREINTE ÉCOLOGIQUE OU LA PLANÈTE À CRÉDIT, p. 78 - L'INSÉCURITÉ SOCIALE MONDIALE, p. 132.

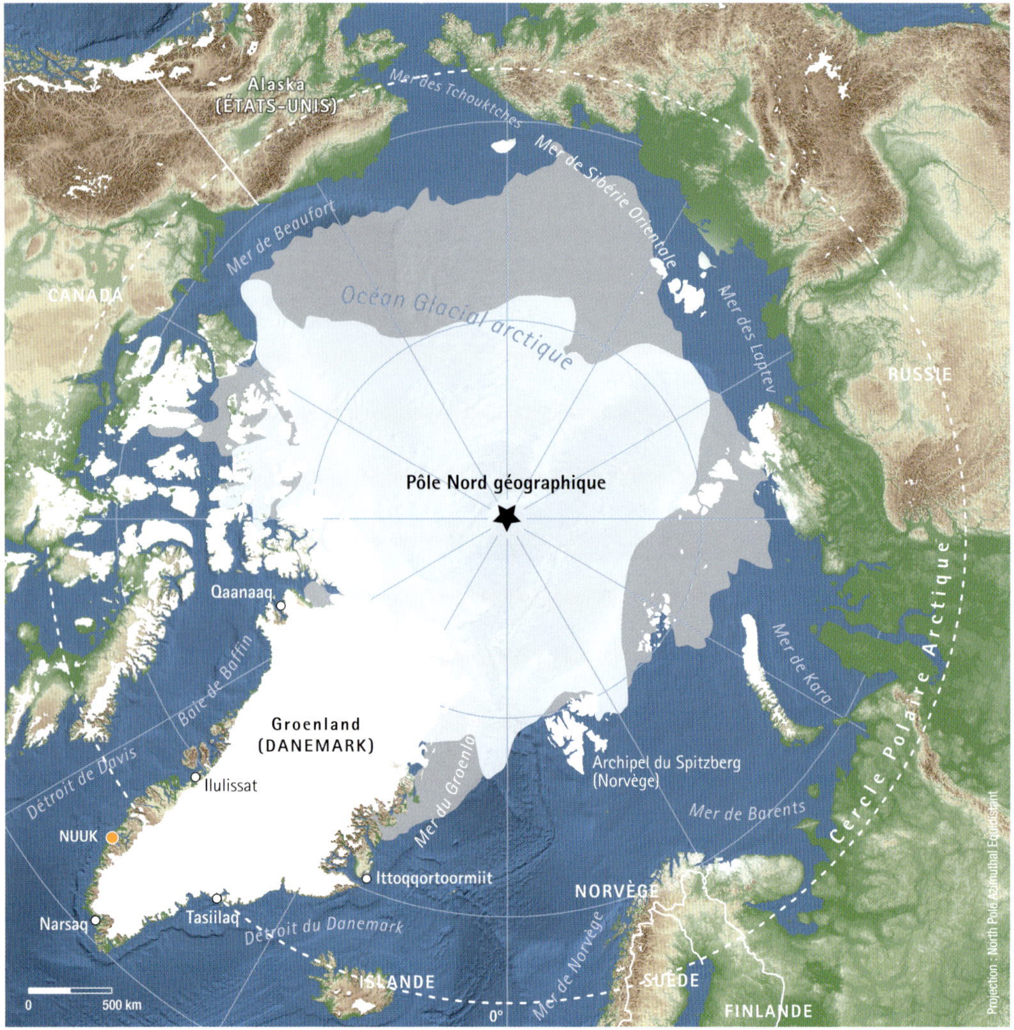

L'ARCTIQUE FACE AU CHANGEMENT CLIMATIQUE : EXTENSION DE LA BANQUISE, été 1979 EXTENSION DE LA BANQUISE, été 2008

L'Arctique est en train de changer de destin sous l'effet conjugué de facteurs climatique, énergétique et institutionnel.
Le réchauffement du climat n'est pas, dans cette région du monde, une lointaine perspective, mais une réalité tangible qui confère à l'Arctique un nouveau statut géopolitique.

LE NOUVEL AVENIR DES MONDES POLAIRES

◄ RETROUVER L'ARCTIQUE

Lorsque l'on observe le ciel, la nuit, depuis l'hémisphère Nord, on peut voir l'étoile Polaire, située à la verticale de l'axe de rotation de la Terre (le pôle Nord géographique). Arctique vient du grec *Arktos*, qui signifie « ours », par référence à la Petite Ourse, avec son étoile Polaire. Ainsi, *Ant-arktos* est le lieu situé à l'opposé de cette étoile Polaire. Un géologue, un géographe, un météorologiste et un biologiste, n'auront pas la même définition de l'Arctique. Pour le géographe, la zone arctique commence au cercle polaire, situé à 2 606 km du pôle Nord. Il correspond à la limite à partir de laquelle le soleil ne se couche pas, lors du solstice d'été, le 21 juin, et ne se lève plus, au solstice d'hiver, le 21 décembre. Pour un météorologue, la zone commence à la ligne des 10 °C, car c'est cette variation de température qui conditionne la présence des arbres. Cette ligne isotherme convient également au biologiste car le changement de végétation fait apparaître le changement des écosystèmes. Enfin, pour le géologue, le critère de référence, c'est le sol qui reste gelé toute l'année, formant ce que l'on appelle le pergélisol.

Au Groenland, les glaciers sont en train de se rétracter, libérant des millions de mètres cubes d'eau douce dans le circuit des océans. Sur mer, la banquise est moins épaisse, moins étendue et présente moins longtemps dans l'année – l'embâcle a lieu plus tard et la débâcle plus tôt. Alors que l'on comptait 140 jours libres de glace en 1930, on en compte 180 en 2008. Le réchauffement climatique modifie les modes de vie, les déplacements et la connaissance des territoires. C'est désormais l'avenir de l'Arctique qui se trouve changé : cette zone considérée jusque-là comme « vide » et lointaine est devenue en quelques années une zone « pleine » et proche.

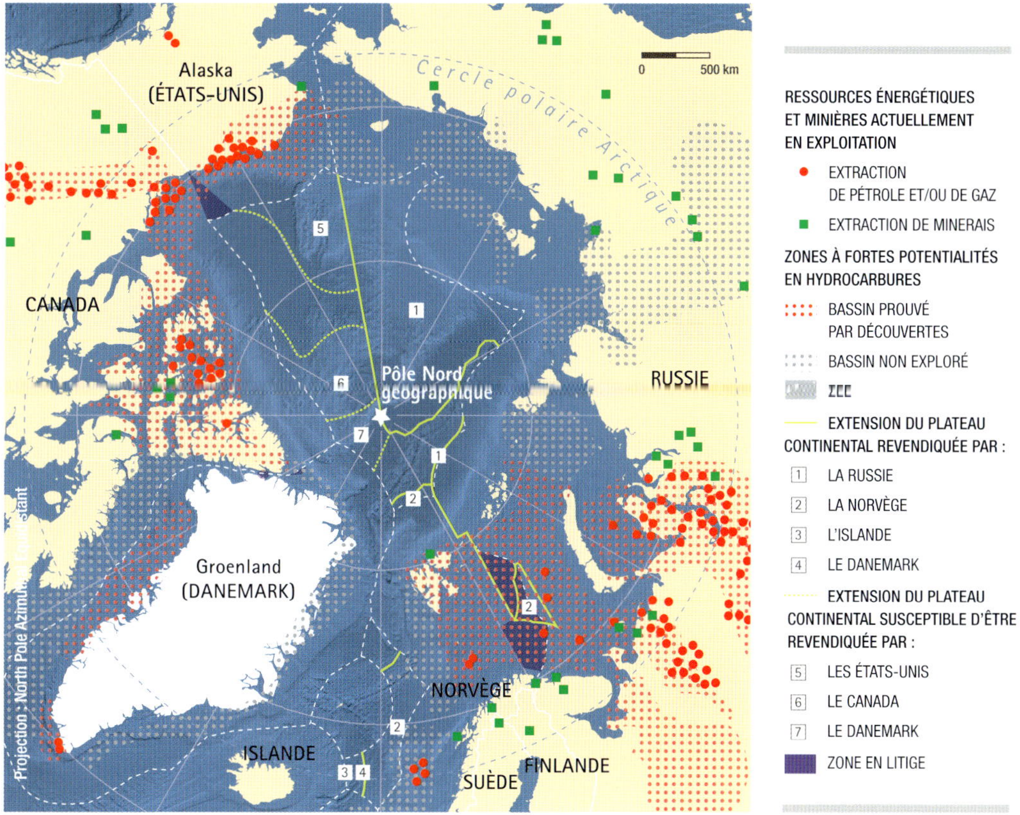

L'Arctique change de destin

Selon le *US Geological Survey*, le bassin arctique renfermerait entre 13 et 22 % des réserves non prouvées d'hydrocarbures dans le monde, notamment de pétrole et de gaz naturel, d'où l'intérêt que suscite une telle région, qui demeure par ailleurs difficile d'accès du fait de son climat rigoureux. Il y aurait, le long de la côte est du Groenland, l'équivalent de près de 9 milliards de barils de pétrole, sur terre ou *offshore*. À cela s'ajoutent des réserves en or, en niobium, en tantale, en uranium, en fer. Ces évaluations varient considérablement selon les sources consultées et doivent donc être prises avec la plus grande prudence. Mais le constat est là : sous l'effet du réchauffement climatique, ces zones sont désormais ouvertes à la prospection et les explorations actuelles sont conduites par des entreprises américaines (Exxon mobil, Chevron, Esso), canadienne (Husky), danoise (Dong Energy), écossaise (Cairn).

L'océan Glacial arctique réunit une multitude d'États : les États-Unis (par la présence de l'Alaska), le Canada, le Danemark (le Groenland étant sous souveraineté danoise), la Russie, la Norvège (par sa souveraineté sur l'archipel du Spitzberg), la Suède, la Finlande et l'Islande, même si elle se trouve légèrement au sud du cercle polaire Arctique. Pour ces huit États, qui ont formé le conseil de l'Arctique, le débat sur la souveraineté n'a pas lieu d'être car, selon eux, les dispositions de la convention de Montego Bay sur le droit de la mer devraient permettre de régler la situation nouvelle qui prévaudra dans l'Arctique à l'avenir. Pour d'autres États, au contraire, il conviendrait d'élaborer un traité spécifique à l'Arctique, sur le modèle du traité de l'Antarctique de 1959 par exemple, car la convention de Montego Bay ne prévoit aucune contrainte pour la protection des littoraux, de la faune et des ressources non minières. Or ils seront inévitablement menacés par les activités industrielles qui y sont planifiées.

Vers un traité international sur l'Arctique ?

Certains États revendiquent une partie des eaux internationales de l'océan Arctique en raison du prolongement de leur

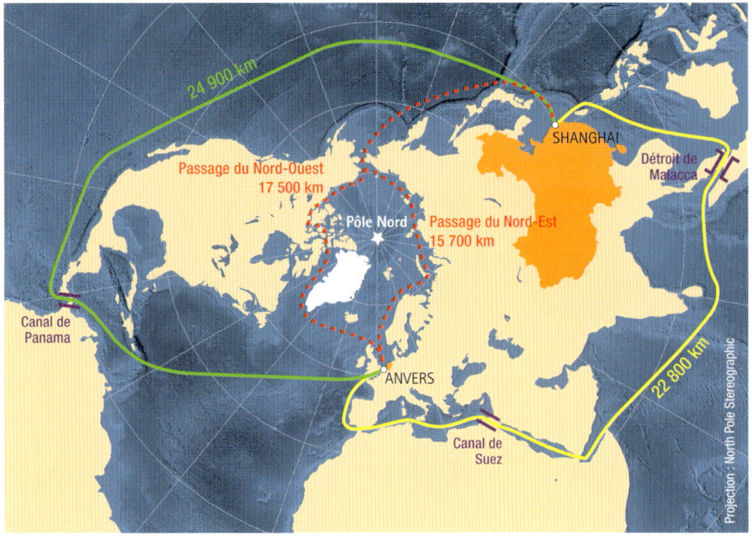

DE NOUVELLES ROUTES MARITIMES INTERNATIONALES ▶

plateau continental. Ces revendications peuvent s'exprimer de manière discrète, comme celles de la Norvège ou des États-Unis. Elles peuvent, au contraire, se révéler ostentatoires, à l'image de la Russie qui a planté un drapeau sous l'océan Arctique, devant les caméras du monde entier en 2007. Au regard des tensions qui apparaissent, élaborer progressivement un nouveau traité pour une région qui va devenir stratégique n'a donc rien d'inutile.

Un changement institutionnel majeur pourrait intervenir à terme. En effet, l'exploitation des ressources terrestres, ou encore celles présentes dans la ZEE du Groenland, pourrait rappeler aux Inuits de l'île qu'ils disposent d'un statut d'« autonomie renforcée » depuis juin 2009. Le pétrole présent pourrait leur fournir, à l'horizon 2020, les moyens de se soustraire à la souveraineté danoise, et donc de se passer des 650 millions de dollars alloués par Copenhague pour le budget du Groenland.

Enfin, un nouveau détroit international pourrait s'ouvrir à la navigation dans la décennie qui commence. Aujourd'hui, pour aller d'Anvers à Shanghai, le trajet par cargo est de l'ordre de 25 000 km en passant par le canal de Panama et de 23 000 km en passant par le canal de Suez. Il sera d'environ 15 700 km par le passage du Nord-Est, au large des côtes russes. La diminution de la distance parcourue entraînera un gain de temps, un gain de fuel et une baisse du coût de la main-d'œuvre et des primes d'assurance des navires.

Côté canadien, à l'été 2007, le passage du Nord-Ouest est resté pour la première fois libre de glace pendant plusieurs jours. Le Canada a d'ailleurs commencé la construction d'un port en eaux profondes sur la pointe de la terre de Baffin, à Nanisivik, et une base militaire à Resolute Bay, sur le futur passage du Nord-Ouest. Cet Arctique à venir ne ressemble décidément en rien à l'Arctique de nos mythes, légendes et autres explorations polaires...

L'Antarctique, l'autre bout du monde

Dernier continent découvert au XIXe siècle et resté totalement inhabité, l'Antarctique s'étend sur 14 millions de km^2. Il est couvert par une épaisse calotte glaciaire qui dépasse les 4 000 mètres, résultat d'une accumulation des glaces pendant 15 millions d'années. Elle représente 80 % de l'eau douce disponible dans le monde. Par ailleurs, sous l'effet du réchauffement climatique, on constate que d'immenses fleuves courent sous la glace tandis que de gigantesques icebergs se détachent et viennent flotter pendant des années dans les mers du Sud. En même temps, le réchauffement des océans entraîne une augmentation des précipitations de neige au-dessus du continent Antarctique et donc un renforcement de la couche de glace qui s'y trouve.

Le traité de l'Antarctique, signé en 1959, a permis le gel des souverainetés sur ce territoire, donnant ainsi au continent le statut de territoire démilitarisé. Le traité a été prolongé et renforcé par le protocole de Madrid de 1991, interdisant pour cinquante ans, soit jusqu'en 2041, toute exploration minière. C'est ainsi que l'Antarctique est devenu une « terre de paix » exclusivement vouée à la recherche scientifique.

Plus de 25 États y disposent de bases de recherche, avec une concentration particulière dans la péninsule. Celle-ci est proche de la pointe sud de l'Amérique latine – trois jours de mer –, et moins froide que le reste du continent. La dernière-née des stations, Concordia, a été construite par la France et l'Italie, et cofinancée par l'Union européenne. Située à l'intérieur même du continent – trois semaines de convois chenillés sont nécessaires pour la rejoindre –, elle permet des recherches différentes et complémentaires de celles conduites sur les côtes : météorologie, étude du trou d'ozone à la verticale de l'Antarctique, astrophysique, biologie, étude de l'homme en milieu confiné et en situation de grand froid et, enfin, glaciologie. Grâce à cette dernière, la calotte polaire de l'Antarctique a révélé qu'elle était une source d'archives climatiques unique au monde : en forant puis en remontant des carottes de glaces à la surface, on peut analyser au carbone 14 le contenu des bulles d'air emprisonnées et reconstituer ainsi l'évolution du climat et de la composition de l'atmosphère dans le passé. Ces recherches permettent de faire des comparaisons avec le climat d'aujourd'hui. C'est là un domaine où les Européens ont obtenu d'importants résultats avec, notamment, le forage Epica – European Project for Ice Coring in Antarctica –, qui a réussi la prouesse d'extraire une carotte de 3 130 mètres de long, donnant ainsi accès à 740 000 ans d'archives climatiques – quelques centimètres de glace donnant à peu près une année d'histoire du climat. Rarement des recherches menées à l'extrémité de la planète auront à un tel point répondu à des interrogations désormais mondialement partagées.

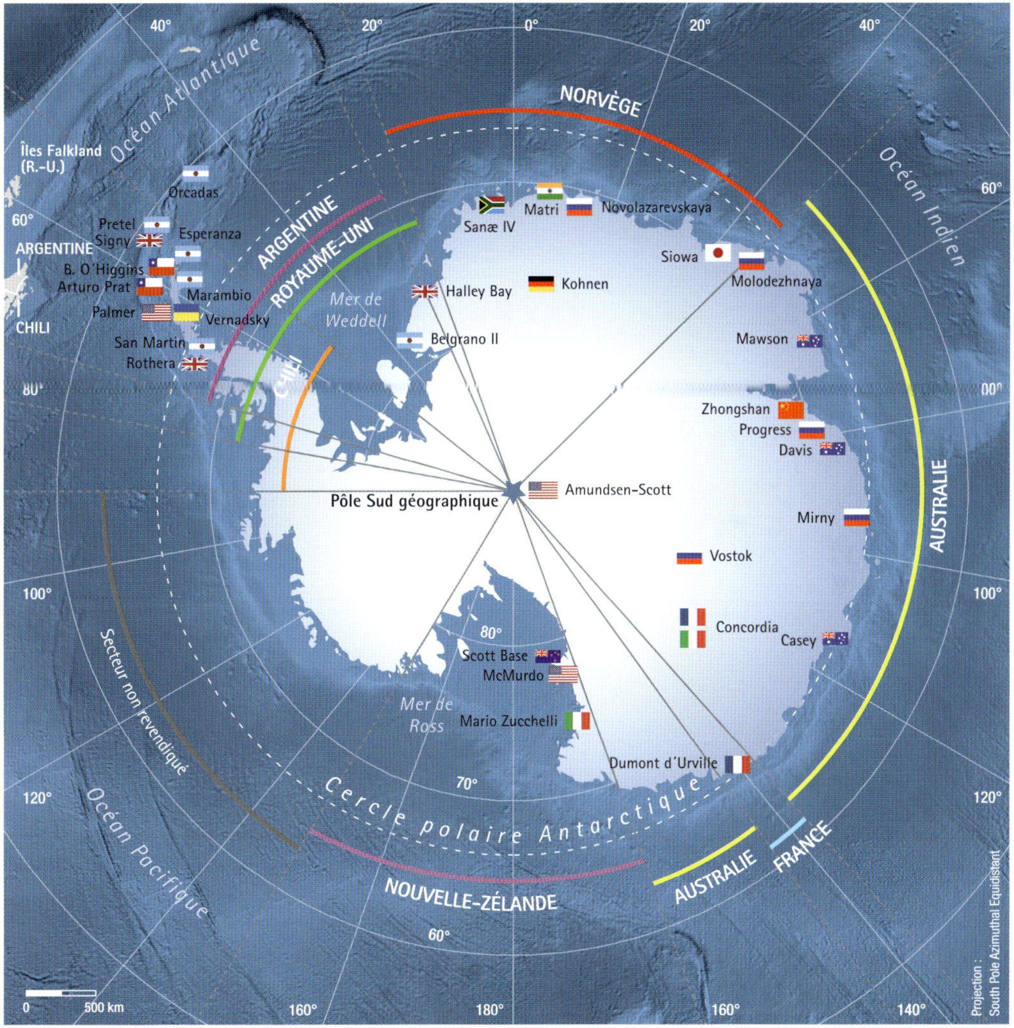

REVENDICATION DE SOUVERAINETÉ SUSPENDUE PAR LE TRAITÉ SUR L'ANTARCTIQUE DE 1959

PRINCIPALES BASES SCIENTIFIQUES

L'ANTARCTIQUE, TERRITOIRE ISOLÉ ▶

L'Antarctique est isolé des autres continents : les pointes sud du Chili et de l'Argentine sont à 1 100 km de la péninsule de Palmer ; Le Cap, en Afrique du Sud, est à 4 000 km de la terre de la reine Maud ; Hobart, dans l'île de Tasmanie, est à 2 700 km de navigation de la base française de Dumont d'Urville, en terre Adélie. Au début du xxe siècle, sept États ont émis une revendication de souveraineté dans la zone : le Royaume-Uni, la Nouvelle-Zélande, la France, l'Australie, la Norvège, l'Argentine et le Chili, justifiant leurs revendications soit par la proximité géographique, soit par la légitimité du premier découvreur. D'autres États réservent leurs droits, tout en disposant de plusieurs bases scientifiques sur ce territoire. C'est le cas des États-Unis, du Japon ou de la Russie. Par ailleurs, depuis les années 1960, ce territoire a attiré un nombre croissant de visiteurs. Au nombre de zéro en 1963, on comptait 2 460 touristes voyageant autour de l'Antarctique à bord de bateaux à moteur et de voiliers en 1989-1990 ; ils étaient 14 600 en 1999-2000 et plus de 30 000 moins de dix ans plus tard.

VOIR AUSSI : ENTRE TERRE ET MER, p. 82 - DES DRAPEAUX SOUS LA MER, p. 128

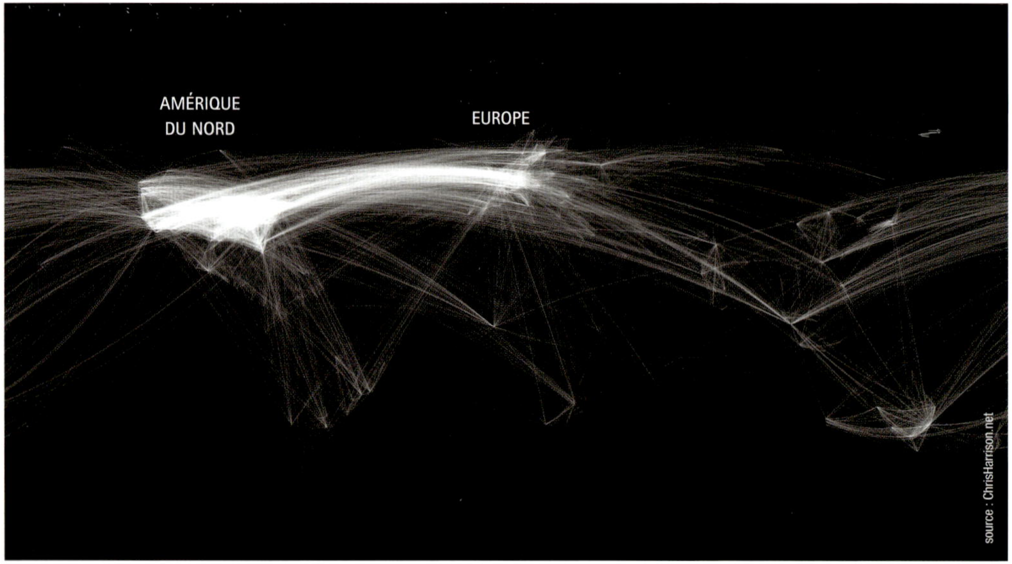

PRINCIPAUX FLUX D'ÉCHANGES DE DONNÉES

▲ DES FRACTURES NUMÉRIQUES PERSISTANTES

Si la révolution numérique a réduit les distances, elle n'a pas gommé les inégalités et les fractures entre les territoires.
Le degré d'intégration dans le commerce mondial, la capacité d'innovation, de financement ou d'organisation et le niveau d'instruction restent des variables déterminantes dans le déploiement et l'appropriation des Nouvelles technologies de l'information et de la communication (NTIC).
C'est ainsi que la géographie d'Internet est très proche de la géographie économique mondiale : les échanges entre les États-Unis et l'Europe concentrent la majorité des connexions, le sous-continent Indien et l'Asie du Sud sont bien connectés et l'Afrique se connecte de plus en plus grâce à l'adoption massive du téléphone mobile. Il permet en effet d'accéder à moindre coût à l'Internet mobile et à un ensemble de services, comme par exemple le transfert bancaire.

En donnant l'illusion d'abolir le temps et l'espace, Internet a transformé les moyens de communication modernes. Présent dans le quotidien de nombreuses populations, ce puissant outil de communication et d'information est devenu un enjeu tout à la fois social, économique, démocratique et stratégique.

INTERNET, UN RÉSEAU SOUS TENSION

Créé dans les années 1960, le réseau ARPANET, devenu rapidement Internet, est une invention de l'armée américaine. Il devait lui permettre de disposer d'un système de communication non centralisé, pouvant survivre à une attaque nucléaire. Les données pouvaient circuler par paquets sur un réseau distribué (absence de noyau central) et de façon autonome, c'est-à-dire circuler librement sur les chemins et les nœuds de la toile. Les usages et les usagers d'Internet n'ont cessé de se développer. L'adoption du réseau par le monde universitaire américain dans un premier temps, puis son extension au monde entier n'ont pas remis en cause les principes qui gouvernaient initialement le réseau Internet : liberté d'expression, neutralité du réseau, interopérabilité des standards. Les données peuvent ainsi circuler librement sur le réseau mondial et être accessibles par tous quel que soit le pays ou l'équipement informatique. Vecteur de la révolution de l'information au

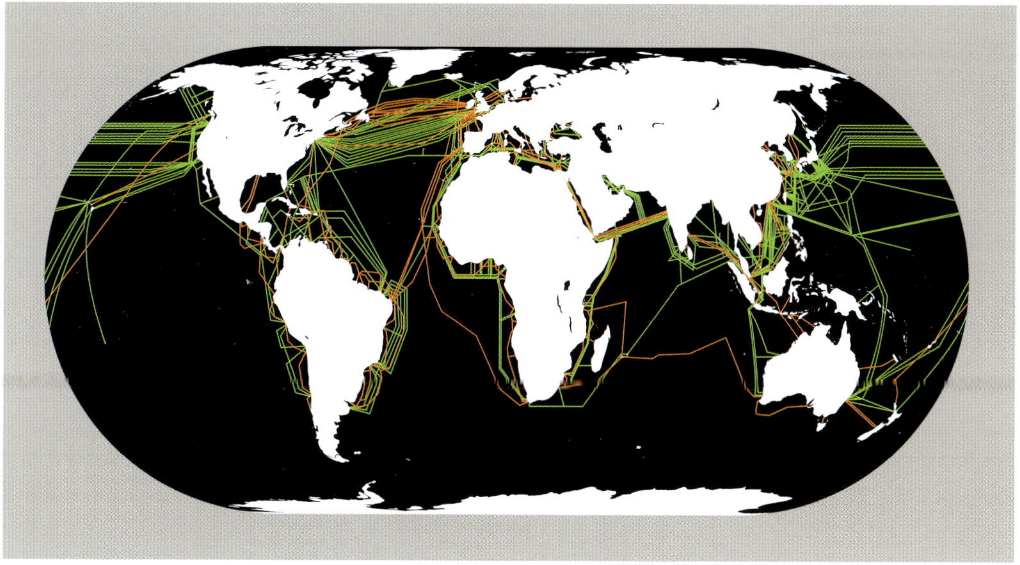

CÂBLES TÉLÉGRAPHIQUES, en 1901

CÂBLES INTERNET ET TÉLÉCOMMUNICATION, en 2009

◀ DES FONDS MARINS SOUMIS À DES HAUTS DÉBITS

La circulation des données s'effectue *via* les câbles terrestres (téléphoniques et de fibres optiques), les communications sans fil type WIFI, WIMAX, 3G, les Courants porteurs en ligne (CPL), les satellites de télécommunications et les câbles sous-marins. Qu'ils contiennent des câbles télégraphiques, téléphoniques ou de fibres optiques, les câbles sous-marins étaient et restent essentiels pour le transit des données entre les pays et les continents. La carte illustre l'importance de la dorsale historique transatlantique ainsi que la place centrale des États-Unis, véritable commutateur du réseau mondial.

même titre que d'autres NTIC (téléphones mobiles, serveurs, logiciels, etc.), le réseau Internet permet à tous ceux qui ont la possibilité de se connecter, de produire et de diffuser de l'information et des connaissances à une échelle inconnue jusqu'à présent dans l'histoire de l'humanité.

Un monde qui se connecte et se recompose

Le réseau Internet a introduit une rupture dans la façon de penser et d'exercer la communication. Nous sommes passés de la logique du stock d'information à celle du flux, du temps d'attente au temps réel, du temps local au temps mondial. Ces échanges ont créé une géographie virtuelle que l'on nomme « cyberespace », composée d'une dimension matérielle (infrastructures, câbles, serveurs), et d'une dimension immatérielle faite de protocoles, de langages, d'applications et de données échangées entre humains et/ou machines. Le cyberespace est en constante mutation car les échanges de données continuent de se multiplier grâce aux innovations, à la déréglementation des télécommunications et aux investissements des opérateurs privés. Cette mutation va encore s'accélérer grâce au développement de l'Internet mobile (téléphones, ordinateurs, tablettes, etc.) et de l'Internet des objets (géolocalisation, puce d'Identification par Radio Fréquence [RFID], etc.), de services à distance pour les entreprises (*cloud computing*) et pour les usagers (médias et réseaux sociaux). Ces perspectives seront des leviers de développement économique importants pour les pays qui auront accès à ces technologies. La mise en place d'infrastructures et la réduction des fractures numériques deviennent ainsi des enjeux cruciaux pour la société mondiale de l'information, tout en soulevant un certain nombre de questions. En effet, comment assurer un aménagement numérique du monde qui soit assez homogène ? Comment orienter les opérateurs privés, qui sont à l'initiative de ces changements, puisque leur fonction première est la recherche de retour sur investissement, et non la réduction des inégalités numériques ?

Outre ces mutations d'ordre technologique, un autre facteur de mutation du réseau Internet tient à la modification et à l'émergence de nouveaux usages. L'apparition des sites du Web 2.0 a créé une rupture dans la jeune histoire du Web puisque, pour la première fois, l'internaute est affranchi des contraintes techniques et financières pour publier des contenus et interagir avec d'autres individus grâce aux blogs, micro-blogging, wiki, réseaux sociaux. Ces derniers permettent à ses usagers, dont les activistes et les opposants de régimes autoritaires, de s'informer, d'exprimer et de

UNE AUGMENTATION EXPONENTIELLE ET CONTINUE DES INTERNAUTES ▶

Si la progression du nombre d'internautes est importante sur tous les continents, notre monde est pourtant loin d'être complètement connecté : seulement un quart de l'humanité a accès à Internet. Dans le même temps, 1,5 milliard de personnes dans le monde vivent sans l'électricité.

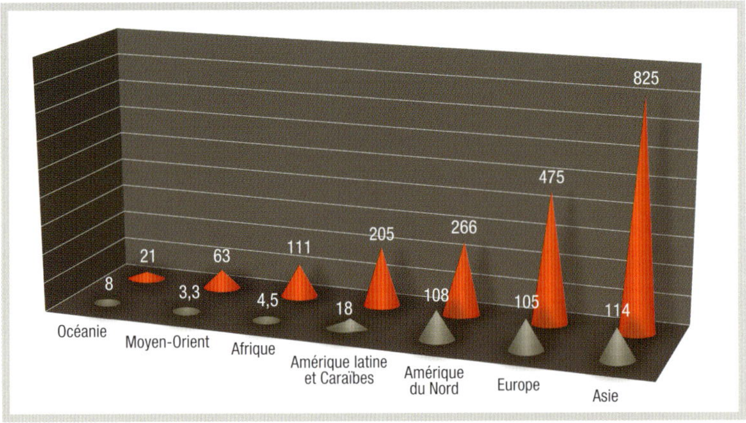

USAGERS D'INTERNET AU 31 DÉCEMBRE 2000 (en millions) USAGERS D'INTERNET AU 30 JUIN 2010 (en millions)

partager facilement leur opinion, de se mettre en relation avec d'autres groupes ou de trouver des relais à l'intérieur et à l'extérieur de leur pays (expatriés et journalistes *via* le partage de photos ou de films). Ils ont ainsi été utilisés en Birmanie (2007), en Iran (2009 et 2011) et surtout en Tunisie (2010-2011) et en Égypte (2008 et 2011). Ils ont joué un rôle important dans la transmission des informations sensibles, dans la capacité à surmonter la peur des organes de sécurité et *in fine* dans la capacité à engendrer une contestation des régimes politiques en place.

Un espace géopolitique devenu stratégique

Le succès planétaire du réseau et la coexistence forcée d'acteurs aux objectifs et intérêts très différents dans le cyberespace (États, organisations, entreprises, individus) a convaincu les États de la nécessité d'établir plus de contrôle et à rechercher une gouvernance multipolaire d'Internet. Celle-ci ne pourra se faire sans l'accord des États-Unis qui restent la partie prenante incontournable dans la gouvernance et la gestion du réseau. Les entreprises américaines sont leaders dans les domaines clés, son sol héberge la majorité des serveurs racines et le pays garde son influence sur l'Internet Corporation for Assigned Names and Numbers (ICANN), organisation de droit privé chargée de la gestion des noms de domaine génériques (« .com », « .org », etc.). Plusieurs acteurs, dont la Chine, le Brésil, l'Union européenne, y voient une entrave à leur souveraineté numérique et réclament des changements. Les États-Unis y ont répondu en affichant quelques signes d'ouvertures et l'ICANN a autorisé les adresses Web en alphabets non latins (chinois, arabe, cyrillique). Au-delà de ces aspects symboliques, la gouvernance échappe bel et bien aux États et est assurée techniquement par un écosystème complexe composé d'organisations aux compétences bien réparties. Cette question se révèle économiquement et politiquement sensible car ce sont les principes et les normes qui modèlent l'évolution d'Internet. Sans attendre que ces questions soient réglées, le réseau a été mis sous surveillance par un certain nombre de dictatures, de régimes autoritaires et même par certaines démocraties (à l'image de certaines législations françaises ou australiennes). Sous couvert de défense de la morale, de la sécurité nationale, du respect des religions ou des minorités, des États ont recours au filtrage de la toile afin de bloquer ou de limiter l'accès à certains contenus. La désinformation, les législations répressives, la manipulation, les intimidations et les arrestations complètent parfois cet arsenal. Il y avait, en 2010, selon l'organisation non gouvernementale Reporters sans frontières, 120 « net-citoyens » en prison dans le monde, la majorité étant emprisonnée en Chine, au Vietnam et en Iran.
Les entreprises du secteur des NTIC sont également dans le collimateur de ces États qui n'hésitent pas à les pirater (Google a été piraté en Chine à la fin de l'année 2009 et au début de l'année 2010) ou à exercer des pressions. L'entreprise Research In Motion (RIM), par exemple, fabriquant les téléphones mobiles BlackBerry, est confrontée aux pressions de l'Inde, d'États du golfe Persique ou de l'Indonésie qui tentent d'obtenir un accès aux communications chiffrées et sécurisées des téléphones au nom de la lutte contre le terrorisme.

Les États-Unis et la diplomatie Facebook

Face aux entraves à un usage libre d'Internet, les États-Unis ont réagi en adoptant une « diplomatie Facebook ». À l'occasion de discours prononcés les 21 janvier 2010 et 15 février 2011, la secrétaire d'État américaine, Hillary Clinton, a ainsi lancé l'initiative *21st Century Statecraft*, qui a pour objectif de promouvoir le droit à la connexion, au rassemblement virtuel et à la continuité de service des outils du réseau. Grâce à la poursuite du déploiement mondial et massif d'Internet mais aussi à la technologie et à la diplomatie

LE SUCCÈS PLANÉTAIRE DES RÉSEAUX SOCIAUX ▶

Depuis sa création en 2004 par un étudiant américain, Facebook continue son irrésistible ascension. Fort de ses 600 millions de membres, il est le réseau social leader dans la majorité des pays du monde, excepté dans les pays opposés aux États-Unis, et dans ceux où des acteurs ont développé des instruments adaptés au contexte local. Au regard des 20 meilleures audiences des réseaux sociaux dans le monde en décembre 2010, ce sont les États-Unis, avec sept de leurs acteurs (Facebook, Google/Orkut, MySpace, etc.), qui arrivent en tête, suivis par la Chine, la Russie et la France. L'analyse des 20 meilleures audiences en 2010, tous sites confondus, est un indicateur économique significatif : 16 sites sont édités par des entreprises américaines (Google, Youtube, Windows Live, Yahoo, Wikipedia US, Twitter, etc.) et les 4 autres sont chinoises (Baidu, QQ, Taobao et Sina). Les résultats d'audience sur Internet illustrent tout à la fois la suprématie et la vitalité de la net-économie américaine et le nombre toujours plus important d'internautes chinois (477 millions en mars 2011).

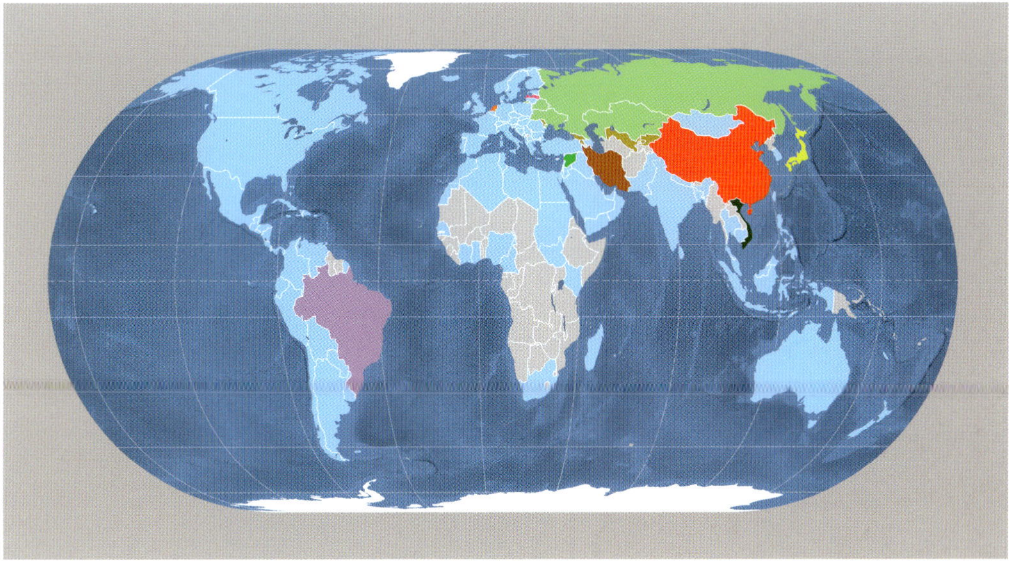

RÉSEAUX SOCIAUX LEADERS, en décembre 2010 (pays d'origine)

- FACEBOOK (États-Unis)
- ORKUT (États-Unis)
- V KONTAKTE (Russie)
- ODNOKLASSNIKI (Russie)
- QZONE (Chine)
- ZING (Vietnam)
- CLOOB (Iran)
- MAKTOOB (Syrie)
- HYVES (Pays-Bas)
- DRAUGLEM (Lettonie)
- MIXI (Japon)

américaine, les citoyens pourront « exercer leurs droits à la liberté d'expression en contournant la censure politique ».

Le rôle d'Internet dans les mobilisations populaires est déjà une réalité. En Colombie, en février 2008, à la suite d'appels *via* le réseau social Facebook, des millions de manifestants sont descendus dans la rue pour protester contre les Forces armées révolutionnaires colombiennes (FARC). Par ailleurs, les récents épisodes tunisien et égyptien ont semblé donner raison à la secrétaire d'État américaine. Mais si les mobilisations du Printemps arabe ont connu un certain succès, les usages d'Internet à des fins de mobilisation politique font l'objet d'une répression très dure. À l'avenir, il n'est pas impossible que des États autoritaires qui n'ont pas encore eu à faire face à ce genre de mobilisation tirent des leçons de la gestion de ces soulèvements, et s'inspirent des modèles de neutralisation et de censure pratiqués par des États tels que l'Iran, la Chine ou la Russie. Les traces et les données laissées sur différents sites de partage ont en effet largement servi aux autorités iraniennes, en 2009, pour identifier et arrêter les manifestants. Ainsi, l'engouement suscité par le prétendu « rôle libérateur d'Internet » doit être quelque peu atténué. Si les réseaux sont devenus les nouveaux champs de bataille de la guerre de l'information, ils ne créent pas de révolutions. La sphère d'Internet est reliée à d'autres sphères et les NTIC ne sont qu'un outil, qu'une aide. Les véritables déterminants de ces révolutions relèvent de la démographie, de l'éducation, des taux de chômage, de la corruption… En la matière, la politique adoptée par l'administration américaine profite finalement autant aux objectifs d'influence du pays qu'à ses entreprises.

Cependant, la convergence d'intérêts entre l'État et ses firmes trouve des limites car ces dernières conservent leur liberté d'entreprendre. Si certaines jouent le jeu (le système de micro-blogging Twitter a par exemple retardé sa mise à jour pendant les événements en Iran en 2009, évitant ainsi l'interruption momentanée du système), d'autres appliquent malgré tout leurs stratégies commerciales. Ainsi, Facebook était filtré en Tunisie grâce à une technologie vendue par la société américaine Secure Computing, peu soucieuse des principes défendus par l'administration américaine en matière de liberté de l'Internet. En outre, la liberté d'expression

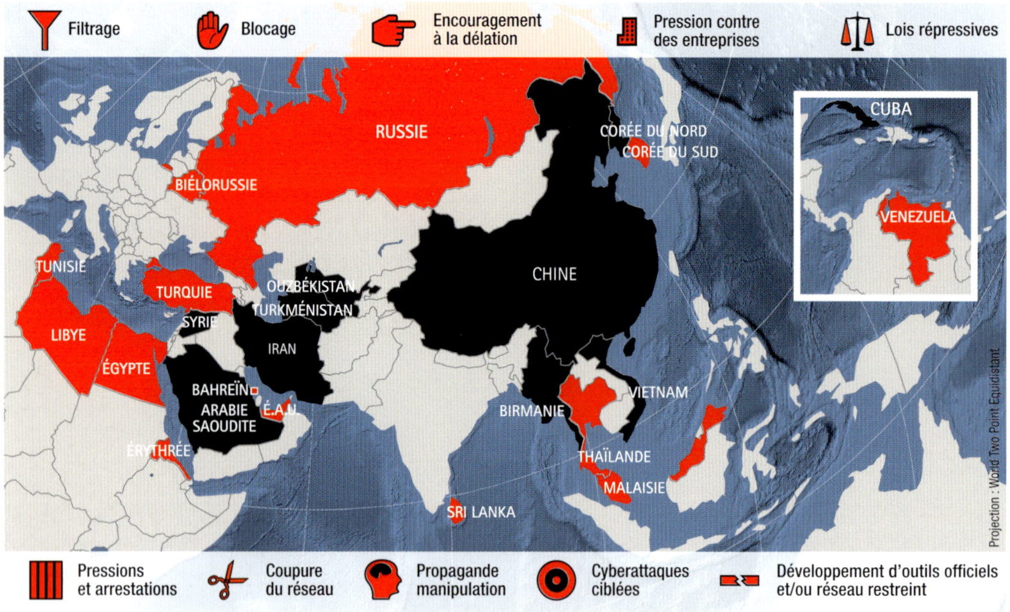

ÉTAT DE LA CYBERCENSURE, en décembre 2010

PAYS OÙ LA CENSURE EST LA PLUS FORTE

PAYS OÙ SE DÉVELOPPE LA CENSURE

MÉTHODE(S) DE CENSURE

◄ LA CYBERCENSURE SE DÉPLOIE

L'anonymat et la liberté totale sur Internet sont des leurres. Les États ont pleinement pris conscience des enjeux liés à la circulation des informations *via* Internet et essaient de réguler le trafic et de surveiller, avec plus ou moins de succès, les échanges sur le réseau. La carte, adaptée du travail de l'organisation non gouvernementale Reporters sans frontières, illustre les pays où la censure est la plus forte, grâce notamment à la multiplication des techniques de censure, et ceux qui commencent à déployer des pratiques inquiétantes pour la liberté de connexion et d'expression.

s'arrête quand les intérêts nationaux américains sont en cause, comme en témoignent les suites de l'affaire Wikileaks avec la détention dans des conditions strictes de Bradley Manning, le soldat suspecté d'avoir livré les documents confidentiels, ou la demande officielle des détails de certains comptes chez Twitter.

Le lieu de tous les cyberdangers ?

Les développements et mutations du cyberespace ont mis à jour des nouveaux enjeux et défis auxquels les États doivent répondre et qui vont bien au-delà de la surveillance des échanges sur Internet. Les cybermenaces ne sont plus des mythes mais des réalités produites par la puissance des outils informatiques, par les vulnérabilités du réseau ou l'ingéniosité des internautes.

Ainsi, le réseau peut devenir le théâtre d'opérations de guerre de l'information qui se définit comme l'utilisation offensive et défensive de l'information et des systèmes d'information pour exploiter, corrompre ou détruire l'information ou les systèmes d'information de l'adversaire, tout en protégeant les siens. Grâce à l'architecture d'Internet et ses outils, les cyberattaques présentent des avantages séduisants pour les agresseurs : le coût d'entrée est faible, les attaques sont furtives et profitent de l'effet de surprise, l'attaquant est très difficilement identifiable et les modes opératoires variés. Les cyberattaques sont aujourd'hui des modes d'action utilisés en cas de tensions exacerbées entre pays ou entre acteurs politiques et économiques : paralysie de sites *via* des attaques par déni de service, espionnage et intrusion informatique, spams, virus, etc. Les modes d'action sont nombreux. En mars 2011, la France a ainsi été victime d'une vaste opération de cyberespionnage dans le cadre de la présidence du G8 et du G20. Les données espionnées concernaient la finance internationale et le commerce mondial.

Les cyberattaques peuvent prendre des dimensions plus importantes et toucher tout un pays. Pour la première fois, en 2007, un État, l'Estonie en l'occurrence, a été victime d'une cyberattaque massive. La municipalité de Tallin, capitale de l'Estonie, avait en effet déplacé en périphérie la statue d'un soldat de l'armée Rouge malgré les protestations de la communauté russe. Les représailles furent inédites puisque certains sites et services du pays (banques, messagerie du parlement, etc.) furent paralysés du fait de la mobilisation d'ordinateurs appelés « PC zombies » (*botnet*) dans le monde entier. À l'insu de leur propriétaire,

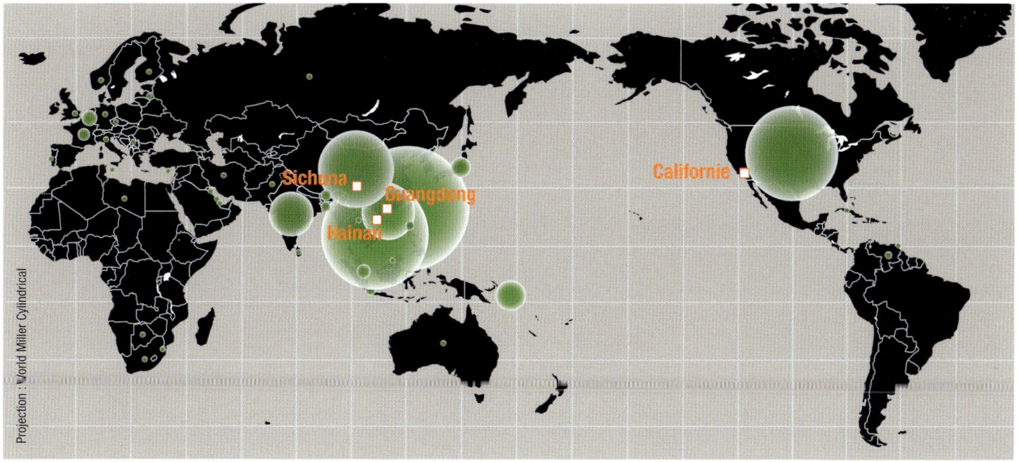

LE RÉSEAU DE CYBERESPIONNAGE GHOSTNET

NOMBRE D'ORDINATEURS INFECTÉS RECENSÉS, PAR PAYS

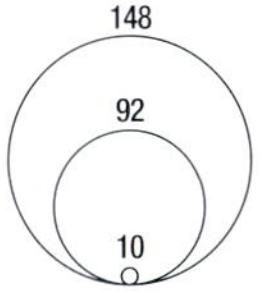

□ LOCALISATION DES SERVEURS À L'ORIGINE DES ATTAQUES

◀ DE NOUVEAUX MODES D'ESPIONNAGE

Le réseau Internet a rendu vulnérable autant les entreprises que les systèmes gouvernementaux. C'est ainsi qu'en 2009, l'université de Toronto révèle une vaste opération de cyberespionnage venant principalement de Chine. Trois des quatre serveurs identifiés comme étant à l'origine de cette opération se trouvent en effet dans des provinces chinoises, le quatrième ayant été localisé chez un hébergeur de site situé en Californie. Ce réseau, appelé GhostNet, est composé de 1 300 ordinateurs infectés, répartis dans 93 pays. Toutes les cibles ont été soigneusement choisies et infectées par un logiciel espion. Dans la liste, on trouve des ordinateurs des ambassades des organisations internationales, des médias et des ONG, les représentations diplomatiques du Dalaï-lama en Inde, à Bruxelles, Londres et New York.

ces « PC » ont bombardé de requêtes certains serveurs jusqu'à leur saturation.

À la suite de cet événement, plusieurs questions d'ordre sécuritaire peuvent être posées. Comment organiser une riposte quand il est impossible de déterminer qui sont les auteurs d'une attaque et quand il n'y a aucune revendication ? Peut-on parler de cyberguerre, donc de « guerre », quand il n'y a pas de déclaration de guerre ni de violence physique ? Quel devient alors le statut juridique d'un conflit où personne ne s'affronte ? Comment les États qui sont de plus en plus connectés vont-ils pouvoir répondre aux cybermenaces qui s'intensifient au lieu de se réduire ?

Le cyberespace, un enjeu de sécurité

Ces questions stratégiques sont fondamentales car l'une des leçons de l'exemple estonien est de montrer qu'il est techniquement possible de perturber le fonctionnement d'infrastructures critiques, de paralyser l'économie d'une ville, voire d'un pays. En 2009 et en 2010, les centrifugeuses présentes sur le site d'enrichissement d'uranium de Natanz, en Iran, ont dû réduire leur production d'uranium enrichi à la suite de la contamination de leur système par le virus informatique Stuxnet.

Les états-majors des États se sont sérieusement emparés des problématiques soulevées par le cyberespace en développant des actions et des capacités de formation, de surveillance, d'attaques et de contre-attaques. C'est pour cette raison que des centres de l'OTAN à Tallin et à Mons ont été créés, tout comme l'Agence nationale de sécurité informatique (ANSI) en France ou un nouveau *cybercommand* aux États-Unis. Or, si les États s'équipent, ils ne sont pas encore prêts à la transparence entre alliés, ni à s'entraider. Dans son nouveau concept stratégique, l'OTAN décrit comme prioritaire la lutte contre le cyberterrorisme mais ne se prononce pas sur le mécanisme de solidarité entre les alliés en cas de cyberguerre. Enfin, par-delà la sécurité des États, le cyberespace représente également une opportunité pour le développement d'activités internationales illicites, ce que les mouvements terroristes et les groupes criminels organisés ont très bien saisi. Ainsi, même si à ce jour aucune action offensive majeure contre un État *via* le cyberespace n'a été menée et revendiquée par des terroristes, Internet demeure une caisse de résonance mondiale mobilisable à peu de frais et qui permet d'être efficace dans l'information, le recrutement et la collecte de fonds. Enfin, c'est un moyen et un lieu extrêmement rentable pour les activités criminelles (escroquerie, vol de données, piratage, virus). La cybercriminalité rapporterait en effet, selon certains analystes, 1 000 milliards de dollars par an, soit davantage de revenus que le trafic de drogue.

VOIR AUSSI : LE PRINTEMPS DES PEUPLES ARABES, p. 114

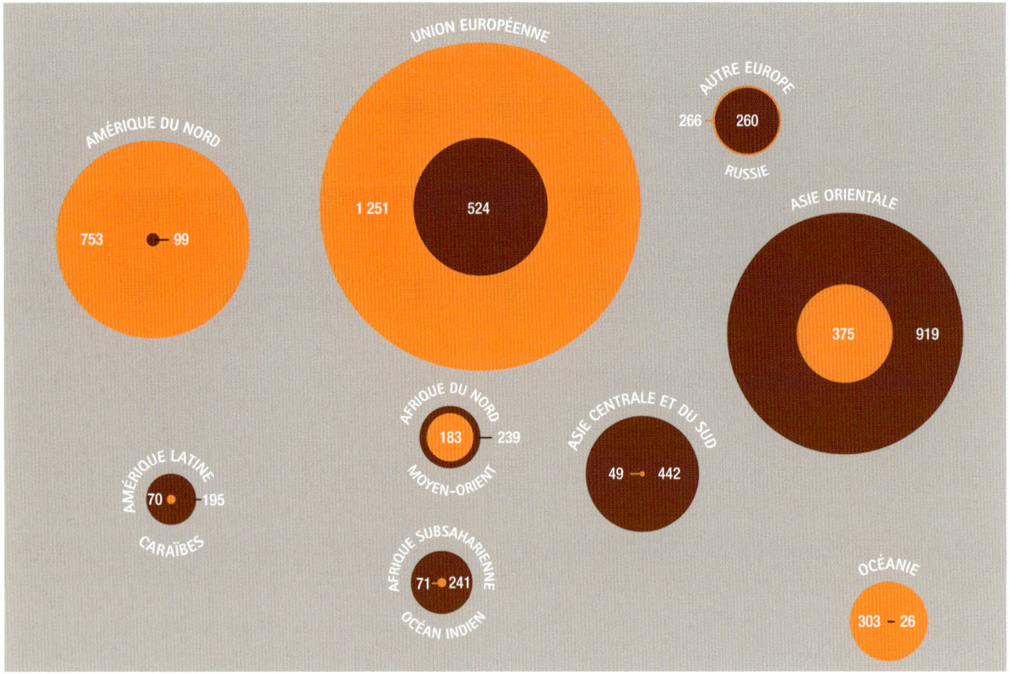

MOBILITÉS ÉTUDIANTES INTRA ET INTERRÉGIONALES, en 2009 (en milliers d'étudiants)

- ÉTUDIANTS ÉTRANGERS PRÉSENTS DANS LES PAYS DE LA RÉGION
- ÉTUDIANTS DE LA RÉGION POURSUIVANT LEURS ÉTUDES DANS UN PAYS ÉTRANGER

▲ LES MOBILITÉS ÉTUDIANTES

L'Asie est la principale région d'origine des étudiants internationaux en 2009. Les jeunes asiatiques sont de plus en plus nombreux à se rendre à l'étranger pour poursuivre leurs études, attirés par l'offre des campus américains, européens, australiens et japonais. En effet, les pays de l'OCDE représentent encore les principales destinations des étudiants étrangers, l'UE riche de sa forte mobilité intra-européenne étant suivie par les États-Unis. Pourtant, les efforts consentis par de nombreux pays n'appartenant pas à l'OCDE (Singapour, Malaisie, Qatar, Émirats arabes unis, etc.) pour devenir des pôles d'excellence dans le domaine du savoir pourraient à l'avenir reconfigurer la géographie des mobilités étudiantes.

En ce début de XXIe siècle, l'éducation n'est plus uniquement un enjeu social et sociétal. Elle est désormais un enjeu stratégique, vecteur d'influence dans le monde. Tremplin pour l'innovation, l'enseignement supérieur est devenu un terrain sur lequel s'exprime une forte concurrence internationale entre pôles académiques et entre États.

LE SAVOIR, UN ENJEU DE PUISSANCE

Au cours de la dernière décennie, les effectifs de l'enseignement supérieur dans le monde ont largement progressé, tant du point de vue quantitatif que qualitatif. Avec l'augmentation des classes moyennes en Inde, en Indonésie, en Chine, au Brésil, en Afrique du Sud, l'enseignement supérieur est devenu un peu moins élitiste et s'est davantage ouvert à la jeunesse, aidé en cela par la mise en place de politiques publiques promouvant le savoir. D'après l'Unesco, le nombre d'étudiants inscrits dans l'enseignement supérieur serait passé de 97 millions en 2000 à 159 millions en 2008. Sous l'effet de la mondialisation et des multiples mobilités qu'elle induit, la géographie du savoir est en train de se redessiner, influençant la stratégie de trois grands acteurs.

RÉPARTITION DES ÉTUDIANTS PAR DISCIPLINES ÉTUDIÉES, en 2007 (en %)

- LETTRES ET ARTS
- SC. SOCIALES, COMMERCE, DROIT
- SCIENCE
- INGÉNIERIE, INDUSTRIE, CONSTRUCTION
- SANTÉ ET PROTECTION SOCIALE
- AUTRES

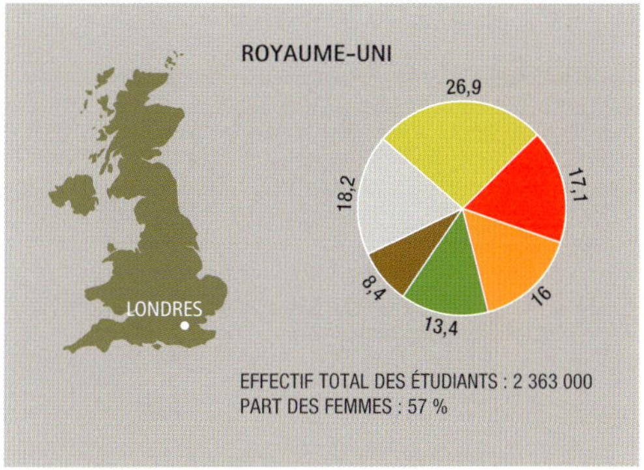

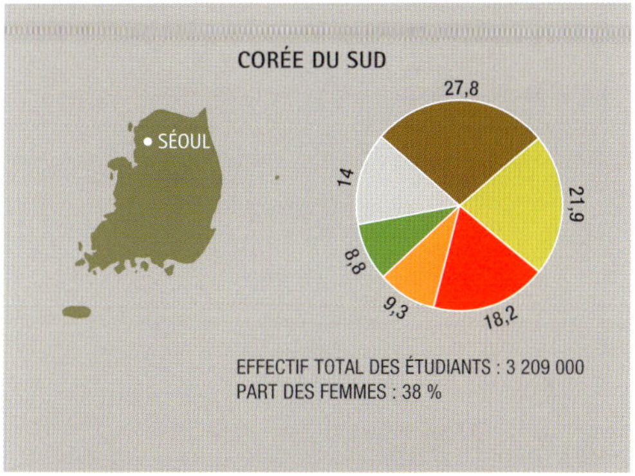

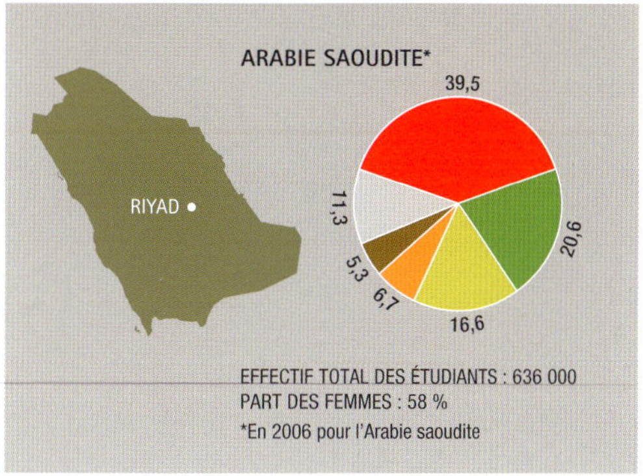

LA RÉPARTITION DES ÉTUDIANTS PAR DISCIPLINE UNIVERSITAIRE OU COMMENT SE PRÉPARE L'AVENIR ▶

Dans son Rapport mondial de suivi sur l'éducation pour tous 2010, l'Unesco recensait, pour l'année 2007, près de 150 millions d'étudiants, dont 51 % de femmes. Par-delà les déterminations socio-économiques qui la portent, l'inégale répartition des étudiants par discipline universitaire indique les filières privilégiées par les étudiants, mais également, en creux, les secteurs d'activité professionnelle les plus dynamiques d'un pays, voire, parfois, certains choix de politique publique nationale. À l'image de l'exemple sud-coréen, où le choix de près de 37 % des étudiants en faveur de filières à fort potentiel technologique (ingénierie, industrie, construction, science) entre en résonance avec les choix d'investissement dans la R&D du pays.

Étudiants sans frontières

Le premier acteur concerné par l'internationalisation du savoir est le corps étudiant lui-même. D'après l'Unesco, 2 étudiants sur 100 quittent leur pays d'origine pour poursuivre leurs études supérieures à l'étranger, devenant ce que les statistiques appellent des « étudiants internationaux », soit 3,3 millions de personnes en 2008. La mobilité estudiantine a connu une croissance continue ces dernières années du fait de l'ouverture des frontières à la fin de la guerre froide, de la mise en place de multiples programmes destinés à la coopération académique et culturelle, de l'évolution des effectifs d'étudiants dans le monde, sans oublier de la baisse des coûts de transport aérien et l'accès plus facile aux savoirs en raison de la diffusion de nouvelles technologies de communication. S'agissant des destinations, les étudiants internationaux affichent une préférence marquée pour les pays membres de l'OCDE : 79 % d'entre eux ont fait ce choix en 2008, les États-Unis s'imposant comme la principale destination. Concernant les régions d'origine, ce sont les pays en développement et émergents qui envoient le plus d'étudiants à l'étranger. La mobilité estudiantine semble ainsi suivre un flux Sud-Nord et Nord-Nord, comme le montre le cas européen, soutenu notamment par le programme de mobilité étudiante Erasmus.

Les universités : temples ou marchés de la connaissance ?

Très importante pour les étudiants, la mobilité est également essentielle pour les universités qui forment le deuxième grand acteur de l'enseignement supérieur mondialisé. Confrontées pour nombre d'entre elles au désengagement financier progressif des États, les universités sont en concurrence entre elles tant pour faire venir les étudiants que pour attirer des ressources financières supplémentaires. Cette concurrence s'est trouvée exacerbée ces dernières années du fait de l'apparition de classements internationaux, dont le plus médiatisé est celui lancé en 2003 par l'Université chinoise Jiao Tong, dit « classement de Shanghai ». Établi initialement pour illustrer le retard des universités chinoises par rapport au reste du monde, ce classement se fonde sur une série d'indicateurs quantifiables, comme le nombre d'articles référencés et de chercheurs cités, le nombre de publications éditées dans les principales revues scientifiques, le nombre de prix Nobel et de médailles Fields reçues par les universités, ou encore l'importance du réseau des anciens étudiants.

DES BREVETS MADE IN…

Si les pays de la triade (États-Unis, Europe et Japon) ont longtemps détenu un quasi-monopole dans le dépôt de brevets, leur suprématie est remise en question depuis le début des années 2000 par l'émergence de nouveaux concurrents.
En Asie, les ambitions chinoises et sud-coréennes compensent le ralentissement japonais, donnant corps à l'idée d'un rattrapage technique et scientifique de l'Asie aux dépens de l'Amérique du Nord et de l'Europe, qui connaissent une baisse ou une stagnation du nombre de brevets déposés.

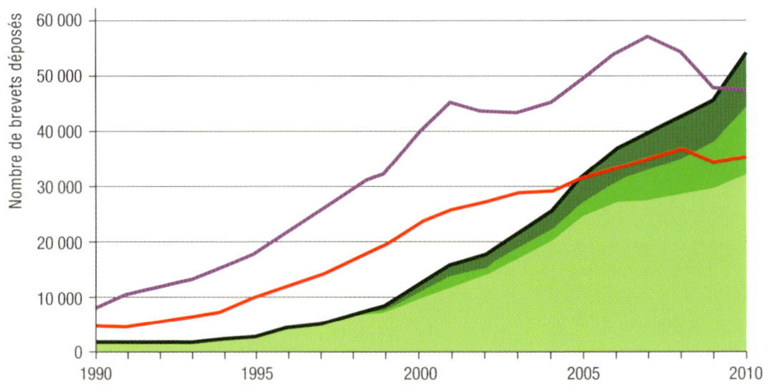

Surreprésentant les universités anglo-saxonnes les plus réputées, ces classements sont mis en doute du fait de la méthodologie employée et, plus encore, du fait de l'influence qu'ils exercent sur les milieux académiques, notamment lorsqu'ils contribuent à creuser le fossé entre les grands centres universitaires dotés de moyens importants et la masse des universités publiques intermédiaires.
Dans ce cadre hautement concurrentiel, les universités, toutes tailles et renommées confondues, évoluent vers une internationalisation accrue qui se traduit par des offres de programmes en anglais, la multiplication de partenariats, les double cursus avec des établissements étrangers, la délocalisation des campus ou encore la création de franchises pour les diplômes. On compte par exemple 152 campus satellites dans le monde en 2010, comme l'université Paris-Sorbonne-Abou Dhabi, ouverte en 2006. Un tel phénomène traduit ainsi la concurrence internationale que les universités se livrent : compétition pour le prestige mais aussi pour aller chercher les étudiants étrangers là où ils se trouvent. Les universités des pays émergents se positionnent également sur ce terrain : en 2012, un premier campus chinois devrait ouvrir ses portes au Laos. La volonté d'internationalisation des universités rencontre parfois la stratégie de certains pays qui offrent aux plus réputées d'entre elles des conditions financières ou matérielles avantageuses, afin de devenir des centres universitaires internationaux. Les *hubs* universitaires de Singapour, *Education City* à Doha, ou le *Dubai Knowledge Village* aux Émirats arabes unis, sont des exemples parmi d'autres.

De l'innovation académique à la croissance économique

Les États constituent justement le troisième grand acteur évoluant aujourd'hui dans l'espace mondialisé et concurrentiel de l'enseignement supérieur. Dans le contexte de crise actuelle, qui a ralenti les taux de croissance des puissances traditionnelles et renforcé l'émergence de nouveaux pays, l'enseignement supérieur et la recherche et développement (R&D), bases de l'innovation, forment un levier économique prioritaire. Ainsi, le basculement du monde économique est aussi visible dans le domaine du savoir. Si les pays riches de l'OCDE continuent d'attirer le plus grand nombre d'étudiants internationaux, on constate depuis quelques années un intérêt grandissant pour les universités des pays émergents. Ces derniers, comme l'illustre le cas de la Chine, promeuvent avec un important système de bourses la mobilité internationale de leurs étudiants, tout en cherchant à s'assurer le retour de leurs diasporas intellectuelles et la venue de nouveaux talents. Pour tenir ces objectifs, il importe néanmoins pour ces États de combler leur retard vis-à-vis des universités anglo-saxonnes et de renforcer les capacités de leur système d'enseignement supérieur.
Par ailleurs, les pays émergents avancent aussi sur le terrain de la R&D. Si la triade (États-Unis, Union européenne et Japon) consent l'effort en R&D le plus élevé au monde, le Brésil, l'Inde et la Chine ont accru leurs investissements dans ce domaine au cours de la décennie 2000. Dernier révélateur de ce basculement, le domaine des brevets déposés, où le dynamisme des pays émergents asiatiques, notamment de la Chine, contraste avec le ralentissement enregistré par les pôles traditionnels d'innovation que sont les pays de la triade.

Les risques de la marchandisation du savoir

Le savoir et la formation du capital humain sont désormais reconnus comme une richesse internationale par les États, essentiels pour garantir le développement des uns et relancer par l'innovation la croissance des autres. C'est une évolution positive, favorisée par les investissements dans ce domaine. Pour autant, l'évolution de l'enseignement supérieur vers un domaine hautement concurrentiel peut générer de nombreuses interrogations.

Le savoir est-il un secteur qui doit être « marchandisé » ? À cette inquiétude s'ajoute celle d'une possible uniformisation de l'offre universitaire qui répondrait à des classements valorisant les aspects quantitatifs de la recherche (et la nécessité de beaucoup publier) au détriment de la qualité de l'enseignement. Enfin, la crainte est grande de voir un fossé se creuser davantage entre les économies riches et émergentes, capables d'attirer un grand nombre d'étudiants et de travailleurs scientifiques, et les pays les plus pauvres, dont les élites intellectuelles seraient attirées à l'étranger par un mouvement de fuite des cerveaux, déjà connu, néfaste à leur développement.

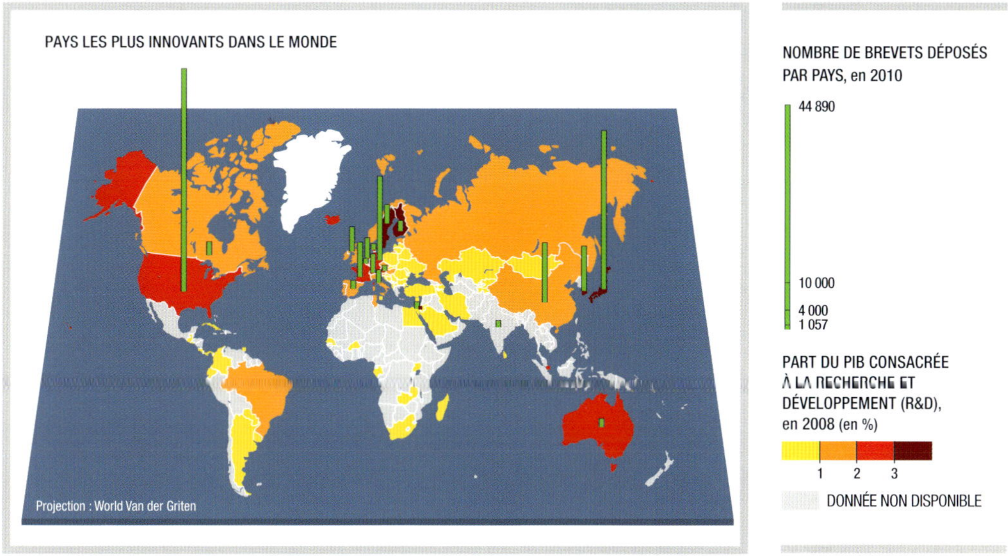

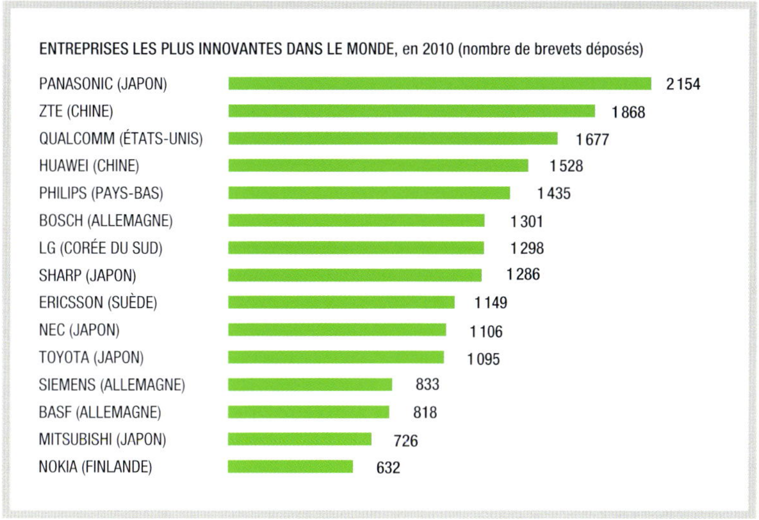

GÉOGRAPHIE DE L'INNOVATION ►

Dans un contexte de crise économique et d'émergence de nouveaux concurrents, l'innovation est cruciale pour relancer la croissance et préserver la compétitivité. Comparée aux deux autres États de la triade (États-Unis et Japon), l'Europe semble ralentir, comme le témoigne l'échec de la stratégie de Lisbonne qui avait été lancée en 2000 pour faire de l'UE la région du monde la plus compétitive en matière d'économie de la connaissance. L'objectif de consacrer 3 % du PIB national à la R&D n'a été atteint que par deux États membres (Finlande et Suède) et la moyenne européenne (1,9 %) reste largement en dessous des dépenses américaines et japonaises.

VOIR AUSSI : LES ÉTATS-UNIS, PUISSANCE MALGRÉ TOUT, p. 20 - LE JAPON, PUISSANCE ENTRAVÉE, p. 32 - L'ANALPHABÉTISME, FLÉAU DU XXIe SIÈCLE, p. 138

ET POURTANT, LE MONDE IRAIT MIEUX

Ce tableau vient clore le parcours de ces *Itinéraires géopolitiques*. Austère à lire, son contenu est pourtant révélateur : il est en effet indispensable de conserver une vision longue dans le temps et large dans l'espace pour tenter de repérer, boussole en main, la position à peu près exacte où nous nous trouvons.
Des paramètres fondamentaux sont croisés dans ce tableau, comme les parts de produits intérieurs bruts nationaux consacrées à l'éducation, à la santé publique ou à la défense, la mortalité infantile ou l'évolution de l'espérance de vie. Ils sont appliqués à un nombre limité de pays – OCDE, BRICS, PMA – sur une durée de 20 ans (1990-2010), c'est-à-dire avant et après la fin de l'URSS, son terme ayant eu de nombreuses conséquences dans l'économie mondiale et les échanges internationaux.
Ce tableau fait apparaître des évolutions imperceptibles à travers le traitement des informations quotidiennes : le nombre de conflits est historiquement bas, le nombre d'enfants scolarisés et d'adultes alphabétisés est en forte hausse, les budgets de santé publique sont plus importants en part de PIB, le nombre de pauvres et d'enfants au travail est en baisse. D'autres données, ne figurant pas sur le tableau, viennent conforter ce constat d'amélioration sociale du monde : le nombre de médecins pour mille habitants est en hausse légère, les étudiants en études supérieures sont beaucoup plus nombreux, l'accès au savoir est plus vaste grâce notamment aux bibliothèques numériques…
Ces bonnes nouvelles générales sont très inégalement réparties dans le monde et certains pays font cruellement mentir ces chiffres. Il est néanmoins permis de poser prudemment la question : et si, dans certains domaines, le monde allait mieux ?

	IDH		ESPÉRANCE DE VIE À LA NAISSANCE	
	1990	2010	1990	2010
MONDE	**0.526**	**0.624**	**64,7**	**69,3**
AFRIQUE DU SUD	0.601	0.597	61.4	52.0
ALLEMAGNE	0.782	0.885	75.5	80.2
ARGENTINE	0.682	0.775	71.6	75.7
BRÉSIL	...	0.699	66.3	72.9
CHINE	0.460	0.663	68.0	73.5
FRANCE	0.766	0.872	76.6	81.6
INDE	0.389	0.519	58.2	64.4
INDONÉSIE	0.458	0.600	61.6	71.5
IRAN	0.536	0.702	64.5	71.9
JAPON	0.814	0.884	79.0	83.2
JORDANIE	0.564	0.681	67.0	73.1
KAZAKHSTAN	0.650	0.714	66.7	65.4
KENYA	0.437	0.470	59.8	55.6
KIRIBATI	...	...	...	...
MALI	0.187	0.309	43.0	49.2
MAROC	0.421	0.567	64.1	71.8
RUSSIE	0.692	0.719	67.9	67.2
TURQUIE	0.552	0.679	64.6	72.2
ÉTATS-UNIS	0.857	0.902	75.2	79.6
VANUATU	...	...	63.5	70.8
VENEZUELA	0.620	0.696	71.1	74.2
VIETNAM	0.407	0.572	65.4	74.9

MORTALITÉ DES ENFANTS DE MOINS DE 5 ANS (probabilité de mourir avant l'âge de 5 ans, pour 1000 nés vivants)		REVENU PAR HABITANT, PPA, $ INTERNATIONAUX COURANTS (pour 1000 nés vivants)		DÉPENSES MILITAIRES (% du PIB)		DÉPENSES SANTÉ (% PIB)		DÉPENSES ÉDUCATION (% PIB)		
1990	2009	1990	2010	1990	2009	1995	2009	Année la plus récente entre 1985 et 1989	Année la plus récente entre 2005 et 2009	
92	61	4 751	11 057	..	..	8,80 %	10 %	4 %	4,40 %	MONDE
62	62	5 540	10 280	3,70 %	1,30 %	7,50 %	8,50 %	5,10 %	5,40 %	AFRIQUE DU SUD
9	4	18 580	38 170	2,80 %	1,40 %	10 %	11,30 %	..	4,50 %	ALLEMAGNE
20	15	5 170	15 150	1,10 %	1 %	[illegible]	[illegible]	1,40 %	[illegible]	ARGENTINE
56	21	5 040	10 920	1,90 %	1,60 %	6,60 %	9 %	4,40 %	5,10 %	BRÉSIL
46	19	800	7 570	2,50 %	2,20 %	3,50 %	4,50 %	2,50 %	..	CHINE
9	4	17 310	34 440	3,40 %	2,50 %	10,30 %	11,70 %	5,40 %	5,60 %	FRANCE
118	66	890	3 560	3,20 %	2,80 %	4,20 %	4,10 %	3,20 %	3,10 %	INDE
86	39	1 440	4 300	1,20 %	0,90 %	1,80 %	2,30 %	..	2,80 %	INDONÉSIE
73	31	4 510	11420 (2009)	2 %	2,5 % (2007)	3,80 %	5,50 %	3,70 %	4,70 %	IRAN
6	3	19 040	34 790	0,90 %	1 %	6,80 %	8,30 %	4,60 %	3,40 %	JAPON
39	25	2 250	5 770	7,80 %	6,10 %	8,20 %	9,20 %	6,80 %	..	JORDANIE
60	29	..	10 610	1,1 %(1993)	1,20 %	4,60 %	4,40 %	..	2,80 %	KAZAKHSTAN
99	84	980	1 610	2,90 %	2 %	4,50 %	4,30 %	5,30 %	7 %	KENYA
89	46	2 380	3 510	..	..	9,40 %	12,10 %	..	..	KIRIBATI
250	191	480	1 020	2 %	1,90 %	5,20 %	5,50 %	2,90 %	4,30 %	MALI
89	38	1 860	4 560	4,10 %	3,40 %	3,90 %	5,50 %	5,90 %	5,50 %	MAROC
27	12	8 000	19 190	12,30 %	4,30 %	5,30 %	5,40 %	..	3,80 %	RUSSIE
84	20	4 200	14 580	3,50 %	2,70 %	2,50 %	6,70 %	1,80 %	3,10 %	TURQUIE
12	8	22 850	47 020	5,30 %	4,70 %	13,50 %	16,20 %	6,30 %	5,40 %	ÉTATS-UNIS
40	16	1 090	4 450	..	..	2,90 %	4 %	6,70 %	4,80 %	VANUATU
32	18	6 790	11 950	1,8 % (1991)	1,30 %	4,20 %	6 %	5,30 %	3,70 %	VENEZUELA
55	24	610	2 910	7,90 %	2,50 %	5 %	7,20 %	..	5,30 %	VIETNAM

LISTE DES ACRONYMES ET GLOSSAIRE

ACRONYMES

AIEA : Agence internationale de l'énergie atomique
ALENA : Accord de libre-échange nord-américain
ASEAN : Association des nations du Sud-Est asiatique
BRICS : Brésil, Russie, Inde, Chine, Afrique du Sud
CEI : Communauté des États indépendants
CPI : Cour pénale internationale
FAO : Organisation des Nations unies pour l'alimentation et l'agriculture
FMI : Fonds monétaire international
FSF : Forum de stabilité financière
GAFI : Groupe d'action financière
GATT : General Agreement on Tariffs and Trade
GIEC : Groupe d'experts intergouvernemental sur l'évolution du climat
HAG : Hectare global (unité de mesure de l'empreinte écologique)
IDE : Investissement direct étranger
IDH : Indice de développement humain
MERCOSUR : Marché commun du Sud
OCDE : Organisation de coopération et de développement économiques
OIM : Organisation internationale pour les migrations
OIT : Organisation internationale du travail
OMC : Organisation mondiale du commerce
OMD : Objectifs du millénaire pour le développement
OMS : Organisation mondiale de la santé
ONU : Organisation des Nations unies
OSCE : Organisation pour la sécurité et la coopération en Europe
OTAN : Organisation du traité de l'Atlantique nord
PMA : Pays les moins avancés
PNUD : Programme des Nations unies pour le développement
PNUE : Programme des Nations unies pour l'environnement
PPA : Parité de pouvoir d'achat
SDN : Société des nations
TPIR : Tribunal pénal international pour le Rwanda
TPIY : Tribunal pénal international pour l'ex-Yougoslavie
UA : Union africaine
UE : Union européenne
UNESCO : Organisation des Nations unies pour l'éducation, la science et la culture
UNHCR : Haut-Commissariat des Nations unies pour les réfugiés
UNICEF : Fonds international des Nations unies de secours à l'enfance
UNODC : Office des Nations unies contre la drogue et le crime
UNRWA : Office de secours et de travaux des Nations unies pour les réfugiés de Palestine dans le Proche-Orient
URSS : Union des républiques socialistes soviétiques
ZEE : Zone économique exclusive

GLOSSAIRE

– AQUIFÈRE
Formation géologique contenant une réserve naturelle d'eau douce susceptible d'être exploitée.

– BRAIN DRAIN
Le terme, communément traduit par « fuite des cerveaux », renvoie aux flux migratoires de travailleurs qualifiés dans les domaines scientifiques et intellectuels qui s'installent en dehors de leur pays, attirés par de meilleures conditions de travail et de rémunération.

– CLOUD COMPUTING
Système qui permet à un usager d'accéder, gratuitement ou par abonnement, à un ensemble de services (messagerie, suite bureautique, système de gestion, etc.) fourni par un ou plusieurs prestataires par le réseau Internet. Rien n'est hébergé en local, tout est dans « les nuages ». La messagerie électronique est un bon exemple : une capacité d'envoi de messages est gratuitement utilisée sans savoir où les messages sont stockés ni comment ils sont traités et exploités.

– CONVENTIONS DE GENÈVE
Au nombre de quatre, les conventions de Genève sont des traités internationaux, établis en 1949, qui constituent le socle du droit international humanitaire et définissent le droit de la guerre. Elles imposent des règles de protection des personnes ne prenant pas part au conflit armé (les civils, le personnel médical et humanitaire ainsi que les soldats blessés et les prisonniers de guerre).

– CRIME DE GÉNOCIDE
Terme désignant, dans le Statut de Rome créant en 1998 la Cour pénale internationale, les crimes ayant pour intention de détruire tout ou partie d'un groupe national, ethnique, racial ou religieux (meurtre, atteinte grave à l'intégrité physique du groupe, mesures visant à entraver les naissances au sein du groupe, transfert forcé de population…).

– CRIME DE GUERRE
Selon le Statut de Rome créant en 1998 la Cour pénale internationale, il s'agit des crimes commis en temps de guerre à l'encontre des personnes ne participant pas au conflit armé (les civils, le personnel médical et humanitaire ainsi que les soldats blessés et les prisonniers de guerre).

– CRIME CONTRE L'HUMANITÉ
Selon le Statut de Rome créant en 1998 la Cour pénale internationale, les crimes contre l'humanité sont commis dans le cadre d'une attaque généralisée ou systématique lancée contre une population civile et en connaissance de cette attaque (meurtre, extermination, esclavage, déportation, emprisonnement, torture, apartheid, viol…).

– ÉNERGIE POSITIVE
Se dit d'une maison ou d'un bâtiment qui produit plus d'énergie qu'il n'en consomme.

– ÉNERGIE PRIMAIRE
Ensemble des produits énergétiques non transformés, tels que le pétrole brut, le gaz naturel, le charbon, la biomasse, le rayonnement solaire, l'énergie hydraulique, l'énergie du vent, de la marée et des vagues ou encore l'énergie tirée de la fission de l'uranium.

- ÉNERGIE RENOUVELABLE
Source d'énergie inépuisable ou se renouvelant assez rapidement pour être considérée comme inépuisable à l'échelle du temps géologique. Il existe cinq sources principales d'énergies dites renouvelables : le vent (éoliennes), l'eau (barrages hydroélectriques, énergie marémotrice), le soleil (panneaux photovoltaïques ou thermiques), les végétaux (bois, biocarburants) et la chaleur du sol (géothermie).

- ÉNERGIES ALTERNATIVES
Se dit généralement des énergies susceptibles d'offrir une alternative aux sources traditionnelles fossiles comme le pétrole, le gaz naturel, le charbon et l'uranium.

- ESPACE SCHENGEN
Entrée en vigueur en 1995, la convention de Schengen autorise les ressortissants de l'Union européenne à circuler librement dans les États de l'Union européenne, sans contrôle aux frontières. Pourtant membres de l'Union européenne, le Royaume-Uni et l'Irlande ne font pas partie de l'Espace Schengen. À l'inverse, l'Islande, la Norvège et la Suisse font partie intégrante de l'Espace Schengen mais n'appartiennent pas à l'Union européenne.

- ESPÉRANCE DE VIE À LA NAISSANCE
Désigne l'âge moyen de décès au sein d'une population à un moment donné.

- ÉTAT PARTIE
État ayant signé et ratifié un acte juridique – traité, protocole, convention – dont les effets le concernent et l'engagent directement.

- GUERRE FROIDE
Nom donné à la période allant de 1947 à 1989 au cours de laquelle le monde se divisait en deux blocs idéologiques et politiques distincts. Ce système international bipolaire opposait un bloc occidental emmené par les États-Unis et composé d'États ayant adopté un modèle de démocratie libérale à économie de marché, et un bloc communiste placé sous l'hégémonie de l'Union soviétique et ayant adopté un modèle d'économie planifiée.

- MÉGAPOLE
Agglomération de plusieurs millions d'habitants. Selon l'ONU-Habitat, programme des Nations unies pour les établissements humains, basé à Nairobi (Kenya), une mégapole est une ville de plus de 10 millions d'habitants. Ce seuil a été relevé ces dernières années, le terme mégapole s'appliquant jusqu'alors aux agglomérations de plus de 8 millions d'habitants.

- PERGÉLISOL
Sol, sous-sol ou roche des régions polaires qui se maintiennent à une température négative pendant une période d'au moins deux ans. Se dit « permafrost » en anglais.

- PRODUIT INTÉRIEUR BRUT (PIB)
Indicateur économique de la richesse produite au cours d'une année dans un pays donné. Cet indicateur représente la valeur ajoutée totale des biens et des services produits sur un territoire national. Sa variation d'une année à l'autre permet de mesurer la croissance économique d'un pays. Rapporté à la population, le PIB par habitant rend compte du niveau de vie de la population.

- PIB EN PARITÉ DE POUVOIR D'ACHAT (PPA)
La parité de pouvoir d'achat est un taux de conversion monétaire qui permet d'exprimer dans une unité commune (le dollar international) les pouvoirs d'achat des différentes monnaies. La PPA renvoie à la quantité de dollars internationaux nécessaires dans chaque pays pour se procurer le même panier de biens et services. Exprimé en PPA, le PIB par habitant permet d'établir des comparaisons internationales tenant compte du niveau de vie réel des populations de différents pays.

- OFFSHORE
Terme anglais renvoyant à des activités s'exerçant en mer. Appliqué au domaine de la finance, il renvoie généralement à des transactions financières réalisées dans des établissements localisés dans des paradis fiscaux insulaires.

- RFID
Terme désignant *Radio Frequency Indentification* ou en français « Identification par Radio Fréquence ».
Ces puces dites intelligentes permettent aux objets qui en sont équipés de communiquer à distance avec un lecteur. Elles permettent par exemple de suivre un produit depuis son lieu de production jusqu'à son lieu de stockage puis de distribution. Les objets peuvent ainsi devenir « communicants ».

- TAUX DE MORTALITÉ
Nombre de décès pour mille habitants.

- TAUX DE NATALITÉ
Nombre de naissances pour mille habitants.

- TRANSITION DÉMOGRAPHIQUE
Ce modèle distingue plusieurs phases dans l'évolution des comportements démographiques. Dans une première phase, à un taux de mortalité élevé correspond un taux de natalité élevé lui aussi, ce qui conduit la population du pays concerné à ne pas croître. Dans la deuxième phase, sous l'effet de différents facteurs (amélioration de l'hygiène et progrès médicaux), le taux de mortalité va considérablement diminuer, tandis que le nombre d'enfants par femme va rester important, ce qui se traduit par une augmentation de la population. Enfin, dans la troisième phase du modèle, on observe que l'indice de fécondité diminue peu à peu pour tendre vers le seuil de renouvellement de la population (2,1 enfants en moyenne par femme).

- SUBPRIMES
Particulièrement répandus aux États-Unis et en Grande-Bretagne, les crédits hypothécaires dits « subprimes » sont destinés aux ménages modestes qui ne présentent pas les garanties suffisantes pour pouvoir emprunter aux meilleurs taux du marché. En échange d'un crédit, les emprunteurs mettent en gage le logement dont ils sont propriétaires. S'ils ne parviennent pas à rembourser leur prêt aux échéances convenues, le créancier peut saisir le logement et le mettre en vente pour récupérer le montant des sommes dues.

- UN-REDD
Programme des Nations unies pour la réduction des émissions de gaz à effet de serre provenant de la déforestation et de la dégradation des forêts. Créé en 2008, ce fonds dépend du Programme des Nations unies pour l'environnement.

BIBLIOGRAPHIE ET SOURCES

Ne sont mentionnés que les principaux documents officiels, les rapports venant des divers organismes internationaux, centres de recherche, organisations non gouvernementales, ainsi que les ouvrages, revues, articles, sites Internet utilisés pour l'élaboration des cartes.
Les données-pays (superficie, population, PIB, budget, empreinte écologique…) accompagnant les chapitres consacrés aux États viennent des bases de données en ligne suivantes :
ONU, World Population Prospects : The 2010 Revision – FMI, 2011 – Banque mondiale, 2011 – PNUD, *Rapport sur le développement humain 2010* – UNESCO, *Rapport mondial de suivi de l'éducation pour tous 2010* – WWF, *The Living Planet Report 2010*.
Pour le détail des acronymes, le lecteur se reportera à la liste située en p. 218.

PARTIE 1

LE BASCULEMENT DU MONDE

1 – LE PARTAGE DE LA PUISSANCE

OCCIDENT (p. 16-19) – Philippe Nemo, *Qu'est-ce que l'Occident ?*, Presses universitaires de France, 2004 – Revue *Questions internationales*, « L'Occident en débat », La Documentation française, 2010 – Sophie Bessis, *L'Occident et les autres. Histoire d'une suprématie*, La Découverte, 2001 – Samuel Huntington, *Le choc des civilisations*, Odile Jacob, 1997.

ÉTATS-UNIS (p. 20-23) – US Census Bureau, « Poverty : 2008 and 2009 », *American Community Survey*, septembre 2010 – Pew Hispanic Center – US Census Bureau, *Foreign Trade Statistics*, décembre 2010 – US Energy Information Administration, *Annual Energy Review* 2009, septembre 2010 – Département de la Défense des États-Unis – OTAN – *L'Atlas* du Monde diplomatique, Paris, 2009.

EUROPE (p. 24-27) – Site officiel de l'Union européenne – Site de l'OTAN – Fondation Robert Schuman.

RUSSIE (p. 28-31) – *Atlas du 21e siècle*, Nathan, 2010 – Virginie Raisson, *2033. Les Futurs du monde*, Robert Laffont, 2010.

JAPON (p. 32-33) – Régine Serra, *Le défi japonais*, André Versailles, 2011 – *Atlas du 21e siècle*, Nathan, 2010.

CHINE (p. 34-37) – China's Ministry of Commerce, *Statistics of China's* OFDI, 2008 – OMC, *International trade statistics* 2010 – BP, *Statistic review of world energy*, 2010 – Thierry Sanjuan, *Atlas de la Chine*, Éditions Autrement, 2007 – Virginie Raisson, *2033. Les Futurs du monde*, Robert Laffont, 2010

INDE (p. 38-41) – Jean-Joseph Boillot, *L'économie de l'Inde*, La Découverte, 2009 – Frédéric Landy (dir.), *Dictionnaire de l'Inde contemporaine*, Armand Colin, 2010.

BRÉSIL (p. 42-45) – Hervé Théry, Neli Aparecida de Mello, *Atlas du Brésil*, CNRS-Libergéo-La Documentation française, 2003 – Marie-Françoise Durand, Philippe Copinschi, Benoît Martin, Delphine Placidi, *Atlas de la mondialisation*, Presses de Sciences Po, 2009.

AFRIQUE (p. 46-49) – ONU, *World Population Prospects : The 2010 Revision* – Stephen Smith, *Atlas de l'Afrique*, Éditions Autrement, 2009.

MÉDITERRANÉE (p. 50-53) – ONU, *World Population Prospects : The 2010 Revision* – Institut de la Méditerranée – IPEMED – Ministère de l'économie turc.

ASIE DU SUD-EST (p. 54-57) – ONU, *World Population Prospects : The 2010 Revision* – François Raillon, *L'Indonésie, les voies de la survie*, Belin-La Documentation Française, 2007.

2 – L'ÉCONOMIE AU CŒUR DES RAPPORTS DE FORCE

BASCULEMENT DE LA RICHESSE (p. 60-63) – Banque mondiale, 2010 – FMI, 2010 – ONU, *World Population Prospects : The 2010 Revision* – Département du Trésor des États-Unis – Site du G 20.

GOUVERNANCE MONDIALE (p. 64-67) – FMI, 2010 – Site officiel de l'Union européenne – OMC, 2010.

CONTESTATION DE L'ORDRE ÉCONOMIQUE LIBÉRAL (p. 68) – Site du forum social mondial.

COMMERCE (p. 70-71) – OMC – FMI, 2010 – *Le Monde*, « Atlas géostratégique 2011 », 2011.

GUERRE DES MONNAIES (p. 72-73) – World Federal of Exchanges (WFE) – FMI, 2010.

PARADIS FISCAUX (p. 74-75) – Christian Chavagneux, Ronen Palan, *Les Paradis fiscaux*, La Découverte, 2007.

3 – L'ENVIRONNEMENT, UN DÉFI MONDIAL

EMPREINTE ÉCOLOGIQUE (p. 78-81) – Global Footprint Network, *Ecological Footprint Atlas 2010* – WWF, *The Living Planet Report 2010* – ONU-Habitat, *Urban Global Observatory 2008*.

ENTRE TERRE ET MER (p. 82-85) – FAO, *Évaluation des ressources forestières mondiales 2010* – Joël Boulier, Laurent Simon, *Atlas des forêts dans le monde*, Éditions Autrement, 2009 – Programme des Nations unies pour l'environnement, PNUE/GRID Arendal, *Vital Water Graphics*, 2008.

ÉNERGIES (p. 86-91) – BP, *Statistic review of world energy*, 2010 – Association pour l'étude du pic du pétrole et du gaz (ASPO) – Institut français du pétrole – Bruno Tertrais, *Atlas mondial du nucléaire civil et militaire*, Éditions Autrement, 2011.

CLIMAT (p. 92-95) – Global Footprint Network, *Ecological Footprint Atlas 2010* – *Alternatives internationales*, « L'état de la terre 2011 », 2011.

PARTIE 2

LES VIOLENCES DU MONDE

1 – ÉTATS DE GUERRE, ÉTATS EN GUERRE

CONFLITS (p. 100-103) – Stockholm International Peace Research Institute, *SIPRI Yearbook 2011, Armaments, Disarmament and International Security* – Heidelberger Institut für Internationale Konfliktforschung (HIIK), *Conflict Barometer 2010* – Vision of Humanity, *2011 Global Peace Index* – COFACE, *Carte des notes pays* – Site des opérations de maintien de la paix de l'ONU.

ISRAËL-PALESTINE (p. 104-107) – Jean-Paul Chagnollaud, Sid-Ahmed Souiah, *Atlas des Palestiniens*, Autrement, 2011 – Frédéric Encel, *Atlas géopolitique d'Israël*, Éditions Autrement, 2008 – Office for the Coordination of Humanitarian Affairs (OCHA), *Occupied Palestinian territory Map Centre* – Revue *Carto*, mai-juin 2011 – PNUD, *Rapport sur le développement humain 2006. Au-delà de la pénurie : pouvoir, pauvreté et crise mondiale de l'eau* – Revue *Moyen-Orient*, février-mars 2010.

AFGHANISTAN (p. 108-111) – Jean et André Sellier, *Atlas des peuples d'Asie*, La Découverte, 2008 – International Security Assistance Force (ISAF), *Key Facts and Figures*, 26/07/2011 – ONU, *Hostile Territory. UN Security-Risk Assessment of Afghanistan* – *Questions internationales*, « AfPak », La Documentation française, 2011.

PRIVATISATION DE LA GUERRE (p. 112) – Sami Makki, « Sociétés militaires privées dans le chaos irakien », *Le Monde diplomatique*, novembre 2004 – Revue *Carto*, septembre-novembre 2010 – Moshe Schwartz, Joyprada Swain, *Departement of Defense Contractors in Afghanistan and Iraq: Background and Analysis*, US Congressional Research Service, 2011.

RUSSIE-GÉORGIE (p. 113) – *Le Monde*, « Atlas géostratégique 2011 », 2011 – Diplomatie, « Atlas géostratégique 2010 », 2010.

MONDE ARABE (p. 114-117) – ONU, *World Population Prospects : The 2010 Revision* – Organisation internationale du travail – UNESCO, *Institute for Statistics* – Sites des organisations régionales : Ligue des États arabes, Union du Maghreb arabe, OPEP, Conseil de coopération du Golfe – Organisation internationale des migrations (OIM) – OCHA, *Libyan Arab Jamahiriya: Humanitarian Situation*.

NAXALITES (p. 118-120) – South Asia Terrorism Portal – *Times of India* – STRATFOR, Global Intelligence.

DROGUE (p. 121) – STRATFOR, Global Intelligence – Organisation des Nations unies contre la drogue et le crime – Fabrizio Maccaglia, Marie-Anne Matard-Bonucci, *Atlas des mafias*, Éditions Autrement, 2009.

SAHEL (p. 122) – *Courrier international*, n° 1070, mai 2011 – Roan Gunaratna, *Al Qaida. Au cœur du premier réseau terroriste mondial*, Éditions Autrement, 2002 – Jean-Pierre Filiu, *Les neuf vies d'Al Qaida*, Paris, Fayard, 2009.

PROLIFÉRATION NUCLÉAIRE (p. 125-126) – Jean-Marie Collin, *La Bombe. L'univers opaque du nucléaire*, Éditions Autrement, 2009 – ONU, Bureau des affaires du désarmement.

DES DRAPEAUX SOUS LA MER (p. 128) – Didier Ortolland, Jean-Pierre Pirat, *Atlas géopolitique des espaces maritimes*, Éditions TECHNIP, 2010 – Fabrice Argounes, Sarah Mohamed-Gaillard, Luc Vacher, *Atlas de l'Océanie*, Éditions Autrement, 2011.

2 – LA SÉCURITÉ HUMAINE

INSÉCURITÉ SOCIALE MONDIALE (p. 132-135) – PNUD, *Rapport sur le développement humain 2010. La vraie richesse des nations : les chemins du développement humain* – FAO-WPF, *The State of Food Insecurity in the World*, 2010 – Reliefweb.int – ONU, Office for the Coordination of Humanitarian Affairs (OCHA) – FAO Aquastats – OMS-Unicef, *Progrès en matière d'assainissement et d'alimentation en eau. Rapport 2010.*
SANTÉ (p. 136-137) – OMS, *Global Status Report on Non-communicable Diseases*, 2010 – Reliefweb.int – ONU, *MINUSTAH Map October 2010* – USAID, *USG Humanitarian Assistance to Haiti for the Earthquake* – OCHA, *Haïti : Aperçu humanitaire* (au 10 juillet 2011) – OCHA, *Haiti: Cholera Cumulative Cases since 20 October 2010 (as of 29 Nov 2010).*
ANALPHABÉTISME (p. 138-140) – UNESCO, *Rapport mondial de suivi sur l'éducation pour tous*, 2011.
DROITS DES FEMMES (p. 141-142) – ONU, *World Population Prospects. The 2010 Revision* – UNESCO, *Institute for Statistics* – Fondation Robert Schuman, *Rapport Schuman sur l'Europe. L'état de l'Union 2011*, Lignes de repères, 2011 – ONU, *Millennium Goals Development Report* 2011.
TRAITE DES FEMMES (p. 143) – UNODC, *Global Report on Trafficking in Persons*, 2009 – UNODC, *Trafficking in Persons to Europe for sexual exploitation*, 2010.
PEINE DE MORT (p. 144-146) – Site internet d'Ensemble contre la peine de mort – Amnesty International, *La peine de mort en chiffres* (site) – Site internet du Death Penalty Information Center.
JUSTICE PÉNALE INTERNATIONALE (p. 147-149) – Site internet de la Cour pénale internationale, du Tribunal pénal international pour l'ex-Yougoslavie et du Tribunal pénal international pour le Rwanda – Reliefweb.int – Département d'État des États-Unis, *Humanitarian Information Unit, Sudan (Darfur)-Chad Border Region Confirmed Damaged and Destroyed Villages*, novembre 2004.

PARTIE 3

LE PASSAGE DES FRONTIÈRES

1 – UN MONDE MOBILE

MIGRATIONS, DIASPORAS (p. 154-159) – Banque mondiale, *Bilateral Migration Matrix Dataset 2010* – Banque mondiale, *Migrations and Remittances Factbook 2011, Second Edition* – Statistique Canada, *Recensement de 2006. Immigration au Canada : un portrait de la population née à l'étranger* – PNUD, *Rapport mondial sur le développement humain 2009* – Catherine Wihtol de Wenden, *Atlas mondial des migrations*, Éditions Autrement, 2009 – Site officiel de l'agence FRONTEX – Migreurop, *Atlas des migrants en Europe*, Armand Colin, 2009 – *Le Monde/La Vie*, « Atlas des migrations », 2008/2009.
RÉFUGIÉS (p. 160-163) – Haut commissariat pour les réfugiés des Nations unies (UNHCR), *Global Trends 2010* – Collectif Argos, *Réfugiés climatiques*, Infolio, 2007.
MURS (p. 164-167) – Alexandra Novosseloff, Frank Neisse, *Des murs entre les hommes*, La Documentation française, 2007 – Catherine Wihtol de Wenden, « Les flux migratoires légaux et illégaux », *CERISCOPE Frontières* (en ligne), 2010 – US Customs and Border Protection, *Fencing Construction Status.*

2 – UN MONDE MÉTIS

RELIGIONS (p. 170-173) – *Le Monde/La Vie*, « Atlas des religions », 2011 – Perry-Castañeda Library Map Collection – *Histoire et patrimoine*, « L'islam », 2004 – Sergio DellaPergola, *World jewish population*, 2010, Mandel L. Bernam Institute, North America Jewish Data Bank, Université du Connecticut – Office of the registrar General 2004, Inde.
CULTURE (p. 174-179) – UNESCO, *Institute for Statistics*, 2009 – European Audiovisuel Observatory – Marie-Françoise Durand, Philippe Copinschi, Benoît Martin, Delphine Placidi, *Atlas de la mondialisation*, Presses de Sciences Po, 2010 – Site officiel d'ARTE.
CUISINE (p. 180-183) – Christian Boudan, *Géopolitique du goût. La guerre culinaire*, PUF, 2004 – Gilles Fumey, *Atlas des cuisines et des gastronomies. Une géographie gourmande*, Éditions Autrement, 2004 – OXFAM – Clive James, International Service for the Acquisition of Agri-biotech Applications (ISAAA) – International Federation of Organic Agriculture Movements (IFOAM) / Institut de recherche de l'agriculture biologique (FiBL).
PATRIMOINE MONDIAL (p. 185-187) – UNESCO, site officiel du patrimoine mondial – Nation Park Service, département de l'Intérieur des États-Unis.
SPORT (p. 188-191) – Site officiel de la FIFA – Site officiel du mouvement olympique – Pascal Gillon, Frédéric Grosjean, Loïc Ravenel, *Atlas du sport mondial*, Autrement, 2010 – Pascal Boniface, *Football et mondialisation*, Armand Colin, 2006.
FRANCOPHONIE (p. 192-195) – Organisation internationale de la francophonie (OIF), *La Langue française dans le monde*, 2010 – Sites officiels du Commonwealth, de la Ligue des États arabes, de l'organisation des États ibéro-américains, de la communauté de pays de langue portugaise – Ariane Poissonnier, Gérard Sournia, *Atlas mondial de la francophonie*, Éditions Autrement, 2006 – RFI, *Rapport d'activité 2007-2008* – Site officiel et répertoire de l'Alliance française.

3 – LES NOUVEAUX ESPACES DE LA GÉOPOLITIQUE

VILLE (p. 198-201) – UN-Habitat, *State of the world cities 2008/2009* – ONU, *World Urbanization Prospects: The 2009 Revision* – Thierry Sanjuan, *Atlas de Shanghai*, Éditions Autrement, 2009.
ARCTIQUE ET ANTARCTIQUE (p. 202-205) – National Snow and Ice Data Center (NSIDC) – NASA Earth Observatory – Didier Ortolland, Jean-Pierre Pirat, *Atlas géopolitique des espaces maritimes*, Éditions TECHNIP, 2010 – Virginie Raisson, *2033. Les Futurs du monde*, Robert Laffont, 2010 – Institut polaire français Paul Émile Victor (IPEV).
INTERNET (p. 206-211) – Chris Harrison, *Vizualisation Projects* (www.chrisharrison.net) – TeleGeography, *Submarine cable map* – Association des amis des câbles sous-marins (AACSM, www.cablesm.net) – Internet World Stats, *Usage and Population Statistics* (www.internetworlstats.com) – Google Trends of Websites (juin 2011) – Reporters sans frontières (RSF), *Carte mondiale de la cybercensure* – Munk School of Global Affairs, *Information Warfare Monitor*, Université de Toronto.
SAVOIR (p. 212-215) – Compilation du Lépac à partir des données statistiques de l'UNESCO, *Rapport mondial de suivi sur l'éducation pour tous*, 2011 – Site officiel de l'Organisation mondiale de la propriété intellectuelle et des brevets (OMPI) – UNESCO, *Institute for Statistics.*

ET POURTANT, LE MONDE IRAIT MIEUX (p. 216) – PNUD, *Indicateurs internationaux de développement humain*, base de données en ligne – OMS, *Global Health Observatory Data Repository*, base de données en ligne – *The SIPRI Military Expediture Database* – UNESCO, *Institute for Statistics*, base de données en ligne – Banque mondiale, base de données en ligne

INDEX

A

Abou Dhabi, 176, 201, 214
Afghanistan, 21, 33, 40, 101, 108-111, 112, 121, 122-124, 140, 161, 172, 187
Afrique du Sud, 14, 19, 41, 47-49, 60, 61, 95, 155, 157, 161, 205, 212
Afrique, 17, 19, 36, 37, 45, 47, 55, 60, 66, 80, 84-86, 99, 101, 112, 115, 121, 133-135, 137-140, 155, 157, 162, 171, 172, 173, 175, 180, 187, 191, 194, 200, 201, 206
Al Qaida, 109, 110, 122-124
Alaska, 203
Algérie, 51, 63, 116, 123, 124, 191, 193
Allemagne, 36, 53, 65, 69, 80, 91, 123, 124, 156, 157, 161, 165, 172, 178, 183, 187
Analphabétisme, 138-140, 142
Andorre, 64
Antarctique, 45, 203, 204-205
Arabie saoudite, 62, 115, 116, 124, 142, 145, 157, 165, 172, 213
Arctique, 29, 31, 87, 129, 202-205
Argentine, 62, 148, 155, 175, 191, 205
Arménie, 53, 103, 148, 159, 191
Armes/armement, 120, 123, 125-127
Asie du Sud-Est, 55, 56, 71, 84, 87, 101, 119, 139, 140, 159, 206
Athènes, 17
Australie, 40, 56, 62, 81, 82, 83, 84, 109, 128, 155, 173, 183, 205, 208, 212
Autriche, 90

B

Bangladesh, 79, 133, 155, 165, 172, 173, 198
Banque mondiale, 63, 64, 66, 124, 134, 138, 140
Beijing (Pékin), 30, 37, 41, 69, 73, 129, 145, 189, 199
Belgique, 81, 84, 101, 189, 193
Bhoutan, 69, 119, 173, 186
Birmanie, 40, 83, 103, 121, 171, 173, 186, 208
Bombay *voir* Mumbai.
Bornéo, 84
Brésil, 14, 17, 19, 26, 41, 43-45, 49, 60, 63-65, 68, 70, 78-84, 94, 95, 128, 133, 135, 155, 172, 176, 192, 200, 208, 214
Bretton Woods, 64
BRICS/BRIC, 43, 49, 60, 61, 62, 63, 64, 65, 80

C

Calcutta *voir* Kolkata.
Canada, 19, 31, 62, 63, 81, 82, 94, 135, 148, 155, 156, 157, 171, 173, 182, 193, 203, 204
Cancún, 93, 94, 95
Caraïbes, 75, 80, 144, 1741, 175
Catholicisme, 57, 172
Chiites, 167, 172
Chili, 103, 205
Chine, 14, 19, 23, 26, 30, 35-37, 39-41, 43, 45, 47, 49, 55, 56, 60-63, 65, 67, 69-73, 78-83, 88, 91, 93-95, 101, 119, 120, 125, 127, 129, 133, 135, 145, 147, 148, 157, 164, 165, 172, 176, 180, 181, 183, 187, 189, 199, 200, 208, 209, 211, 212, 214
Cisjordanie, 104-107, 164, 166
Colombie, 60, 121, 155, 209
Commonwealth, 192
Copenhague, 45, 53, 93, 94, 95, 204
Corée du Nord, 19, 23, 33, 64, 125, 126-128, 165
Corée du Sud, 33, 56, 73, 127, 144, 165, 173, 175, 190, 191, 200, 213, 214
Côte d'Ivoire, 99
Croatie, 25, 183
Cuba, 19, 64

D

Damas, 52, 172
Danemark, 31, 81, 101, 189, 203
Darfour, 101, 149, 155
Diaspora, 159, 171, 173, 177, 183, 214
Dubaï, 214
Durban, 48, 93, 95

E

Égypte, 60, 105, 114, 115, 116, 157, 160, 172, 181, 185, 208
Émirats arabes unis, 81, 89, 115, 157, 212, 214
Énergie, 22, 33, 36, 37, 44, 47, 69, 73, 81, 83, 86, 89, 90, 91, 95, 125, 126, 133, 197, 201
Espagne, 25, 103, 124, 155, 187, 189
Estonie, 81, 210, 211
États-Unis d'Amérique, 14, 15, 19, 21-23, 27, 33, 36, 37, 40, 45, 55, 56, 61, 63-65, 67, 70, 73, 78, 80, 81, 82, 90, 93-95, 101, 107, 109-112, 115, 120-125, 127, 133, 145-148, 155-157, 161, 165, 166, 171, 173, 176, 179, 185, 186, 190, 191, 195, 203-209, 211-215
Éthiopie, 61, 181, 182
Europe (Union européenne), 14, 15, 17, 19, 25-27, 29, 30, 40, 45, 52, 55, 61, 65, 70-73, 75, 79, 80, 85, 95, 111, 113, 114, 121, 123, 124, 127,132, 133, 137, 143-145, 152, 155-159, 166, 171, 173, 175, 177, 178-182, 187, 190, 191, 194, 200, 204, 206, 208,214, 215

F

Facebook, 208
Finlande, 203, 215
Fonds monétaire international, 63, 64, 66
France, 25, 63, 69, 80, 88, 90, 91, 101, 109, 114, 124, 125, 127, 128, 142, 146, 149, 156, 157, 161, 172, 175, 178, 181-183, 186, 187, 189, 193-195, 204, 205, 209, 210, 211

G

G20, 19, 56, 62, 63, 65, 66, 74, 75, 210
G8, 19, 62, 63, 210
Gaza, 52, 105-107
Géorgie, 30, 98, 113
Ghana, 47, 66,
Grèce, 25, 26, 65, 83, 102, 166, 185
Groenland, 173, 203, 204
Guerre, 19, 27, 33, 43, 52, 72, 98, 99, 101, 102, 103, 106, 107, 109, 110-112, 121, 124, 129, 131, 132, 141, 143-145, 149, 155, 160, 162, 165, 167, 191, 193, 211 ; **Première Guerre mondiale**,14 ; **Seconde Guerre mondiale**, 14, 19, 59, 63, 71, 135, 141, 144, 147, 148, 164, 179, 190 ; **guerre froide**, 14, 19, 23, 25, 33, 60, 65, 98, 99, 112-114, 125, 127, 161, 165, 213 ; **guerre contre le terrorisme**, 14 ; **guerre en Afghanistan**, 14, 21, 41, 111 ; **guerre en Irak**, 14, 21 ; **guerre en Géorgie**, 30 ; **guerre américano-vietnamienne**, 55 ; **guerre des monnaies**, 72, 73 ; **guerre des Six-Jours**, 105 ; **guerre de l'information**, 209, 210

H

Haïti, 137, 156, 193
Hamas, 107
Hongkong, 35, 145
Hongrie, 189

I

Inde, 14, 19, 26, 37, 39-41, 43, 45, 49, 55, 56, 60-63, 65, 67, 69, 70, 79-82, 91, 94, 95, 103, 110, 111, 118, 119, 125, 157, 133, 139, 147, 155, 157, 165, 172, 173, 175, 176, 181, 183, 200, 208, 211, 212, 214
Indice de développement humain (IDH), 132, 137, 138
Indonésie, 14, 19, 55-57, 60, 70, 82-84, 133, 172, 208, 212
Irak, 14, 21, 23, 33, 52, 98, 99, 101, 112, 115, 126, 155, 161, 167, 172, 176
Iran, 23, 40, 43, 45, 52, 125, 126, 127, 140, 145, 155, 161, 172, 191, 208, 209, 211
Irlande, 25, 65, 81, 128, 188, 189
Islam, 51, 57, 116, 171, 172, 173, 183

Islande, 85, 101, 135, 145, 203
Israël, 52, 99, 101, 105-107, 115, 125-127, 147, 166, 173
Italie, 19, 25, 51, 62, 63, 69, 91, 155, 172, 176, 183, 187, 190, 204

J

Japon, 14, 23, 27, 29, 33, 35, 37, 40, 56, 61, 63, 67, 73, 77, 79, 80, 85, 91, 94, 101, 133, 145, 146, 173, 176, 182, 183, 186, 190, 191, 205, 212, 214, 215
Jordanie, 105, 115, 116, 186
Justice internationale, 147-149

K

Kaboul, 109, 110
Kaliningrad, 29
Kazakhstan, 19, 37, 136
Kenya, 124
Kolkata (Calcutta), 120
Kosovo, 62
Kurde (question), 53, 103, 115

L

Laos, 134, 173, 214
Liban, 115, 144, 158, 172
Libye, 62, 63, 98, 102, 114, 116, 123, 124, 155

M

Machrek, 51, 115
Maghreb, 51, 115, 123, 124
Malaisie, 56, 70, 74, 129, 171, 212
Maroc, 51, 103, 116, 121, 159, 165
Mexique, 19, 60, 62, 67, 70, 80, 94, 121, 128, 155, 157, 165, 166, 172
Mondialisation, 15, 19, 27, 35, 40, 47, 59, 66, 71, 152, 155, 156, 158, 175-177, 180-183, 188-190, 212
Moyen-Orient, 37, 52, 55, 87, 101, 126, 134, 171, 172
Mozambique, 36
Mumbai (Bombay), 40, 200

N

Naxalite, 41, 62, 118-120
Népal, 69, 119, 120, 137, 173, 187
New Delhi, 40, 119, 120
New York, 75, 87, 126, 127, 129, 173, 193, 198, 200, 211
Nigeria, 47, 88, 123, 133, 175
Norvège, 128, 135, 203-205
Nucléaire, 23, 29, 30, 33, 39, 40, 45, 63, 90, 91, 99, 125-127, 165, 206

O

Océan Glacial arctique, 29, 31, 129, 203
Oman, 116, 187
Organisation de coopération et de développement économiques (OCDE), 60, 62, 69, 71, 74, 93, 136, 143, 156, 157, 212-214
Organisation des Nations unies (ONU), 23, 29, 41, 45, 49, 53, 93, 98, 102, 105, 107, 112, 125, 133, 134, 136, 137, 140, 142-144, 148, 149, 160, 161
Organisation du traité de l'Atlantique nord (OTAN), 19, 23, 29, 52, 62, 110, 111, 113, 114, 123, 211
Organisation mondiale de la santé (OMS), 136, 137
Organisation mondiale du commerce (OMC), 36, 63, 64, 66-68, 71, 177
Oslo (accords), 105, 107

P

Pachtoune, 109, 110
Pakistan, 40, 41, 101, 103, 109-111, 120, 122-127, 132, 133, 139, 145, 155, 161, 172, 173
Palestine, 99, 105, 107, 160, 161
Pays émergents, 23, 26, 27, 29, 43, 49, 60-64, 70, 73, 80, 89, 93-95, 134, 136, 143, 176, 183, 200, 214
Pays-Bas, 81, 189
Peine de mort, 53, 144-146
Pékin *voir* Beijing.
Pérou, 82, 121, 103, 187
Pétrole, 29, 31, 37, 43, 44, 56, 80, 86-89, 115, 129, 149, 187, 203, 204
Philippines, 33, 55, 56, 74, 103, 129, 155, 156, 159, 172
Portugal, 25, 65, 181, 192
Proche-Orient, 26, 105, 107, 160, 161, 173, 180
Produit intérieur brut (PIB), 22, 23, 25-27, 33, 35, 39, 40, 43, 47, 49, 55, 60, 71, 132, 200
Produit national brut (PNB), 69

Q

Qatar, 81, 89, 116, 147, 157, 212

R

Réfugiés, 99, 101, 106, 140, 160-163
République démocratique du Congo, 36, 47, 79, 82, 84, 143, 161
République du Congo, 36
Royaume-Uni, 19, 63, 69, 74, 80, 114, 125, 127, 146, 156, 171, 205
Russie, 17, 19, 29-33, 43, 45, 49, 60-63, 73, 80, 82, 87, 91, 107, 113, 120, 125, 127, 129, 133, 145, 148, 157, 171, 203-205, 209
Rwanda, 148, 162

S

Sahel, 122-124
Saint-Marin, 145
Santé, 131, 132, 136, 137, 142
Schengen, 25, 158
Sénégal, 103, 123, 193
Séoul, 65, 200
Shanghai, 35, 75, 199, 200, 204, 213
Sibérie, 173
Singapour, 55, 56, 145, 173, 212, 214
Slovaquie, 25
Somalie, 101, 103, 115, 134, 156, 161
Soudan, 101, 115, 124, 149, 155, 157, 185
Suède, 101, 161, 189, 201, 203, 215
Suez (canal), 204
Suisse, 78, 189, 193
Sunnites, 167, 172
Syrie, 26, 52, 102, 105, 106, 115, 116, 126, 155, 161

T

Taliban, 101, 109, 110, 111, 122, 140, 187
Territoires palestiniens, 104-107, 115, 166
Terrorisme, 14, 30, 40, 99, 111, 124, 165, 208
Tunisie, 51, 114, 116, 144, 155, 194, 208 209
Turquie, 26, 29, 51-53, 60, 103, 113, 145, 155, 166, 172, 1991
Tuvalu, 65, 159, 163

U

Union européenne *voir* Europe
URSS, 19, 29, 113, 115

V

Venezuela, 44, 155
VIH-Sida, 49, 137

W

Washington, 40, 66

X

Xinjiang, 37, 62

Y

Yémen, 115, 116, 117, 123, 165, 172
Yougoslavie (ex-), 143, 148, 191

DANS LA MÊME COLLECTION

Le Dessous des Cartes, magazine de Jean-Christophe Victor produit et diffusé par Arte, est élaboré avec le Laboratoire d'études prospectives et d'analyses cartographiques (Lépac).

Diffusion sur Arte le samedi à 17 h 45, rediffusion le mercredi à 22 h 25
Diffusion sur TV5 Monde le dimanche à 7 h 45

Disponible sur Arte+7, en vidéo et DVD à la demande

– Un atlas géopolitique junior

– Une édition
de fichiers pédagogiques

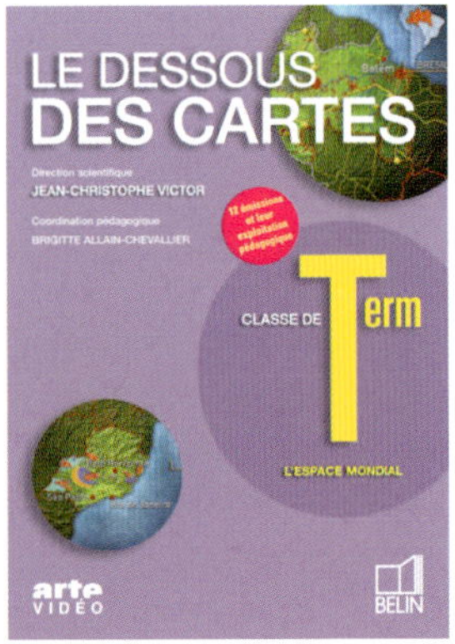

– Une collection de DVD
en coffret thématique ou en unitaire

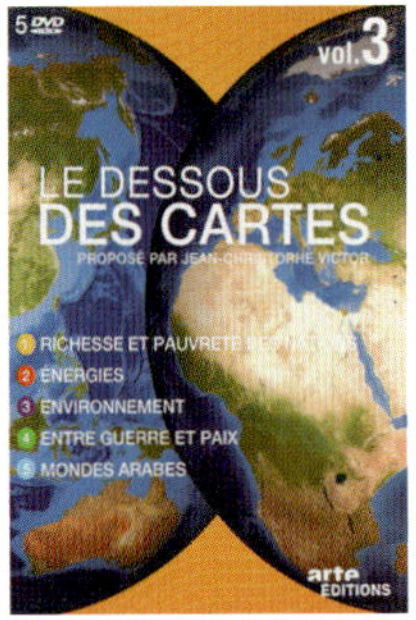

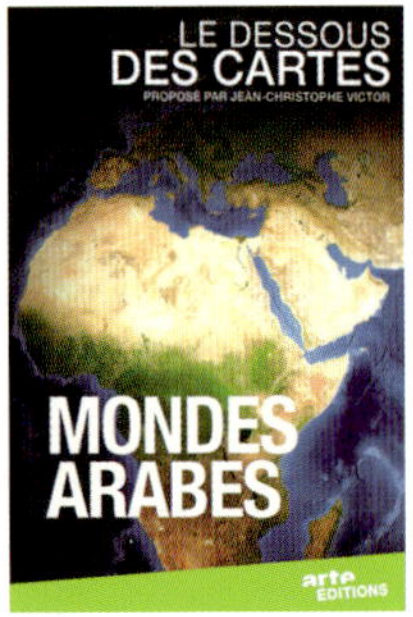

www.arte.tv/ddc
Le site de l'émission avec archives et bibliographies